W0065198

Detlef Nakath/Gerd-Rüdiger Stephan

Von Hubertusstock nach Bonn

Eine dokumentierte Geschichte
der deutsch-deutschen Beziehungen auf höchster Ebene
1980-1987

Detlef Nakath/Gerd-Rüdiger Stephan

Von Hubertusstock nach Bonn

Eine dokumentierte Geschichte
der deutsch-deutschen Beziehungen
auf höchster Ebene 1980-1987

Dietz Verlag Berlin

Nakath, Detlef / Stephan, Gerd-Rüdiger:
Von Hubertusstock nach Bonn. Eine dokumentierte Geschichte der
deutsch-deutschen Beziehungen auf höchster Ebene 1980-1987 /
Detlef Nakath, Gerd-Rüdiger Stephan.- Berlin: Dietz Verl. GmbH,
1995.- 351 S.

ISBN 3-320-01883-3

© Dietz Verlag Berlin GmbH 1995
Schutzumschlag und Einband : Brigitte Bachmann (Fotos: Dr. Gerd Murza,
ND/Schmidtke)
Die Satzvorlage lieferten die Autoren
Druck- und Bindearbeit:
Druck- und Verlagsanstalt Wiener Verlag GmbH
Printed in Austria

Inhalt

6

Einführung

Die Geschichte des Verhältnisses zwischen der Deutschen Demokratischen Republik und der Bundesrepublik Deutschland war seit der „doppelten Staatsgründung" im Jahre 1949 ein Unikat der europäischen Nachkriegsentwicklung. Spaltung und vierzigjährige Zweistaatlichkeit wurzelten im von deutschem Boden ausgehenden Zweiten Weltkrieg sowie im nachfolgenden Kalten Krieg zwischen den Supermächten. Die deutschen Besatzungszonen wurden in diesem Kalten Krieg in die politischen Ziele der jeweiligen Blöcke eingebunden. Die Bipolarität in Europa und der Welt fand somit auf deutschem Boden ihre Entsprechung. In unterschiedlichem Grade vorhandene Abhängigkeiten von den „Führungsmächten" und sich zunehmend herausbildende spezifische Interessen der beiden deutschen Staaten, gepaart mit einer bestimmten politischen Mentalität, brachten seit dem Ende der sechziger Jahre jene Einmaligkeiten hervor, die als deutsch-deutsche Sonderbeziehungen in die Geschichte der zweiten Hälfte des 20. Jahrhunderts eingegangen sind.

Die Vereinigung der beiden deutschen Staaten im Oktober 1990 hat zwar die Zweistaatlichkeit überwunden, die wirtschaftlichen. sozialen und mentalen Probleme des Zusammenlebens der Deutschen in einem einheitlichen Völkerrechtssubjekt jedoch nicht ad hoc gelöst. Historisch gesehen ist seit einigen hundert Jahren die Existenz eines deutschen Einheitsstaates ohnehin die Ausnahme gewesen. Die Regel war, abgesehen von den 74 Jahren zwischen 1871 und 1945, eine Aufspaltung in verschiedene Staatengebilde. Das am 3. Oktober 1990 durch den Beitritt der DDR zur Bundesrepublik entstandene Deutschland hat so auf dem Territorium zwischen Oder und Rhein nie existiert. Insofern ist der oft gebrauchte Begriff der „Wiedervereinigung" eher eine politisch motivierte Vokabel, denn ein historisch exakter Terminus.

Heute ist weitgehend unbestritten, daß es in der konkreten historischen Situation der Jahre 1989 und 1990 zu einer deutschen Vereinigung keine sinnvolle Alternative gegeben hat. Es ist jedoch zu bezweifeln, ob der beschrittene Weg in die „Bonner Republik" die einzig gangbare Möglichkeit gewesen ist. Um weiteren Aufschluß in dieser Frage zu erhalten, ist es zweifellos sinnvoll, sich mit der Geschichte der Beziehungen zwischen der DDR und der Bundesrepublik im letzten Jahrzehnt vor der deutschen Vereinigung genauer zu beschäftigen, was bisher in der sozialwissenschaftlichen Forschung erst ansatzweise versucht wurde.[1]

Bemerkungen zur Quellenlage

Mit dem Untergang der DDR als Staat steht der Historiker vor einer einmaligen Situation. Die wichtigsten schriftlichen Überlieferung in den Archiven stehen der wissenschaftlichen Aufarbeitung der DDR-Geschichte nahezu ohne Einschränkung zur Verfügung. Hinzu kommen eine Vielzahl von Erinnerungen handelnder Politiker, die die Aussagen der archivalischen Quellen ergänzen.[2] Diese sind zumeist unter dem Eindruck der jüngsten Geschehnisse stark subjektiv gefärbt und nicht selten unter Rechtfertigungsdruck verfaßt. Zweifellos haben schriftliche Überlieferungen gegenüber Erinnerungen im allgemeinen einen höheren Aussagewert, vor allem wenn sie als Arbeitsmaterialien den Verlauf von Verhandlungen, ihre Vorbereitungen bzw. Auswertungen wiedergeben und als interne Analysen Entscheidungsprozesse beeinflußten. Der Forscher muß jedoch die dienstliche Stellung des Autors der auszuwertenden Dokumente, seine politischen und - soweit bekannt - persönlichen Motive bei der Mitwirkung an den politischen Prozessen in Rechnung stellen und diese quellenkritisch betrachten. Zugleich hat er den Charakter des jeweiligen Dokuments im Gesamtgefüge der Aktenüberlieferung zu berücksichtigen. Die „absolute Wahrheit" ist einzelnen, manchmal eher zufällig aufgefundenen Archivalien nicht zu entnehmen. Immer muß der historische Kontext hergestellt und nach politischer Zielsetzung und Einbindung in das Gesamtgeflecht gefragt werden.

---

1   Vgl. dazu vor allem Timothy Garton Ash: Im Namen Europas. Deutschland und der geteilte Kontinent. München/Wien 1993; Konrad H. Jarausch: Die unverhoffte Einheit. 1989 - 1990. Frankfurt a. M. 1995; Fred Oldenburg: Das Dreieck Mokau - Ost-Berlin - Bonn 1975 - 1989. Aus den Akten des SED-Archivs. Köln 1994 (Berichte des Bundesinstituts für ostwissenschaftliche und internationale Studien, H. 54/1994); Heinrich Potthoff: Die „Koalition der Vernunft". Deutschlandpolitik in den 80er Jahren. München 1995.

2   Vgl. z. B. für DDR-Politiker: Egon Krenz: Wenn Mauern fallen. Die Friedliche Revolution: Vorgeschichte - Ablauf - Auswirkungen. Wien 1990; Günter Mittag: Um jeden Preis. Im Spannungsfeld zweier Systeme. Berlin/Weimar 1991; Jürgen Nitz: Länderspiel. Ein Insider-Report. Berlin 1995; Manfred Uschner: Die Ostpolitik der SPD. Sieg und Niederlage einer Strategie. Berlin 1991; Vgl. z. B. für Politiker der Bundesrepublik: Willy Brandt: Erinnerungen. Frankfurt a. M. 1989; Horst Ehmke: Mittendrin. Von der Großen Koalition zur Deutschen Einheit. Berlin 1994; Franz Josef Strauß: Die Erinnerungen. Berlin 1989; Werner Filmer/Heribert Schwan: Wolfgang Schäuble. Politik als Lebensaufgabe. München 1992.

Archivalien haben gegenüber den Erinnerungsberichten und der Memoirenliteratur einen entscheidenden Vorzug: Sie sind als Primärquellen originäre Zeitdokumente, die sich nicht verändern lassen Lediglich die Phantasie und Interpretationsfähigkeit des Forschers, manchmal auch politische Absicht, bringen mitunter diametrale Wertungen aus demselben Dokument hervor.

Für die Beschäftigung mit der Geschichte der Beziehungen zwischen der DDR und der Bundesrepublik sind jedoch beide Quellengruppen, Archivalien und Zeitzeugenberichte, von Bedeutung. Ergänzt werden sollte dies durch eine Kenntnisnahme der Dokumentenpublikationen, die Auswertung der Printmedien auf beiden Seiten sowie die Analyse offizieller und offiziöser Verlautbarungen.

Für die Geschichte der deutsch-deutschen Beziehungen muß jedoch eine wissenschaftlich problematische Sondersituation in Rechnung gestellt werden: Während die DDR-Akten nahezu vollständig ausgewertet werden können, ist die schriftlichen Überlieferung aus der BRD, auch die Akten über die Beziehungen zur DDR, mit einer dreißigjährigen Sperrfrist belegt.

Das Archivgut des Zentralen Staatsarchivs der DDR sowie die Akten der zentralen staatlichen Organe gingen durch die in einer Anlage des Einigungsvertrages verfügte Neufassung des § 2, Absatz 8 des Bundesarchivgesetzes vom 6. Januar 1988 in das Eigentum des Bundes über.[3] Mit dem Errichtungserlaß vom 6. April 1992 wurde im Verantwortungsbereich des Ministeriums des Innern unter dem Dach des Bundesarchivs eine unselbständige „Stiftung Archiv der Parteien und Massenorganisationen der DDR" gegründet, die vor allem das ehemalige Zentrale Parteiarchiv der SED sowie die Akten weiterer wichtiger DDR-Organisationen übernahm.

Für die Akten von SED und DDR wird im wesentlichen die im Bundesarchivgesetz enthaltene Sperrfrist von dreißig Jahren nicht angewendet. Eine Ausnahme bilden die Akten aus dem Archiv des Ministeriums für Auswärtige Angelegenheiten der DDR. Diese Bestände wurden vom Bonner Auswärtigen Amtes übernommen und ebenfalls mit der dreißigjährigen Sperrfrist belegt. Für diese äußerst interessanten Dokumente ist eine wissenschaftliche Benutzung innerhalb der Sperrfrist bisher ausgeschlossen worden.[4]

Dieses Problem kann aufgrund der für die DDR-Administration typischen Mehrfachüberlieferung ausgeglichen werden. Viele wichtige

---

3   Bulletin des Presse- und Informationsamtes der Bundesregierung, Bonn, 6. September 1990.

4   Vgl. Hermann Weber: Die aktuelle Situation in den Archiven für die Erforschung der DDR-Geschichte. In: Deutschland Archiv, H. 7/1994, S. 690 ff.

Dokumente der ehemaligen Abteilungen BRD und Westberlin des Ministeriums für Auswärtige Angelegenheiten befinden sich in den SED-Beständen; in den Akten des SED-Politbüros sowie der Büros Erich Honecker, Egon Krenz, Herbert Häber, Günter Mittag und Hermann Axen, außerdem in den Abteilungen „Internationale Verbindungen" und „Internationale Politik und Wirtschaft" (Westabteilung) des SED-Zentralkomitees. Hinzu kommen die allerdings sehr lückenhaften Überlieferungen der sogenannten Arbeitsgruppe des Politbüros, die ab 1974 unter der faktischen Leitung von Günter Mittag und Alexander Schalck-Golodkowski die Gestaltung der Beziehungen zur Bundesrepublik neben dem Politbüro koordinierte.[5]

Im Bestand „Ministerrat der DDR" der Potsdamer Abteilungen des Bundesarchivs finden sich ebenfalls wichtige Akten über die deutschdeutschen Beziehungen. Schließlich liefern die Archivbestände der „Gauck-Behörde" zusätzliche Informationen zur Thematik.

Zweifellos wäre es methodisch reizvoll, den konkreten historischen Gegenstand auf der Grundlage beider deutscher Aktenüberlieferungen zu vergleichen und aufzuarbeiten. Dies kann jedoch angesichts der Sperrfristen für die Akten aus dem Westen leider nicht praktiziert werden. Hermann Weber spricht in diesem Zusammenhang von einer „archivalischen Asymmetrie" und fordert berechtigt, „daß der Forschung die Einsicht insbesondere in Überlieferungen des Bundeskanzleramtes, des Auswärtigen Amtes und des Bundesministeriums für Innerdeutsche Beziehungen oder des Bundesnachrichtendienstes für die Zeit bis 1989/90 gestattet wird".[6] Eine solche Regelung ist jedoch aufgrund der unterschiedlichen, parteipolitisch motivierten, Interessenlage in absehbarer Zeit kaum zu erwarten. Forschungen zur Geschichte der deutsch-deutschen Beziehungen in den siebziger und achtziger Jahren werden somit bis über die Jahrtausendgrenze hinaus ohne die entscheidenden Bonner Akten auskommen müssen. Aktengestützte Forschungen und insbesondere Quelleneditionen zur Geschichte der deutsch-deutschen Beziehungen müssen vorerst auf der Grundlage der DDR-Akten betrieben werden.[7]

5   Vgl. Detlef Nakath: Zur Geschichte der Beziehungen zwischen beiden deutschen Staaten in den siebziger und achtziger Jahren anhand archivalischer Quellen. In: Ders. (Hrsg.): Deutschlandpolitiker der DDR erinnern sich. Berlin 1995.

6   Hermann Weber: Die aktuelle Situation in den Archiven für die Erforschung der DDR-Geschichte. S. 694.

7   Eine Ausnahme bildet bisher die interessante und gründliche Quellenedition von Heinrich Potthoff über die Deutschlandpolitik der Regierungen Kohl zwischen 1982 und 1989. Dem Autor ist es gelungen, verschiedene Parallelüberlieferungen bundesdeutscher Provenienz zu dokumentieren und sie den DDR-

Beziehungen zwischen der DDR und der BRD in den siebziger Jahren

Bereits in der Regierung der Großen Koalition in Bonn zwischen 1966 und 1969 hatte sich eine gegenüber den Jahren zuvor veränderte Sicht der bundesdeutschen Politik zu Osteuropa herausgebildet. In der „Koalition der Köpfe" bestimmten Willy Brandt als Außenminister und Herbert Wehner als Minister für innerdeutsche Beziehungen ganz wesentlich die Eckpunkte der Ost- und Deutschlandpolitik. Brandts „Neue Ostpolitik" richtete sich zunächst an die Ostblockstaaten ohne die DDR, denn Bundeskanzler Kiesinger war lediglich bereit, die DDR als „Phänomen" anzuerkennen. Man ging jedoch von der früher praktizierten Absicht ab, Briefe von DDR-Behörden ungeöffnet zurückzusenden, und begann einen „postalischen Dialog".

Eine grundsätzliche Veränderung erfuhr das Verhältnis zwischen beiden deutschen Staaten mit der Bildung der sozial-liberalen Koalition im Oktober 1969. Im Frühjahr 1970 trafen sich erstmals Bundeskanzler Willy Brandt und Ministerpräsident Willi Stoph zu Gipfelgesprächen in Erfurt und Kassel.[8] Diese ersten Verhandlungen auf höchster Ebene waren noch durch geringe Beweglichkeit beiderseits geprägt. Der wohl wichtigste Grund dafür war, daß parallel zum deutsch-deutschen Dialog Bonns Staatssekretär im Kanzleramt, Egon Bahr, mit der sowjetischen Führung in Moskau konferierte. Am Ende dieser Unterredungen, an der zeitweilig die gesamte Moskauer Führungsspitze beteiligt war, stand der Abschluß des Moskauer Vertrages zwischen der BRD und der UdSSR durch Willy Brandt und Alexej Kossygin am 12. August 1970.

Der sowjetische Außenminister Andrej Gromyko koordinierte am 24. Februar 1970 in Berlin mit der DDR-Führung die beiderseitigen Aktivitäten. SED-Chef Walter Ulbricht faßte die Ergebnisse dieser mehr als vier Stunden währenden Abstimmungsrunde zusammen und erklärte laut DDR-Niederschrift: „Wir vertreten unseren Standpunkt und geben Brandt die Möglichkeit, in den Fragen der Gleichberechtigung seinen Standpunkt zu präzisieren, daß echte Verhandlungen möglich sind. Wir werden ja sehen, was Brandt tut. Das heißt, unsere Konzeption stimmt mit Ihrer Taktik überein. Die prinzipielle Position

---

Akten gegenüberzustellen. Vgl. Heinrich Potthoff: Die „Koalition der Vernunft". S. 94 ff.

8   Vgl. Detlef Nakath: Erfurt und Kassel. Zu den Gesprächen zwischen dem BRD-Bundeskanzler Willy Brandt und dem DDR-Ministerratsvorsitzenden Willi Stoph im Frühjahr 1970. Vorbereitung - Verlauf - Ergebnisse (hefte zur ddr-geschichte 24). Berlin 1995; Ders.: Mit dem Sonderzug nach Erfurt und Kassel. In: Neues Deutschland (im folgenden: ND), 15. März 1995.

in der Frage der völkerrechtlichen Anerkennung bleibt bestehen. Selbstverständlich haben wir die Schwierigkeit, daß wir uns mit dem ganzen Nationalismus der Bonner Propaganda auseinandersetzen müssen. Das müssen wir tun. Die Gesellschaftsordnung steht immer über der nationalen Frage, d. h. der Sozialismus steht höher als jede Frage der nationalen Beziehungen."[9] Der sowjetische Außenminister hatte vergeblich versucht, Ulbricht für mehr Flexibilität in der Frage der völkerrechtlichen Anerkennung der DDR durch die Bundesrepublik zu gewinnen.

Knapp vier Monate nach dem Vertrag von Moskau, am 7. Dezember 1970, unterzeichnete Brandt den Vertrag zwischen der Bundesrepublik und der Volksrepublik Polen über die Normalisierung der gegenseitigen Beziehungen. Darin erkannte die BRD die bestehenden Grenzen, insbesondere die Oder-Neiße-Grenze, an.

Auch die Verhandlungen der „Vier Mächte" über Berlin erbrachten Resultate. Am 3. September 1971 signierten die in Bonn ansässigen Botschafter der drei Westmächte sowie der sowjetische Botschafter in Berlin das Vierseitige Abkommen und kamen überein, „daß die Verbindungen zwischen den Westsektoren Berlins und der Bundesrepublik Deutschland aufrechterhalten und entwickelt werden, wobei sie berücksichtigen, daß diese Sektoren so wie bisher kein Bestandteil der Bundesrepublik Deutschland sind und auch weiterhin nicht von ihr regiert werden."[10] Dennoch sollten Westberlin und seine Bürger außenpolitisch und konsularisch durch Bonn vertreten werden.

In der DDR-Führung hatte sich zwischenzeitlich mit dem Wechsel von Ulbricht zu Honecker die Linie der sowjetischen Europa- und Deutschlandpolitik nahezu vollständig durchgesetzt. Erich Honecker, der mit maßgeblicher Unterstützung der KPdSU-Führung an die SED-Spitze gelangt war, erwies sich in der Gestaltung der Beziehungen zur BRD eher als sein Vorgänger bereit, Abstriche an früheren Positionen zu machen. Er rang sich zu der Erkenntnis durch, daß der Weg zu einer von der sowjetischen Führung anvisierten Europäischen Sicherheitskonferenz nicht mit den von Ulbricht und Stoph für Erfurt und Kassel formulierten Maximalforderungen der DDR beschritten werden konnte. Ulbrichts Vorbedingungen waren nach den Verträgen von Moskau und Warschau (1970) sowie dem Berlin-Abkommen (1971) ebenso wie die „Hallstein-Doktrin" obsolet.

Julij Kwizinskij, zu Beginn der siebziger Jahre Diplomat in der sowjetischen Botschaft Unter den Linden, erinnerte sich an die auch

---

9   Bundesarchiv, Abteilungen Potsdam (BArchP), DC 20, 4455.

10   Beziehungen der Deutschen Demokratischen Republik zur Bundesrepublik Deutschland und zu Berlin (West). Dokumente 1971 - 1988. Berlin 1990, S. 165 f.

für Moskau veränderte Situation nach dem Wechsel an der Spitze der SED. Er schrieb 1993: „Die erste Zeit nach Honeckers Amtsantritt verlief ohne Konflikte. Honecker trug nicht wenig zum Abschluß des Vierseitigen Abkommens bei, war ein flexibler, aber energischer Verhandlungspartner der Bundesrepublik und setzte sich vor allem für die Idee der sozialistischen Integration im Rahmen des Rates für gegenseitige Wirtschaftshilfe ein."[11]

Honecker stellte in seiner Rede auf dem 8. SED-Parteitag ein in Moskau bestätigtes und an das „Friedensprogramm" des 24. KPdSU-Parteitages angelehntes außen- und deutschlandpolitisches Konzept vor. Der Einberufung einer europäischen Sicherheitskonferenz maß er eindeutige Priorität zu und ordnete dem seine deutschlandpolitischen Aktivitäten unter. Dem SED-Chef war klar, daß ohne die Regelung der deutschen Angelegenheiten eine solche Konferenz nicht erreichbar war. Moskauer Vorstellungen machte er somit für die Stärkung der internationalen Position der DDR nutzbar.

Folgerichtig forderte Honecker die Mitgliedschaft der DDR in der UNO, die Aufnahme diplomatischer Beziehungen zu allen Staaten, die Gestaltung völkerrechtlicher Beziehungen zur Bundesrepublik sowie die Normalisierung des Verhältnisses zu Westberlin auf der Grundlage einer Viermächte-Vereinbarung.[12]

Nachdem die Vertreter der vier Mächte das Berlin-Abkommen am 3. September 1971 unterzeichnet hatten, war der Weg für die Vertragsverhandlungen zwischen der DDR und der BRD frei. Diese Verhandlungen führten zunächst zur Unterzeichnung des Transitabkommens am 17. Dezember 1971. Es regelte den Verkehr von zivilen Personen und Gütern zwischen der Bundesrepublik und Westberlin und legte das Verfahren für die Ausfertigung und Behandlung der Begleitpapiere für den Transit ziviler Güter fest.[13] Der Verkehrsvertrag vom 26. Mai 1972 war der nächste Schritt. Er mündete direkt in Verhandlungen über ein die Grundlagen der Beziehungen regelndes Abkommen zwischen beiden deutschen Staaten.[14]

---

11 Julij A. Kwizinskij: Vor dem Sturm. Erinnerungen eines Diplomaten. Berlin 1993, S. 258.

12 Vgl. Protokoll der Verhandlungen des VIII. Parteitages der Sozialistischen Einheitspartei Deutschlands. Bd. 1. Berlin 1971, S. 54 f.

13 Vgl. Beziehungen der Deutschen Demokratischen Republik zur Bundesrepublik Deutschland und zu Berlin (West). S. 15 ff.

14 Vgl. Detlef Nakath: Die Verhandlungen zum deutsch-deutschen Grundlagenvertrag 1972. Zum Zusammenwirken von SED-Politbüro und DDR-Außenministerium bei den Gesprächen mit der BRD (hefte zur ddr-geschichte 8). Berlin 1993. Vgl. dazu die Beiträge von Karl Seidel in: Detlef Nakath (Hrsg.): Deutschlandpolitiker der DDR erinnern sich.

Am Ende der Verhandlungen stand ein Vertrag, der dem erreichten Entwicklungsstand in den Ost-West-Beziehungen Rechnung trug, den Weg beider deutscher Staaten in die UNO ebnete und die Voraussetzungen dafür schuf, DDR und BRD am Prozeß der Gestaltung der europäischen Sicherheit angemessen zu beteiligen. Neben der Regelung von Grundlagen der Beziehungen legten beide Seiten in Artikel 7, dem Zusatzprotokoll sowie verschiedenen Briefwechseln und Erklärungen „zu Protokoll" fest, Detailverhandlungen über die Zusammenarbeit auf den Gebieten Wirtschaft, Wissenschaft und Technik, Verkehr, Rechtsverkehr, Post- und Fernmeldewesen, Gesundheitswesen, Kultur, Sport, Umweltschutz und anderen Bereichen alsbald aufzunehmen.

Die Bundesrepublik hatte mit der Unterzeichnung des Grundlagenvertrages ihre aus der Präambel des Grundgesetzes abgeleitete Rechtsposition zur Herstellung der deutschen Einheit nicht aufgegeben. Am Tag der Unterzeichnung des Grundlagenvertrages übergab ein Vertreter der westdeutschen Verhandlungsdelegation in der Poststelle des Ministerrates den „Brief zur deutschen Einheit", der folgenden Wortlaut hatte: „Im Zusammenhang mit der heutigen Unterzeichnung des Vertrages über die Grundlagen der Beziehungen zwischen der Bundesrepublik Deutschland und der Deutschen Demokratischen Republik beehrt sich die Regierung der Bundesrepublik Deutschland festzustellen, daß dieser Vertrag nicht im Widerspruch zu dem politische Ziel der Bundesrepublik Deutschland steht, auf einen Zustand des Friedens in Europa hinzuwirken, in dem das deutsche Volk in freier Selbstbestimmung seine Einheit wiedererlangt."[15]

Die DDR-Führung ging, wie Staatssekretär Michael Kohl bei Unterzeichnung des Grundlagenvertrages hervorhob, davon aus, daß „mit dem nunmehr vorliegenden Vertrag ... eine allgemeine, dem Völkerrecht entsprechende Grundlage für gutnachbarliche Beziehungen zwischen beiden deutschen Staaten geschaffen" wurde.[16]

Mit dem Grundlagenvertrag rückten beide deutsche Staaten von einigen ihrer ursprünglichen Positionen ab. Die Bundesrepublik mußte den staatlichen Charakter der DDR anerkennen und gab damit den Alleinvertretungsanspruch auf. Die DDR akzeptierte, daß ihre Staatsbürgerschaft nicht formal anerkannt wurde und die Ständigen Vertretungen keinen vollen diplomatischen Status erhielten.

---

15   Ingo von Münch (Hrsg.): Dokumente des geteilten Deutschland. Bd. II. Stuttgart 1974, S. 316. Der im „Brief zur deutschen Einheit" formulierte Sachverhalt ist in gleicher Form von der Bundesregierung auch bei Unterzeichnung des Vertrages mit der UdSSR am 12. August 1970 übergeben worden. Von der DDR wurde er zwar entgegengenommen, jedoch nicht veröffentlicht.

16   Beziehungen der Deutschen Demokratischen Republik zur Bundesrepublik Deutschland und zu Berlin (West). S. 53.

Die Einbeziehung Westberlins wurde in einer gemeinsamen Erklärung geregelt, in der es hieß: „Es besteht Einvernehmen, daß die Ausdehnung von Abkommen und Regelungen, die im Zusatzprotokoll zu Artikel 7 vorgesehen sind, in Übereinstimmung mit dem Vier-Mächte-Abkommen vom 3. September 1971 auf Berlin (West) im jeweiligen Fall vereinbart werden kann. Die ständige Vertretung der Bundesrepublik Deutschland in der Deutschen Demokratischen Republik wird in Übereinstimmung mit dem Vier-Mächte-Abkommen vom 3. September 1971 die Interessen von Berlin(West) vertreten."[17]

Mit diesen Verträgen waren die deutschlandpolitischen Akzente der sozial-liberalen Koalition gesetzt. Sie trafen auf ein ähnlich geartetes Interesse in der DDR und wurden von den jeweiligen Supermächten toleriert.

Die Bonner Oppositionsparteien CDU und CSU traten der Regierungspolitik jedoch scharf entgegen. Im Zusammenhang mit der bevorstehenden Ratifizierungsdebatte über die Ostverträge unternahmen sie im April 1972 den Versuch, mittels eines „konstruktiven Mißtrauensvotums" Brandt zu stürzen und Oppositionsführer Rainer Barzel zum Bundeskanzler zu wählen. Zwei Stimmen fehlten jedoch, und der Versuch, einen konservativen Regierungswechsel zu erreichen, schlug fehl. Der Bundestag ratifizierte später die Ostverträge eberso wie den Grundlagenvertrag mit der DDR. Auch die Klage des Landes Bayern gegen die Verfassungsmäßigkeit des Grundlagenvertrages wies der 2. Senat des Bundesverfassungsgerichtes mit einem Urteil vom 31. Juli 1973 ab.

Ostverträge und Grundlagenvertrag waren somit geltendes Recht, und auch die Bonner Opposition lernte mit diesen Verträgen zu leben.

Der neue CDU-Vorsitzende Helmut Kohl und sein Generalsekretär Kurt Biedenkopf sandten ihren über intakte Ostbeziehungen verfügenden Bundesschatzmeister, das Präsidiumsmitglied Walter Leisler Kiep, Anfang 1975 nach Berlin und Moskau. In der DDR-Hauptstadt versicherte Kiep seinem Gesprächspartner, ZK-Abteilungsleiter Herbert Häber, daß die Ostverträge auch für die CDU voll gültig seien. Es gäbe „keinen Spielraum für eine andere Linie". Die Politik der friedlichen Koexistenz, so Kiep, sei ohne Alternative.[18]

In Moskau ging der CDU-Abgesandte noch weiter. Im Gespräch mit dem stellvertretenden Leiter der internationalen Abteilung des ZK der KPdSU, Wadim Sagladin, erklärte Kiep: „Die CDU/CSU würde, wenn sie an die Macht kommt, die Angelegenheiten mit der Sowjetunion und deren Verbünden auf der bereits vorhandenen Grundlage

---

17   Ingo von Münch (Hrsg.): Dokumente des geteilten Deutschland. Bd. II. S. 315

18   Vgl. Stiftung Archiv der Parteien und Massenorganisationen der DDR im Bundesarchiv (im folgenden: SAPMO - BArch), DY 30/vorl. SED 42 170.

weiterführen, nur bedeutend besser, wirksamer als die Sozialdemokraten, insbesondere auf dem Gebiet der Wirtschaftsbeziehungen. Die CDU/CSU würde die geschlossenen Abkommen anerkennen und beabsichtigt nicht, von den erzielten zwischenstaatlichen Vereinbarungen Abstand zu nehmen."[19] Nach Sagladins schriftlicher Information für Honecker und Stoph hatte der CDU-Politiker weiter zum Ausdruck gebracht: „Hätte die CDU/CSU 1969 die Bundestagswahlen gewonnen, dann wäre gerade sie zum politischen Träger des Entspannungsgedankens geworden, gerade sie hätte die Verträge mit der Sowjetunion und den anderen sozialistischen Staaten geschlossen. Dabei ... hätten wir das besser gemacht als die Sozialdemokraten."[20]

Unterdessen bereitete man in den europäischen Staaten sowie den USA und Kanada das Gipfeltreffen der Europäischen Sicherheitskonferenz und die Unterzeichnung der Schlußakte von Helsinki vor. DDR und Bundesrepublik waren im Konferenzzentrum der finnischen Hauptstadt durch ihre führenden Repräsentanten, SED-Chef Erich Honecker und Bundeskanzler Helmut Schmidt, vertreten. Beide trafen am Rande der Konferenz zur ersten deutsch-deutschen Gipfelbegegnung seit Erfurt und Kassel zusammen und legten fest, daß die bilateralen Verhandlungen, die seit Monaten stagnierten, auf der Ebene des Leiters der Ständigen Vertretung in Berlin, Günter Gaus, und des DDR-Vizeaußenministers, Kurt Nier, ergebnisorientiert beschleunigt werden sollten.

Bis Ende 1975 vereinbarten beide deutsche Staaten Verbesserungen im Transitverkehr durch die Grunderneuerung der Autobahn Berlin-Marienborn sowie Verbesserungen im Reisezugverkehr und in der Binnenschiffahrt. Am 19. Dezember 1975 unterzeichneten sie die Neufestsetzung der Transitpauschale auf 400 Mio. DM pro Jahr. Bereits ein Jahr zuvor war der zinslose Überziehungskredit im innerdeutschen Handel (Swing) mit Wirkung vom 1. Januar 1976 bis 1981 auf 850 Mio. Verrechnungseinheiten (VE) festgelegt worden.

Vor dem Hintergrund des sich am Ende der siebziger Jahre zuspitzenden Verhältnisses zwischen den Supermächten (NATO-Doppelbeschluß, sowjetischer Einmarsch in Afghanistan, Kriegsrecht in Polen, Olympia-Boykott 1980 und 1984, amerikanische Embargopolitik gegenüber der UdSSR) bemühten sich die Führungen beider deutscher Staaten um Schadensbegrenzung. Nach Ansicht der Bundeskanzler Helmut Schmidt und Helmut Kohl sowie von SED-Generalsekretär Erich Honecker sollte die „neue Eiszeit" in den Beziehun-

---

19 BArchP, DA 5, 2310. Vgl. dazu auch Detlef Nakath: Die DDR würde „angenehm überrascht sein". In: ND, 26. Juli 1995.

20 BArchP, DA 5, 2310.

gen zwischen den USA und der Sowjetunion nicht auf das deutsch-deutsche Verhältnis durchschlagen.

Bundeskanzler Helmut Kohl merkte dazu bei seiner Anhörung vor der Enquéte-Kommission des Deutschen Bundestages am 4. November 1993 an: „Ich kann dazu nur sagen, daß ich heute mehr denn je fest davon überzeugt bin, daß die sowjetische Politik ohne den NATO-Doppelbeschluß und ohne die Stationierung der Pershings eine andere Entwicklung genommen hätte, und dies weiß ich aus vielen Gesprächen von Michail Gorbatschow selbst."[21]

Ein in Aussicht genommener Besuch Helmut Schmidts in der DDR kam angesichts der veränderten weltpolitischen Situation zunächst nicht zustande.

Dafür reiste SED-Politbüromitglied Günter Mittag im April 1980 in die Bundesrepublik. Er besuchte die Hannover-Messe und traf anschließend am 17. April 1980 in Bonn mit Bundeskanzler Schmidt, Wirtschaftsminister Graf Lambsdorff sowie den Fraktionsvorsitzenden von SPD und FDP, Herbert Wehner und Wolfgang Mischnick, zusammen.

Über diesen Besuch gingen die Meinungen in der SED-Führung offenbar weit auseinander. Auf der Politbürositzung am 22. April 1980 berichtete Mittag mündlich der SED-Spitze über die Ergebnisse seiner Visite. Während in den Akten des Zentralen Parteiarchivs über diese Sitzung keine inhaltliche Wiedergabe des Mittag-Berichts zu finden ist,[22] konnte völlig unerwartet an anderer Stelle ein Dokument aufgefunden werden, das die Überschrift „Aufzeichnungen über den Bericht des Genossen Günter Mittag in der Sitzung des Politbüros am

---

21 Deutscher Bundestag. 12. Wahlperiode, Enquete-Kommission „Aufarbeitung von Geschichte und Folgen der SED-Diktatur in Deutschland". Protokoll der 53. Sitzung am Donnerstag, dem 4. November 1993, 9 Uhr in Berlin, Reichstag, Plenarsaal, S. 7.

22 Im Reinschriftprotokoll über die Politbürositzung am 22. April 1980 heißt es zum Tagesordnungspunkt 7 „Bericht über die Ergebnisse des Besuches in der BRD" als Beschluß lediglich: „Der Bericht des Genossen G. Mittag über den Besuch der Messe in Hannover sowie die Gespräche mit Bundeskanzler Schmidt und den anderen Persönlichkeiten wird zustimmend zur Kenntnis genommen. Der Aufenthalt des Genossen G. Mittag erwies sich für die Popularisierung der abgestimmten Friedenspolitik der sozialistischen Länder als nützlich." (SAPMO - BArch, DY 30/J IV 2/2/1834.) - Merkwürdig daran ist, daß die dem Arbeitsprotokoll zu entnehmende ursprüngliche Beschlußformel lapidar lautet: „Der Bericht wird zustimmend zur Kenntnis genommen." Die erweiterte und wertende Formulierung ist nachträglich handschriftlich von Honecker persönlich ins Arbeitsprotokoll eingetragen worden. (SAPMO - BArch, DY 30/J IV 2/2A/2314.) Sie wurde in das Reinschriftprotokoll übernommen und in der folgenden Politbürositzung bestätigt.

22.4.1980" trägt. Diese Dokument trägt weder eine Kopfbezeichnung, noch Datum und Unterschrift. Aufgrund des Aktenzusammenhanges dürfte es aber mit größter Wahrscheinlichkeit aus der Feder von Politbüromitglied Werner Krolikowski stammen.[23] Der Ministerratsvorsitzende Willi Stoph hat das Papier offenbar mit verfaßt. Es befand sich in seiner Registratur.[24]

Mit den „Aufzeichnungen" wurde die sowjetische Führung direkt und konspirativ über den Mittag-Bericht informiert. Ob dieser Bericht direkt an Breshnew, an ein anderes Mitglied der sowjetischen Führung oder an die KGB-Zentrale am Moskauer Dzierzynski-Platz ging, konnte nicht festgestellt werden.[25] Das Dokument gibt jedoch Aufschluß über den Inhalt des Berichtes Günter Mittags im Politbüro sowie über die Denkstruktur der Verfasser. Im abschließenden Teil mit der Überschrift „Unsere Wertung" wird der Eindruck in fünf Punkten zusammengefaßt. Darin heißt es: „Daraus geht hervor, daß wir über das vollständige Gespräch mit Schmidt nicht informiert sind. Wir wissen auch nicht, ob das, was er (Günter Mittag, d. Verf.) dem Politbüro mitgeteilt hat, überhaupt stimmt. Wir beide haben Zweifel daran und glauben, daß der Bericht von Günter Mittag im Politbüro eine 'extra schön aufgemachte Information' von Erich Honecker und Günter Mittag für das Politbüro und die KPdSU ist, um beide politisch zu befriedigen ... Selbst dieser schön gefärbte Bericht entlarvt offenkundig, daß Günter Mittag nicht als ein Vertreter der festgefügten sozialistischen Staatengemeinschaft und ihrer einheitlichen Außenpolitik, sondern als Teilnehmer eines deutsch-deutschen Techtelmechtels

23 Politbüromitglied Werner Krolikowski war von 1976 bis 1988 Erster Stellvertreter des Vorsitzenden des DDR-Ministerrates und arbeitete in dieser Funktion eng mit Willi Stoph zusammen.

24 Vgl. Dok. 1. Das Originalmanuskript hat einen Umfang von 14 Seiten. Es ist der sogenannten „Sonderablage Stoph" im Bestand „Ministerrat der DDR" des Bundesarchivs entnommen. Vgl. BArchP, DC 20, 5272.

25 Daß Werner Krolikowski in diesem Zeitraum zum zuverlässigen Informanten Moskaus avanciert war, hat Peter Przybylski bereits 1991 und 1992 in seinen beiden Bänden „Tatort Politbüro" anhand der dort publizierten Dokumente festgestellt. Die von Krolikowski gefertigten Dokumente sind jedoch bei Przybylski - aus welchen Gründen auch immer - ohne Quellenbeleg veröffentlicht worden. Der Autor kommt zu dem Schluß: „Wahrscheinlich ist, daß Krolikowskis interne Aufzeichnung für die Führung der KPdSU bestimmt war, wie überhaupt anzunehmen ist, daß er Honecker als zuverlässigster Moskauinformant nachgefolgt war." (Peter Prybylski: Tatort Politbüro. Die Akte Honecker. Berlin 1991, S. 123.) Vgl. auch die Aussagen von Claus Krömke in: Theo Pirker u. a.: Der Plan als Befehl und Fiktion. Wirtschaftsführung in der DDR. Gespräche und Analysen. Opladen 1995, S. 33 ff.

aufgetreten ist. Im Grunde genommen hat er mit Schmidt auf einem Stuhl gesessen, den Schmidt hingestellt hat, um zwischen der Sowjetunion und der DDR zu differenzieren."[26]

Mit diesen Aussagen unterstellen Krolikowski und Stoph Vertretern der engeren SED-Führung um Honecker und Mittag ein doppeltes Spiel. Einerseits würden sie sich als Vertreter der gemeinsamen Linie der sozialistischen Gemeinschaft präsentieren, um andererseits hinter dem Rücken des Politbüros mit der BRD zu konspirieren.

Dieser Verdacht erwies sich jedoch, soweit heute feststellbar, als unzutreffend. Dennoch mußte offenbar den Hauptakteuren der Deutschlandpolitik der DDR (Honecker, Mittag, Schalck) klar sein, daß ihre Politik auch in den eigenen Reihe unter scharfer Beobachtung stand und die sowjetische Führungsmacht stets aus erster Hand bestens informiert war. Möglicherweise aus diesem Grund wurde dem Politbüro weder eine Verhandlungsdirektive für die Gespräche Günter Mittags mit Helmut Schmidt und den anderen bundesdeutschen Politikern[27] noch ein schriftlicher Bericht zur Bestätigung vorgelegt.

Ende 1980 verstärkten die Moskau-Informanden noch einmal ihre Vorwürfe. Wie aus den bei Przybylski veröffentlichten Dokumenten hervorgeht, informierte Krolikowski über ein Gespräch zwischen Stoph und Mielke, das am 13. November 1980 stattfand. Darin wird Mielkes Einschätzung über Honecker folgendermaßen wiedergegeben: „Besonders im Verhältnis zur BRD sei sichtbar, daß er öffentlich provokativ auftritt, während er intern gegenüber der BRD für sein öffentliches Verhalten Entschuldigungen abgibt. Im Gespräch von E[rich] H[onecker] mit G. Gaus sei dies ganz eindeutig erfolgt. Die Niederschrift, die E[rich] H[onecker] über dieses Gespräch im P[olit]b[üro] verteilt hat, enthält nicht die ganze Wahrheit. Das stehe eindeutig fest. Er habe weitere Äußerungen zu G. Gaus getan, die gegen die Interessen der Sowjetunion und DDR sind und Bonn begünstigen. E[rich] H[onecker]

---

26 BArchP, DC 20, 5272. In seinem Buch „Um jeden Preis" erwähnt Günter Mittag sein Gespräch mit Helmut Schmidt nicht.

27 Die SED-Politbürositzung vom 15. April 1980, die in Abwesenheit Honekkers von Paul Verner geleitet worden war, behandelte unter Tagesordnungspunkt 5 eine mündliche „Information über den Besuch der Hannover-Messe" in Vorbereitung der Mittag-Reise. Das Politbüro beschloß: „1. Die Information des Genossen G. Mittag über Fragen, die im Zusammenhang mit seiner Reise anläßlich der Hannover-Messe stehen, wird bestätigt. 2. Das vorgesehene Treffen mit dem Bundeskanzler der BRD, H. Schmidt, wird zustimmend zur Kenntnis genommen." (SAPMO - BArch, DY 30/J IV 2/2/1833.) Eine schriftliche Direktive lag nicht vor. In der allen Politbüromitgliedern zugegangenen Einladung zur Sitzung wurde zu diesem Tagesordnungspunkt ausdrücklich vermerkt: „ohne Vorlage". (SAPMO - BArch, DY 30/J IV 2/2A/2313.)

hat sich nur mit G[ünter] M[ittag] zuvor über das unterhalten, was er mit G. Gaus besprechen will. E[rich] H[onecker] hat G. Gaus gesagt, daß er hoffe, daß es mit den deutsch-deutschen Beziehungen bald wieder so weitergehen kann wie zuvor! Mielke sagte zu W. Stoph: E[rich] H[onecker] verschaukelt uns und die sowjetischen Freunde."[28]

Fünf Wochen später empfahl Krolikowski der sowjetischen Führung folgenden Weg: „Wir schlagen der sowjetischen Seite vor, E[rich] H[onecker]s Handlungen in der Außenpolitik gegenüber der BRD sorgfältig zu analysieren und mit ihm über die gemachten Fehler zu sprechen, damit die Grundlage für einen prinzipiell klaren außenpolitischen Kurs gegenüber der BRD erarbeitet und dem X. Parteitag zur Beschlußfassung vorgeschlagen wird."[29]

Wenige Monate nach dem Mittag-Besuch in der Bundesrepublik hatte Honecker im Oktober 1980 die Beziehungen zur Bundesrepublik mit seinen Geraer Forderungen allerdings erheblich belastet. Zur Eröffnung des SED-Parteilehrjahres in der ostthüringischen Bezirkshauptstadt nannte der SED-Generalsekretär am 13. Oktober 1980 vier Prämissen für die weitere Gestaltung des Verhältnisses zur BRD, denen aus seiner Sicht grundsätzliche Bedeutung zukam: 1. Anerkennung der DDR-Staatsbürgerschaft (später war moderater von Respektierung die Rede), 2. Auflösung der zentralen Erfassungsstelle in Salzgitter, 3. Umwandlung der Ständigen Vertretungen beider Staaten in Botschaften, 4. Regelung des Elbe-Grenzverlaufs Flußmitte.[30]

Diese Positionen blieben, wenn auch modifiziert, bis Ende der achtziger Jahre die wichtigsten Zielsetzungen in der Deutschlandpolitik der DDR. Über die Frage der Elbegrenze ist zwar 1988/89 zwischen Kanzleramtsminister Wolfgang Schäuble und DDR-Staatssekretär Alexander Schalck-Golodkowski intern verhandelt worden; die von beiden Seiten präsentierten Modelle für eine Lösung dieser Frage waren letztlich jedoch nicht konsensfähig.[31]

Trotz der verhärteten politischen Weltlage und der durch Honekkers „Geraer Forderungen" verschärften Situation im Verhältnis beider deutscher Staaten setzte man sowohl in Bonn als auch in Berlin auf offene und interne Gesprächsdiplomatie.

---

28 Peter Przybylski: Tatort Politbüro. S. 345.

29 Ebenda, S. 343.

30 Vgl. Erich Honecker: Reden und Aufsätze. Bd. 7. Berlin 1982, S. 432 f. Wenige Tage vor der Geraer Rede Honeckers, am 9. Oktober 1980, hatte die DDR das Verhältnis zur BRD durch eine drastische Erhöhung des Mindestumtausches im Besuchsverkehr bereits zugespitzt.

31 SAPMO - BArch, DY 30/vorl. SED 42168. In diese Gespräche war auch der niedersächsische Ministerpräsident Ernst Albrecht (CDU) einbezogen.

Ausdruck dessen waren der Besuch von Bundeskanzler Helmut Schmidt vom 11. bis 13. Dezember 1981 in der DDR und seine Gespräche mit SED-Chef Erich Honecker am Werbellinsee. Trotz der Komplikationen, die sich aus der Ausrufung des Kriegsrechts in Polen ergaben, hielt Schmidt an seinem Besuchsprogramm ohne wesentliche Abstriche fest. Das SED-Politbüro formulierte am 15. Dezember 1981 zur Einschätzung des Schmidt-Besuches: „Die Durchführung des Treffens mit BRD-Bundeskanzler Helmut Schmidt in der DDR hat sich als richtig erwiesen. Es war ein wichtiger Beitrag zur Fortsetzung des internationalen Dialogs auf höchster Ebene im Kampf um Entspannung, Rüstungsbegrenzung und Abrüstung ... In den Beziehungen zur BRD ist weiterhin die Friedenssicherung als zentrale Frage in den Mittelpunkt zu stellen. Die Ergebnisse des Treffens sind zu nutzen, um die BRD weiter an den Kurs der Entspannung zu binden."[32]

Vom Gipfeltreffen am Werbellinsee ging erneut die schon bei den Verhandlungen in Erfurt und Kassel geprägte Botschaft aus, daß von deutschem Boden nie wieder Krieg, sondern immer nur Frieden ausgehen dürfe. Darüber hinaus erbrachten die Gespräche für die bilateralen Beziehungen zwischen DDR und BRD wenig greifbare Ergebnisse. In der strittigen Frage der Neufestsetzung des Swing einigte man sich auf eine Verlängerung von sechs Monaten, um in Ruhe weiter zu verhandeln.[33] In den Kernpunkten blieben jedoch die politischen Grundpositionen beider unverändert. Allein das „klimatische" Verhältnis zwischen Bonn und Berlin konnte vor einer weiteren, durch die weltpolitische Lage bedingten Abkühlung bewahrt werden. Schmidt hatte zum Abschluß des Besuches den SED-Generalsekretär zu einem Gegenbesuch in die Bundeshauptstadt eingeladen. An diese Einladung hielt auch die spätere Bonner Regierung fest.

---

32 Ebenda, J IV 2/2/1925.

33 Im übrigen erklärte in den parallel zum Gipfeltreffen stattfindenden Gesprächen zwischen Graf Lambsdorff und Mittag ersterer seine Bereitschaft, die seit November 1949 mit dem DDR-Außenhandelsministerium verhandelnde „Treuhandstelle für den Interzonenhandel" (TSI) nunmehr in „Treuhandstelle für Industrie und Handel" umzubenennen. Die DDR hatte seit längerem die Veränderung des Namens gefordert. An dem seit 1951 praktizierten Reglement des Handels änderte sich jedoch nichts, weil sowohl die DDR als auch die BRD aus unterschiedlichen politischen bzw. kommerziellen Erwägungen an einer unveränderten Weiterführung der Geschäfte interessiert waren. Vgl. dazu Detlef Nakath: Zur Geschichte der deutsch-deutschen Handelsbeziehungen. Die besondere Bedeutung der Krisenjahre 1960/61 für die Entwicklung des innerdeutschen Handels (hefte zur ddr-geschichte 4). Berlin 1993.

Zu den Beziehungen zwischen der DDR und der Bundesrepublik in der Kanzlerschaft Helmut Kohls

Der Regierungswechsel in Bonn nach Auflösung der sozial-liberalen Koalition im Herbst 1982 brachte nicht die von manchem politischen Beobachter befürchtete Wende in der Deutschlandpolitik der Bundesregierung. Nur wenige Wochen nach seiner Wahl zum Bundeskanzler wandte sich Helmut Kohl brieflich an Erich Honecker. Darin sprach er sich für Kontinuität in der Deutschlandpolitik aus und erklärte: „Der Grundlagenvertrag sowie die anderen Abkommen, Vereinbarungen und Regelungen zwischen beiden deutschen Staaten bleiben Grundlage und Rahmen für die Entwicklung der Beziehungen ... Ich habe alle mit den Beziehungen zur Deutschen Demokratischen Republik befaßten Bundesminister gebeten, die laufenden Verhandlungen mit der Deutschen Demokratischen Republik fortzusetzen."[34]

Im ersten Telefongespräch zwischen Honecker und Kohl am 24. Januar 1983 bestätigte der Kanzler erneut diese Position und erklärte: „Es ist unser Wunsch, ... die Möglichkeiten aus dem Grundlagenvertrag weiterzuentwickeln und zu nutzen, um positive Impulse für die Zusammenarbeit zu ermöglichen. Das sage ich nicht nur für heute, sondern auch im Blick auf die Ereignisse nach dem 6. März, nach der Wahl bei uns."[35] Kohl ließ durchblicken, daß er von den zwischen dem bayerischen Ministerpräsidenten Franz Josef Strauß und DDR-Staatssekretär Alexander Schalck-Golodkowski begonnenen informellen Kontakten Kenntnis habe und diese unterstützte. Er bat Honecker, ihn über die Ergebnisse auf dem laufenden zu halten.[36]

---

34 SAPMO - BArch, DY 30/vorl. SED, 41 664. Damit rückte Kohl deutlich von deutschlandpolitischen Zielen der Union der frühen siebziger Jahre ab. Vgl. Dok. 11.

35 SAPMO - BArch, DY 30/vorl. SED, 41 664. Vgl. Dok. 13. Auch bei einem erneuten telefonischen Kontakt zwischen Kohl und Honecker knapp drei Monate später, am 18. April 1983, der wegen des Todes eines Transitreisenden an der deutsch-deutschen Grenze zustande kam, zielten beide Politiker auf Schadensbegrenzung ab. Kohl wollte zwar den in Bonn weilenden ZK-Sekretär Günter Mittag wegen der „unguten Lage" nicht empfangen, äußerte sich aber deutlich gegen eine Zuspitzung. „Ich will die Sache nicht unnötig dramatisieren. Aber mir liegt daran, daß das Gespräch in einer sehr absehbaren Zeit stattfindet, auch im Blick auf die Vorbereitung Ihres Besuches und anderer Punkte", teilte er Honecker mit. Vgl. Dok. 16.

36 Parallel zu den Verhandlungen zwischen Schalck und Strauß hatte es offenbar unter den Code-Bezeichnungen „Zürcher Modell" bzw. „Länderspiel" Kontakte von DDR-Vertretern über den Chef der Bank für Kredit und Außenhandel in Zürich, Holger Bahl, ins Bonner Kanzleramt gegeben. Bei diesen Gesprächen wurde die Möglichkeit eines Vier-Milliarden-DM-Kredits für die

Alexander Schalck-Golodkowski, der im Auftrage des SED-Politbüros seit 1967 den Bereich „Kommerzielle Koordinierung" im Ministerium für Außenhandel leitete, war am Ende der siebziger Jahren
zum wichtigsten Vertrauten von Honecker und Mittag als DDR-Unter-
händler für die politischen und kommerziellen Beziehungen zur Bundesrepublik avanciert. Ohne seine Kenntnis bzw. sein Mitwirken lief
seitdem in den Beziehungen zur Bundesregierung nur noch wenig.
Hatte er bereits in den siebziger Jahren als Verhandlungspartner des
Leiters der Ständigen Vertretung, Günter Gaus, fungiert,[37] so pflegte
Schalck nun im direkten Auftrage Honeckers die Beziehungen zu
wichtigen Politikern der Bonner Regierungsparteien und handelte mit
dem bayerischen Ministerpräsidenten und CSU-Vorsitzenden Franz
Josef Strauß die Milliardenkredite von 1983 und 1984 aus. Schalck
war eine der zentralen Figuren in der Deutschlandpolitik der DDR.
Sein Einfluß auf die praktischen Beziehungen zur Bundesrepublik war
wesentlich größer, als seine formale Dienststellung als Mitglied des
SED-Zentralkomitees und Staatssekretär im Außenhandelsministeri-
um vermuten läßt.[38] Dies geht insbesondere aus den Protokollen der
Tätigkeit der „Arbeitsgruppe des Politbüros" und aus seinen Vermer-
ken über Gespräche mit bundesdeutschen Spitzenpolitikern hervor.

Die Deutschlandpolitik der SED vollzog sich nach der Bonner
„Wende" im Herbst 1982 auf drei Ebenen:[39]

1. In kontinuierlicher Weiterführung der offiziellen politischen und
wirtschaftlichen Beziehungen zur BRD wurden die Verhandlungen auf
der Ebene von Ministern bzw. deren Beauftragten weitergeführt, ja
zum Teil intensiviert. Hinzu kamen die Kontakte von Politbüromitgliedern zu BRD-Politikern auf Bundes- und Länderebene. Verschie-

---

DDR sondiert, die jedoch nicht zum Tragen kam. Ob dabei auch über die
Chancen einer deutsch-deutschen Konföderation politisch substantiell gesprochen wurde, ist bisher nicht belegt. (Vgl. Jürgen Bergried: Honecker, Kohl
und ein abgesagtes „Länderspiel". Insiderberichte im Schalck-Untersuchungs-
ausschuß des Bayerischen Landtages über jahrelange brisante deutsch-deutsche Geheimgespräche. In: ND, 22. April 1994.) Ausführlich hat sich Bahls
DDR-Verhandlungspartner Nitz zu diesen informellen Gesprächskontakten
geäußert. Vgl. Jürgen Nitz: Länderspiel. S. 11 ff.

37 Vgl. Günter Gaus: Wo Deutschland liegt. Eine Ortsbestimmung. München
1986, S. 187 ff.

38 Vgl. seine Aussagen dazu in: Theo Pirker u. a.: Der Plan als Befehl und Fiktion. S. 143 ff.

39 Vgl. Detlef Nakath: Zur Geschichte der deutsch-deutschen Beziehungen in
den 70er und 80er Jahren. In: Dietmar Keller/Hans Modrow/Herbert Wolf
(Hrsg.): Ansichten zur Geschichte der DDR. Bd. IV. Bonn/Berlin 1994. S.
255 ff.

dene Spitzenpolitiker der SED (z. B. die Politbüromitglieder Werner Felfe, Joachim Herrmann, Egon Krenz, Günter Mittag, Horst Sindermann und auch 1989 der damalige 1. Sekretär der Bezirksleitung Dresden Hans Modrow) besuchten in den achtziger Jahren die BRD. Außerdem nahmen die Ständigen Vertretungen in Bonn und Berlin ihre Aufgaben unverändert wahr. Als zusätzliches Element kamen seit 1986 immer mehr Städtepartnerschaften zwischen Kommunen zustande. Zunächst hatten Saarlouis und Eisenhüttenstadt am 25. April 1986 eine solche Partnerschaft vereinbart. Vor und dann nach dem Honecker-Besuch in Bonn folgten zahlreiche weitere Abschlüsse. Die deutsch-deutschen Beziehungen begannen sich somit auch zu regionalisieren.

Westberlin wurde weiterhin nicht als Bestandteil der Bundesrepublik angesehen. Dabei stützte man sich auf das Vier-Mächte-Abkommen und die in der sowjetischen Deutschlandpolitik angewandte Praxis. Mit dem Westberliner Senat sowie den Regierenden Bürgermeistern führte man gesonderte Gespräche. Honecker empfing sowohl in Berlin-Niederschönhausen als auch während der Messen in Leipzig die Berliner Regierenden Bürgermeister Richard von Weizsäcker, Eberhard Diepgen und Walter Momper.

2. Über Alexander Schalck-Golodkowski, aber auch über Rechtsanwalt Wolfgang Vogel, wurden informelle Kontakte zu verschiedenen Politikern und Wirtschaftsvertretern der Bundesrepublik hergestellt und ausgebaut.[40] Insbesondere die Kontakte Schalcks zu Strauß, Schäuble, Späth, zu den bayerischen Unternehmern März und Moksel erlangten größere Bedeutung.[41] Diese Gesprächskontakte waren von beiden Seiten gewollt. Über diese „stillen Kanäle" konnte man unauffällig und ohne den ansonsten unvermeidlichen Medienrummel eigene Vorstellungen und Vorschläge der anderen Seite nahebringen und in heiklen Fragen Lösungsmöglichkeiten diskutieren. Wenn heute der Versuch gemacht wird, dies pauschal zu kriminalisieren, so ist das höchst fragwürdig und im hohem Maße unhistorisch.

---

40   Vgl. zur Rolle des Rechtsanwalts: Craig. R. Whitney: Advokatus Diaboli. Wolfgang Vogel - Anwalt zwischen Ost und West. Berlin 1993.

41   Informelle Kontakte zwischen Vertretern beider deutscher Staaten hat es bereits in den fünfziger und sechziger Jahren gegeben. Sie waren keine Erfindung Honeckers oder Schalcks. Vgl. Andreas Förster: Adenauers Abgesandter kam mit der S-Bahn. In: Berliner Zeitung, 20. Januar 1994; Detlef Nakath: „Zur Politik des Dialogs gibt's keine sinnvolle Alternative". Die deutsch-deutsche „Geheimdiplomatie" ist älter, als Wahlkampf-Enthüllungen suggerieren. In: ND, 19./20. Februar 1994; Ders., „Eigentlich darf ich das nicht sagen ..." Als Franz Josef Strauß und Alexander Schalck-Golodkowski über Wirtschafts- und Sicherheitsfragen konferierten. In: Ebenda, 9./10. April 1994.

3. Neben ihrer offiziellen Außenpolitik pflegte die SED-Führung Parteibeziehungen zur oppositionellen SPD, zu ihrem Parteivorstand, zur Bundestagsfraktion und auch zu Landesorganisationen der deutschen Sozialdemokratie. In der zweiten Hälfte der achtziger Jahre einigten sich Vertreter beider Parteien, nämlich die Akademie für Gesellschaftswissenschaften beim ZK der SED und die Grundwertekommission der SPD, auf das gemeinsame Papier „Der Streit der Ideologien und die gemeinsame Sicherheit"[42], führten weitere Verhandlungen z. B. über eine atomwaffenfreie Zone in Mitteleuropa sowie die Achtung der chemischen Waffen.[43]

Die Aktivitäten der SPD auf einem von der Bonner Regierung in ihren Verhandlungen mit der DDR vernachlässigten Gebiet, der Sicherheitspolitik, haben in der vermeintlich monolithischen SED sehr viel Bewegung und politische Diskussionen bewirkt. Insbesondere die Parteibasis der SED begann selbstbewußter über Fragen zu diskutieren, die zuvor vom Politbüro als ausschließliche Angelegenheit der Parteiführung reklamiert worden waren. Insofern hatten diese Verhandlungen einen von der Sozialdemokratie offenbar gewünschten Nebeneffekt: Die politische Erosion innerhalb der SED schritt voran.

SED-Chef Honecker hat aus seiner Sicht die veränderte deutschlandpolitische Situation unmittelbar vor seinem Tode im chilenischen Exil 1994 in den „Moabiter Notizen" mit folgenden Worten beschrieben: „Mit dem Abgang Helmut Schmidts als Bundeskanzler und dem Amtsantritt Kohls entstand eine neue Situation in den deutsch-deutschen Beziehungen. Schließlich war es die CDU unter Führung von Kohl, die alle Schritte unterbinden wollte, die zu einer Normalisierung der Beziehungen zwischen der BRD und der DDR führen sollten ... Und nun - Kanzler Kohl. Niemand von uns wußte, wie es in den Beziehungen zwischen der BRD und der DDR weitergehen würde."[44]

---

42 Vgl. Harald Neubert: Wie kam es zum Gemeinsamen Dokument von SED und SPD „Der Streit der Ideologien und die gemeinsame Sicherheit" im Jahre 1987 und welche Bedeutung kommt ihm zu? (hefte zur ddr-geschichte 18) Berlin 1994.

43 Vgl. Manfred Uschner: Die Ostpolitik der SPD. S. 121 ff. Die Kontakte der SPD zur SED sind sowohl in der zweiten Hälfte der achtziger Jahre als auch auf der 51. - 53. Sitzung der Enquetekommission des Bundestages vom 2. bis 4. November 1993 zum Teil heftig angegriffen und als „Nebenaußenpolitik" kritisiert worden. Vgl. Ders.: Deutsch-deutsche Vergangenheit. Eindrücke von der 51. - 53. Sitzung der Enquete-Kommission des Deutschen Bundestages zum Thema „Phasen der Deutschlandpolitik" vom 2. - 4.11.1993 im Berliner Reichstag. In: DIE NEUE ZEIT. Mitteilungsblatt des Kautsky-Bernstein-Kreises, H. 13/1993, S. 14 ff.

44 Erich Honecker: Moabiter Notizen. Berlin 1994, S. 44 f.

Diese Einschätzung dürfte kaum der Realität entsprechen. Die DDR-Führung war bekanntlich frühzeitig durch Walter Leisler Kiep und auch über andere Kanäle darüber informiert, daß Helmut Kohl zu einer Kontinuität in der Deutschlandpolitik keine Alternative sah.

Der Honecker-Besuch in Bonn und seine Auswirkungen auf das Verhältnis zwischen beiden deutschen Staaten

Höhepunkt der deutsch-deutschen Beziehungen in den achtziger Jahren war zweifellos Honeckers Besuch in Bonn im September 1987. Formal war es der Gegenbesuch zur Schmidt-Visite am Werbellinsee im Dezember 1981. Unmittelbar nach seinem Amtsantritt als Bundeskanzler hatte Helmut Kohl im November 1982 dem SED-Generalsekretär persönlich wissen lassen, daß er an der noch von seinem Vorgänger Helmut Schmidt ausgesprochenen Einladung festhalte. Obwohl der Honecker-Besuch auf Betreiben Moskaus mehrfach verschoben werden mußte, hatte Kohl seine Einladung wiederholt bekräftigt.[45] Auch 1987 machten Gorbatschow und Schewardnadse keinen Hehl daraus, daß sie Honeckers Reise in die Bundesrepublik mit erheblicher Skepsis beobachteten. Möglicherweise haben die internen Informationen aus dem SED-Politbüro ihre kritische Haltung weiter verstärkt. Dennoch setzte sich Honecker durch und trat die Reise an den Rhein an.

In Bonn gingen Kohl und Honecker von der gemeinsamen Verantwortung für den Frieden in Europa aus und suchten nach Wegen zur Intensivierung der deutsch-deutschen Beziehungen.[46] Sie vereinbarten die Bildung einer „gemischten Kommission zur weiteren Entwicklung der wirtschaftlichen Beziehungen auf der Grundlage der bestehenden Abkommen",[47] die allerdings kaum Bedeutung erlangte.[48] Wichtiger waren die während des Besuches unterzeichneten bilateralen Verträge.

---

45 Vgl. Fred Oldenburg/Gerd-Rüdiger Stephan: Honecker kam nicht nach Bonn. Neue Quellen zum Konflikt zwischen Ost-Berlin und Moskau 1984 In: Deutschland Archiv, H. 8/1995, S. 791 ff.

46 Am Rande des Honecker-Besuches unterzeichneten die DDR und die Bundesrepublik Deutschland drei staatliche Verträge für die Gebiete Wissenschaft und Technik, Umweltschutz sowie Strahlenschutz und Reaktorsicherheit. Bereits im Mai 1986 hatten sie in Berlin ein Kulturabkommen abgeschlossen, über das jahrelang verhandelt worden war. Diese Vertragstexte werden hier nicht wiedergegeben, da sie schon mehrfach veröffentlicht wurden. Vgl. z. B. Beziehungen der Deutschen Demokratischen Republik zur Bundesrepublik Deutschland und zu Berlin (West). S. 143 ff.

47 Ebenda, S. 152.

48 Gegen diese Kommission hat es in der BRD erheblichen Widerstand gegeben. Vor allem der Westberliner Wirtschaftssenator Peter Mitzscherling (SPD) trat in

Neben den politischen Gesprächen mit Bundeskanzler Kohl und Bundespräsident von Weizsäcker traf der SED-Chef während seiner Bonn-Visite sowie der anschließenden Reise durch mehrere Bundesländer mit nahezu allen wichtige Politiker und einflußreichen Vertretern der deutschen Wirtschaft zusammen.[49]

Honeckers Erinnerungen an den Bonn-Besuch sind recht aufschlußreich. Politische Symbolik und diplomatisches Protokoll hatten für ihn immer eine überragende Bedeutung. In seinen „Moabiter Notizen" schrieb er: „Der Empfang in Bonn im September 1987 war freundlich. Zum ersten Mal erklang die Staatshymne der DDR in Bonn; der Staatsflagge der DDR wurde die ihr zukommende Ehre erwiesen."[50] Zweifellos dominierte, wie aus den Gesprächsnotizen deutlich wird, die Sachlichkeit in den direkten Kontakten zwischen Honecker und Kohl. Beide gingen grundsätzlich von einen längeren Existenz der deutschen Zweistaatlichkeit aus, auch wenn sich bereits in der zweiten Hälfte der achtziger Jahre die weltpolitischen Grundkoordinaten langsam zu verschieben begannen.

Obwohl Honecker spätestens seit Anfang 1987 gegenüber der sowjetischen Perestroika-Politik deutlich auf Distanz gegangen war und die Differenzen mit der KPdSU-Spitze um Gorbatschow immer größer wurden,[51] fühlte er sich bei seinem Besuch in der Bundesrepublik auf dem Gipfel seines politischen Einflusses. Sein wichtigstes Betätigungsfeld war nunmehr die Außen- und Deutschlandpolitik; den

---

der Öffentlichkeit vehement gegen diese Kommission auf und wurde dabei von Experten des Deutschen Instituts für Wirtschaftsforschung (DIW) unterstützt. Vgl. dazu u. a.: Jürgen Nitz: Länderspiel. S. 132 f.

49 Honecker hat in seinen „Moabiter Notizen" Details über seine Gespräche mit Helmut Kohl, Richard von Weizsäcker, Hans-Jochen Vogel, Alfred Dregger, Theo Waigel, Willy Brandt, Franz Josef Strauß und anderen Politikern veröffentlicht. Der Band enthält alle Gesprächsniederschriften, die von Honeckers Begleitung angefertigt worden sind. (Vgl. Erich Honecker: Moabiter Notizen. S. 105 ff.) Aufgrund der dort bereits erfolgten Veröffentlichung sowie der Edition in Heinrich Potthoffs Band kann hier auf einen erneuten Abdruck der Gesprächsniederschriften verzichtet werden.

50 Ebenda, S. 47.

51 Vgl. die veröffentlichten Dokumente in: Daniel Küchenmeister (Hrsg.): Honecker - Gorbatschow. Vieraugengespräche. Berlin 1993; Gerd-Rüdiger Stephan (Hrsg.): „Vorwärts immer, rückwärts nimmer!" Interne Dokumente zum Zerfall von SED und DDR 1988/89. Berlin 1994. Vgl. außerdem: Monika Nakath: SED und Perestroika. Reflexion osteuropäischer Reformversuche in den 80er Jahren (hefte zur ddr-geschichte 8). Berlin 1993; Dies.: Ein neuer „Sputnik-Schock". Die SED-Führung im Spannungsfeld von Glasnost und Perestroika. In: Siegfried Prokop (Hrsg.): Die kurze Zeit der Utopie. Berlin 1994.

inneren Problemen der DDR wich er entweder aus oder versuchte mittels der internen Kontakte zu BRD-Politikern die wirtschaftlichen Schwierigkeiten sowie die deutlich zutage tretenden Versorgungsprobleme zu mildern. Schalck-Golodkowski reiste angesichts der immer schwieriger werdenden Zahlungsbilanz der DDR häufiger zu internen Verhandlungen in die Bundesrepublik, unter anderem mit dem Auftrag, eine deutliche Erhöhung der Ende 1989 auslaufenden Vereinbarung über die Transitpauschale sowie die Straßenbenutzungsgebühren zu erreichen, so in den Unterredungen mit Wolfgang Schäuble und Franz Josef Strauß am 5. Mai 1988. Bei dieser Gelegenheit informierte Strauß Schalck ausführlich über eine Strategiediskussion im sogenannten Zehnerausschuß der CDU/CSU-Fraktion:

„Strauß stellte dazu fest, daß zwei politische Konzeptionen zu Diskussion standen:

- Die Politik der Konfrontation mit allen ökonomischen Konsequenzen, Wegfall des Swing, keine 'EG-Beteiligung' mehr, Korrektur der 'römischen Verträge', strenge Regelung über Kreditausreichung unter Inkaufnahme aller sich daraus für die BRD und Berlin (West) ergebenden Folgen.

- Die Politik des Dialogs, des Aufeinanderzugehens, Fortsetzung der positiven allseitigen Entwicklung der Zusammenarbeit in Politik, Wirtschaft, Wissenschaft und Technik, Verkehr, Kultur und ein garantierter Reise- und Besucherverkehr, Einschränkung des Niveauunterschiedes in Wirtschafts- und Warenangebot, Abschluß von langfristigen Vereinbarungen über das 'politisch Machbare'.

Das Gremium hat sich eindeutig für den zweiten Weg entschieden, weil es nach Strauß dazu keine Alternative gibt."[52]

Diese Information war für die weitere Verhandlungsstrategie der DDR von erstrangiger Bedeutung. Die Vereinbarungen vom 5. Oktober 1988 über wesentliche kommerzielle Fragen konnten erfolgreich ausgehandelt werden. In Zusammenhang mit einer DDR-Erklärung über die Grunderneuerung von Autobahnteilstrecken wurde die Transitpauschale von 525 Mio. auf 860 Mio. DM jährlich erhöht. Die Straßenbenutzungsgebühren sollten zukünftig 55 Mio. DM betragen. Diese Regelungen waren für die Jahre von 1990 bis 1999 vorgesehen.[53] Sie kamen durch den Prozeß der deutschen Vereinigung lediglich 1990 in Anwendung und waren die letzten zwischenstaatlichen Vereinbarungen beider deutscher Staaten bis Oktober 1989.

---

52   SAPMO - BArch, DY 30/vorl. SED, 42 181. Vgl. auch Detlef Nakath: „Zur Politik des Dialogs gibt's keine sinnvolle Alternative".

53   Beziehungen der Deutschen Demokratischen Republik zur Bundesrepublik Deutschland und zu Berlin (West). S. 154.

Zu den deutsch-deutschen Beziehungen in den Jahren 1988/89

Auch nach dem Bonner Gipfeltreffen besuchten namhafte BRD-Politiker die DDR. Sie sprachen mit Erich Honecker bzw. anderen Mitgliedern der SED-Führung. Zu den Besuchern aus der Bundesrepublik gehörten Rudolf Scharping, Oskar Lafontaine, Klaus von Dohnanyi, Klaus Wedemeier, Dieter Spöri, Otto Graf Lambsdorff, Eberhard Diepgen, Bernhard Vogel, Volker Rühe, Hans Jochen Vogel, Alfred Dregger, Martin Bangemann, Björn Engholm, Lothar Späth, Henning Voscherau, Johannes Rau, Max Streibl, Ernst Albrecht und Walter Momper.[54]

In jüngster Zeit wurde immer wieder die Legende verbreitet, daß sich öffentlich besonders die Unionspolitiker gegenüber Honecker „zwangsläufig staatsmännisch" verhalten hätten, jedoch in den persönlichen Gesprächen mit dem DDR-Staatsratsvorsitzenden „Tacheles" geredet hätten. Aus den vorliegenden Gesprächsvermerken sowie den stenographischen Mitschriften der Telefongespräche des Bundeskanzlers wird dies jedoch keineswegs deutlich. Das Gegenteil trifft zu.

Auch verschiedentlich anzutreffende Auffassungen, die Sowjetunion hätte die DDR bereits 1986, spätestens aber 1988 „fallengelassen", werden durch die Quellenlage nicht bestätigt.[55] Vor allem zwei Aussagen sprechen nach derzeitigem Kenntnisstand dagegen:[56]

1. Helmut Kohl berichtete vor der Enquete-Kommission unter anderem über seine Gespräche mit Gorbatschow und erklärte: „Wir haben dann mit Gorbatschow die Gespräche fortgesetzt, die Beziehungen haben sich zunehmend persönlich gestaltet. Noch 1988 sagte er auf meine Bemerkungen in Sachen deutsche Einheit wörtlich: 'Zu den Realitäten gehört, was nach dem Krieg übriggeblieben ist. Die Gefühle des deutschen Volkes, der Deutschen, sind uns allen sehr verständlich. Aber die Geschichte kann nicht umgeschrieben werden'."[57]

---

54 Vgl. dazu die Gesprächsnotizen bzw. Niederschriften über die Gespräche mit den bundesdeutschen Politikern im Aktenbestand des „Büros Honecker" in SAPMO - BArch, DY 30/J IV/898 und folgende Bandsignaturen.

55 Valentin Falin setzt sich kritisch mit der Aussage des ehemaligen UdSSR-Außenministers Eduard Schewardnadse auseinander, wonach „die sowjetische Führung die DDR irgendwann im Jahre 1986 abgeschrieben" habe. Falin bezieht sich auf zahlreiche Unterredungen mit Gorbatschow und Jakowlew zwischen 1986 und 1990, die Schewardnadse nicht bestätigen. Vgl. Valentin Falin: Politische Erinnerungen. München 1993, S. 483. - Vgl. auch Daniel Küchenmeister/Gerd-Rüdiger Stephan: Gorbatschows Entfernung von der Breshnew-Doktrin. In: Zeitschrift für Geschichtswissenschaft, H. 8/1994, S. 713 ff.

56 Vgl. Detlef Nakath: DDR und BRD - Der Weg vom Grundlagenvertrag zum Herbst 1989. In: DDR-Außenpolitik aus heutiger Sicht. Berlin 1995. S. 115 f.

57 Deutscher Bundestag. 12. Wahlperiode. Enquete-Kommission. S. 11.

2. Unmittelbar nach der Kohl-Visite in Moskau entsandte Gorbatschow den Leiter der 3. Europäischen Abteilung des UdSSR-Außenministeriums, Alexander Bondarenko, als Sonderbotschafter nach Berlin, um Honecker am 30. Oktober 1988 über Gorbatschows Gespräche mit Kohl und Genscher ins Bild zu setzen. Die von diesem Gespräch angefertigte umfangreiche Aktennotiz stützt die Aussage Kohls vor der Enquete-Kommission. Danach hat, laut Bondarenko, Gorbatschow im Vier-Augen-Gespräch mit Kohl folgendes erklärt: „Genosse Gorbatschow wies darauf hin, daß die Sowjetunion mit der Deutschen Demokratischen Republik durch engste freundschaftliche und Bündnisbeziehungen verbunden ist. Sie trete auch für gute Beziehungen mit dem anderen deutschen Staat, der BRD, auf gesunder, langfristiger Grundlage ein. Was die Pläne für die Zukunft betreffe, die der Kanzler geäußert habe, so sei es besser, auf Versuche zu verzichten, die Geschichte neu zu schreiben. Hier kann man nichts machen, sagte Michail Gorbatschow. Es existierten der Moskauer Vertrag, die Schlußakte von Helsinki und andere Verträge, in denen die territorial-politischen Realitäten der Nachkriegszeit fixiert seien. Sie bestimmten den Weg in eine künftige gutnachbarliche Zusammenarbeit. Wenn man sich jedoch an Konzeptionen der vierziger und fünfziger Jahre klammere, könne das nur Zweifel an der Aufrichtigkeit der Politik der BRD in Ost und West hervorrufen."[58] In der Aktennotiz heißt es weiter: „Genosse Bondarenko wies in diesem Zusammenhang darauf hin, daß sich Michail Gorbatschow strikt an die Absprachen gehalten habe, die während des Arbeitsbesuchs des Genossen Honecker im September in Moskau vereinbart wurden."[59]

Von einer „Aufgabe der DDR" durch die Sowjetunion zu diesem Zeitpunkt kann wohl nicht gesprochen werden. Zu einem derartig wichtigen Vorgang könnten letztlich nur die Akten des Bundeskanzleramtes und des sowjetischen Partei- und Staatschefs Auskunft geben.[60] Diese Archive sind jedoch noch für mehr als zwanzig Jahre von einer wissenschaftlichen Benutzung ausgeschlossen.

---

58 SAPMO - BArch, DY 30/J IV/937.

59 Ebenda. Vgl. dazu die Niederschrift des Arbeitstreffens zwischen Honecker und Gorbatschow am 28. September 1988 in: Daniel Küchenmeister (Hrsg.): Honecker - Gorbatschow. Vieraugengespräche. S. 186 ff. Die Gesprächsmitschriften wurden sämtlichen Mitgliedern und Kandidaten des SED-Zentralkomitees im Dezember 1988 zur Kenntnis gegeben. Vgl. Gerd-Rüdiger Stephan: Die letzten Tagungen des Zentralkomitees der SED 1988/89. Abläufe und Hintergründe. In. Deutschland Archiv, H. 3/1993, S. 302 f.

60 Gorbatschow selbst widerspricht ebenfalls diesem Verrats-Klischee. Vgl. Michail Gorbatschow: Erinnerungen. Berlin 1995, S. 700 ff.

Zusammenfassend lassen sich zwei Etappen in der Geschichte der deutsch-deutschen Beziehungen in der Ära Honecker herausarbeiten:[61]

1. Der 1971 zum SED-Chef gewählte Erich Honecker setzte die von seinem Vorgänger Walter Ulbricht geprägte Deutschlandpolitik nicht kontinuierlich fort. Er fühlte sich, maßgeblich mit Moskauer Hilfe an die SED-Spitze gebracht, in stärkerem Maße der sowjetischen Europapolitik verpflichtet und ordnete die von ihm geprägte Strategie gegenüber der Bundesrepublik dem sowjetischen KSZE-Konzept unter.[62]

Seine Politik in den siebziger Jahren setzte auf Stärkung der internationalen Autorität der DDR durch weltweite diplomatische Anerkennung und UNO-Mitgliedschaft. Dazu zählte die vertragliche Ausgestaltung der Beziehungen zur BRD und zu Westberlin „im Schatten der Mauer". Es ergaben sich jedoch nur Realisierungschancen, wenn die DDR ihre Maximalforderungen partiell zurücknahm.

Der Grundlagenvertrag als Teil des europäischen Vertragswerkes schuf die Voraussetzungen für die gleichberechtigte Teilnahme der DDR am Entspannungsprozeß. Diese Phase wurde an der Schwelle zu den achtziger Jahren von einem Abschnitt erneuter Konfrontation abgelöst.

2. Nach einer auch im deutsch-deutschen Verhältnis schwierigen Zeit 1980/81 ging vom Gipfel zwischen Honecker und Schmidt am Werbellinsee und der erklärten Bereitschaft zur Kontinuität in der Deutschlandpolitik durch die Kohl-Regierung die Chance zur Fortsetzung einer „in Grenzen" verständigungsbereiten Gestaltung der Beziehungen aus. Insbesondere ab 1982/83 konnten das Instrumentarium und die Ebenen der deutsch-deutschen Beziehungen erweitert werden

Die bewußte Abkopplung der DDR von der sowjetischen Umgestaltungspolitik seit der Machtübernahme Gorbatschows hat ihren Bewegungsspielraum gegenüber der BRD eher eingeengt. Es zeigte sich, daß eine von sowjetischer „Obhut" befreite DDR auch im Verhältnis zur BRD wenig Innovation zustande brachte. Das lag vor allem an der Unbeweglichkeit des unmittelbaren Führungszentrums, des SED-Politbüro. Auf die veränderte Situation ab Herbst 1989 waren beide deutsche Staaten nicht vorbereitet.

Bis zum vorläufigen Höhepunkt der deutsch-deutschen Beziehungen in den achtziger Jahren, dem Besuch von SED-Generalsekretär Honecker 1987 in Bonn, bestanden, wie die Quellen illustrieren, wohl noch einige Alternativen für deren perspektivische Gestaltung.

---

61 Vgl. Detlef Nakath: Zur Geschichte der deutsch-deutschen Beziehungen in den 70er und 80er Jahren. S. 264.

62 Betrachtet man andere Beziehungsgefüge, sind auch abweichende Periodisierungen möglich. Vgl. z. B. Fred Oldenburg: Eine endliche Geschichte. Zum Verhältnis DDR - UdSSR 1970 bis 1990. In: Gisela Helwig (Hrsg.): Rückblicke auf die DDR. Festschrift für Ilse Spittmann-Rühle. Köln 1995, S. 163 ff.

Zu den Dokumenten

Der vorliegende Band entstand in Fortsetzung von Dokumentenpublikationen über die DDR-Geschichte der achtziger Jahre. 1993 erschien im Dietz Verlag Berlin der Band „Honecker-Gorbatschow. Vieraugengespräche". Ein Jahr später konnten interne Dokumente zum Zerfall von SED und DDR 1988/89 unter dem Titel „Vorwärts immer, rückwärts nimmer!" veröffentlicht werden.

Im dritten Band dieser losen Reihe sollen nun Dokumente aus der Geschichte der deutsch-deutschen Beziehungen auf höchster Ebene in den Jahren von 1980 bis 1987 der interessierten Öffentlichkeit vorgestellt werden. Sie sind vor allem dem Zentralen Parteiarchiv der SED in der Stiftung Archiv der Parteien und Massenorganisationen der DDR im Bundesarchiv (SAPMO - BArch), dem Bundesarchiv, Abteilungen Potsdam (BArchP) sowie dem Zentralarchiv des Bundesbeauftragten für die Unterlagen des Staatssicherheitsdienstes der ehemaligen DDR (BStU) entnommen. Die Herkunft der abgedruckten Quellen ist jeweils am Ende der Dokumente ausgewiesen.

Die in den Band aufgenommenen Dokumente werden größtenteils vollständig wiedergegeben. Die in den Originalen enthaltenen Hervorhebungen sind in kursiver Schrift gesetzt. Redaktionelle Einfügungen bzw. Auslassungen wurden in eckige Klammern gesetzt. Offensichtliche, sinnentstellende Fehler in Rechtschreibung und Grammatik wurden stillschweigend korrigiert. Stilistische Korrekturen sind nicht vorgenommen worden.

In die Anmerkungen sind lediglich die für das Verständnis der Texte wichtigsten zusätzlichen Informationen und Literaturhinweise, soweit sie für das Verständnis der Quellen unverzichtbar erschienen, sowie Verweise auf andere im Band enthaltende Dokumente aufgenommen worden. Weitere Hinweise sind außerdem den jeweiligen Kapiteleinleitungen zu entnehmen.

Die Überschriften der Dokumente lehnen sich eng an die Titel der archivalischen Quellen an, sind aber mit ihnen nicht immer vollständig identisch. Abweichungen wurden angemerkt.

Die Autoren möchten sich für die jederzeit hilfreiche Unterstützung besonders bei den Mitarbeitern der genannten Archive bedanken. Der Dank gilt ebenso den Damen und Herren des Dietz Verlages Berlin, die dem Vorhaben die ganze Zeit über sehr aufgeschlossen gegenüberstanden. Schließlich sei unseren Familien für notwendige Zuarbeiten, vor allem aber für ihr Verständnis und ihre Geduld gedankt.

Kapitel 1

1980 - 1982: Dialog ohne Illusionen
Die deutsch-deutsche Politik am Ende der Kanzlerschaft Helmut Schmidts

Am Beginn der achtziger Jahre hatte sich die politische Situation in Europa und der Welt erheblich verändert. Der NATO-Nachrüstungsbeschluß, der sowjetische Einmarsch in Afghanistan, die Krise in Polen und der Boykott der Olympischen Spiele in Moskau durch die USA und andere Staaten führten zu einer neuen Konfrontationsphase im Verhältnis der Supermächte. Beide deutsche Staaten waren darum bemüht, ihre mit dem Grundlagenvertrag eingeleiteten vertraglichen Beziehungen trotz des verschlechterten Klimas fortzuführen. SED-Chef Honecker und Bundeskanzler Schmidt hielten an ihrem telefonischen Kontakten ebenso fest, wie die Gespräche zwischen Vertretern beider deutscher Staaten zu verschiedenen Sachfragen weiterliefen. Ein ursprünglich von DDR und BRD angestrebtes deutsch-deutsches Gipfeltreffen kam jedoch 1980 wegen der Streiks in Polen noch nicht zustande. An seiner Vorbereitung wurde jedoch intensiv weitergearbeitet.

Trotz aller Probleme und unterschiedlicher Grundpositionen gelang es, im Dezember 1981 das deutsch-deutsche Treffen auf höchster Ebene am Werbellinsee zu arrangieren. Die Begegnung zwischen Honecker und Schmidt fand vor dem Hintergrund einer krisenhafter Entwicklung in beiden deutschen Staaten statt: Während die DDR auf eine ernste Wirtschafts- und Versorgungskrise zusteuerte, deutete sich in Bonn die Krise in der sozial-liberalen Koalition an, die knapp zehn Monate später zum Regierungswechsel führte.

Am Ende der 13 Jahre SPD/FDP-Regierung stand das Verdienst, mit den Ostverträgen die europäische Entspannung eingeleitet und vertieft zu haben. Die Schlußakte von Helsinki wäre ohne Brandts neue Ostpolitik nicht möglich gewesen. Das deutsche-deutsche Verhältnis hatte sich gravierend gewandelt. Nicht Sprachlosigkeit, sondern mehr oder weniger gut geregelte Vertragsbeziehungen prägten das Bild. Egon Bahrs Konzept eines „Wandels durch Annäherung" begann erste Früchte zu tragen.

Die europäische Entspannungspolitik, die vor allem dank der „Neuen Ostpolitik" der sozial-liberalen Koalition in Bonn unter Bundeskanzler Willy Brandt eingeleitet worden war und von seinem Nachfolger im Kanzleramt, Helmut Schmidt, weitergeführt wurde, begann Ende der siebziger Jahre zu bröckeln. Kurze Zeit nach der Unterzeichnung der Schlußakte von Helsinki formulierte der 1976 zum amerikanischen Präsidenten gewählte Jimmy Carter eine offensive Menschenrechtskampagne und forderte von den Ostblockstaaten, den Korb 3 der von ihnen unterzeichneten Helsinki-Schlußakte einzuhalten. In den osteuropäischen Staaten regten sich verstärkt oppositionelle Gruppen oder einzelne Dissidenten, wie die „Charta 77" in der CSSR oder Andrej Sacharow in der Sowjetunion.

Im Herbst 1976 ging auch die DDR-Führung nach zeitweilig ermutigenden Anzeichen wieder zu einer rigiden Innenpolitik über. Die Biermann-Ausbürgerung zog nicht nur Prosteste in- und außerhalb der DDR nach sich; sie vertiefte den ohnehin vorhandenen Graben zwischen der SED-Führung und zahlreichen Intellektuellen.

Der NATO-Nachrüstungsbeschluß vom 12. Dezember 1979, der vorsah, neue atomare Mittelstreckenraketen in Europa als Antwort auf die Modernisierung entsprechender sowjetischer Systeme aufzustellen, stieß bei den Staaten des Warschauer Vertrages auf heftigen Widerstand. Auf Initiative der Bundesrepublik wurde der Stationierungsbeschluß immerhin mit konkreten Verhandlungsangeboten gekoppelt. Der sowjetische Einmarsch in Afghanistan Ende Dezember 1979 sowie die Iran-Krise führten zu einer dramatischen Zuspitzung im Verhältnis der Supermächte. Zahlreiche westliche Staaten, darunter die USA und die Bundesrepublik, nahmen die entstandene Lage zum Anlaß, ihre Teilnahme an den Olympischen Spielen in Moskau abzusagen. Der westliche Olympiaboykott von 1980 führte vier Jahre später zum Gegenboykott der Olympischen Spiele in Los Angeles.

Parallel zu den Zuspitzungen im Verhältnis zwischen USA und Sowjetunion, gerieten einige Staaten des Ostblock in schwere wirtschaftliche und politische Turbulenzen. In Polen führte eine starke Volksbewegung zur Zulassung freier Gewerkschaften und zu einem aus sowjetischer Sicht machtpolitischen Vakuum. Zeitweilig war ein militärischer Einmarsch von Truppen des Warschauer Vertrages nicht auszuschließen. In der DDR zeigten sich akute Versorgungsschwierigkeiten, die Honecker auf der 5. Tagung des SED-Zentralkomitees Ende November 1982 als „Rhythmusstörungen" im Konsumbereich bagatellisierte.

Zugleich wurde spürbar, daß die Handlungsfähigkeit der sowjetischen Führung wegen der schweren Erkrankung von KPdSU-Generalsekretär Breshnews immer mehr abnahm.

Vor diesem weltpolitischen Hintergrund entwickelten sich die Beziehungen zwischen beiden deutschen Staaten in den letzten zwei Jahren der Amtszeit von Helmut Schmidt als Bundeskanzler.

Schmidt und Honecker waren zu ihrem ersten Gipfeltreffen im Sommer 1975 am Rande der Europäischen Sicherheitskonferenz in Helsinki zusammengetroffen. Am 16. April 1980 reiste SED-Politbüromitglied Günter Mittag auf Einladung von Bundeswirtschaftsminister Otto Graf Lambsdorff zur Hannover-Messe, wo er unter anderem mit Bertold Beitz und Walter Leisler Kiep zusammentraf. Einen Tag später traf Mittag in Bonn Bundeskanzler Helmut Schmidt zu einem längeren Gespräch. Gesprächsnotizen Mittags über diese Unterredung waren bisher nicht aufzufinden.[63]

Die an unvermuteter Stelle aufgefundenen „Aufzeichnungen über einen Bericht von Günter Mittag in der Sitzung des SED-Politbüros am 22. April 1980" (*Dokument 1*) verdeutlichen zweierlei: Hier wird einerseits die Art und Weise der Berichterstattung im Führungszirkel, gespiegelt durch die Sicht des „Protokollanten" Werner Krolikowski, wiedergegeben. Andererseits machen die Ausführungen deutlich, daß Honecker und Mittag in der Deutschlandpolitik offensichtlich nicht in vollem Einklang mit der Moskauer Führung agierten. Dies wird vor allem in den Schlußfolgerungen von Krolikowski/Stoph sichtbar, die im Dokument in fünf Punkten zusammengefaßt wurden.

Das SED-Politbüro bewertete unter dem Einfluß Honeckers die Mittag-Reise als „Popularisierung der abgestimmten Friedenspolitik der sozialistischen Länder".[64] Indes bereitete die SED-Führung schon das „Arbeitstreffen des Generalsekretärs des ZK der SED und Vorsitzenden des Staatsrates der DDR, Erich Honecker, mit dem Bundeskanzler der BRD, Helmut Schmidt, am 28. und 29. August 1980 in der DDR" vor. (*Dokument 2*) Dieses Treffen sollte im Jagdschloß Hubertusstock am Werbellinsee stattfinden. Es wurde kurzfristig, am 22. August 1980, aufgrund der internationalen Lage (Afghanistankrieg, Olympia-Boykott, Lage in Polen) von Bundeskanzler Schmidt verschoben. Vor allem die Streiks in Polen boten den Anlaß.

Am 13. Oktober 1980 verkündete Erich Honecker die „Geraer Forderungen" als Vorbedingung für eine weitere Normalisierung der Beziehungen zwischen beiden deutschen Staaten. Wenige Tage zuvor war der Mindestumtauschsatz auf 25 DM angehoben worden.

Die beiden Dokumente aus dem Jahre 1980 sind für das Verständnis der Vorbereitung des Schmidt-Besuches im Dezember 1981 von Bedeutung. Ende 1981 war die internationale Situation nicht weniger

---

63   Vgl. SAPMO - BArch, DY 30/J IV 2/2/1834 bzw. DY 30/J IV 2/2A/2314.

64   SAPMO - BArch, DY 30/J IV 2/2/1834.

kompliziert geworden. In den deutsch-deutschen Beziehungen bewegte sich nicht sehr viel. Überraschung löste am 15. Februar 1981 eine Formulierung Honeckers in einer Rede auf der Berliner Bezirksdelegiertenkonferenz der SED aus. Zum Verhältnis von DDR und BRD erklärte er zunächst in gewohnter Manier: „Im Ergebnis des Zweiten Weltkrieges und der Nachkriegsentwicklung sind zwei deutsche Staaten entstanden, die DDR und die BRD." Dann formulierte Honecker überraschend: „Der Sozialismus klopft eines Tages auch an eure Tür, und wenn der Tag kommt, an dem die Werktätigen der Bundesrepublik an die sozialistische Umgestaltung der Bundesrepublik Deutschland gehen, dann steht die Frage der Vereinigung beider deutscher Staaten vollkommen neu. Wie wir uns dann entscheiden, daran dürfte wohl kein Zweifel bestehen."[65]

Trotz der internationalen Probleme wurde im Herbst 1981 ein neuer Anlauf für ein deutsch-deutsches Gipfeltreffen genommen. Auf verschiedenen bilateralen Gebieten wurde zugleich das Verhandlungsklima moderater. Der Schmidt-Besuch in der DDR sollte nicht gefährdet werden.

Am 4. Dezember 1981 behandelte das SED-Politbüro nach erfolgreichen Vorbereitungsgesprächen eine Konzeption für den deutsch-deutschen Gipfel am Werbellinsee. In dieser Konzeption wurde hervorgehoben, daß „angesichts der durch imperialistische Kreise, insbesondere der USA, herbeigeführten Verschärfung der internationalen Lage" sowie nach der Bonn-Visite Breshnews (November 1981) die Begegnung zwischen Honecker und Schmidt „große aktuelle Bedeutung erlangt".[66] Honecker legte dem Politbüro in acht Punkten seine Ziele für die Gespräche mit Schmidt dar und stellte sie den zu erwartenden BRD-Forderungen gegenüber.

Zwei Dokumente, die von der Zentralen Auswertungs- und Informationsgruppe (ZAIG) des MfS angefertigt worden sind, spiegeln die Bevölkerungsreaktion in der DDR zum Schmidt-Besuch vor bzw. nach der Visite wieder. (*Dokumente 3* und *6*)

Über die Verhandlungen während des Besuches des Bundeskanzlers in der DDR vom 11. bis 13. Dezember 1981 geben zwei - bisher übrigens nicht veröffentlichte - Protokolle Auskunft. Auf die bereits an verschiedener Stelle publizierten Reden, Erklärungen, Stellungnahmen sowie das Gemeinsame Kommuniqué über das Treffen konnte hier

---

65 Innerdeutsche Beziehungen. Die Entwicklung der Beziehungen zwischen der Bundesrepublik Deutschland und der Deutschen Demokratischen Republik 1980 - 1986. Eine Dokumentation. Hrsg. vom Bundesministerium für innerdeutsche Beziehungen. Bonn 1986, S. 79.

66 SAPMO - BArch, DY 30/J IV 2/2/1992.

verzichtet werden.[67] Die „Gedächtnisaufzeichnung über das Vier-Augen-Gespräch zwischen SED-Generalsekretär Erich Honecker und Bundeskanzler Helmut Schmidt" am 11. Dezember 1981" (*Dokument 4*) sowie der Vermerk über ein Gespräch zwischen beiden Politikern am 12. Dezember 1981 (*Dokument 5*) verweisen auf die unterschiedlichen Positionen zu den wichtigsten weltpolitischen und bilateralen Fragen ebenso wie auf die Themenbreite des Treffens am Werbellinsee.

Überschattet wurde der Besuch des Bundeskanzlers durch die Ausrufung des Kriegsrechts in Polen. Noch vor Jahresfrist war das Treffen wegen der Situation in Polen abgesagt worden. Nunmehr führte die Zuspitzung der Lage zu keiner Abänderung des Programms mehr. Schmidts Visite klang wie geplant im mecklenburgischen Güstrow aus. Die Barlach-Stadt war an jenem 13. Dezember 1981 von DDR-Sicherheitskräften vollständig abgeriegelt worden. Das Trauma von Erfurt, als während des Brandt-Besuchs hunderte DDR-Bürger dem Gast zugejubelt hatten, hatte in der SED-Führung tiefe Spuren hinterlassen. In Güstrow wurden nur DDR-freundliche Bekundungen zugelassen. Die Stadt bot ein höchst peinliches Bild.

Als Ergebnis des deutsch-deutschen Gipfel blieb denn auch nicht allzuviel. Beide Seiten bekräftigten, was Brandt und Stoph schon in Erfurt und Kassel im Frühjahr 1970 bekundet hatten, nämlich „daß von deutschem Boden nie wieder Krieg ausgehen darf". Sie hoben ihre große Verantwortung für die Sicherung des Friedens in Europa hervor und stimmten darin überein, „daß vom Verhältnis der beiden deutschen Staaten keine zusätzlichen Belastungen für das Ost-West-Verhältnis ausgehen dürfen".[68]

Bilateral legte man fest, daß die vom 6. Dezember 1968 stammende und am 12. Dezember 1974 mit Einschränkungen verlängerte Regelung zum zinslosen Überziehungskredit im innerdeutschen Handel (Swing) um weitere sechs Monate verlängert wird, um mehr Zeit und Spielraum für die festgefahrenen Verhandlungen zu gewinnen.[69]

---

67 Vgl. Ebenda. S. 89 ff.; außerdem: Bulletin des Presse- und Informationsamtes der Bundesregierung, Bonn, 15. Dezember 1981; Außenpolitische Korrespondenz, Berlin, 18. Dezember 1981.

68 Gemeinsames Kommuniqué über das Treffen von Bundeskanzler Helmut Schmidt mit dem Generalsekretär des ZK der SED und Vorsitzenden des Staatsrates der DDR, Erich Honecker. In: Innerdeutsche Beziehungen. S. 89 ff.

69 Formell wurde, ausgehend vom Gipfeltreffen am Werbellinsee, am 17. Dezember 1981 durch gleichlautenden Briefwechsel zwischen dem Hauptabteilungsleiter im DDR-Außenhandelsministerium, Karl Keilholz, und dem Leiter der Treuhandstelle für Industrie und Handel (TSI), Franz Rösch, die Verlängerung der Swingregelung besiegelt. Vgl. Innerdeutsche Beziehungen. S. 99 f.

Parallel zur Frage der Swingregelung forderte die Bundesrepublik von der DDR eine Reduzierung des Mindestumtausches. Darüber konferierten am 17. März 1982 Günter Mittag und Otto Graf Lambsdorff in Berlin. Auch Kanzleramtsminister Hans-Jürgen Wischnewski schaltete sich ein und erläuterte dem Leiter der Ständigen DDR-Vertretung, Ewald Moldt, am 6. Mai 1982 die Bonner Position in der Frage der „menschlichen Verbesserungen". Am 13. September 1982 führte Wischnewski in Berlin ein Gespräch mit Honecker und erläuterte diesem die inzwischen höchst komplizierte innenpolitische Lage, in der sich die sozial-liberale Koalition befand. (*Dokument 8*)

Am 18. Juni 1982 konnte aber noch eine Paketvereinbarung zwischen beiden deutschen Staaten vereinbart werden, die eine schrittweise Rückführung des Swing von 850 Mio. VE im Jahre 1982 auf 600 Mio. VE 1985 vorsah. Zugleich einigte man sich, für den nichtkommerziellen Zahlungsverkehr 1983 bis 1985 jährlich 60 Mio. DM bereitzustellen. Die DDR sicherte ihrerseits Personen, die das Land bis Ende 1980 verlassen hatten, Straffreiheit beim Benutzen der Transitwege bzw. bei der besuchsweisen Einreise zu. Zu seiner Position über diese bilateralen Fragen sowie zu Problemen der Abrüstung und Friedenssicherung hatte Honecker Bundeskanzler Schmidt im Juni 1982 in einer mündlichen Botschaft, die Ewald Moldt in Bonn übermittelte, informiert und so die Paketlösung vorangebracht.

Dies war die letzte wichtige deutsch-deutsche Vereinbarung in der Ära der sozial-liberalen Koalition. Die „Bonner Wende" kündigte sich an. Am 1. Oktober 1982 wurde Helmut Schmidt über den Weg des „konstruktiven Mißtrauensvotums" als Bundeskanzler abgewählt. Sein Nachfolger, Helmut Kohl, erhielt die Mehrheit im Bundestag und bildete eine Koalitionsregierung aus CDU/CSU und FDP. In der SED-Führung analysierte man die Lage und versuchte, sich mit „bewährten" Klischees auf die neue Situation einzustellen (*Dokument 9*).

Dokument 1

Aufzeichnungen über einen Bericht von Günter Mittag in der Sitzung des SED-Politbüros am 22. April 1980[70]

Bei einem Vergleich der Hannover-Messe mit der Leipziger Messe kann man getrost sagen, daß unsere Messe ohne weiteres standhält.[71] Unsere 21 Kombinate, die auf der Hannover-Messe vertreten waren, haben einen guten Eindruck gemacht, insbesondere auf dem Gebiet der Mikroelektronik.

Mein Rundgang war überall von grundsätzlichen politischen Gesprächen begleitet, von den Grundfragen:

Frieden, Entspannung, Abrüstung, Entwicklung gutnachbarlicher Beziehungen zwischen der DDR und der BRD, gegen Wirtschaftsboykott und Olympiaboykott, gegen die Differenzierungspolitik des Imperialismus gegenüber den sozialistischen Staaten.

Besonders eindrucksvoll war unser Besuch am Stand der Sowjetunion, das war ein großer Höhepunkt. Dort habe ich auch ein Interview für Radio Moskau gegeben.

Während der Messe hatte ich ein Gespräch mit Leisler Kiep, in dem er seine bekannten Standpunkte vertrat, die natürlich unserem Standpunkt, den ich dargelegt habe, diametral entgegenstanden. An eine Verständigung war natürlich überhaupt nicht zu denken.

Ich möchte jetzt über das Gespräch mit Bundeskanzler Schmidt informieren.[72]

Er wie ich brachten die Freude und Genugtuung über das Zustandekommen des Gespräches zum Ausdruck. Es wurde betont, daß trotz der schweren Belastungen der internationalen Lage die Beziehungen zwischen der DDR und der BRD gut weitergehen sollen. Ich habe Schmidt die herzlichsten Grüße von Erich Honecker übermittelt, die er ebenso herzlich erwidert hat. Schmidt sagte, daß dies kein Ersatzgespräch für sein Treffen mit Erich Honecker sein soll, auf das er nach wie vor eingestellt sein soll.

Von Günter Mittag wurde dies unterstützt. Schmidt bedauerte die Boykottmaßnahmen der USA-Regierung und verteidigte USA-Präsident Carter, der unter einem ungeheuren Druck der USA-Öffentlichkeit wegen der Geiselnahme in Teheran und unter dem Erfolgszwang

---

70 Zu den Hintergründen der Entstehung dieses Materials vgl. die Einführung in diesem Band, S. 21 ff.

71 Das SED-Politbüromitglied Günter Mittag besuchte vom 16. bis 18. April 1980 die Hannover-Messe und Bonn.

72 Das Gespräch Mittags mit Schmidt fand am 17. April 1980 in Bonn statt.

im Wahlkampf steht. Schmidt sieht mit großer Sorge, wie die beiden großen Weltmächte, die USA und die Sowjetunion, aufeinander losmarschieren. Die Ereignisse in Afghanistan und Iran sind zu sehr unangenehmen Punkten in der internationalen Lage geworden. Die internationale Lage wird zunehmend schwieriger. Der Rüstungswettlauf verstärkt sich. Vertreter von Carter sagten, daß die Seeblockade gegen Iran vorbereitet sei und *alles möglich ist*. Die Geiselfrage müsse man komplex betrachten. In einigen Ländern muß auf bevorstehende Wahlen Rücksicht genommen werden (gemeint sind offensichtlich die USA und die BRD). Der iranische Präsident Bani Sadr will sicher eine friedliche Lösung, aber er hat keine Macht. Chomeni will dies vielleicht auch, aber er ist viel krank und vielleicht bald tot. Die BRD ist gezwungen, in Solidarität mit den USA mitzumachen und wird sich den Sanktionen anschließen. Sie könne nicht anders, erklärte Schmidt.

Er sagte weiter, der Einmarsch der Sowjetunion in Afghanistan ist ein schwerer Fehler.[73] Er sei überzeugt, daß die Sowjetunion einen solchen Widerstand in der Welt nicht erwartet hat. Nach seiner Meinung sei ein Neutralisierungsplan nötig (man könne auch einen besseren Namen finden), der zwischen Afghanistan, den beiden Großmächten, USA und Sowjetunion, sowie den Nachbarstaaten von Afghanistan vereinbart werden könnte - vielleicht über die Bildung einer Koalitionsregierung in Afghanistan. Ohne daß die Sowjetunion etwa eine Blöße bekommt, muß sie die Truppen zurückziehen. Er sage dies, damit sich Herr Honecker von seinen Auffassungen ein Bild machen könne. Ihm (Schmidt) *lege sehr viel daran, daß er für die DDR berechenbar* bleibe. Dabei geht es nicht um freundschaftliche Illusionen. Der Krieg wäre furchtbar für alle Deutschen, sagte Schmidt und erklärte, daß er zu Carter gesagt habe:

„Du hast es mit 50 Geiseln zu tun, aber ich fühle mich für 85 Millionen Deutsche, für 60 Millionen in der BRD, 17 Millionen in der DDR und die in den anderen sozialistischen Ländern wie Polen, CSSR, Ungarn usw. sowie in den anderen Staaten überhaupt, also für alle Deutschen verantwortlich." Schmidt sagte weiter, daß ihm die Sachen mit der Olympiade sehr weh tut, aber die BRD-Sportler nicht nach Moskau gehen werden.[74]

Günter Mittag erklärte dann: Es ist ganz wichtig, daß die Politik beider deutscher Staaten davon ausgeht, daß nie wieder Krieg von deutschem Boden ausgehen darf. Ein dritter Weltkrieg würde zu einer atomaren Katastrophe führen und die Ausrottung der Deutschen

---

73   UdSSR-Truppen waren am 27. Dezember 1979 in Afghanistan einmarschiert.

74   Die Spiele der XXII. Olympiade fanden vom 19. Juli bis 3. August 1980 in der sowjetischen Hauptstadt Moskau statt.

bedeuten. Die Erhaltung des europäischen Vertragswerkes sei für den Frieden sehr wichtig. Die Entwicklung der ökonomischen Beziehungen sei ein stabilisierender Faktor. Er möchte in aller Eindeutigkeit betonen, daß durch die Unberechenbarkeit Carters sich die Gefahr für einen Weltkrieg verschärft hat. Man könne im einzelnen verschiedener Meinung sein, ob die Lage wie vor einem neuen Weltkrieg sei, Fakt ist jedoch, daß sich die Kriegsvorbereitung verschärft. Das verlange von allen Seiten Vernunft und Besonnenheit im politischen Handeln. Die Hauptaufgabe dieses Jahrzehnts sei die Sicherung des Friedens. Brzezinski aber habe dagegen erklärt, es könne durchaus sein, daß man auf den atomaren Knopf drücken müsse. Darauf wandte sich Schmidt an Huonker mit der Frage: Ist denn das bekannt, worauf Huonker sagte, er könne das nicht sagen, er wisse dies nicht.

Günter Mittag fuhr fort: Boykott und Blockade hätten den Frieden noch nie geschadet und den Sozialismus noch nie umgestoßen. Es ist ganz klar, daß, wenn der Olympiaboykott als politische Waffe eingesetzt wird, wir uns sehr genau überlegen, wie wir reagieren werden und daß dies negative Folgen hat. Ich habe dann, so berichtete Günter Mittag im Politbüro, die sowjetische Hilfe für Afghanistan verteidigt als völlig rechtmäßige Maßnahme im Interesse der nationalen Souveränität Afghanistans und der Sicherung des Friedens in diesem Raum, die auf Wunsch der afghanischen Regierung erwiesen wurde, wofür der Vertrag über Freundschaft und Zusammenarbeit zwischen beiden Ländern die Grundlage ist und was der jahrzehntelangen Freundschaft (seit 1921) zwischen Afghanistan und der UdSSR entspricht. Ich habe, so berichtete Günter Mittag, den aggressiven Plan der USA-Imperialisten entlarvt, der, nachdem die USA aus Iran herausgeflogen sind, darin bestand, sich in Afghanistan einzunisten. Ich habe Schmidt auf die Enthüllung in der Züricher Zeitung hingewiesen, woraufhin er Huonker ersuchte, sich dieses Material zu beschaffen, da er es nicht kenne. Ich habe darauf hingewiesen, wie die USA auch aus der Luft in diesem Raum gegenüber der Sowjetunion Spionage betreibe usw. In diesem Zusammenhang habe ich, so sagte Günter Mittag, festgestellt, daß die Verschärfung der internationalen Lage das Ergebnis vor allem der USA-Politik ist, des NATO-Langzeitprogramms und vor allem des verhängnisvollen Brüsseler NATO-Raketenbeschlusses.[75] Die Ereignisse in Afghanistan sind für die USA nur ein Vorwand, um ihre Ziele besser durchsetzen zu können. Ich habe Schmidt darauf hingewiesen,

---

75 Das Kommuniqué der Außen- und Verteidigungsminister der NATO über den bedingten Beschluß zur Stationierung von Mittelstreckenraketen vom 12. Dezember 1979 vgl. in: Außenpolitik der Bundesrepublik Deutschland. Dokumente von 1949 bis 1994. Köln 1995, S. 469 ff.

wie fehlerhaft es war, auf die Berliner Friedensinitiative von L. Breshnew nicht positiv zu reagieren, wie falsch es war, den Ratschlag von Erich Honecker im Telefongespräch mit ihm am Vorabend des Westberliner Parteitages zu überhören.[76] Durch diese ganze Politik der USA und der NATO ist die Rüstungsspirale voll in Gang geraten und zugleich redet man von Verhandlungen - was soll man davon halten? Carter versucht das militärische Gleichgewicht zu verändern. Notwendig sei die Durchführung der NATO-Beschlüsse auszusetzen. Er könne Herrn Schmidt nur empfehlen, jetzt nach Moskau zu fahren und die Einladung von L. Breshnew anzunehmen und das am besten heute noch Moskau mitzuteilen. Erich Honecker sei voll und ganz dafür.

Was die Wirtschaftsbedingungen anbetrifft zwischen der DDR und der BRD, so entwickeln sie sich positiv. Unsere Geschäfte mit Hoechst und Krupp bewähren sich. Deshalb ist das durch unsere Seite auch öffentlich bestätigt worden.

Schmidt: Er möchte sagen, daß die Sowjetunion für den Westen auch nicht berechenbar ist. Sie weitet ihren Einfluß in der Welt ständig aus. Sie betreibt auch überall eine intensive Spionageaufklärung - und mit Hilfe Kubas auch gegenüber den USA. Er schätze sogar ein, daß die Sowjetunion eine bessere Luftaufklärung besitzt als die USA, wobei die Multispektralkamera der DDR von Zeiß gute Dienste erweist. Das NATO-Langzeitprogramm hat bei weitem nicht so eine Bedeutung wie das der Osten sieht. Auch die Sache mit dem Mittelstreckenraketenprogramm der NATO für Europa sieht er ganz anders, denn die Sowjetunion hatte die Mittelstreckenraketen schon lange Zeit vorher innerhalb ihres Waffensystems in bedeutender Zahl. Er (Schmidt) habe erst kürzlich einen Vorschlag für ein Interimsabkommen für drei Jahre gemacht. Er betrachtet die Forderung nach Suspendierung des NATO-Beschlusses als absurd. Er möchte auch sagen, daß, als Breshnew in Berlin seine Friedensinitiative ergriff, mit dem ganzen Plan der Stationierung der atomaren Mittelstreckenraketen der NATO für Europa schon alles gelaufen war, also nichts mehr korrigiert werden konnte; da war alles schon zu spät. Die Einladung von Moskau liegt ihm vor. Er sei bereit. Der Termin ist noch offen.

---

76 Die sogenannte Berliner Friedensinitiative von KPdSU-Generalsekretär Leonid Breshnew, die in dessen Rede am 6. Oktober 1979 zum 30. Jahrestag der DDR verkündet worden war, beinhaltete die Reduzierung der UdSSR-Streitkräfte auf dem DDR-Territorium um 20.000 Soldaten und 1.000 Panzer. Außerdem erklärte sich Breshnew zu einem einseitigen Abbau von Mittelstreckenraketen bereit, falls die NATO auf die Stationierung ihrer neuen Raketensysteme in Europa verzichten würde. - Der Westberliner Parteitag der SPD fand vom 3. bis 7. Dezember 1980 statt.

Mittag: Er möchte sagen, daß er gern zur Kenntnis nimmt, daß Bundeskanzler Schmidt in seiner Politik berechenbar sein will. Er ist davon überzeugt, daß Erich Honecker die Berechenbarkeit der BRD-Politik sehr begrüßen wird. Erich Honecker würde auch außerordentlich begrüßen, wenn Schmidt die Moskau-Reise durchführt. Von großer Bedeutung ist es, den Stop der Rüstungsspirale zu erreichen. Er möchte noch einmal die große Bedeutung der Breshnew-Initiative in Berlin unterstreichen. Indem sie nicht genutzt wurde, ist eine große Chance vertan. Er hob, so berichtete er dem Politbüro, gegenüber Schmidt die große Friedensliebe von L. Breshnew und Erich Honecker aus eigenem Erleben hervor, der man vertrauen könne und auf die man bauen könne. Er lenkte die Aufmerksamkeit von Schmidt auf die bedeutende Frage des Transits aus der BRD durch die DDR, womit im Jahr 6 Millionen Tonnen Güter und 3,5 Millionen Reisende befördert werden. Die DDR-Transitwege (Reichsbahn) müssen dringend rekonstruiert und modernisiert werden, denn sie haben die maximale Belastbarkeit längst erreicht. Wenn das nicht geschieht, wird es große Einschränkungen im Transit geben. Man solle dann nicht sagen, daran sei die DDR schuld. Wir haben keine Mittel für die Modernisierung und Rekonstruktion dieser Transitwege, denn unser Interesse an den Reiseströmen geht eindeutig in Richtung Osten. Um dieses Problem zu lösen, müßte sich die BRD umgehend engagieren.

Schmidt: Er sieht diese Sache ähnlich und sei zugleich an weiteren Reiserleichterungen für DDR-Bürger interessiert. Er sei dafür, den Grundlagenvertrag auszufüllen und ohne Lärm weiterzuführen. Was den Swing betrifft, so wollen sie darüber im IV. Quartal 1980 entscheiden.

Mittag: Ich habe diese Frage nicht aufgeworfen und möchte sie auch jetzt nicht stellen. Wir werden ja dann von Ihnen hören.

Schmidt interessierte sich für das Planungssystem in der DDR und hob hervor, daß die DDR-Bevölkerung einen hohen Lebensstandard besitzt.

Mittag teilte dem Politbüro mit, daß das Gespräch 2 $^1/_4$ Stunde gedauert hat.

Er teilte dem Politbüro weiter mit, daß er zu Schmidt, als dieser ihn zum Fahrstuhl begleitete, sagte: Was würden Sie denn dazu sagen, Herr Schmidt, wenn Herr Strauß in die DDR kommt.

Schmidt antwortete: Aber höchstens nach mir.

Mittag: Und wenn es ein Privatbesuch ist.

Schmidt: Es kommt immer darauf an, mit wem er Gespräche aus der Spitze haben wird.

Schmidt weiter: Na, mein Besuchsprogramm ist ja klar, das bleibt alles, wie es besprochen ist, nur über den Termin müssen wir uns noch verständigen zur rechten Zeit. Erich Honecker möchte doch Schmidt bitte anrufen.

Mittag informierte das Politbüro, daß sich in den Gesprächen mit dem Krupp-Vertreter Beitz wie auch bei Hoechst eindeutig ergab, daß die Wirtschaftsbosse gegen den Boykott sind, sowohl in der Wirtschaft wie im Sport.

Dann teilte Günter Mittag dem Politbüro mit, daß auf dem Empfang des DDR- Botschafters, der aus Anlaß seines Besuches gegeben wurde, 120 - 150 Leute anwesend waren. Er habe mit all diesen Leuten gesprochen. Der BRD-Journalist Novotny habe gesagt, auf diesem Empfang: „So viel Kapital auf einen Haufen, habe er noch nie gesehen."

Günter Mittag informierte das Politbüro über ein Gespräch mit dem Bundesgeschäftsführer Bahr in Anwesenheit von Beil auf diesem Empfang. Günter Mittag habe zu Bahr gesagt, daß er (Mittag) in der BRD den Grundlagenvertrag der DDR mit der BRD verteidigen mußte. Bahr habe daraufhin gesagt, daß die jetzigen Regierenden diesen Vertrag nicht gemacht hätten und mit ihm nicht richtig umgehen. Der Kanzler betreibe die Ostpolitik mit kleinerer Flamme. Bei Schmidt müsse man sehen, daß er überhaupt relativ spät in die SPD eingetreten wäre. Schmidt müsse in der gegenwärtigen komplizierten internationalen Situation seine eigentliche Bewährungsprobe bestehen.

Mittag zu Bahr: Es wäre gut, wenn Herr Schmidt die Einladung von L. Breshnew annimmt und die Moskau-Reise durchführt.

Über das Gespräch mit Lambsdorff teilte Günter Mittag dem Politbüro folgendes mit: Es sei in sachlich konstruktiver Art verlaufen. Über ein langfristiges Kooperationsabkommen zwischen der DDR und der BRD sei in diesem Gespräch nicht gesprochen worden! Das hänge sicher mit der von Schmidt gegenüber geäußerten Meinung zusammen, daß es in diesen politisch schwierigen Zeiten nicht ratsam sei, langfristige Abkommen zu schließen. Lambsdorff erklärte in dem Gespräch, daß es notwendig sei, da die zwischen beiden Seiten vereinbarten Objekte jetzt auslaufen, nun die neuen Objekte zwischen der DDR und der BRD abzuschließen (zwischen Firmen).

Das Gespräch mit Wehner sei ja - zu dessen Schutz- öffentlich geführt worden (Journalisten waren anwesend); so daß es jeder kenne.[77]

Mit Mischnick bestand Übereinstimmung, in der Zusammenarbeit zwischen der DDR und der BRD weiter zu machen. Er erinnerte an den Besuch gemeinsam mit Wehner bei Erich Honecker 1973.

Zum Abschluß dankte Günter Mittag Erich Honecker für die ständige Hilfe, die er ihm hinsichtlich des Inhalts der Konzeption trotz seines Urlaubes bei der Vorbereitung der BRD-Reise gegeben hat.

---

77   Das Treffen mit Herbert Wehner fand am 17. April 1980 statt.

Im Politbüro hat niemand zu diesem Bericht das Wort ergriffen, lediglich Erich Honecker stellte fest, daß die Reise nützlich war, und Kurt Hager machte nach dem Bericht von Günter Mittag den Zwischenruf: Na, Günter, dann hast Du ja dem Schmidt eine ganz schöne Lektion erteilt.

Unsere Wertung:

1. Günter Mittag hat im Politbüro ca. eine Stunde informiert und allein das Treffen mit Schmidt dauerte 2 $1/4$ Stunde. Dem Politbüro ist kein schriftlicher Bericht vorgelegt worden, ebenso wie das Politbüro keine Direktive für das Auftreten von Günter Mittag beschließen durfte. Daraus geht hervor, daß wir über das vollständige Gespräch mit Schmidt nicht informiert sind. Wir wissen auch nicht, ob das, was er dem Politbüro mitgeteilt hat, überhaupt stimmt. Wir beide haben Zweifel daran und glauben, daß der Bericht von Günter Mittag im Politbüro eine „extra schön aufgemachte Information" von Erich Honecker und Günter Mittag für das Politbüro und die KPdSU ist, um beide „politisch zu befriedigen".

Unser Botschafter Moldt ist ein alter Freund von Günter Mittag aus der Jugendzeit und sicher deshalb auf diesem Posten, von dem ein objektiver Bericht kaum zu erwarten sein wird. Der dritte Teilnehmer am Gespräch von DDR-Seite war Krömke, persönlicher Mitarbeiter von Günter Mittag, als Schriftführer.

Das alles zeigt den konspirativen Charakter dieses Kontaktes mit dem Feind, woraus Schlußfolgerungen für die Gewährleistung der Sicherheit in der DDR-Führung gezogen werden müssen.

2. Selbst dieser schön gefärbte Bericht entlarvt offenkundig, daß Günter Mittag nicht als ein Vertreter der festgefügten sozialistischen Staatengemeinschaft und ihrer einheitlichen Außenpolitik, sondern als Teilnehmer eines deutsch-deutschen Techtelmechtel aufgetreten ist. Im Grunde genommen hat er mit Schmidt zusammen auf einen Stuhl gesessen, den Schmidt hingestellt hat, um zwischen der Sowjetunion und der DDR zu differenzieren.

Die prinzipiellen Vorschläge und Initiativen, die Genosse Gromyko als realistisches Programm der sozialistischen Staaten für die achtziger Jahre in einem Schreiben an UNO-Generalsekretär Waldheim kürzlich übermittelte, standen nicht im Mittelpunkt des Auftretens von Günter Mittag, sondern lediglich politisches Stückwerk, weil es Erich Honecker und Günter Mittag um die Durchsetzung der Gesamtinteressen der sozialistischen Gemeinschaft im Verhältnis zur BRD gar nicht geht. Es wurden nicht die Interessen der Gesamtstrategie des Sozialismus vertreten, sondern nur Teilinteressen und Sonderinteressen, entsprechend ihrer falschen politischen Konzeption.

3. Günter Mittag hat in seinem Auftreten, das beweist seine eigene Information, nicht die Globalstrategie des Imperialismus entlarvt. Er sprach zu Schmidt von der Unberechenbarkeit der Carter-Politik (das war richtig, falls er es tat) und bedankte sich für die Berechenbarkeit der Bonner Politik, was Erich Honecker freudig zur Kenntnis nehmen wird, wie er Schmidt sagte (das war falsch). Denn wie kann die Politik der Bonner Regierung unter Leitung von Schmidt berechenbar sein, wenn er ausdrücklich betont, an der Seite von Carter alles mitzumachen, Solidarität mit den USA zu üben. In diese Doppelzüngigkeit Schmidts hätte Günter Mittag stoßen müssen, um auf den verhängnisvollen Charakter der Hörigkeit der BRD-Regierung gegenüber der USA-Regierung als friedensfeindlich hinzuweisen. Wie kann man sich für eine solche Doppelzüngigkeit noch bedanken. Das ist ein neuer Beweis für das Fehlen einer echten klassenbewußten, prinzipiellen marxistisch- leninistischen Haltung im Verhältnis zum Feind.

4. Als Schmidt Günter Mittag erzählte, daß er zu Carter gesagt hat, daß dieser sich zwar um die 50 Geiseln sorgen muß, aber er, Schmidt, sich um 85 Millionen Deutsche (die 17 Millionen Bürger der DDR einbegriffen) sorgt und für sie Verantwortung trägt, hätte Günter Mittag demonstrativ und mit heller Empörung die Interessenvertretung der DDR- Bürger durch den Bonner Kanzler zurückweisen müssen. Es ist mit der hohen Verantwortung eines Mitglieds der DDR-Führung völlig unvereinbar, daß er diese Alleinvertretungsanmaßung von Schmidt ohne Widerspruch zur Kenntnis nahm. Das ist nicht einfach ein Lapsus. Wie bereits informiert, hat Schmidt und noch mehr Genscher in der letzten Bundestagssitzung und bei anderen Gelegenheiten wiederholt die alte revanchistische Alleinvertretungsanmaßung der Bonner Regierung aus der Zeit vor dem Grundlagenvertrag wieder hervorgeholt, ohne daß die DDR- Führung in der Presse usw. entsprechend gekontert hätte. Günter Mittag hätte das Treffen mit Schmidt zum Anlaß nehmen müssen, um gegen die ständige Verletzung der Souveränität der DDR durch Schmidt und die BRD zu intervenieren.

5. Günter Mittag hat durch das Transitprojekt Schmidt zu einer bedeutenden Geldspritze für die DDR animiert, deren Dimension erst noch aufgeklärt und beurteilt werden muß. Da Schmidt im wesentlichen Günter Mittag die Zustimmung gegeben hat, darf diese Sache keineswegs unterschätzt werden. Das wäre eine der größten Kapitalinvestitionen der BRD in der DDR, die neue politische und ökonomische Abhängigkeiten schaffen würde. Es sind keine Politbürobeschlüsse bekannt, die Günter Mittag beauftragt hätten, diese Frage zu verhandeln.

Das ist das wesentliche unserer Einschätzung.

Quelle: BArchP, DC 20, 5272.

Dokument 2

Vorlage für das SED-Politbüro vom 11. August 1980: „Arbeitstreffen des Generalsekretärs des ZK der SED und Vorsitzenden
des Staatsrates der DDR, Erich Honecker, mit dem Bundeskanzler
der BRD, Helmut Schmidt, am 28. und 29. August 1980 in der
DDR"[78]

Beschlußvorschlag:

1. Das bereits festgelegte Arbeitstreffen zwischen Erich Honecker und
Helmut Schmidt findet am 28. und 29. August 1980 am Werbellinsee
statt. Die Ankunft des Bundeskanzlers erfolgt am Nachmittag des
27.8.1980. Die Unterbringung erfolgt im Jagdschloß Hubertusstock

2. Die Überlegungen zur Begegnung zwischen dem Generalsekretär des ZK der SED und Vorsitzenden des Staatsrates der DDR, Erich
Honecker, und dem Bundeskanzler der BRD, Helmut Schmidt,
werden bestätigt. (Anlage 1)

3. Die Darlegungen des Generalsekretärs Erich Honecker zur Eröffnung des Treffens mit Helmut Schmidt werden bestätigt. (Anlage 2)

4. Dem „Non-paper" zur Übergabe an Bundeskanzler Schmidt
wird zugestimmt.

- Vorlage wird nachgereicht - (Anlage 3)

5. Das Politbüro ist damit einverstanden, daß der Entwurf der BRD
für ein gemeinsames Kommuniqué zur Grundlage für die endgültige
Ausarbeitung des Kommuniqués genommen wird. Der Minister für
Auswärtige Angelegenheiten wird beauftragt, den von unserer Seite
überarbeiteten Entwurf noch vor dem Treffen mit der anderen Seite
abstimmen zu lassen.

Anlage 4 a) überarbeiteter Entwurf

4 b) Entwurf der DDR

4 c) Entwurf der BRD

6. An den Besprechungen nehmen seitens der DDR teil:

Genosse G. Mittag, Genosse O. Fischer, Genosse E. Moldt.

7. Das Rahmenprogramm für den Ablauf des Aufenthaltes von
Helmut Schmidt wird bestätigt. (Anlage 5)

8. Der Regelung für die Akkreditierung in- und ausländischer Journalisten sowie der Einrichtung eines internationalen Pressezentrums in

---

78 Die Vorlage enthielt außerdem noch vorbereitete „Darlegungen", die Ho-
    necker während des Besuches verwenden sollte (29 Manuskriptseiten), meh-
    rere Kommuniqué-Entwürfe sowie ein Rahmenprogramm. Bundeskanzler
    Schmidt sagte allerdings am 22. August 1980 das geplante Treffen wegen der
    „jüngsten Entwicklung in Europa" (gemeint waren die Streiks in Polen) ab.

der Jugendhochschule „Wilhelm Pieck" in Biesenthal am Bogensee wird zugestimmt. (Anlage 6)[79]

gez. E. Honecker

Anlage 1
Überlegungen zur Begegnung zwischen dem Generalsekretär des ZK der SED und Vorsitzenden des Staatsrates der DDR, Genossen Erich Honecker, und dem Bundeskanzler der BRD, Helmut Schmidt

Angesichts der durch imperialistische Kreise herbeigeführten Verschärfung der internationalen Lage erlangt die Begegnung auf höchster Ebene mit der BRD wachsende *aktuelle* Bedeutung. Sie kann dazu beitragen, das in Europa Erreichte zu bewahren, zu festigen und auszubauen. Dabei kann daran angeknüpft werden, daß in der BRD-Politik trotz erklärter Solidarität mit den USA die von der SPD/FDP-Koalition vertretene Tendenz einer teilweisen realistischeren Einschätzung der Lage und der eigenen Interessen der BRD überwiegt. Die Führung der BRD ist angesichts des Kräfteverhältnisses nicht an einer gefährlichen Konfrontationspolitik interessiert. Einflußreiche Monopolkreise sind an der Ausweitung der Wirtschaftsbeziehungen mit den sozialistischen Staaten interessiert und stützen die „Ostpolitik" der SPD/FDP-Regierung. Nicht zuletzt ist die SPD-Führung wegen ihrer nationalistischen Zielsetzung interessiert, an der Entspannung in Europa festzuhalten, da sie sich davon bessere Möglichkeiten für ihre Politik des politisch-ideologischen Eindringens erhofft. Außerdem spielt die Lage Westberlins eine Rolle.

Ausgehend von dem Gespräch in Belgrad am 8. Mai 1980 sollte bei dem Treffen vor allem auf folgendes orientiert werden:[80]

1. Nachdrückliche *Bekräftigung unserer auf Frieden, Entspannung und Abrüstung gerichteten Politik* entsprechend der Deklaration der Teilnehmerstaaten des Warschauer Vertrages vom 15. Mai 1980.[81] Dabei sollte *konkret vor allem in folgender Richtung* eingewirkt werden:

   - Aufnahme von Vorverhandlungen zwischen der UdSSR und den USA entsprechend den Vorschlägen von Leonid Iljitsch Bresh-

---

79 Die Anlagen 2 - 6 werden hier nicht wiedergegeben.

80 Honecker leitete eine Partei- und Regierungsdelegation der DDR zur Teilnahme an den Trauerfeierlichkeiten für den verstorbenen Partei- und Staatschef Jugoslawiens, Josip Broz Tito. In Belgrad kam es dabei zu einem kurzen Gespräch mit Helmut Schmidt.

81 Vgl. Die Organisation des Warschauer Vertrages. Dokumente und Materialien 1955 - 1985. S. 227 ff.

new über nukleare Mittelstreckenraketen. Mögliche Vereinbarungen können natürlich erst nach Ratifizierung von SALT II in Kraft treten.

- Eintreten für die schnellstmögliche Ratifizierung von SALT II.

- Eintreten für erste konkrete Vereinbarungen bei den Wiener Verhandlungen entsprechend den neuen Vorschlägen der sozialistischen Staaten.

- Vorbereitung der Konferenz über militärische Entspannung und Abrüstung in Europa.

- Konstruktiver Verlauf des KSZE-Treffens in Madrid und Einberufung einer Konferenz über militärische Entspannung und Abrüstung in Europa auf dem Madrider Treffen.

2. *Erreichung von Fortschritten bei der Durchsetzung uneingeschränkt völkerrechtlicher Beziehungen* zwischen der DDR und der BRD. Dabei kann an frühere Bemerkungen von Schmidt angeknüpft werden, daß sich beide Staaten als Völkerrechtssubjekt behandeln.

3. *Regelung einiger Sachfragen zu für die DDR günstigen Bedingungen*

Für die DDR hätte das Treffen darüber hinaus Bedeutung für den Ausbau ihrer Beziehungen zu den anderen kapitalistischen Industrieländern, insbesondere auf politischem Gebiet. Es ist zu erwarten, daß Schmidt versuchen wird, von der DDR unter Hinweis auf die innenpolitische Lage in der BRD vor den Bundestagswahlen Zugeständnisse zu erlangen, insbesondere in Richtung sogenannter menschlichen Erleichterungen. Mit dem Hinweis auf die Bundestagswahlen wird er gleichermaßen bemüht sein, wesentlichen Schritten in Richtung uneingeschränkt völkerrechtlicher Beziehungen zur DDR auszuweichen. Doch nach den Ergebnissen der Landtagswahlen von Nordrhein-Westfalen, vor allem nach den Treffen in Belgrad und Moskau, sind diese „Argumente" gestorben.[82]

Ausgehend von der gegebenen Lage erscheint *folgendes für die DDR durchsetzbar*:

1. Vereinbarung eines gemeinsamen Kommuniqués (gegebenenfalls einer gemeinsamen Pressemitteilung), in dem eine Reihe für uns nützlicher Formulierungen zu Fragen der Entspannung, Rüstungsbegrenzung und Abrüstung festgeschrieben werden kann.

2. Zusicherung, sich nicht in die Beziehungen der DDR zu dritten Staaten einzumischen.

---

82 Bei den Landtagswahlen in Nordrhein-Westfalen am 11. Mai 1980 hatte die SPD 48,4 %, die CDU 43,2 % der Stimmen gewonnen. Die FDP war ganz knapp an der 5-Prozent-Hürde gescheitert. - Die Bundestagswahl war auf den 5. Oktober 1980 terminiert worden.

3. Zusicherung, einige praktische Probleme im Zusammenhang mit der Staatsbürgerschaftsfrage „zu prüfen".
4. Zusicherung, die „Treuhandstelle für den Interzonenhandel" schrittweise auszuschalten.
5. Die Frage des Status der Vertretungen positiv „zu prüfen". Absprache, die Kontakte zwischen den Außenministerien zu erweitern und die Ebene anzuheben.
6. Vereinbarung, die Verhandlungen zum Grenzverlauf auf der Elbe und anderen damit zusammenhängenden Fragen (Vertrag über den Binnenschiffsverkehr auf der Elbe, Vereinbarungen über die Fischerei und den Sportbootverkehr) mit dem Ziel einer befriedigenden Regelung wieder aufzunehmen bzw. weiterzuführen (1. Dezember 1980).

Wichtigste Forderungen der DDR
1. Ausgehend von der Verpflichtung beider Staaten, dafür zu sorgen, daß von deutschem Boden nie mehr ein Krieg ausgeht, aktives Eintreten der DDR und der BRD für Entspannung, Rüstungsbegrenzung und Abrüstung, insbesondere in folgender Richtung:
- Aufnahme von Vorverhandlungen über nukleare Mittelstreckenraketen zwischen der UdSSR und den USA entsprechend den Vorschlägen von L. I. Breshnew;
- Ratifizierung von SALT II;
- Konstruktiver Verlauf des Madrider Treffens;
- Vorbereitung und Durchführung einer Konferenz über militärische Entspannung und Abrüstung in Europa;
- Baldige konstruktive Ergebnisse bei den Wiener Verhandlungen.
2. Anerkennung des Prinzips der Nichteinmischung, sowohl im Verhältnis DDR-BRD als auch in den Beziehungen zu dritten Staaten.
3. Respektierung der Staatsbürgerschaft der DDR.
Kurzfristige Lösung zumindest der dringendsten Fragen:
- Respektierung der Staatsbürgerschaft von DDR-Bürgern, die legal in die BRD übersiedeln (keine Einziehung von DDR-Pässen);
- Akzeptierung des Begriffs „Bürger der DDR" im Rechtshilfeverkehr;
- Anerkennung des Prinzips der Gegenseitigkeit bei der Rückführung Jugendlicher, die illegal in die BRD bzw. in die DDR gelangt sind;
- Auflösung der „Zentralen Erfassungsstelle" Salzgitter und Vernichtung ihrer Unterlagen;
- Beendigung der Ausstellung von vorläufigen Reiseausweisen der BRD an DDR-Bürger bei zeitweiligem Aufenthalt in der BRD;
- Beendigung der Ausstellung von BRD-Pässen für Bürger der DDR durch BRD-Botschaften in dritten Staaten.
4. Beseitigung der sogenannten „Treuhandstelle für den Interzonenhandel", Überleitung der Abwicklung des Handels auf die Ständigen Vertretungen (1.1.1981).

5. Beseitigung der von den internationalen Gepflogenheiten abweichenden Regelungen in bezug auf den Status der Ständigen Vertretungen („Anbindung" an das BRD-Bundeskanzleramt, gesonderte Aufführung der DDR in der Diplomatenliste u. a.). Ausbau der politischen Beziehungen, Herstellung üblicher Kontakte zwischen den Außenministerien und Außenministern.

6. Auflösung des Ministeriums für „Innerdeutsche Beziehungen".

7. Regelung des Grenzverlaufes auf der Elbe (und Warmen Bode), entsprechend den 1975 erzielten Vereinbarungen (Mitte Strom).

8. Strikte Einhaltung des Vierseitigen Abkommens durch die BRD, insbesondere kein weiterer Ausbau der Bundespräsenz und Verzicht auf ein angeblich uneingeschränktes Außenvertretungsrecht Westberlins.[83]

Quelle: BStU, ZA, SdM 403.

Dokument 3

„Erste Hinweise zur Reaktion der Bevölkerung der DDR" zum Treffen Erich Honeckers mit Helmut Schmidt, vorgelegt von der Zentralen Auswertungs- und Informationsgruppe (ZAIG) des DDR-Ministeriums für Staatssicherheit der DDR (MfS) am 5. Dezember 1981

Die Mitteilung über das vorgesehene Treffen wurde *mit großem Interesse* aufgenommen.

---

83   In der am 4. Dezember 1981 vom SED-Politbüro bestätigten Konzeption für das Arbeitstreffen Honecker - Schmidt am Werbellinsee wurden folgende „Zu erwartende Forderungen der BRD" aufgelistet: 1. Herabsetzung des Reisealters, Erweiterung der Reisemöglichkeiten in die BRD aus dringenden Familienangelegenheiten, 2. Herabsetzung des Mindestumtausches, 3. Erweiterung des grenznahen Verkehrs, 4. Bau der Stichautobahn nach Niedersachsen, 5. Einrichtung neuer Grenzübergangsstellen, 6. Vereinbarung eines Kulturplans, 7. Zurverfügungstellung weiterer Devisenbeträge für den nichtkommerziellen Zahlungsverkehr durch die DDR über 1982 hinaus, 8. Expertengespräche zur Elbverschmutzung, 9. Energieverbund BRD - Westberlin, 10. Expertengespräche zum Strahlenschutz, 11. Erteilung umfassender Auskünfte zu Vermögensfragen, 12. Schaltung weiterer Fernsprechleitungen, 13. Wiederaufnahme von Ersuchen in Reisefragen aus der DDR in die BRD in Härtefällen, 14. Akzeptierung eines generellen Außenvertretungsrechtes der BRD für Westberlin, 15. Anschluß Westberlins an den Intercity-Verkehr. Vgl. dazu SAPMO - BArch, DY 30/J IV 2/2A/1992.

Bisher bekannt gewordene Meinungsäußerungen (Bezirke Erfurt, Rostock, Potsdam, Karl-Marx-Stadt) überwiegend positiv-zustimmend.

Im Vordergrund stehen solche Meinungen:
- Verhandlungen sind immer als positiv zu werten und dienen der Verständigungsbereitschaft,
- es ist zu begrüßen, daß beide Staatsmänner doch noch an einen Tisch kommen,
- der Breshnew-Besuch in der BRD hat den Weg geebnet für Verhandlungen auch auf dieser Ebene.[84]

Hervorgehoben wird: Wichtigstes Verhandlungselement sei die Frage zur Erhaltung des Friedens.

Im Zusammenhang damit *Erwartungshaltung*, daß bestimmte Übereinstimmung (angeführt zum Problem Abrüstung von Mittelstreckenraketen im mitteleuropäischen Raum) erzielt wird.

Skeptische Haltungen: Verhandlungen würden sowieso nicht zu Ergebnissen führen, da die von Schmidt vermeintlich zu erwartenden Forderungen kein Gehör finden würden.

Zu erkennen, daß in zunehmendem Maße in Meinungsäußerungen Argumentationen der Westmedien Eingang finden.

Im Zusammenhang damit Spekulationen,
- vornehmlich würde über „menschliche Erleichterungen" verhandelt,
- Reisemöglichkeiten für DDR-Bürger in kapitalistische Staaten würden erweitert, Wege zur Erschließung des Tourismus würden eröffnet,
- es sei mit einer Herabsetzung der Grenze des Reisealters in die BRD zu rechnen,
- die DDR würde die Erhöhung des Mindestumtauschsatzes rückgängig machen,
- die BRD werde die weitere Gewährung wirtschaftlicher Vergünstigungen (genannt wird in einigen Fällen das „Swing-Abkommen") davon abhängig machen, inwieweit die DDR auf die Forderungen der BRD nach „menschlichen Erleichterungen" eingehe.

In Einzelfällen Äußerungen mit negativer Grundhaltung:
- Die Begegnung finde deshalb außerhalb Berlins statt, um Sympathiebekundungen der DDR-Bevölkerung für Schmidt auszuschließen,
- die DDR habe einseitig auf das Zustandekommen des Treffens gedrängt, um zusätzliche Kredite für die „sinkende Wirtschaftskraft" zu erhalten.

Quelle: BStU, ZA, ZAIG, 4164.

---

84 KPdSU-Generalsekretär Leonid Breshnew hielt sich vom 22. bis 25. November 1981 zu seinem zweiten offiziellen Besuch in der Bundesrepublik auf.

„Gedächnisaufzeichnung über das Vier-Augen-Gespräch" zwischen Erich Honecker und Bundeskanzler Helmut Schmidt am 11. Dezember 1981[85]

GS macht BK auf die ersten Agenturmeldungen zur Ankunft in Schönefeld aufmerksam. *BK* weist auf eine Meldung hin, wonach die NATO unter Bezugnahme auf ihre Erklärung vom 5. Mai 1981 das Treffen begrüßt.[86]

GS: Die Führung der SU, die er sehr gut kenne, sei für das Gespräch mit den USA offen; dies finde jedoch in der amerikanischen Öffentlichkeit nicht die entsprechende Aufmerksamkeit. Zur neuen amerikanischen Administration habe es eine Zugangssperre gegeben. Portillo, ein guter Bekannter, habe ihm gesagt, daß Reagan sich zunächst auf die Innenpolitik konzentriere. Er, *GS* hoffe, daß es bald zu einem Treffen Breschnew und Reagan kommt.

BK bemerkt, daß er während seines Weihnachtsurlaubs, den er in den USA verbringen werde, mit Reagan zusammentreffe.

GS sagt, im Grunde genommen gehe es um die Frage, wie weit und wie unkontrolliert der Rüstungswettlauf noch gehen werde.

BK erwidert, der Rüstungswettlauf sei schon jetzt unkontrolliert. Das Schlimme an der jetzigen Situation sei, daß dieser Rüstungswettlauf von Woche zu Woche weitergehe.

BK erinnert daran, daß er der Sowjetunion seit 1978 immer gesagt habe, der Westen könne nicht hinnehmen, daß ständig mehr SS 20-Raketen stationiert werden. Schon während der Verhandlungen über SALT II habe er Carter gesagt, daß die Mittelstreckenwaffen, damals Grauzonenwaffen genannt, in SALT II einbezogen werden müssen. Er habe dies immer mit aller Kraft vertreten. 1977 habe er es in London öffentlich gesagt. Beim Vierer-Gipfel in Guadeloupe Anfang 1979 habe Carter dann seinen Nachrüstungs-Vorschlag gemacht. Die europäischen Teilnehmer hätten zugestimmt und gleichzeitig verlangt,

---

85 Dieses Material wurde im vorläufigen Bestand des Büros Honecker aufgefunden. Laut Vermerk dauerte das „Vieraugengespräch" am 11. Dezember 1981 von 19.00 Uhr bis 23.30 Uhr. An ihm nahmen demzufolge außerdem Staatsminister Huonker und Dr. Vogel, d. h. Rechtanwalt Dr. Wolfgang Vogel, teil. Im Dokument wurde Erich Honecker mit „GS" (Generalsekretär), Helmut Schmidt als „BK" (Bundeskanzler) abgekürzt. Offenbar hat Vogel nach dem Gespräch die Gedächtnisaufzeichnung für Honecker angefertigt.

86 Schmidt bezog sich auf eine Mitteilung über das Treffen des NATO-Ministerrats am 10./11. Dezember 1981 in Brüssel. Die NATO-Außenminister hatten am 4./5. Mai 1981 in Rom über die internationale Lage konferiert.

Verhandlungen mit der Sowjetunion über die Begrenzung von Mittelstreckenwaffen aufzunehmen. So sei dann am 12. Dezember 1979 der Doppelbeschluß zustandegekommen.[87]

Das Breshnew-Moratorium vom 6. Oktober 1979 sei erst unter dem Druck des unmittelbar bevorstehenden NATO-Doppelbeschlusses vorgeschlagen worden; inhaltlich sei es nicht zu akzeptieren gewesen.[88]

BK fährt fort, daß in der ersten Hälfte des Jahres 1980 die Sowjetunion nicht zu Verhandlungen bereit gewesen sei; sie habe sich erst wieder im Zusammenhang mit seiner Reise nach Moskau Ende Juni 1980 bewegt. In der zweiten Hälfte des Jahres 1980 wäre in den USA Wahlkampf gewesen. Und heute fingen die Verhandlungen endlich an.

BK betont, es könne kein Zweifel daran bestehen, daß die amerikanischen Mittelstreckenwaffen in Europa stationiert würden, wenn bis zum Herbst 1983 kein diesbezügliches Abkommen abgeschlossen worden sei. Er weist darauf hin, daß jeder andere Bundeskanzler ebenso handeln würde. *GS* erwidert, nicht nur zwischen den USA und der SU, sondern auch zwischen BK und ihm herrsche ein Mißverständnis. BK und er seien sich über die Bedeutung von SALT II einig. Trotz siebenjähriger Verhandlungen über SALT II seien die Mittelstreckenwaffen nicht einbezogen worden. Dennoch hätten in Wien beide Seiten festgestellt, daß annäherndes Gleichgewicht besteht. Nach der Ratifikation von SALT II sollte hinsichtlich der Grauzonenwaffen SALT III folgen. Statt SALT III sei dann ein Loch entstanden.

BK erwidert, Gleichgewicht habe damals nur hinsichtlich der strategischen Waffen bestanden. Die Mittelstreckenwaffen seien von SALT II nicht umfaßt worden.

GS betont, die mit der Nicht-Ratifikation zusammenhängende Problematik und weist auf das neue Breshnew-Moratorium hin, in dem der Verzicht nicht nur auf 10 oder 20, sondern auf Hunderte von Mittelstreckenwaffen angeboten worden sei.[89] *BK* wirft ein, dies beziehe sich leider nur auf Europa. *GS* stimmt dem zu.

BK bezeichnet die Begrenzung des Moratorium auf Europa als einen Trick, da die Reichweiten der SS 20 auch von jenseits des Ural ausreichen.

GS fährt fort, Breschnew sei aus Bonn zurückgekommen mit dem Eindruck, mit Hilfe von BK werde sich etwas bewegen. Er, GS, renne bezüglich der Verhandlungsbereitschaft des Kreml offene Türen ein.

---

87 Vgl. Anm. 74.

88 Vgl. Anm. 75.

89 Honecker bezog sich auf eine Rede Breshnews, die er am 23. November 1981 während seines Besuches in der Bundesrepublik gehalten hatte. Vgl. Dokumente zur Abrüstung 1977 - 1982. Berlin 1984, S. 304 ff.

BK fragt, warum die SU nicht mit der Stationierung weiterer SS 20 aufhört.

GS antwortet, das Entscheidende sei, daß Moskau vom Boden der Bundesrepublik aus erreichbar ist, wenn die neuen US-Waffen stationiert würden Die SU fühle sich von den USA überlistet. Sie habe bei den SALT II-Verhandlungen die Vorstellung gehabt, daß umfassende Rüstungskontroll-Verhandlungen eingeleitet worden seien.

GS fährt fort, die SU lasse sich durch die neuen Mittelstreckenwaffen nicht beeindrucken. Sie müsse und werde sich ihrerseits dann aber stärker auf dieses Gebiet konzentrieren. Jedenfalls würden die USA keine militärische Überlegenheit gewinnen. Die Genfer Verhandlungen müßten zum Erfolg geführt werden.

GS betont, die SU wisse, daß BK am Doppelbeschluß festhalte.

BK weist darauf hin, daß in Genf innerhalb von 24 Monaten ein Ergebnis erzielt werden müsse. Er betont, daß in Westeuropa, selbstverständlich auch in der Bundesrepublik, eine Politik des militärischen Übergewichts nicht mitgetragen würde, daß dies aber auch nicht Inhalt der amerikanischen Politik sei. Auf die ökonomische Seite eines Rüstungswettlaufs eingehend, sagte *BK*, die amerikanische Volkswirtschaft sei enorm stark. BK fährt fort, daß der sowjetische Moratoriums-Vorschlag angesichts der Reichweiten der SS 20 das Mißtrauen mehre. Dieses Moratorium sei aus zwei Gründen nicht annehmbar:

Erstens sei bei Durchführung des von der Sowjetunion vorgeschlagenen Moratoriums der militärische und politische Bedrohungseffekt, der von den vorhandenen SS 20 ausgeht, genau der gleiche wie heute. *BK* weist darauf hin, daß Frankreich und England ebenso denken.

Zweitens sei ein Moratorium nicht annehmbar, da in der Sowjetunion bereits 250 SS 20 Mittelstreckenraketen stehen, im Westen aber nichts.

BK erwähnt das Abkommen, das zum Abbau der amerikanischen Raketen im Zusammenhang mit der Kuba-Krise führte. Damals sei von der Sowjetunion nicht verlangt worden, die SS 4 und SS 5 abzubauen. Unter dem Begriff „Modernisierung" dieser Raketen-Systeme wurden SS 20 stationiert. Zur Zeit gebe es etwa 750 auf SS 20 montierte Sprengköpfe, wobei diese Sprengköpfe auf unterschiedliche Ziele gerichtet seien. Nimmt man die noch vorhandenen SS 4 und SS 5 hinzu, so komme die Sowjetunion in Europa auf 1.000 bis 1 100 Sprengköpfe. Im Jahr 1978, als Breshnew das Bestehen eines annähernden Gleichgewichts festgestellt habe, hätte die Sowjetunion demgegenüber erst vergleichsweise wenige SS 20-Raketen besessen.

GS führt aus, daß beim Abschluß von SALT II die beiden Großmächte von dem Bestehen eines militärisch-strategischen Gleichgewichts ausgegangen sind, zwar nicht in Europa, aber weltweit.

BK wirft ein, er habe schon vor Wien auf die Gleichgewichtslücke in Europa hingewiesen.

GS fährt fort, daß die Sowjetunion mit der SS 20-Stationierung keinen Trick gemacht hat. Er kenne die sowjetische Führung sehr genau und wisse deshalb, daß der Frieden das Grundgesetz der SU sei. Schon 1930 sei dies der Fall gewesen und seit dem Zweiten Weltkrieg mehr als zuvor.

Breshnews Moratoriums-Vorschlag bedeute, daß die Produktion der SS 20 eingestellt und daß die vorhandenen SS 20-Raketen um Hunderte reduziert werden könnten. Die angestrebte Null-Lösung sei zur Zeit nicht wahrscheinlich, da in den amerikanischen Abrüstungs-Vorschlägen die FBS nicht Verhandlungsgegenstand seien. Im Bereich dieser Waffensysteme sei die Sowjetunion heute unterlegen.

GS erklärte, unter den 1.000 Mittelstreckenraketen, die jede Seite habe, seien auf seiten der USA mehr als 700 FBS.

In der anschließenden Erörterung der von GS genannten Zahlen weist *BK* u. a. darauf hin, daß GS die Träger zählt, wohingegen die Zahl der Sprengköpfe entscheidend sei, da die SS 20 drei Sprengköpfe habe.

GS stimmt der von BK genannten Zahl von drei Sprengköpfen pro SS 20 zu.

GS betont, es gehe zunächst darum, einen politischen Rahmen für die Genfer Verhandlungen zu finden. Es sei seines Erachtens noch nicht gelungen, den amerikanischen Präsidenten hiervon zu überzeugen. Der politische Rahmen sei jedoch wichtig, um Gleichgewicht in Europa zu definieren und zu schaffen. Bezugnehmend auf die unterschiedlichen Zahlen weist *BK* darauf hin, daß die amerikanischen U-Boote mit Atomraketen in SALT II voll mit gezählt seien.

GS führte aus, daß *H*[elmut] *S*[chmidt] ja bisher von L[eonid] I[ljitsch] B[reshnew] über die feste Absicht der Sowjetunion informiert sei, sich bei den Genfer Verhandlungen nicht nur für eine Begrenzung, sondern auch für die radikale Reduzierung der nuklearen Mittelstreckenwaffen einzusetzen. Dabei kann es nach sowjetischer Meinung um die Reduzierung von Dutzenden, ja, Hunderten solcher Einheiten gehen. Diese Reduzierung könnte man etappenweise verwirklichen. Die Etappen könnte man so ausbalancieren, daß für keine Seite Nachteile entstehen. Die Sowjetunion hat nicht vor, etwas über das Niveau zu heben, das die amerikanischen vorgeschobenen Systeme und die entsprechenden englischen und französischen Potentiale ausgleicht. In bezug auf England und Frankreich, und das betrachte ich als sehr positiv, muß man nach der Meinung der Sowjetunion nicht unbedingt die Reduzierung ihrer Mittelstreckenraketen anstreben, aber sie müssen selbstverständlich bei dem gesamten Kräftegleichgewicht berücksichtigt werden. Die Sowjetunion wäre auch bereit, dem vollen Verzicht beider Seiten, sowohl des Westens als auch des Ostens, auf alle Arten von Kernwaffen zu vereinbaren, die auf Objekte in Europa gerichtet sind.

BK antwortet, daß er jetzt die Äußerungen von GS in bezug auf England und Frankreich verstehe. Sie seien aber nunmehr auch nicht mehr neu, denn die englischen und französischen Mittelstreckenwaffen müßten nach sowjetischer Meinung zwar nicht in die Verhandlungen einbezogen werden, die Sowjetunion wolle sie aber beim Kräftevergleich anrechnen.

BK vertritt die Meinung, daß [auf] beide Seiten, auch auf die sowjetische, bezüglich der Verhandlungen eingewirkt werden muß.

GS wiederholt, das wichtigste sei, daß jetzt der politische Rahmen abgesteckt wird, damit bis Ende 1983 Ergebnisse erzielt werden. Dann entfalle die Begründung dafür, im Westen neue amerikanische Mittelstreckenwaffen zu stationieren.

BK weist darauf hin, wie wichtig es ist, den Bereich für vertrauensbildende Maßnahmen auf ganz Europa auszudehnen.

BK betont, daß es angesichts der konventionellen Überlegenheit des Warschauer Pakts nicht angehe, alle Nuklear-Waffen in Europa auf Null zu bringen, ehe nicht die MBFR-Verhandlungen abgeschlossen sind und im Bereich der konventionellen Rüstung Gleichgewicht hergestellt ist.[90] Die neuen Waffensysteme SS 22 und 23 bereiten BK zusätzliche Sorgen. Seine Sorgen würden nicht entfallen, wenn alle SS 20 verschwänden, die SS 22 und SS 23 aber weiterhin vermehrt würden.

BK betont, daß er der gegenwärtigen Führung der SU den Erst-Einsatz atomarer Mittelstreckenwaffen nicht zutraut, und daß er überzeugt ist, auch sie wolle keinen Krieg. Da er aber nicht wisse, wer die Führung nach Breshnew übernimmt, und da die Existenz von Waffen wie der SS 20 ein politisches Pressionsmittel sei, müsse an beiden Teilen des Doppelbeschlusses festgehalten werden.

BK äußert seine Besorgnis darüber, daß beide Seiten mit unterschiedlichen Zahlen arbeiten. Er zieht Parallelen zu den MBFR-Verhandlungen. *BK* glaubt, daß sich die Sowjetunion bei der Entscheidung über die Stationierung der SS 20 nicht richtig vor Augen geführt hat, daß der Westen dies nicht hinnehmen könne und daß sich daraus die Notwendigkeit der Nachrüstung seitens der NATO ergebe, wenn

---

90 In Wien fanden seit 1973 die sogenannten MBFR-Verhandlungen (Mutual Balance Forces Reduction) über die gegenseitige Verminderung von Streitkräften und Rüstungen in Mitteleuropa statt. Erst am 2. März 1989 beendeten die 19 Teilnehmerstaaten die Gespräche mit einem Kommuniqué, ohne ein Abkommen. Danach begannen neue Verhandlungen von 23 Staaten im Rahmen einer Festlegung des Wiener KSZE-Folgetreffens.

in Genf keine Lösung für landgestützte Mittelstreckenwaffen zustande kommt. Er weist darauf hin, daß die Sowjetunion trotz ihres Moratoriums-Vorschlags immer noch weitere SS 20 produziert und stationiert. Dies führe zu Angst in Europa, und zwar in höherem Maße als jemals seit Ende des Zweiten Weltkriegs. Er fügt hinzu, daß im Osten die künftigen Pershing II und Marschflugkörper ebenfalls Angst auslösen könnten.

GS sagt, daß er Mitterrands Sicherheits- und Rüstungspolitik verstehe und daß die Sowjetunion in bezug auf französische und englische atomare Mittelstreckenwaffen zurückhaltend sei. Da er mit Mitterrand im Gespräch stünde, wisse er, daß Frankreich auf ein eigenes Nuklear-Potential Wert legt. Er wisse auch, daß Frankreich den NATO-Doppelbeschluß unterstützt; allerdings werde Verhandlungen ein noch größeres Gewicht beigemessen. *GS* gibt seiner Überzeugung Ausdruck, daß die Sowjetunion keinen atomaren Krieg auslösen wird. Hierin stellt er Übereinstimmung zwischen BK und ihm fest.

GS teilt die Meinung von BK, daß die MBFR-Verhandlungen vorangebracht werden sollten. Er weist darauf hin, daß seines Erachtens jedoch Ergebnisse bis zu dem Zeitpunkt noch nicht erreichbar sein werden, zudem in Genf Ergebnisse vorliegen müßten, wenn man die Stationierung amerikanischer Mittelstreckenwaffen in Europa verhindern wolle. Deshalb gehe es jetzt darum, daß diejenigen, die in Genf verhandeln, auf der Basis gleicher Sicherheit einen Kompromiß schließen.

GS fährt fort, daß etappenweise ein von Nuklear-Waffen freies Europa angestrebt werden müsse.

GS sagt, daß in amerikanischen Reden der Grund für das fehlende Vertrauen der sowjetischen Führung liegt. Wenn diese Reden aufhören, so sieht GS die Möglichkeit einer echten Basis für Vertrauen zwischen der SU und den USA.

BK stellt zu den Ausführungen von GS zu Mitterrand fest, daß dieser öffentlich und in diplomatisch-politischen Gremien klipp und klar sage, es werde nicht zu Rüstungskontroll-Vereinbarung kommen, wenn die Sowjetunion nicht fürchten müsse, daß ansonsten Ende 1983 in Westeuropa atomare Mittelstreckenwaffen stationiert werden. GS sollte Mitterrand als Orientierungsmaßstab dafür nehmen, wie im Westen gedacht und reagiert wird.

GS führt aus, daß beide Großmächte ein Interesse daran haben müssen, in Genf zu realistischen Ergebnissen zu kommen.

Er fährt fort, daß die Position der Sowjetunion in bezug auf Verhandlungen heute elastischer sei als vor einem Jahr. Jetzt komme es darauf an, daß die Amerikaner sich bewegen.

BK erwidert, daß auf beide Großmächte Einfluß ausgeübt werden müsse und daß es zur Zeit kaum einen Staat gibt, der auf den ame-

rikanischen Präsidenten einen stärkeren Einfluß ausübt als die Bundesrepublik. Er sei jedoch Regierungschef nur eines mittleren Staates; es
komme hinzu, daß Deutsche den Zweiten Weltkrieg ausgelöst haben.

BK fährt fort, niemand könne so wirksam Einfluß auf die Sowjetunion ausüben wie die DDR.

BK sagt, aus der Tatsache, daß nirgends in der Welt die Dichte der
Ziele für atomare Waffen so groß ist wie in den beiden deutschen
Staaten, leite sich deren Legitimation dafür ab, sich nachdrücklich für
substantielle Ergebnisse bei den Genfer Vehandlungen einzusetzen.
Hinzu komme, daß Art. 6 des Nichtverbreitungsvertrages ihnen gegenüber den Großmächten einen Anspruch darauf gebe, daß diese mit
dem Ziel der nuklearen Abrüstung ernsthaft verhandeln.

GS erwidert, daß die Abrüstungsvorschläge der Sowjetunion ernst
zu nehmen sind.

GS fährt fort, der Einfluß von BK auf Präsident Reagan und auf das
Zustandekommen der Genfer Verhandlungen werde ganz hoch eingeschätzt.

BK wirft ein, wenn Reagan seine Rede zur Rüstungskontrollpolitik
ein halbes Jahr früher gehalten hätte, so sehe manches besser aus.

GS stellt hierzu Einvernehmen fest.

Auf Afghanistan eingehend führt *GS* aus, damals hätten beide
deutsche Staaten im Rahmen ihrer Möglichkeiten zur Dämpfung der
Spannungen beigetragen. Wenn es jetzt gelinge, einen politischen
Rahmen für Rüstungskontrolle und Abrüstung zu finden, dann habe
man viel erreicht.

BK schildert die Umstände, unter denen er im Sommer 1980 nach
Moskau gereist ist.[91]

BK hält es für wichtig, daß GS sein Gewicht in Moskau zugunsten
ernsthafter, auf substantielle Ergebnisse abzielender Abrüstungsverhandlungen in die Waagschale wirft. Zur Karibik führt *GS* aus, daß es sich
hier ebenfalls um ein Gebiet handele, von dem Gefährdungen für den
Frieden ausgingen. Er weist darauf hin, daß er die Erklärung von Mitterrand unterstützt hat. Er erachtet es als wichtig für den Weltfrieden, daß
man sich um die Dämpfung der Spannungen in diesem Raum bemüht.

Für den Nahen Osten und für Teile von Afrika gelte dasselbe.

Auf die Bemerkung von *BK*, daß es in Angola, in Libyen und
Äthiopien Soldaten bzw. Militärberater der DDR gibt, erwidert *GS*,
dies treffe nicht zu.

---

91 Vom 30. Juni bis 1. Juli 1980 führte Bundeskanzler Schmidt politische Ge-
    spräche in Moskau. Die UdSSR-Seite erklärte sich bereit, mit der NATO auch
    dann weiterzuverhandeln, wenn der Nachrüstungsbeschluß noch nicht rück-
    gängig gemacht worden sei. Weitergehende Ergebnisse wurden nicht erzielt.

GS und *BK* vereinbaren den späteren Austausch ihrer diesbezüglichen Unterlagen.

GS betont, die NVA sei für die Bundesrepublik keine Gefahr.

BK erwidert, dasselbe gelte auch für die Bundeswehr.

GS schildert die ökonomische Situation in seinem Land. Auf [An-] Frage von BK begründet GS, warum sein Land nicht Mitglied im IWF sei. Unter Hinweis auf die industrielle Warenproduktion in Höhe von 365 Mrd. Mark und auf das Nationaleinkommen in Höhe von 180 Mrd. Mark sagt GS, daß die Auslandsverschuldung rasch abgebaut werden wird.

GS sagt, daß die wiederaufgebaute Semper-Oper 1983 eingeweiht wird. Auf die Frage von BK, ob er eventuell zur feierlichen Eröffnung im Rahmen eines Privatbesuchs eingeladen werden könne, sagt *GS* dies zu.

BK fragt nach den Schwierigkeiten anläßlich des Karajan-Konzerts zur Wiedereröffnung des Gewandhauses und bemerkt, er wolle Karajan deshalb einen Brief schreiben.

Zum Swing führt *BK* aus, er könne jetzt nur eine Verlängerung um 6 Monate anbieten. Unter Verweis auf die Schwierigkeiten im Zentralbankrat bezüglich einer befriedigenden längerfristigen Regelung gibt *BK* seiner Hoffnung Ausdruck, daß es gelingen kann, innerhalb dieser 6 Monate eine langfristige Regelung zu erreichen, eventuell im Zuge eines Abschlusses eines wirtschaftlichen Rahmenabkommens. Wenn man zum Abschluß eines solchen langfristigen Rahmenabkommens komme, wofür er sei, so muß nach Auffasssung von BK der Swing zu einer der Grundlagen eines solchen Abkommens gehören, ebenso wie das Berliner Abkommen und seine Zusatzvereinbarungen, die für den Handel zuständigen Institutionen bzw. die beauftragten Stellen (TSI), die erhalten bleiben müssen sowie die Aufrechterhaltung der vollen Beteiligung Berliner Unternehmen. Auch müsse deutlich werden, daß das Vier-Mächte-Abkommen und der Grundlagenvertrag Grundlagen eines solchen Rahmenabkommens sind. In dem Rahmenvertrag sollten Kommissionen vereinbart werden, die ein- bis zweimal im Jahr tagen. An diesen Kommissionen sollen auch Firmen beteiligt sein. Der Vorsitz soll alternierend von Dr. Mittag und von BM Graf Lambsdorff wahrgenommen werden. *BK* weist auf die EG-Problematik hin.

GS erwidert, daß die Formulierung eines Entwurfs für ein Rahmenabkommen über Handel, Wirtschaft und Technik in Angriff genommen werden soll. Auf die Bemerkung von *BK*, daß es im Westen schon früher an der mittelbaren EG-Mitgliedschaft der DDR Kritik gegeben hat, erwidert *GS*, ein Rahmenabkommen könne auf Mißtrauen in West und Ost stoßen. Sein Land lasse sich durch die Mitgliedschaft im RGW nicht davon abhalten zu prüfen, ob der Abschluß eines solchen Rahmenabkommens sinnvoll ist.

Bezüglich der zeitlichen Geltung eines Rahmenabkommens denken *GS* und *BK* an einen Zeitraum von 10 - 25 Jahren.

BK sagt, daß derzeit allerdings für den Abschluß eines wirtschaftlichen Rahmenabkommens in der Bundesrepublik nicht die richtige Stimmung herrsche, und zwar vor allem wegen der Erhöhung des Mindestumtauschs.[92] *BK* weist darauf hin, daß diese Erhöhung eine erhebliche Erschwernis für die Bürger bedeute und daß dadurch eine schwere Belastung der Beziehungen zwischen den beiden deutschen Staaten eingetreten sei. Schwerwiegend sei aber auch die Enttäuschung des Vertrauens in den Bestand von Regelungen, welche die DDR gleichzeitig mit neuen westdeutschen Leistungen in Kraft gesetzt hatte.

GS nennt als Grund für die Erhöhung des Mindestumtauschs, daß die Mark weit unter Wert gehandelt wird; der Umtauschwert in Berlin betrage 1 : 4 bis 1 : 5, der wirkliche Wert sei jedoch 1 : 1 oder 1 : 1.35. Wegen stabiler Einzelhandelspreise hätten vor allem Berliner und insbesondere in West-Berlin lebende Türken in der Hauptstadt billig eingekauft. Dies hätte nicht länger hingenommen werden können.

GS berichtet, daß Kreisky ihm die Überlegungen von BK zu einer Korrektur des Mindestumtauschs übermittelt hat.

Auf [An-]Frage erwidert *BK*, es liegt nicht in seiner Macht, auf die Banken und Wechselstuben einzuwirken, daß diese nur zu dem festgesetzten Kurs wechseln. Auch sei es nicht möglich, eine wie auch immer geartete Stützung des Wechselkurses der Mark vorzunehmen.

GS weist darauf hin, daß es auch gegenüber Polen eine Erhöhung des Mindestumtausches gegeben habe. Dies, obwohl die Mark gegenüber der polnischen Währung zu hoch bewertet sei. Auch hier seien für die Erhöhung des Mindestumtauschs ökonomische, wenngleich unterschiedliche Gründe ausschlaggebend gewesen.

GS führt aus, daß es im Verhältnis zur Bundesrepublik eine ganze Reihe offener Fragen gebe. Er nennt die Elbe-Grenze, die Respektierung der Staatsangehörigkeit, die Umwandlung der Ständigen Vertretungen in Botschaften sowie die Zentrale Erfassungsstelle Salzgitter. Er hebt hervor, daß es seiner Seite leichter falle, sich in für die Bundesrepublik wichtigen Fragen zu bewegen, wenn wenigstens in der einen oder anderen dieser Fragen Entgegenkommen gezeigt werden könnte. Zur Festlegung der Elbe-Grenze sagt *BK*, daß die Alliierten keine klare Lage hinterlassen hätten. Das Grundgesetz gebe dem

---

92   Hierbei wurde nochmals die am 13. Oktober 1980 in Kraft getretene Erhöhung des Mindestumtauschsatzes für westdeutsche DDR-Besucher angesprochen.

Bundeskanzler kein Recht, eine bestehende Grenze zu verändern, wohl aber die Möglichkeit, festzustellen, wo die wirkliche Grenze tatsächlich liege.

Im Zusammenhang mit der Erörterung der von ihm aufgeworfenen Frage der Respektierung der Staatsangehörigkeit kommt GS auf den Fall Axel Woeste zu sprechen.

GS spricht ferner die Fälle der beiden Minderjährigen Rappold und Quaadt an. Er verweist darauf, daß seine Seite stets dafür Sorge getragen hat, daß Minderjährige aus der Bundesrepublik stets hätten zurückkehren können.

Im Hinblick auf einen etwaigen Gegenbesuch in der Bundesrepublik sagt GS, daß dies ohne ein Ausnahmegesetz möglich sein müsse.

BK stimmt zu.

BK sagt ferner, daß er sich um den Fall Woeste sowie um die von GS erwähnten Minderjährigen Rappold und Quaadt kümmern würde (Huonker bemerkt, daß es sich im Fall Woeste nur um eine Panne handeln könne).

BK fährt fort, daß die Notwendigkeit der Hinterlegung von Pässen durch Bürger der DDR, die in der Bundesrepublik einen Personalausweis oder einen Reisepaß beantragen, prinzipiell abgeschafft worden sei, ferner, daß mit den zuständigen Stellen darüber gesprochen worden sei, DDR-Pässe nicht mehr unbrauchbar zu machen und daß die Bundesregierung das in ihren Kräften Stehende getan habe, daß Wehrerfassungsbögen und Wahlbenachrichtigungen Bürgern der DDR nicht zugestellt werden, die in offizieller Funktion in der Bundesrepublik weilen. GS erwidert, daß die Praxis der Bundesrepublik auch gegenüber solchen Bürgern der DDR geändert werden müsse, die sich ohne offizielle Mission vorübergehend in der Bundesrepublik aufhalten.

GS spricht den Fall in Karachi an, von dem er von seiner Frau erfahren habe.

GS sagt, er höre bei seinen Reisen in das nicht-sozialistische Ausland immer wieder, daß Mitarbeiter von Botschaften der Bundesrepublik bei Regierungen der Länder, die er besucht, auf die besondere Problematik der Beziehungen zwischen den beiden deutschen Staaten aufmerksam machen. Hier werde offenbar nicht gesehen, daß ihm dies in aller Regel von seinen Gastgebern mitgeteilt wird. Er fügt hinzu, daß es kein Land der Welt gibt, in dem seine Seite ähnlich verfahre.

Zur Frage der Respektierung der Staatsangehörigkeit weist BK auf die Rechtslage nach dem Grundgesetz und nach der Rechtssprechung des Bundesverfassungsgerichts hin. BK sagt, daß er die Verfahrensweise im Fall Woeste nicht für gut halte.

GS kommt darauf zu sprechen, daß Sportler und Kulturschaffende zum Bleiben bewogen werden sollen, sobald sie in der Bundesrepublik ankommen; dies höre er immer wieder von Sportlern und Künstlern nach ihrer Rückkehr von Veranstaltungen in der Bundesrepublik.

BK erwidert, er finde dies nicht in Ordnung.

Zum Thema „Ständige Vertretungen" führt *GS* aus, daß man im Zusammenhang mit der Errichtung der Ständigen Vertretungen darüber gesprochen habe, später die Ständigen Vertretungen in Botschaften umzuwandeln.

BK weist darauf hin, daß Dinge, die beim Abschluß des Grundlagenvertrags nicht geregelt werden konnten, jetzt auch nicht geregelt werden können. Zu „Salzgitter" weist *GS* darauf hin, daß diese Einrichtung eine Mißachtung der Souveränität seines Staates darstellt, und daß es eine derartige Einrichtung nirgendwo in der Welt gibt.

BK verweist darauf, daß es sich bei der Zentralstelle um eine Einrichtung der Länder handele, die dem niedersächsischen Justizminister unterstellt ist. Die Zentralstelle könne deshalb auch nur von den Ländern und nicht vom Bund aufgelöst werden, sofern hierzu der politische Wille vorhanden sei.

BK spricht den Bau einer Stichstraße von der Nord-Autobahn nach Lüchow-Dannenberg über die Elbe an.

GS antwortet, für seine Seite sei dieses Thema ad acta gelegt, und zwar aus militärischen Gründen.

GS stellt die Frage, ob die Bundesrepublik damit einverstanden sein könnte, den Leitern der Ständigen Vertretungen den Titel „Botschafter" zu verleihen, wenn eine Umwandlung der Ständigen Vertretungen in Botschaften derzeit schon nicht möglich sei. Er verweist in diesem Zusammenhang auf die Bemerkung Breshnews, daß eine Normalisierung der Beziehungen zwischen den beiden deutschen Staaten notwendig sei.

BK verweist auf das Protokoll über die Errichtung der Ständigen Vertretungen.

BK führt aus, daß es jetzt darum gehe, die Grundlagen für ein friedliches Zusammenleben der Bürger in beiden deutschen Staaten im nächsten Jahrhundert zu schaffen. Er verfolge dieses Ziel mit Herz und Verstand. Er betont, daß er diesen Besuch in der DDR weder persönlich noch politisch brauche. Er wolle aber dazu beitragen, vernünftige gut nachbarliche Beziehungen zwischen den beiden deutschen Staaten zu schaffen. Den Begriff „Normalität" verwende er nicht, da schon das Grenzregime nicht normal sei.

GS führt aus, daß in diesem Jahr in gut 12.000 Fällen Ausreiseanträgen im Rahmen der Familienzusammenführung stattgegeben worden sei und daß seine Seite auf diesem Gebiet weiterhin zu konstruktiven Lösungen bereit sei. *BK* würdigt dies ausdrücklich.

Zu den zahlreichen Briefen, die BK im Hinblick auf seinen Besuch in der DDR erhalten hat, sagt *GS*, diese seien für ihn dadurch erledigt, daß er Dr. Vogel beauftragt habe, diese Fälle zu lösen.

Gefragt nach seiner Einschätzung der Situation in Polen sagt *GS*, es gebe kein Land der Welt, das auf Dauer leben könne, ohne zu arbeiten. Er weist auf die negativen Auswirkungen der gegenwärtigen Situation in Polen, auf die Wirtschaft seines Landes hin. So seien fest eingeplante Lieferungen aus Polen, insbesondere Steinkohlenlieferungen, im Wert von 3 Mrd. Mark ausgefallen; diese hätten teilweise durch Käufe außerhalb des RGW kompensiert werden müssen. Auch hätte die DDR $^1/_2$ Mrd. Mark zur Unterstützung Polens gezahlt. *GS* bejaht die Frage von *BK*, ob er seine Meinung teile, daß Kardinal Wyszinski die Entwicklung in Polen bis zu seinem Tode maßgeblich positiv beeinflußt habe. Auf die Bemerkung von *BK*, daß er Gierek sehr geschätzt habe, erwidert *GS*, dies habe auch er getan.

Quelle: SAPMO - BArch, DY 30/vorl. SED, 41664.

Dokument 5

Vermerk über ein Gespräch zwischen Erich Honecker und Helmut Schmidt am 12. Dezember 1981[93]

Zu Beginn äußerte sich Bundeskanzler Helmut Schmidt befriedigt über den bisherigen Verlauf des Treffens. Er bat Genossen Erich Honecker, ihm mal zu sagen, wie das Politbüro arbeitet und wie es sich zusammensetzt. Er sei, falls das Bedürfnis dazu besteht, bereit, das gleiche hinsichtlich der Bundesregierung zu tun.

Genosse Erich Honecker informierte über die Zusammensetzung des Politbüros des ZK der SED und die Arbeitsverteilung in demselben. Auf die Frage von Helmut Schmidt, wer die eigentliche Macht in der DDR ausübt, verwies Erich Honecker auf die Verfassung der DDR sowie die entsprechenden Gesetze über den Staatsrat, den Ministerrat und den Nationalen Verteidigungsrat der DDR. Er betonte dabei, daß die führende Rolle der Partei in der Verfassung der DDR verankert sei. Alle entscheidenden Fragen der Innen- und Außenpolitik werden im Politbüro des ZK der SED behandelt und entschieden. Er, Erich Honecker, sei seit 1950, das heißt, seit 32 Jahren im Politbüro und seit

---

93 Der Vermerk wurde von Honecker ohne Datumsangabe abgezeichnet. Das Gespräch hat offenbar am Nachmittag des 12. Dezember 1981 stattgefunden.

1971 Generalsekretär des ZK der SED. Das Politbüro sei ein einheitliches Kollektiv. Seine Zusammensetzung sei gut, in ihm wirken jüngere und ältere Genossen zusammen. Erich Honecker erklärte den Verantwortungsbereich der einzelnen Mitglieder und Kandidaten des Politbüros sowie der Sekretäre des Zentralkomitees. Das Sekretariat des Zentralkomitees sei verantwortlich für die Kontrolle der Durchführung der Beschlüsse des Zentralkomitees sowie für Kaderfragen. Er selber sei verantwortlich für die Innen- und Außenpolitik. Zugleich sei er Vorsitzender des Staatsrates und des Nationalen Verteidigungsrates der DDR. Der Ministerrat der DDR sei durch den Vorsitzenden des Ministerrates und einiger seiner Stellvertreter im Politbüro vertreten. Mitglieder des Politbüros seien der Vorsitzende des FDGB sowie der FDJ. Das Politbüro habe verschiedene Kommissionen, die von einzelnen Mitgliedern des Politbüros bzw. Sekretäre des ZK geleitet würden, z. B. Genosse Hager für Ideologie und Kultur, Genosse Mittag für Ökonomie, Genosse Axen für internationale Fragen, Genosse Hermann für Agitation und Propaganda, Genosse Felfe für Landwirtschaft.

Das Zentralkomitee sei seit der Vereinigung ein stabiles einheitliches Kollektiv, das zwischen den Parteitagen die Partei leitet. Politbüro und Sekretariat seien Organe des Zentralkomitees. Die Partei sei ideologisch als auch organisatorisch einheitlich wie nie zuvor. Seit 1956 habe es keine Fraktionen gegeben - und wenn er sich so ausdrücken darf - die ehemaligen Fraktionisten würden jetzt die Politik der Partei unterstützen.

Der Ministerrat befasse sich im wesentlichen mit innenpolitischen Aufgaben auf dem Gebiet der Volkswirtschaft, der Volksbildung, des Hochschulwesens, der Kultur, des Gesundheitswesens, des Umweltschutzes und der Wasserwirtschaft.

Schmidt erklärte, daß die wichtigsten Funktionen in der BRD von ihm und Vizekanzler Genscher bekleidet werden. Die FDP habe in der Koalition eine tatsächliche Machtstellung und ohne sie könne die SPD nicht regieren. Die FDP achte darauf, daß sie ihre Möglichkeiten mit der CDU zu koalieren, nicht verschütte.

Die FDP sei eine kleine Partei, deren Interessenanteil bei der Wählerschaft größer sei, als das ihrer Mitgliederzahl entspreche. Vier Minister der Regierung (Genscher, Ertl, Lambsdorff und Baum) seien Mitglieder der FDP und verfügten über bedeutende Machtpositionen in der Koalition. Bei der SPD gebe es außer Schmidt zwei wichtige Leute: Finanzminister Matthöfer und Verteidigungsminister Apel. Auch Egon Franke sei ein wichtiger Mann.

Die Rolle, die das Politbüro in der DDR spiele, habe in der BRD das Kabinett. Die Befugnisse des Kabinetts seien jedoch viel kleiner als die des Politbüros bei uns. Es seien viele Kompromisse zwischen

SPD und FDP sowie zwischen den einzelnen Ministerbereichen notwendig.

Bei der Verabschiedung von Gesetzen sei die Rolle des Bundesrates zu beachten, in dem die CDU-regierten Länder die Mehrheit haben. Bei der Durchsetzung der Politik in der BRD seien eine Reihe von Risikofaktoren zu beachten.

1. Das Risiko, ob beide Fraktionen der Koalition zustimmen.

2. Das Risiko, welche Gesetze der Zustimmung des Bundesrates bedürfen (bei Gesetzen, die finanzielle Fragen betreffen, müsse ein Vermittlungsausschuß angerufen werden, falls der Bundesrat nicht zustimme).

Das 3. Risiko sei das Bundesverfassungsgericht, das mit unglaublich großer Arroganz politische Fragestellungen juristisch entscheidet. Die Stellung des Bundesverfassungsgerichtes sei stärker als die des Reichsgerichts in der Weimarer Republik. Man könne auch sagen, die Bundesrepublik sei kein Rechtsstaat, sondern ein Gerichtsstaat.

Auf die Frage, ob es im Politbüro auch Abstimmungen gäbe, erklärte Genosse Erich Honecker, daß es das von Fall zu Fall gäbe. Dies sei jedoch eine Ausnahme, da meistens zum Abschluß der Behandlung eines Problems Übereinstimmung festgestellt werden könne.

In seiner eigenen Partei und Fraktion seien die Dinge schwierig. Bei der laufenden Politik gebe es zwar gelegentlich 2 oder 3 Nein-Stimmen der eigenen Fraktion im Parlament, ansonsten sei die Fraktion jedoch homogen. Die Fraktionssitzungen würden ihn jedoch sehr viel Zeit kosten, um die Fraktion zu einer einheitlichen Meinung zu bringen.

Die Lage der SPD im Lande sei nicht so gut. Viele neu eingetretenen Leute hielten sich für Linke, seien aber in Wirklichkeit Intellektuelle. Seine Hauptstützen seien die Gewerkschaften, wie die IG Metall, Textil, die Gewerkschaft der Bauarbeiter, die ÖTV, deren Spitzenfunktionäre langjährige Freunde von Schmidt seien. Auf den SPD-Vorstand könne er sich nicht so sehr stützen.

In der BRD gebe es eine Reihe kommunistischer Gruppierungen, zum Teil mit chaotischem Charakter. Die DKP unter Leitung des Genossen Mies sei eine sehr disziplinierte, aber kleine Partei ohne große politische Bedeutung. Daneben gebe es alternative Gruppierungen, „Grüne", die von Volksschullehrern oder Professoren geleitet werden. Sie seien jedoch ohne Bedeutung. Ein gewisser Schwerpunkt sei Westberlin, wo sie die 5 %-Klausel bei den Senatswahlen überschreiten konnten.

In den westeuropäischen Staaten würden die politischen Schwankungen in dem Maße zunehmen, in dem die Arbeitslosigkeit wachse. Mit Ausnahme der BRD hätten in allen anderen Ländern in den letzten Jahren die Regierungen zwei- bis dreimal gewechselt. Die BRD sei stabil geblieben. Er, Schmidt, sei der dienstälteste Regierungschef in der EG. Er verhehle nicht, daß ihm die Arbeitslosigkeit große Sorgen bereite. Auch in den internationalen wirtschaftlichen Ländern, besonders in Lateinamerika und Asien, würden sich die Menschen wie die Mäuse vermehren. Innerhalb der letzten 60 Jahre habe sich die Weltbevölkerung verdoppelt (von 2 auf 4,2 Mrd.). Im Jahre 2000 wird es etwa 6 Mrd. Menschen geben. So viel Menschen sind nicht mehr zu ernähren und auch nicht mit Ärzten, Lehrern usw. zu versorgen. Er habe darüber auch mit dem Papst gesprochen und versucht, ihm deutlich zu machen, daß auch die katholische Kirche einen Unterschied zwischen Abtreibungsverbot und Geburtenbeschränkung machen muß. In Lateinamerika müsse die Geburtenbeschränkung zur Politik gemacht werden. Irgendwo komme der Punkt, wo auch den Entwicklungsländern nicht mehr geholfen werden könnte.

Genosse Honecker erklärte, daß die Welt vor großen Erschütterungen stehe. Das Jahr 1933 sei ein Menetekel. Es bestehe die große Gefahr, daß es durch Unbedachtheiten zu einem Weltkrieg komme. Die großen Probleme der Welt können nur durch Zusammenarbeit, durch Kooperation gelöst werden. Diesen Problemen messe das Politbüro des ZK der SED als Führungszentrum der DDR große Bedeutung bei.

H. Schmidt bat um eine Information, ob es sich bei den Verantwortlichen für die Armee der DDR in erster Linie um Militärs oder um politische Leute handle.

Genosse Honecker erklärte, daß die Armee der DDR von politisch sehr verantwortungsbewußten Funktionären geleitet wird, die sowohl über die politischen als auch die militärischen Voraussetzungen verfügen (Genosse Hoffmann, Genosse Keßler).

H. Schmidt fragte, ob es einen gemeinsamen Oberkommandierenden für die sowjetischen Streitkräfte und die DDR-Truppen gebe.

Genosse Honecker erklärte, die Verteidigungsminister der Mitgliedsstaaten seien stellvertretende Oberbefehlshaber. Genosse Kulikow sei Oberbefehlshaber der Vereinigten Streitkräfte des Warschauer Vertrages.

H. Schmidt erklärte, daß es keinen Oberbefehlshaber der NATO gebe, sondern nur Oberbefehlshaber für regionale Bereiche (Nord-, Süd-, Mittel-Atlantik). Für die einzelnen Bereiche gebe es einen Oberbefehlshaber für Europa. Dies sei ein amerikanischer General. Alle würden dem NATO-Rat, der aus den Verteidigungsministern der NATO-Staaten besteht, unterstehen. In der NATO und in der BRD würde die militärische Führung vollständig der politischen Führung unterworfen sein.

Genosse Honecker stellte dazu fest, daß auch in der DDR die militärische Führung der politischen Führung unterstehe. Der Generalsekretär des ZK der SED sei zugleich Vorsitzender des Nationalen Verteidigungsrates.

Auf die internationale Lage eingehend erklärte *Genosse Honecker*, daß wir es in der westlichen Welt mit einer Weltwirtschaftskrise zu tun haben, die in ihrem Ausmaß die von 1930 übertreffe, ob man das wahrhaben wolle oder nicht. In Westeuropa sei die Arbeitslosigkeit ein großes Problem. Auch wir hätten es lieber, wenn die Talfahrt der Wirtschaft in den westlichen Ländern zu Ende ginge.

Was die finanzielle und wirtschaftliche Lage der DDR betreffe, so befinde sie sich in einer besseren Position als andere Staaten. Bei uns gebe es das Leistungsprinzip, stabile Preise und ein ständiges Wirtschaftswachstum. Die Subventionierung der Preise sei eine andere Form der Verteilung des Nationaleinkommens, um den Lebensstandard der Bevölkerung weiter zu erhöhen. Wielange dies möglich sei, könne angesichts der Lage auf den Weltmärkten schwer gesagt werden. Genosse Honecker informierte in diesem Zusammenhang über die Entwicklung des Realeinkommens der Bevölkerung der DDR.

Auf Rohstoffprobleme übergehend, informierte er über die Rohstoffsituation der DDR (60 % aus eigenem Aufkommen; Braunkohle, Kali, Kupfer, Uran, Zinn) und stellte fest, daß die DDR ihre Erdölbezüge aus der UdSSR um 40 - 50 % unter dem Weltmarktpreis erhalte.

Genosse Honecker gab einen Überblick über das Wohnungsbauprogramm der DDR und informierte über die in den letzten Jahren erreichten Ergebnisse sowie die im 5-Jahrplan 1981 - 1985 vorgesehenen Leistungen (950 000).

H. Schmidt erklärte, daß es gut wäre, wenn beide deutsche Staaten in Fragen der Lagerung von Atommüll zusammenarbeiten würden (Informationsaustausch), da beide Staaten in der Nähe der Grenze Mülldeponien unterhielten.

Genosse Honecker erklärte, daß die DDR und die BRD Mitglied der internationalen Atomenergie-Agentur seien und die IAEA über alle erforderlichen Informationen verfüge. Im übrigen würden in der DDR nur schwach radioaktivhaltige Abfälle lagern. Ausgebrannte Elemente der Kernkraftwerke würden in die UdSSR zurückgehen.

H. Schmidt bemerkte dazu, daß die UdSSR etwas leichtfertig Atommüll lagere, aber das sei ihr Bier. Die Kernkraftwerke würden in Zukunft sicher zunehmen, da die Kohle mehr für die chemische Industrie benötigt würde.

Genosse Honecker kam auf die Verpressung von Kaliabwässern durch die BRD im Grenzgebiet zur DDR zu sprechen und erklärte, daß eine Regelung dieser Frage dringend notwendig sei.

H. Schmidt, der dieses Problem angeblich nicht kannte, stimmte nach Erläuterung der Situation zu, daß aus der Kaliabwässerverpressung durch die BRD Gefahren für den Kalibergbau der DDR entstehen können und daß diese Frage geregelt werden müsse. Er bat, dies ausdrücklich im Protokoll festzuhalten.

H. Schmidt bat um eine Information über die Lage der S-Bahn in Westberlin. Nach entsprechender Erläuterung durch Genossen Honecker, wobei insbesondere die dringende Notwendigkeit der Beteiligung des Westberliner Senats, ohne daß die Statusfragen davon berührt würden, an dem Defizit für die Unterhaltung der S-Bahn hervorgehoben wurde, erklärte Schmidt, daß auch der Westberliner Senat an einer Einbeziehung der S-Bahn in das Westberliner Nahverkehrssystem interessiert sei und dazu gegenwärtig eine Studie erarbeitet wurde. Wenn eine Regelung gefunden würde, könnten Bauarbeiten an der U-Bahn eingestellt und die dadurch freiwerdenden Mittel für die S-Bahn eingesetzt werden.

Genosse Honecker erklärte, daß die DDR bereit sei, mit dem Westberliner Senat zu entsprechenden Vereinbarungen zu kommen, wobei selbstverständlich der Status der S-Bahn in Westberlin unverändert bleiben müsse.

Schmidt bat um eine Information zur Frage des Grenzübergangs Staaken.

Genosse Honecker erklärte, daß es notwendig ist, daß die Anbindung Westberlins an die Nord-Autobahn jetzt am Grenzübergang Stolpe vorgenommen werden muß. Der Grenzübergang Staaken würde bis spätestens 31.12.1984 für den Transitverkehr BRD/WB geöffnet bleiben. Danach müsse der Transitverkehr über den neuen Grenzübergang erfolgen.

Schmidt erklärte, daß es notwendig sei, auf den Westberliner Senat Druck auszuüben, um die Anbindung an die Autobahn durchzuführen. Sollte das bis zu dem genannten Termin nicht möglich sein, so würde er eine kurzzeitige Verlängerung des genannten Termins als großes Entgegenkommen der DDR begrüßen. Das solle man jedoch dem Senat von Westberlin jetzt nicht sagen, damit die Anbindung in der genannten Zeit erfolgt. Auf eine Frage, ob der Grenzübergang Staaken auch nach der Öffnung des neuen Grenzübergangs für den Transitverkehr offen bleiben könne, erklärte Genosse Honecker, daß das in den getroffenen Vereinbarungen nicht vorgesehen und auch nicht möglich sei.[94]

Quelle: SAPMO - BArch, DY 30/vorl. SED, 41664.

---

94   Die Grenzübergangsstelle Staaken wurde schließlich im Juni 1984 über den 31. Dezember 1984 hinaus zunächst für 3 Jahre offen gehalten.

Dokument 6

„Zusammengefaßte Hinweise zur Reaktion der Bevölkerung der DDR" im Zusammenhang mit dem Treffen Erich Honecker mit Helmut Schmidt, vorgelegt von ZAIG des MfS am 15. Dezember 1981

Der gesamte Verlauf des Arbeitsbesuches wurde von allen Bevölkerungsgruppen *mit sehr großem Interesse verfolgt.*

Überwiegend besteht *Zustimmung* und *Genugtuung* über den Verlauf der Zusammenkunft.

Es sind Äußerungen in sehr großem Umfange dahingehend bekannt, diese positiven politischen Ergebnisse, die auch im internationalen Maßstab große Bedeutung hätten, seien vor dem Treffen nicht abzusehen gewesen und wären nicht erwartet worden.

In erster Linie wird zustimmend hervorgehoben, daß es gelungen ist, konstruktiv und unter Beachtung der Souveränität beider deutscher Staaten einen Meinungsaustausch zu entwickeln und zu internationalen und bilateralen Fragen, die bis ins Detail reichen, zu sprechen.

Mit Genugtuung wurden Veröffentlichung und Inhalt des Kommuniqués aufgenommen und hervorgehoben, daß durch die Konkretheit der Aussagen viele Fragen und Unklarheiten bis hin zu Spekulationen beantwortet worden seien. Positiv hervorgehoben wird weiter:

Die große politische Bedeutung, insbesondere für die weiteren Beziehungen der beiden deutschen Staaten;

die Übereinstimmung in grundlegenden Fragen der Erhaltung des Friedens;

die Sachlichkeit der Gespräche;

die Vielfalt der Verhandlungsgegenstände;

die umfangreiche und detaillierte Berichterstattung der Massenmedien der DDR, wodurch jederzeit ein aktueller Überblick über den Verlauf der Verhandlungen gewährleistet war;

die konsequente Haltung der Delegation der DDR bei besonderer Hervorhebung des persönlichen Einsatzes und der souveränen Haltung des Genossen Honecker.

Obwohl vor dem Treffen in größerem Umfang Erwartungshaltungen unter allen Bevölkerungsgruppen eine Rolle spielten (Spekulationen über „menschliche Erleichterungen" und „humanitäre" Fragen), wurden von diesen Bürgern nach Beendigung der Zusammenkunft bisher nur eine geringe Anzahl Meinungsäußerungen bekannt, in denen Enttäuschung darüber zum Ausdruck kam, daß keine diesbezüglichen Vereinbarungen erfolgten, die unmittelbar wirksam werden.

In geringem Umfang wurden nach dem Treffen Spekulationen in der Richtung bekannt, daß es in der Folge des Treffens und in vorgesehenen Verhandlungen auf der Ebene der Minister bzw. Staatssekretäre in absehbarer Zeit doch noch zu verbindlichen Festlegungen komme. Insbesondere von Personenkreisen mit aktiven Verbindungen in die BRD und nach Westberlin werden erwartet,

Erweiterung der Reisemöglichkeiten;

Herabsetzung der Grenze des Reisealters für Reisen in die BRD/ Westberlin;

Veränderung des Mindestumtauschsatzes auf die Sätze vor dem Oktober 1980;

Erweiterung der Wirtschaftsbeziehungen.

In Einzelfällen gab es Äußerungen mit abwertender bzw. negativer Grundhaltung:

- Es wäre viel gesprochen, aber eigentlich nichts Greifbares erreicht worden;

- Schmidt habe sich durch sein Auftreten und seine Haltung in der DDR „beliebt" gemacht und Sympathien geweckt;

- nun bliebe alles beim „Alten", und alles werde so ausgelegt, daß weitere Vereinbarungen „auf die lange Bank" geschoben werden

Quelle: BStU, ZA, ZAIG, 4164.

Dokument 7

Mündliche Botschaft Erich Honeckers an Helmut Schmidt vom 15. Juni 1982 [95]

Auf Ihre mündliche Botschaft, die Sie mir durch den neuen Leiter der Ständigen Vertretung der Bundesrepublik Deutschland, Herrn Hans-Otto Bräutigam, anläßlich seiner Akkreditierung übermitteln ließen, möchte ich Ihnen wie folgt antworten: [96]

Die Deutsche Demokratische Republik ist unbeirrt entschlossen, zielstrebig die Beziehungen zwischen den beiden deutschen Staaten

---

95 Die Botschaft Honeckers an Schmidt wurde am genannten Tag vom SED-Politbüro bestätigt. Zur Überbringung durch den Ständigen Vertreter der DDR in Bonn, Ewald Moldt, gab es keinerlei offizielle Mitteilung.

96 Anläßlich der Übergabe des Beglaubigungsschreibens des neuen Leiters der Ständigen Vertretung der Bundesrepublik Deutschland in Ost-Berlin, Hans Otto Bräutigam, an den Staatsratsvorsitzenden Erich Honecker hatte dieser am 24. Mai 1982 eine mündliche Botschaft Helmut Schmidts überbracht.

im Interesse des Friedens und der Sicherheit in Europa, zum Wohle der Menschen weiterzuentwickeln, wie wir das bei unserem Treffen am Werbellinsee im Dezember des vergangenen Jahres beiderseits bekundet haben.

Die jüngsten Ereignisse in der internationalen Arena machen deutlich, daß in der Tat dabei die Sicherung des Friedens die alles übergreifende Frage ist. Sowohl der von Israel gegen den Libanon geführte Krieg als auch der Krieg im Südatlantik lassen die Gefahren erkennen, die in der Welt entstehen, wenn durch eine Politik der Stärke, des Boykotts, des Vorrangs von Rüstung, der Drohung und des Drucks das Gesamtsystem der internationalen Beziehungen destabilisiert und eine Militarisierung der Weltpolitik betrieben wird.

Wir sind, wie ich Ihnen bereits mitteilte, dafür, den Dialog und die Vertragspolitik zwischen den zwei deutschen Staaten gerade in so komplizierten Zeiten, wie wir sie jetzt erleben, fortzusetzen. Vorrang besitzt die Sicherung der Ergebnisse der Vertragspolitik, die seit 1969/70 erreicht wurden. Es handelt sich um unseren gegenseitigen Beitrag zum Funktionieren des Vierseitigen Abkommens vom 3. September 1971 über Berlin (West). Es geht um die Bewahrung und weitere Anwendung des Grundlagenvertrages zwischen der Deutschen Demokratischen Republik und der Bundesrepublik Deutschland mit dem rechten Augenmaß für das Machbare. Auch kommt es darauf an, den Verkehrsvertrag und die sich daraus ergebenden Vorteile für beide Seiten zu sichern.

Insgesamt ist die Bilanz der zurückliegenden Jahre gut. Man muß das Ganze sehen, einschließlich der Aufnahme beider deutscher Staaten in die Vereinten Nationen und ihre Spezialorganisationen, die nicht nur das Gewicht der Deutschen Demokratischen Republik, sondern auch der Bundesrepublik Deutschland im internationalen Leben erhöht hat.

Eingedenk unserer Verpflichtung, alles zu tun, damit von deutschem Boden niemals mehr ein Krieg ausgeht, sind wir dafür, mit langem Atem und Stehvermögen für Frieden und Zusammenarbeit zu wirken. Wir sind nicht für Konfrontation, sondern für Verständigung im Geiste der friedlichen Koexistenz.

Ganz in diesem Sinne haben wir in unserem Bündnis, im Einklang mit der UdSSR und unseren anderen Partnern des Warschauer Vertrages, in den zurückliegenen Monaten gewirkt. Es braucht nicht betont zu werden, daß wir hierbei nicht nur volles Verständnis, sondern auch weitgehende Unterstützung fanden. Zwischen der Deutschen Demokratischen Republik und ihren Verbündeten besteht volles Einvernehmen in allen Fragen der Friedenssicherung. Ihre Äußerungen in bezug auf Sicherheitspartnerschaft finden meine volle Zustimmung.

Ich darf auf die Initiativen verweisen, die darauf abzielen
- eine drastische Reduzierung aller Mittelstreckenwaffen zu vereinbaren, die in Europa stationiert oder auf Europa gerichtet sind;
- die Kernwaffenrüstung auf unserem Kontinent zunächst quantitativ und qualitativ einzufrieren, um so die Voraussetzung für ihre Reduzierung zu verbessern;
- über die Begrenzung und Reduzierung jeder Waffenart zu verhandeln und bei strikter Beachtung des Prinzips der Gleichheit und der gleichen Sicherheit darüber Vereinbarungen zu treffen;
- Schritte zu unternehmen bis hin zur radikalsten Lösung, der Schaffung eines atomwaffenfreien Europa.

Es bedarf keiner Hervorhebung, daß wir positiven Ergebnissen bei den Genfer Verhandlungen zwischen der UdSSR und den USA größtes Gewicht beimessen. Seit langem befürworten wir ein Treffen zwischen L. I. Breshnew und R. Reagan. Wir würden begrüßen, wenn es im Herbst dieses Jahres stattfinden würde.

Ihnen ist gewiß nicht entgangen, daß wir zum Falkland-Konflikt in bestimmten Maße Zurückhaltung übten, weil wir der Auffassung sind, daß alle strittigen Fragen im internationalen Leben auf dem Wege von Verhandlungen gelöst werden sollten.

Wie Ihnen bekannt ist, wurden zwischen Vertretern der Außenministerien unserer Staaten Konsultationen zu Fragen der Abrüstung, Rüstungsbegrenzung und Entspannung aufgenommen. Die Deutsche Demokratische Republik ist dafür, diese Konsultationen in Übereinstimmung mit dem Grundlagenvertrag fortzuführen.

Ihre Bemühungen, den Entspannungsprozeß gegen Bestrebungen zu verteidigen, ihn durch einen gefährlichen Konfrontationskurs zu ersetzen, fanden unsererseits Aufmerksamkeit und werden gebührend geschätzt. Ich bin erfreut, daß es Ihnen gelungen ist, Ihre Verbündeten in aller Öffentlichkeit auf die Aussagen des Harmel-Berichts zur Rüstungskontrolle und Entspannung festzuhalten.[97]

Wie bereits am Werbellinsee dargelegt, können wir natürlich bestimmte Widersprüche nicht übersehen, die es Ihnen nicht als ratsam erscheinen lassen, der Politik der Friedensicherung in vollem Maße Rechnung tragen. Ich denke dabei an die ständige Bekräftigung des NATO-Doppelbeschlusses und die Tatsache, daß mit den Vorbereitungen bereits begonnen wird, deren Aufstellung eine folgenträchtige Veränderung des strategischen Gleichgewichts zugunsten der NATO bedeuten würde. Hinzu kommt die Zurückweisung jeglicher Abrü-

---

97 Beim Harmel-Bericht handelte es sich um die am 14. Dezember 1967 auf einer NATO-Ministerratstagung beschlossene verbindliche Doktrin des westlichen Verteidigungsbündnisses. Den Wortlaut vgl. in: Außenpolitik der Bundesrepublik Deutschland. S. 311 ff.

stungsinitiativen unserer Seite, die Ablehnung und nicht richtige Einschätzung der Idee eines Kernwaffen-Moratoriums.

Wie sich zeigt, deckt sich die Meinung der Deutschen Demokratischen Republik in diesen Fragen mit den Äußerungen prominenter und äußerst sachkundiger Persönlichkeiten der USA, darunter ehemalige Präsidenten und Vizepräsidenten, Außen- und Verteidigungsminister sowie namhafte Abgeordnete des USA-Kongresses. Es gilt, nach Vereinbarungen entsprechend dem Prinzip der Gleichheit und der gleichen Sicherheit zu streben, anstatt Null-Lösungen zu propagieren, die keine sind und den USA und der NATO einseitige Vorteile verschaffen sollen.

Ich möchte auch nicht unerwähnt lassen, daß im Zusammenhang mit der Entwicklung in der Volksrepublik Polen der Finanz- und Wirtschaftsboykott weiter verschärft und, wie ich bereits im Telefongespräch zu Beginn dieses Jahres bemerkte, still und leise auch auf die Deutsche Demokratische Republik ausgedeht wurde, obgleich zwischen uns Übereinstimmung bestand, daß die Entwicklung in Polen eine innere Angelegenheit Polens ist. Wir setzen selbstverständlich unsere Unterstützung für Polen fort. Das habe ich bei meinem Meinungsaustausch mit dem General vereinbart. Die Bürger der Deutschen Demokratischen Republik, insbesondere unsere Kinder, haben über Weihnachten und Neujahr weit mehr als zwei Millionen Pakete geschickt. In diesem Jahr sind es bereits über eine halbe Millionen. Mehr als 22.000 polnische Werktätige arbeiten zur allgemeinen Zufriedenheit in unserer Republik. Der gegenseitige Besucherverkehr ist wieder angelaufen.

Es steht wohl außer Frage, daß der von westliche Kreisen verfolgte Kurs des Boykotts, der Behinderung der wirtschaftlichen Zusammenarbeit der Staaten durch Kreditsperren oder gar eines Handelskrieges einen Bruch der Schlußakte von Helsinki darstellt und auch mit Buchstaben und Geist der abgeschlossenen Verträge nicht vereinbar ist.

Da wir die Gestaltung des Verhältnisses zwischen beiden deutschen Staaten als ein wesentliches Element der Stabilität in Europa betrachten, hält die Deutsche Demokratische Republik unverändert an ihrer Politik der friedlichen Koexistenz gegenüber der Bundesrepublik Deutschland fest. Wir haben in den vergangenen Monaten durch eine Reihe von Entscheidungen und Maßnahmen, darunter auf Gebieten, denen die Bundesrepublik Deutschland besondere Beachtung beimißt, unseren guten Willen bekundet.

- Der Umgang der Möglichkeiten für Reisen bei dringenden Familienangelegenheiten wurde mit Wirkung vom 15.02.1982 erheblich erweitert. Inzwischen hat auch Minister Franke bestätigt, daß die Zahl der Reisen in dringenden Familienangelegenheiten in der letzten Zeit kräftig zugenommen hat.

- Die Freigrenze für Gegenstände, die bei der Einreise in die Deutsche Demokratische Republik mitgeführt werden können, wurde auf 1.000 Mark erhöht.

- Von uns wurde die Initiative zur Erweiterung des Jugend-Austausches ergriffen. Das Jugend-Reisebüro der Deutschen Demokratischen Republik ist dabei, mit interessierten Reisebüros der Bundesrepublik Deutschland konkrete Abmachungen über den Jugendtourismus zu treffen. Probleme, die sich aus dem hohen Preisniveau in der Bundesrepublik Deutschland ergeben, können meines Erachtens gelöst werden.

- Auf humanitären Gebiet wurden, wie Sie wissen, eine Reihe von Fällen geregelt, einschließlich der Ausreise und der Entlassung aus der Staatsbürgerschaft. Hierbei handelt es sich um Schritte der Deutschen Demokratischen Republik, die unbestreitbar praktische, für die Menschen erfahrbare Ergebnisse bringen, wovon in Ihrer mündlichen Botschaft die Rede ist. Das gilt in hohem Maße auch für alle die Punkte, die jetzt zur Regelung anstehen.

Was also ist jetzt machbar?

Die Deutsche Demokratische Republik hat ihre Bereitschaft zur kurzfristigen Weiterführung der Verhandlungen zur Feststellung des Grenzverlaufs auf der Elbe bekundet. In Verbindung damit könnten alle die Fragen in Angriff genommen bzw. besser gelöst werden, die insbesondere auch für die Bundesrepublik Deutschland von Interesse sind, einschließlich der vorgeschlagenen Gespräche zur Gewässergüte der Elbe.

Die Deutsche Demokratische Republik hat ihre Absicht erklärt, in Verhandlungen über den Abschluß eines Wirtschaftsrahmen-Abkommens mit der Bundesrepublik Deutschland einzutreten. Bei einer langfristigen Regelung des Swing ist es möglich, die 1982 auslaufende Vereinbarung über den erweiterten Transfer aus Guthaben in bestimmten Fällen weiterzuführen. Vorschläge dazu wurden unsererseits unterbreitet.

Wir gehen davon aus, daß es gerade in der gegenwärtigen internationalen Situation darauf ankommt, zum beiderseitigen Nutzen das erreichte Niveau auch im Bereich der wirtschaftlichen Beziehungen zu bewahren und zu erweitern. Signale des Wirtschaftsboykotts könnten gerade in der jetzigen Zeit sehr bedenklich und folgenschwer sein.

Der Bau der Autobau Berlin-Hamburg, über den wir uns seinerzeit verständigt hatten, ist soweit gediehen, daß sie am 20. November 1982 für den Verkehr freigegeben werden kann. Außerdem wurde, was nicht unbedeutend ist, die für den Transitverkehr benutzte Autobahn von Berlin in Richtung Hannover erneuert.

Die Verhandlungen zu Fragen, die mit dem Kali-Abbau im Werra-Gebiet zusammenhängen, werden intensiviert. Dabei haben wir den

Wünschen der Bundesrepublik Deutschland Rechnung getragen. Mitte Juni werden die Gespräche fortgesetzt.

Entsprechend dem Vorschlag der Bundesregierung haben wir die Fragen geprüft, die die Schadenersatzregelung bei Schäden betreffen, die auf das Gebiet des jeweils anderen Staates übergreifen. Dabei berücksichtigen wir das beiderseitige Interesse, schadenverursachende Ereignisse möglichst zu verhindern und dennoch eintretende Schäden wirksam zu bekämpfen.

Die Deutsche Demokratische Republik hat dem Beginn von Verhandlungen zur Bereitstellung weiterer Verbindungen für den Fernmeldetransitverkehr zwischen der Bundesrepublik Deutschland und Berlin (West) zugestimmt.

Die von Bundesminister Franke während der Gespräche am Werbellinsee aufgeworfenen Probleme wurden bearbeitet und beantwortet.

Die Deutsche Demokratische Republik ist bereit, Maßnahmen zur Verbesserung des Gütezustandes des Flusses Röden auf Expertenebene zu besprechen. Unsere Seite stellt dazu keinerlei Vorbedingungen.[98]

Wir erteilen die Genehmigung zur Übersiedlung von betagten Personen in die Bundesrepublik Deutschland. Die dazu vorliegenden Anträge werden unbürokratisch erledigt. Alle, die vor dem 31. Dezember 1980 die Deutsche Demokratische Republik ungesetzlich verlassen haben, werden, mit Ausnahme von Deserteuren, aus der Staatsbürgerschaft der Deutschen Demokratischen Republik entlassen.

Es wird für Sie von Interesse sein zu wissen, daß wir den Strafvollzug bereits seit langem humanisiert haben. Selbstverständlich gelten die Rechtsvorschriften im Strafvollzug für alle gleichermaßen. Unsere Bereitschaft zur Prüfung der Situation bezieht sich auf die persönlichen Verbindungen, auf die medizinische Betreuung und Versorgung, auf Fragen der Information über das politische, kulturelle und sportliche Geschehen, auf den Gesundheits- und Arbeitsschutz und auf das Problem der Verbindung mit der Ständigen Vertretung der Bundesrepublik Deutschland.

Wir kommen Wünschen der Bundesrepublik Deutschland entgegen hinsichtlich der Regelung zur Pflege und zum Besuch von Kriegsgräbern sowie der Auskunftserteilung über Gefallene und Vermißte durch das Rote Kreuz der DDR.

---

98 Am 12. Oktober 1983 unterzeichneten die DDR und die BRD in München eine Vereinbarung „über die Regelung von Fragen, die mit der Abwasserableitung und Abwasserbehandlung für die Stadt Sonneberg zur Verbesserung der Wassergüte der Röden zusammenhängen". Den Wortlaut vgl. in: Innerdeutsche Beziehungen. S. 156 ff. Für diese Regelung hatte sich auch der bayerische Ministerpräsident Strauß in seinem Gespräch mit Honecker am 24. Juli 1983 eingesetzt. Vgl. dazu auch Dok. 17 und 19.

Es wurden Fragen erörtert, die Vermögensangelegenheiten, den gegenseitigen Bezug von Fernseh- und Rundfunk-Produktionen und die Archivbenutzung betreffen.

Auf kulturellem Gebiet wird die Deutsche Demokratische Republik unter Berücksichtigung eines von Ihnen geäußerten Wunsches in Hamburg die Schinkel-Ausstellung durchführen, während in der Deutschen Demokratischen Republik eine Ausstellung der Bundesrepublik Deutschland zu Fragen des Städtebaus gezeigt wird. Nicht wenig ist eingeleitet worden, um bei der politischen Zusammenarbeit, bei Konsultationen und der Vorbereitung weiterführender Vorhaben voranzukommen.

Dazu gehören die Einladung des Bundeswirtschaftsministers der Bundesrepublik Deutschland, Graf Lambsdorff, durch das Mitglied des Politbüros und Sekretär des Zentralkomitees der Sozialistischen Einheitspartei Deutschlands, Günter Mittag, zur Leipziger Frühjahrsmesse und die dort geführten Gespräche zur Entwicklung der Wirtschafts- und Handelsbeziehungen.[99]

Dazu gehört die gegenseitige Entsendung von Ministern und Staatssekretären. Aus der Deutschen Demokratischen Republik reisten in diesen Wochen die Minister für Land- und Forstwirtschaft, für Maschinenbau sowie für Chemie in die Bundesrepublik Deutschland. Ein Besuch des Ministers für Wissenschaft und Technik der Deutschen Demokratischen Republik in der Bundesrepublik Deutschland steht bevor.

Beachtliches wurde und wird zugunsten von Berlin (West) getan, wobei Wünsche der Westberliner Seite Berücksichtigung finden, wie Sie aus einer speziellen Niederschrift ersehen können.

Dies alles zeigt unseren Willen, die Verabredungen vom Werbellinsee durch praktische Maßnahmen zu verwirklichen. Dabei werden mit vielen der genannten Schritte und Entscheidungen gleichzeitig Voraussetzungen für weitere Gespräche und Verhandlungen zu beiderseitig interessierenden Fragen geschaffen. Im Prozeß des Nehmens und Gebens hat also auch die Bundesrepublik Deutschland manches erreicht. Parolen über einen angeblichen „Stillstand" in den Beziehungen zwischen den beiden deutschen Staaten verfälschen die Lage. Wer die weltpolitischen Komplikationen in Rechnung stellt, wird die Intensität und Vielfalt der Schritte und Maßnahmen eher erstaunlich finden. Man darf die Fortschritte nicht zerreden lassen.

Wenn Sie in Ihrer Botschaft von Ansatzpunkten für positive Bewegungen sprechen, so kann ich unsere Befürchtungen nicht verhehlen,

---

99 Die Einladung war bei einem Treffen zwischen Mittag und Lambsdorff am 17. März 1982 in Berlin ausgesprochen worden. Wirtschaftsminister Otto Graf Lambsdorff besuchte schließlich die Leipziger Frühjahrsmesse 1984 und traf dabei am 11. März mit Erich Honecker zusammen. Die Gesprächsniederschrift vgl. in: Heinrich Potthoff: Die „Koalition der Vernunft", S. 255 ff.

in der Bundesrepublik Deutschland könnten erreichte Ansatzpunkte für positive Bewegungen wieder verschüttet werden. So scheint die Respektierung der Staatsbürgerschaft der Deutschen Demokratischen Republik im offiziellen Sprachgebrauch Ihrer Seite keine Rolle zu spielen. Es häufen sich Aussagen über das angebliche Recht und die Pflicht von Politikern der Bundesrepublik Deutschland „für alle Deutschen" zu sprechen. Bei der Änderung des Wahlgesetzes der Bundesrepublik Deutschland wurde der Grundlagenvertrag nicht beachtet. Und hinsichtlich der absolut unrechtmäßigen „Erfassungsstelle" in Salzgitter sowie des Status der Ständigen Vertretungen gibt es bisher leider auch keine Ansatzpunkte für positive Bewegungen.

Was meinen Gegenbesuch in der Bundesrepublik Deutschland angeht, so bin ich wie Sie der Meinung, daß wir zu gegebener Zeit darüber sprechen.

Wir messen nach wie vor den Ergebnissen unseres Treffens am Werbellinsee hohen Wert bei und möchten der Erwartung Ausdruck geben, daß auch Sie daran festhalten und die erreichten Übereinstimmungen nicht dem Druck von Kräften geopfert werden, die mit der Entspannung nichts im Sinn haben und sogar den Begriff „Entspannung" aus dem Sprachgebrauch tilgen möchten. Ich darf noch einmal unsere Absicht unterstreichen, auf der Basis des Grundlagenvertrages die Beziehungen zwischen der Deutschen Demokratischen Republik und der Bundesrepublik Deutschland entsprechend den Grundsätzen der friedlichen Koexistenz von Staaten unterschiedlicher Gesellschaftsordnung auszubauen.

Quelle: SAPMO - BArch, DY 30/J IV 2/2 A/2486.

Dokument 8

Vermerk über das Gespräch des Generalsekretärs des ZK der SED und Vorsitzenden des Staatsrates der DDR, Erich Honecker, mit dem Staatsminister beim BRD-Bundeskanzler, Hans-Jürgen Wischnewski, am 13. September 1982[100]

An dem Gespräch nahmen teil:
    von DDR-Seite:

---

100 Diese Begegnung fand am 13. September von 10.00 Uhr bis 11.20 Uhr im Berliner Staatsratsgebäude statt.

Genosse Oskar Fischer, Minister für Auswärtige Angelegenheiten
Genosse Karl Seidel, Leiter der Abt. BRD im MfAA
von BRD-Seite:
Dr. Hans-Otto Bräutigam, Leiter der Ständigen Vertretung der
BRD in der DDR

Wischnewski übergab zu Beginn Genossen Erich Honecker als
nachträgliche Aufmerksamkeit zum Geburtstag die Erstausgabe einer
Broschüre von John Reed aus dem Jahre 1918. Er habe sie aus dem
Archiv der Friedrich-Ebert-Stiftung gegen deren Willen entnommen.

Genosse Erich Honecker bedankte sich und wies darauf hin, daß
John Reed in der DDR eine große Würdigung erfahre.

Wischnewski übermittelte an Genossen Erich Honecker herzliche Grüße
von Bundeskanzler Schmidt, von Herbert Wehner und Berthold Beitz.

Genosse Erich Honecker erklärte einleitend, er freue sich, daß
Wischnewki die Gelegenheit der Eröffnung der BRD-Ausstellung zu
einem Meinungsaustausch und zum Kennenlernen der DDR nutzen
wolle. Er bedankte sich für die Grüße von Schmidt, Wehner und Beitz
und bat, sie zu erwidern.

Wischnewski betonte, Bundeskanzler Schmidt habe ihn gebeten,
ein ungeschminktes Bild der Koalitions-Situation zu geben. Bei den
letzten Bundestagswahlen 1980 hätten beide Koalitionsparteien gut
abgeschnitten. Für die FDP sei es das beste Ergebnis seit 20 Jahren
gewesen, für die SPD das zweitbeste nach 1945. Aber schon seit Mitte
vergangenen Jahres hätten sich beide Parteien auseinandergelebt. Die
Gründe seien einfach. Es seien zwei unterschiedliche Parteien, die in
einer schwierigen ökonomischen Situation unterschiedliche Vorstellungen für die Lösung der anstehenden Probleme hätten.

Die SPD müsse ihren traditionellen Kontakt mit den Gewerkschaften halten und soviel wie möglich soziale Gerechtigkeit auch unter
schwierigen Umständen durchsetzen. Die FDP trete auf Grund ihrer
Anhängerschaft anders auf. In den 13 Jahren der Koalition sei im
sozialen Bereich sehr viel getan worden, dagegen sei der Investitions-
bereich zurückgeblieben. Nun seien gewisse Abstriche unvermeidbar.
Die Koalitionskrise habe zwei Höhepunkte gehabt: Die Entscheidung
der FDP, in Hessen mit der CDU zusammenzugehen und die Bundestagsdebatte vom 9. September 1982.[101]

---

101 In der Bundestagsdebatte zur Lage der Nation am 9. September 1982 hatte
     Kanzler Schmidt die Opposition aufgefordert, ein konstruktives Mißtrauens-
     votum zu beantragen. Er denke nicht an Rücktritt, sondern wolle die sozial-
     liberale Koalition fortsetzen. - Die FDP in Hessen hatte beschlossen, nach
     den Landtagswahlen am 26. September 1982 mit der CDU zusammenzuge-
     hen. Allerdings gelang es ihr dann mit 3,1 % der Wählerstimmen nicht ein-
     mal, die 5-Prozent-Hürde zu überwinden.

Der Bundeskanzler lege Wert darauf, Genossen Honecker mitzuteilen, daß er nicht aus der Verantwortung weglaufe, er kämpfe. Es werde keinen Kanzlerrücktritt geben. Er werde auch keine Vertrauensfrage stellen. Es habe das Wahlergebnis von 1980, das Ergebnis der Wahl des Bundeskanzlers und in diesem Frühjahr die Vertrauensabstimmung im Bundestag gegeben. Eine solche Abstimmung könne man nicht ständig wiederholen. Der Kanzler habe die CDU/CSU zum konstruktiven Mißtrauensvotum in dieser Woche aufgefordert. Die Opposition habe aber Nein gesagt. Sie wolle die Landtagswahlen in Hessen und Bayern abwarten. Genscher habe von der Bewährungsprobe der Koalition bei den Haushaltsberatungen gesprochen.

Die Bundestagsdebatte am 9. September 1982 habe einiges verändert. Die FDP-Abgeordneten hätten den Unterschied zwischen dem Kanzler-Kandidaten der CDU/CSU und Bundeskanzler Schmidt gesehen. Der Prozeß des Nachdenkens bei der FDP sei vertieft worden. In der FDP würden sich etwas mehr als 50 Prozent für den Wechsel aussprechen. Ein Teil der Abgeordneten kämpfe um die Koalition; dazu gehöre Baum. Ein Teil wolle den Wechsel; dazu gehöre Lambsdorff. Es gebe aber auch einen Teil, der sich noch nicht entschieden hat und der seit dem 9. September 1982 nachdenklicher geworden sei. Man könne die FDP nicht leichtfertig verurteilen. Wenn die FDP ein paar Prozent verliere, gebe es sie nicht mehr. Die FDP führe einen Kampf ums Überleben. Er müsse auch sagen, daß die SPD in letzter Zeit nicht in guter Form gewesen sei. Sie habe sich zuviel mit sich selbst auseinandergesetzt, anstatt mit dem politischen Gegner. Insgesamt könne man sagen, daß noch nichts endgültig entschieden ist.

Wenn es jedoch im November eine andere Regierung geben sollte, dann wisse man natürlich, daß das Verhältnis zwischen der DDR und der BRD auch weiterhin ein wichtiges Thema bleibe. „Wir sind dann Patrioten und keine kleinkarierten Parteipolitiker." Es sei auch dann wichtig, daß die Beziehungen DDR/BRD so gut wie möglich bleiben.

Klar sei aber, daß sich dann das politische Klima in Westeuropa verändern würde. Helmut Schmidt könne sich gegenüber den Amerikanern bislang die deutlichste Sprache erlauben. Hier würde eine ganz entscheidende Veränderung eintreten. Man werde schon aus diesem Grunde um die politische Verantwortung kämpfen. Was Schmidt brauche, seien einige kurzfristige Erfolge. Es wäre gut, wenn sich die Beziehungen zwischen beiden deutschen Staaten in diesem Sinne positiv auswirken würden.

Genosse Erich Honecker erwiderte, es sei ganz offensichtlich, daß sich die BRD in einer Zerreißprobe befindet, die außerpolitische Wirkungen habe. Das jetzige Verhältnis zwischen der DDR und der BRD habe sich in der Zeit der SPD/FDP-Koalition entwickelt. Es sei positiv, wenn es auch häufig durch die BRD-Medien herabgesetzt werde. Die Landschaft in Europa würde zweifellos anders aussehen, wenn beide Seiten seit 1969 nicht aufeinander zugegangen wären.

Man müsse nun allerdings zur Kenntnis nehmen, daß Lambsdorff mit seinen jüngsten Vorschlägen der SPD den Fehdehandschuh hingeworfen habe. Es sei wohl nicht so, daß zu wenig im sozialen Gebiet verausgabt wurde. Es gehe darum, wie man mit den Folgen der heutigen Weltwirtschaftskrise fertig werde, unter denen alle zu leiden hätten.

Genosse Erich Honecker forderte Wischnewski auf, dem Bundeskanzler zu sagen, daß die DDR eine feste Stütze im RGW habe. 70 Prozent des Außenhandels der DDR vollziehe sich mit dem RGW, 38 Prozent allein mit der UdSSR. Während der Leipziger Messe seien wieder große Abschlüsse mit anderen sozialistischen Ländern getätigt worden. Solche Abkommen, wie die DDR sie mit der Sowjetunion abgeschlossen habe, seien größer als das ganze Erdgas-Röhren-Geschäft.

Trotzdem wolle sich die DDR nicht vom westlichen Markt abnabeln. Hierbei spiele der Handel zwischen der DDR und der BRD eine große Rolle. Genosse Mittag habe sicher auf die entsprechenden Fragen hingewiesen. Die DDR bleibe dabei, die Wirtschaftsbeziehungen zur BRD zu verstärken. 1982 werde ein Umsatz von 13 Mrd. erreicht. Der Handel ist fast ausgeglichen, wenn auch etwas zugunsten der DDR. Damit werde die Zahlungsbilanz entlastet. Der Handel zwischen der DDR und der BRD sei ein stabilisierendes Element in den Beziehungen zwischen beiden Staaten und in Europa. Die DDR sei bereit den Handel zu fördern. Er sei ausbaufähig, erhalte in der BRD Arbeitsplätze und bringe auch der DDR Nutzen.

Die Frage stelle sich, wie die Beziehungen zwischen beiden deutschen Staaten weiter entwickelt werden können. Am Werbellinsee seien vielleicht nicht alle Fragen so offen angesprochen worden, wie es notwendig gewesen sei. Aber wir hätten nicht angenommen, daß in der BRD nach dem Treffen eine solche Entstellung der Ergebnisse erfolgen würde.

Genosse Erich Honecker betonte, er stehe mit seiner ganzen Person zu den konstruktiven Ergebnissen des Treffens am Werbellinsee. Die Beziehungen sollten weiter ausgebaut werden. Aber dabei dürfe man die Großwetterlage nicht außer acht lassen. Die Großwetterlage werde vor allem von der Tatsache bestimmt, daß im nächsten Jahr, wenn es nicht zu Verhandlungsergebnissen komme, in der BRD und anderen westlichen Ländern neue amerikanische Mittelstreckenwaffen stationiert werden sollen. Man könne sich - Genosse Honecker bezog sich dabei ausdrücklich auf seine Gespräche auf der Krim - sehr schwer vorstellen, daß sich im Schatten solcher Raketen gutnachbarliche Beziehungen entwickeln können.[102] Das seien Erstschlagswaffen. Der Bundeskanzler habe großes Gewicht darauf gelegt, daß die Genfer Verhandlungen zu Ergebnissen kommen, damit die Stationierung nicht notwendig werde. Aber der DDR sei bekannt, daß es bisher keinerlei amerikanisches Entgegenkommen gebe. Die Sowjetunion sei bereit, bis zu einer atomwaffenfreien Zone in Europa zu gehen. Aber es betehe keinerlei Bereitschaft der USA, in irgendeiner Frage voranzukommen. In den Fragen der Rüstungsbegrenzung und Abrüstung, bis hin zu einem atomwaffenfreien Europa, renne man in Moskau offene Türen ein. Die USA müßten bereit sein entgegenzukommen. Wenn stationiert werde, müsse man für die Entwicklung der Beziehungen zwischen den sozialistischen Staaten und Westeuropa schwarz sehen.

Genosse Erich Honecker erklärte im weiteren: Ausgehend von der Gesamtlage schlage er vor, einen Termin für ein Treffen mit Bundeskanzler Schmidt in der BRD nach den Hessen-Wahlen festzulegen.[103] Nach den Hessen-Wahlen werde sich zeigen, wie die FDP zur Koalition stehe. Was Lambsdorff auf den Tisch gelegt habe, sei eine Provokation für die SPD. Genosse Honecker betonte, er würde bei diesem Treffen wiederum zu internationalen und bilateralen Fragen sprechen, wobei er bei den internationalen Fragen das Thema der Raketenstationierung nicht umgehen könne.

Die DDR beurteile das Verhältnis zwischen beiden Staaten insgesamt positiv. Aber leider habe sich auf seiten der BRD in den vier, fünf bekannten Grundfragen bis jetzt nichts bewegt. Das sei die Elbgrenze, die Staatsbürgerschaft, Salzgitter, die Umwandlung der Ständigen Vertretungen in Botschaften. Seitens der DDR seien bestimmte Schritte getan worden. Aber dieses Entgegenkommen wurde heruntergespielt, teilweise sogar zum Anlaß genommen, um eine Hetze gegen die DDR zu entfachen. Die Massenmedien in der BRD behandelten die DDR praktisch als inneren Feind. Eine solche Sprache würde man sich gegenüber keinem anderen Staat, z. B. gegenüber Frankreich, erlauben. Die Massenmedien der BRD behandelten die Beziehungen zur DDR vom antikommunistischen Standpunkt aus. Man müsse aber von der Existenz zweier voneinander unabhängiger Staaten ausgehen, die gegensätzlichen Systemen und Gruppierungen angehören.

---

102 Honecker war am 11. August 1982 zu seinem letzten Treffen mit dem KPdSU-Generalsekretär Breshnew auf der Krim zusammengetroffen.

103 Bei den Landtagswahlen in Hessen am 26. September 1982 kamen die CDU auf 45,6 %, die SPD auf 42,8 %, die Grünen auf 8,0 % der Stimmen. SPD und Grüne bildeten dann die Regierungskoalition. Vgl. auch Anm. 100.

Genosse Erich Honecker ging in diesem Zusammenhang auf einige Einzelfragen ein. Der Jugendaustausch sei geeignet, ein gewisses Spiegelbild der Beziehungen zu geben. Unser Jugendreisebüro habe Beziehungen zu 29 Staaten. Aber was sei seitens der BRD geschehen: Im Ergebnis des Treffens am Werbellinsee habe die FDJ mit den Jungsozialisten im Saarland einen Austausch vereinbart. Dabei seien von drei Jugendlichen aus der DDR die Pässe eingezogen worden. Einen versuchte man zu verhaften. Man wollte die Gruppe nach Luxemburg schleusen. Wenn der Jugendaustausch so ausgehen solle, müsse man darauf verzichten. Jetzt gebe es eine neue Vereinbarung mit dem CVJM.

Oder nehme man die Frage der Staatsbürgerschaft. Nach wie vor würden BRD-Botschaften Pässe der DDR ungültig machen und BRD-Pässe für DDR-Bürger ausstellen.

Die DDR habe sich zu Erleichterungen bei Reisen in dringenden Familienangelegenheiten entschlossen. Das sei nicht einfach gewesen. Sie betreffen alle Bürger mit Ausnahme der Geheimnisträger, und das sei ein großer Schritt gewesen. Jetzt würde die DDR sogar noch dafür kritisiert.

Zwischen Travemünde/Kiel und Rostock/Warnemünde gebe es einen Schiffstourismus. Die Bildzeitung stelle das so dar, als würden die BRD-Bürger dort nur eine tote Landschaft mit geknechteten Menschen vorfinden. Es stelle sich die Frage, ob man den Verkehr wieder einstellen solle.

Die Beziehungen zwischen beiden deutschen Staaten und ihre stabilisierende Rolle für den Frieden seien eine große Errungenschaft, die viele Pluspunkte für die SPD bringe. Man müsse aber bereit sein, dies offen zu vertreten und nicht mit antikommunistischen Schnörkeln zu versehen. Der letzte Artikel von Gaus gebe hier eine reale Einschätzung.

Genosse Erich Honecker ging dann unter Bezugnahme darauf, daß Wischnewski Bevollmächtigter für Westberlin ist, auf einige Fragen ein, die das Verhältnis zu Westberlin betreffen. Wenn es hier nicht weitergehe, seien die Westberliner selbst schuld. Er habe Vogel seinerzeit eingeladen. Er sei aber nicht gekommen.

Was Westberlin betreffe, stelle sich vor allem das Problem der S-Bahn. Man müsse den Status erhalten, aber die DDR und ihre Bürger würden nicht Jahr für Jahr 100 Mio. aufbringen, damit die Westberliner mit der S-Bahn fahren können. Man solle einen Vertrag mit einer Gesellschaft in Westberlin machen, die die S-Bahn verwaltet. Andernfalls müsse die Bahn geschlossen werden.

Die Gewässerfragen könnten gelöst werden. Die DDR sei dazu bereit.

Es sei festgelegt worden, daß die Westberliner bis 2.00 Uhr des folgenden Tages in der DDR bleiben können, obwohl es hier um Sicherheitsfragen geht. Dafür sei die DDR noch kritisiert worden.

Genosse Erich Honecker erklärte Wischnewski, daß die DDR bereit sei, ein Kulturabkommen zwischen der DDR und der BRD unter Ausklammerung der Frage des preußischen Kulturbesitzes abzuschließen, wenn das der Regierung von Bundeskanzler Schmidt hilft. Die DDR werde dabei natürlich ihren Standpunkt deutlich machen, daß die Rückgabe der Kulturgüter notwendig sei. Ein Anfang in dieser Frage sei, was Westberlin betreffe, mit dem Austausch der Brückenfiguren und des Archivs der „Königlich-Preußischen Porzellanmanufaktur" gemacht worden.

Genosse Erich Honecker sagte, der Präsident der Max-Planck-Gesellschaft habe ihn wegen des Wissenschaftsabkommens angesprochen. Wenn die BRD mit der Sowjetunion eine entsprechende Westberlinklausel finde, sei die Sache für uns erledigt. Man solle weiter verhandeln.

Genosse Erich Honecker verwies hinsichtlich des Mindestumtausches darauf, daß er eine starke ökonomische Komponente habe. Die DDR wende sich entschieden gegen den betrügerischen Wechselkurs Mark der DDR - Mark der BRD. Die Mark der DDR werde stark unter Wert gehandelt. Jeder Westberliner könne z. B. für eine Mark der BRD bei uns ein Mittagessen zu sich nehmen.

Genosse Erich Honecker wies darauf hin, daß er die Absicht habe, eine Reihe von Staatsoberhäuptern zu den Luther-Feiern 1983 einzuladen, darunter auch Bundespräsident Carstens, und auch Bundeskanzler Helmut Schmidt. Die Einweihung der Semper-Oper 1984 wäre eine Möglichkeit zu einem privaten Besuch des Bundeskanzler in der DDR.

Genosse Erich Honecker unterstrich, daß die Grundfrage sei, die Beziehungen auf internationalen Prinzipien weiterzuentwickeln und nicht zu vergessen, daß es zwei deutsche Staaten gibt.

Wischnewski erwiderte, das sei eine Realität, von der die BRD ausgehe. Er möchte im übrigen bitten, einen Unterschied zwischen dem, was die Medien sagen, und dem, was die Regierung tut, zu machen.

Er müsse sich gegen den Vorwurf wehren, daß auf BRD-Seite nichts geschehe. Eine der wichtigsten Aufgaben sei, Albrecht zu überzeugen, zu einer Regelung der Elbfrage zu kommen.[104] Der Bundeskanzler habe mit Albrecht gesprochen. Jetzt sei Albrecht dabei, die Probleme zu studieren. In absehbarer Zeit solle ein zweites Gespräch

---

104 Ernst Albrecht (CDU) wandte sich als Ministerpräsident von Niedersachsen entschieden gegen eine Festlegung der Elbgrenze in der Flußmitte.

stattfinden. Weizsäcker habe zugesagt, auf Albrecht einzuwirken. Die Bundesregierung gebe sich also Mühe. Die Tatsache, daß Vogel nicht einreisen durfte, habe allerdings Albrecht negativ beeinflußt.[105] Man könne ohne ihn nichts tun.

Wenn es Pannen beim Jugendaustausch gegeben habe, so bedauere er das. Die BRD sei sehr daran interessiert. Man werde den Beschwerden nachgehen.

Hinsichtlich des Mindestumtausches wolle er eine Bitte vortragen, die der Bundeskanzler ersuche, ganz ernst zu nehmen. Man bitte dringend, in der Frage des Mindestumtausches hinsichtlich einer „sozialen Komponente" der BRD-Regierung entgegenzukommen. Die Berücksichtigung einer sozialen Komponente würde ihr heute sehr helfen. Er bedauere, daß das der Bundeskanzler am Werbellinsee nicht deutlich genug dargelegt habe.

Genosse Erich Honecker warf ein, Schmidt habe offenkundig erkannt, daß das unrealistisch gewesen wäre. Er unterstrich noch einmal, daß sich wenigstens in einer der bekannten Grundfragen (Elbgrenze, Salzgitter, Staatsbürgerschaft, Ständige Vertretungen) etwas bewegen müsse, damit sich die DDR bewegen könne. Was die soziale Komponente betreffe, so liege der Durchschnittslohn in der DDR bei 1.000 M in der BRD bei 2.000 DM. 25,00 DM pro Tag seien also nicht zuviel. Das brauche man auch in der BRD. Was die Rentner angehe, so hätten auch viele von ihnen über 1.000 DM Einkommen. Er nehme aber die Bitte Wischnewskis zur Kenntnis.

Wischnewski erklärte, in bezug auf die S-Bahn sei die BRD mit dem Westberliner Senat im Gespräch. Die Westberliner könnten das ohnehin nicht bezahlen.

Zu den Fragen der Sicherheitpolitik führte Wischnewski aus, er wisse nicht, ob man im westlichen Bündnis jemanden kenne, der in bezug auf Abrüstung und Rüstungskontrolle mehr Initiative entwickle, als Bundekanzler Schmidt. Er könne wirklich nicht mehr Angst haben vor Waffen, die noch nicht da sind, als vor den SS 20.

Genosse Erich Honecker erwiderte, daß für die BRD schon die Waffen reichen, die jetzt existieren. Das Problem bestehe darin, daß landgestützte Raketen mittlerer Reichweite der USA in Europa sowjetisches Territorium erreichen können und Vereinbarungen über die strategischen Waffen unterlaufen. Es gehe um den Versuch, militärische Überlegenheit über die Sowjetunion zu erlangen. Das werde die Sowjetunion nicht zulassen. Er kenne das Streben des Bundeskanzlers und möchte ihn darin bestärken. Eine weitere Verschärfung der Situa-

---

105 Am 21. Juli 1982 war dem Ministerpräsidenten von Rheinland-Pfalz, Bernhard Vogel (CDU), die private Einreise in die DDR verweigert worden.

tion zwischen der Sowjetunion und den USA berge die Gefahr in sich, daß die Beziehungen zwischen der DDR und der BRD in Mitleidenschaft gezogen werden.

Wischnewski verwies darauf, der Bundeskanzler habe neulich erklärt, die Beziehungen zwischen der BRD und der DDR dürften nicht schlechter sein als zwischen den beiden Weltmächten. Die Sowjetunion habe auch der BRD ein Papier übergeben, wie sie die Lage bei den Verhandlungen mit den USA einschätze. Er halte trotzdem ein Ergebnis nicht für ausgeschlossen. Vielleicht spiele dabei dann die Zeitfrage eine Rolle.

Genosse Erich Honecker sagte abschließend, im großen und ganzen hätten sich die Beziehungen seit 1969 zum Guten gewendet, ja grundlegend verbessert. Die Beziehungen seien jetzt besser als zwischen den beiden Großmächten. Sie könnten sich weiter verbessern. Dazu gehöre, daß sich in den grundsätzlichen Fragen etwas bewege. Der Handel setze positive Zeichen. Der weiter Ausbau sei für beide Seiten von Vorteil.

Die DDR sei für die Stabilisierung der Lage in Europa. Beide deutsche Staaten müßten dazu ihren Beitrag leisten. Man müsse wissen, daß sich die Beziehungen zwischen ihnen nicht unabhängig von der politischen Großwetterlage entwickeln können.

Quelle: SAPMO - BArch, DY 30/J IV/2/2A/2510.

Dokument 9

Interne ZK-Information über die Abwahl Helmut Schmidts und die Wahl Helmut Kohls zum Bundeskanzler vom 2. Oktober 1982[106]

Am 1. Oktober 1982 wurde durch ein sogenanntes konstruktives Mißtrauensvotum im Bundestag der BRD der bisherige Bundeskanzler Helmut Schmidt (SPD) gestürzt und der Vorsitzende der CDU, Helmut Kohl, zum Bundeskanzler gewählt. Mit 256 Stimmen war die erforderliche Mehrheit erreicht worden. Wahrscheinlich haben 30 FDP-Abgeordnete (von 56) mit der CDU/CSU-Fraktion gestimmt. 235 Abgeordnete stimmten dagegen, 4 enthielten sich der Stimme.

---

106 Diese Information wurde am 5. Oktober 1982 im SED-Politbüro behandelt. Sie wurde, ebenso wie eine kurze Einschätzung „Zur gegenwärtigen Lage in der BRD" (für die 1. SED-Bezirks- und Kreissekretäre) als Argumentationsmaterial bestätigt. Vgl. SAPMO - BArch, DY 30/J IV 2/2A/2513.

Dem war am 17. September 1982 der Bruch der sozialliberalen Koalition durch den Austritt der FDP-Minister aus der SPD/FDP-Regierung vorausgegangen, die sich 13 Jahre im Amt befand. Der Kanzlerwechsel erfolgte zwei Jahre nach den Bundestagswahlen 1980 inmitten der Legislaturperiode, die normalerweise bis zum Herbst 1984 dauert.

Der Kanzlersturz und die dabei angewandten Methoden sind Ausdruck einer tiefen politischen Krise auf dem Hintergrund der ökonomischen Krise des Imperialismus der BRD. Nachdem die BRD über Jahre im Vergleich zu anderen kapitalistischen Ländern ein Bild relativer ökonomischer und politischer Stabilität bot, wird daran deutlich, daß auch die BRD nunmehr voll von den Wirkungen der sich verschärfenden allgemeinen Krise des Kapitalismus erfaßt ist.

Die Ereignisse der vergangenen Tage machten das Bestreben des Monopolkapitals der BRD deutlich, eine neue Regierungskonstellation in Bonn aus jenen Parteien zu schaffen, von denen es glaubt, unter den gegenwärtigen Umständen seine Interessen besser durchsetzen zu können. Der Kanzlerwechsel wurde betrieben, nachdem sich gezeigt hatte, daß ein wachsender Teil der Mitglieder und Wähler der SPD und die Gewerkschaften nicht mehr bereit waren, die Verwirklichung des vom Monopolkapitals verlangten Kurses der Abwälzung der Krisenlasten auf die Werktätigen und der verstärkten Hochrüstungspolitik durch eine SPD/FDP-Regierung mitzutragen.

In zahlreichen unmißverständlichen Erklärungen hatten die Unternehmerverbände der BRD, wie der Bundesverband der Industrie, die Bundesvereinigungen der Arbeitgeberverbände und der Banken ihre Forderung nach einem Regierungswechsel in Bonn verkündet. Man kann davon ausgehen, daß von dieser Seite darauf eingewirkt wurde, eine Mehrheit von Abgeordneten für die Abwahl von Schmidt und für die Wahl von Kohl sicherzustellen. Das geschah, obgleich die Monopolbourgeoisie der BRD Schmidt für einen zuverlässigen und den Zielen der herrschenden Klasse treuen Politiker hält. Doch die Monopolherren der BRD wollen unverzüglich eine Regierung im Amt sehen, die sofort neue Weichen zugunsten ihrer Profitinteressen stellt, die Gewinnchancen der Unternehmer entschiedener verbessert, die Sozialleistungen rigoroser einschränkt und langfristig eine Umverteilung des Nationaleinkommens zugunsten der Monopole und zu Lasten der Werktätigen herbeiführt. Der Präsident des Bundesverbandes der Industrie, Rodenstock, äußerte nach der Wahl von Kohl, die Monopole vertrauten darauf, daß jetzt das Ruder herumgeworfen und „ein schmerzhafter politischer Gestaltungsprozeß" vorgenommen werde.

Es gab bei den herrschenden Kreisen der BRD wenig Neigung, die politische Ungewißheit in Bonn zu verlängern und schon jetzt die

FDP, deren rechter Flügel (Lambsdorff) besonders eifrig den Kapital-
interessen dient, dem Risiko auszusetzen, aus dem Bundestag der
BRD auszuscheiden. Darum wurde die Forderung nach sofortigen
Neuwahlen, wie sie von Schmidt und der SPD vertreten wurde, abgelehnt. Selbst Strauß, der Vorsitzende der CSU, der ebenfalls schnelle
Neuwahlen verlangte, weil er eine Alleinregierung von CDU und CSU
unter seiner Beteiligung anstrebt, mußte sich zunächst fügen. Hinzu
kommt, daß nach den Ergebnissen der hessischen Landestagswahlen
am 26. September 1982, bei denen die CDU wider Erwarten nichts
hinzugewann, die Hoffnungen auf eine absolute Mehrheit der CDU/
CSU bei baldigen Bundestagsneuwahlen geschrumpft sind.[107]

Vor der Abstimmung im Bundestag über den Antrag der Fraktionen der CDU/CSU und der FDP hatte Helmut Schmidt eine Erklärung
abgegeben. Sie sollte offenbar dazu bestimmt sein, den Erfolg der bisherigen Regierungspolitik hervorheben, die Schuld der FDP-Führung
unter Genscher am Bruch der Koalition noch einmal nachzuweisen
und auf Kontinuität vor allem in Fragen der Außenpolitik hinzuwirken. Dabei wurde sichtbar, daß Schmidt selbst angesichts seines Stur-
zes nicht in der Lage war, über seinen Schatten zu springen. Ein weiteres Mal trat die ganze Widersprüchlichkeit seiner Haltung zutage.

Einerseits betonte er, die Außenpolitik der BRD müsse auch künftig von Friedensbereitschaft geprägt bleiben. Er sprach sich für eine
Sicherheitspartnerschaft mit den sozialistischen Ländern aus und
unterstrich, die Ostverträge müßten nicht nur eingehalten werden, sondern weiter ausgebaut werden. Andererseits bekannte er sich wiederum zum NATO-Raketenbeschluß, wiederholte die Lüge von einer
angeblichen militärischen Bedrohung aus dem Osten. Er sprach sich
für die Stationierung der neuen US-Nuklearraketen in der BRD aus,
wenn es bei den Genfer Verhandlungen zu keinen Ergebnissen kommen sollte, obwohl er weiß, daß es die USA sind, die vorsätzlich in
Genf Fortschritte blockieren. Einerseits äußerte Schmidt, beide deutsche Staaten seien sich ihrer Verantwortung für den Frieden bewußt
und der Dialog mit der Führung der DDR dürfe nicht abreißen.
Andererseits entwertete er sein Bekenntnis zu einer Politik der guten
Nachbarschaft gegenüber der DDR mit anmaßenden, auf Einmischung
in die inneren Angelegenheiten der DDR gerichteten Sprüchen über
die angebliche Pflicht der BRD-Politiker, sich für die „Deutschen in
der DDR" einzusetzen, die Angehörige ein und desselben Volkes
seien wie die Bürger der BRD. So waren die Rede Schmidts und die

---

107 Bundestagsneuwahlen wurden schließlich am 6. März 1983 durchgeführt. Die
CDU/CSU erreichte dabei 48,8 %, die SPD 38,2 %, die FDP 6,9 % und die
Grünen 5,6 % der Stimmen. Die CDU/CSU-FDP-Koalition wurde erneuert.

von ihm formulierten 12 Richtpunkte nicht geeignet, den Mitgliedern der SPD eine Orientierung für eine kämpferische Oppositionspolitik in der kommenden Periode zu geben. Zwar sagte er, die SPD müsse sich den Fragen der Friedensbewegung stellen, tat aber mit seinem neuerlichen Bekenntnis zum NATO-Raketenbeschluß das Gegenteil. Über die Notwendigkeit eines Beschäftigungsprogramms zur Bekämpfung der Arbeitslosigkeit verlor er kein Wort.

Schon am Vortag hatte sich Schmidt ähnlich vor den Vertretern des diplomatischen Korps geäußert. Seine Bemerkung, er wolle „das Vertrauen in die Stetigkeit unserer Friedenspolitik" stärken, ist dazu angetan, die Gefahren zu verharmlosen, die sich aus der von der Kohl-Regierung zu erwartenden forcierten Aufrüstung und von Ihrem stärkeren Einschwenken auf die Reagan-Politik ergeben können.

Diese Linie von Schmidt, die in den vergangenen Tagen mehrfach mit der Formulierung umrissen wurde, die SPD müsse sich weiter als „regierungsfähig" zeigen, kann nur den notwendigen Klärungsprozeß in der SPD über ihre künftige Politik, besonders über ihre Haltung zur Raketenstationierung, erschweren. Mit dieser Formel soll den Sozialdemokraten das bisherige Regierungkonzept, das der SPD großen Schaden zufügte und Schmidt das Amt kostete, als Leitlinie für das Verhalten in der Opposition aufgedrängt werden.

Im Unterschied dazu hat der Vorsitzende der SPD, Willy Brandt, betont, die SPD wolle sich vorrangig an den Interessen der Arbeiterschaft orientieren, den Schulterschluß mit den Gewerkschaften enger gestalten und sich offen zeigen für jene Probleme, die von den „neuen Bewegungen" aufgeworfen werden, womit er die Friedensbewegung, die Bürgerinitiativen und die Grünen meinte. Brandt bekannte sich nachdrücklich zur Fortsetzung der Entspannungpolitik.

Da die Sprecher der SPD unfähig waren, die wirklichen Ursachen der ökonomischen Krise und der Massenarbeitslosigkeit aufzudecken und den Stoß gegen das kapitalistische System zu führen, hatten es die Redner der CDU, wie der Abgeordnete Barzel und der CDU-Generalsekretär Geissler, leicht, die Schuld dafür der bisherigen von der SPD geführten Bundesregierung zuzuschieben. Sie habe die BRD „in ein krisengeschütteltes Land verwandelt". Die Bilanz bestehe in der tiefsten Wirtschaftskrise in der Geschichte der BRD, in Millionenarbeitslosigkeit, in tausenden Firmenpleiten und Staatsverschuldung. Dabei verschwiegen sie geflissentlich, daß sowohl auf dem Gebiet der Außenpolitik als auch der Wirtschaft die FDP die bisherigen Minister stellte, die jetzt ins neue Kabinatt übernommen werden.

Mit großer Demagogie versuchten die Sprecher der CDU/CSU, die Regierungübernahme durch ihre Partei als eine „Wende zu Stabilität und Sicherheit" darzustellen und vorzutäuschen, als ginge es ihnen vorrangig um die Überwindung der Arbeitslosigkeit und um eine lebenswerte Zukunft für die Jugend. Dabei ist schon jetzt an Hand der ausgearbeiteten Koalitionsvereinbarung von CDU/CSU und FDP klar, daß die Demontage sozialer Leistungen für die Beschäftigten wie für die Arbeitslosen, für Lehrlinge, Schüler und Studenten, für Mieter, Rentner und Kranke noch rücksichtsloser vorgenommen werden wird als bislang. Das Wirtschaftskonzept der Kohl-Regierung, ausgerichtet auf die Wünsche der Monopole, ist alles andere als ein Wundermittel gegen die sozialen Folgen der Rüstung, der kapitalistischen Rationalisierung und der tiefgreifenden Strukturprobleme. Was in den USA und in Großbritannien für die ganze Welt sichtbar scheiterte, wird in der BRD nicht zum Erfolg führen. Schon wird vorbeugenderweise angedeutet - wie in der Rede des künftigen Arbeitsministers Geissler -, niemand könne erwarten, daß die Regierung Kohl in ein zwei Jahren die Dinge wieder in Ordnung bringen könne.

Bei den Unionspolitikern, die in der Debatte das Wort ergriffen, fiel die Zurückhaltung in außenpolitischen Fragen auf. Offenbar folgte man dem Rat maßgeblicher Bourgeoisie-Kreise, sich zunächst auf die innenpolitischen Fragen, auf die Wirtschafts-, Finanz- und Sozialpolitik zu konzentrieren, die ohnehin erhebliche Schwierigkeiten bringen werden, und nicht durch vorschnelle konkrete Äußerungen zur Außenpolitik die Ablehnung und Skepsis in der BRD gegenüber der rechtskonservativen Regierung sowie die Sorgen in vielen europäischen Ländern über die Folgen eines Rechtsruckes in Bonn zu vergrößern.

Das Auftreten der Vertreter der FDP widerspiegelte das ganze Ausmaß der Zerrissenheit dieser Partei. Der FDP-Vorsitzende Genscher zog es vor, zu schweigen. Dafür plädierte der FDP-Fraktionsvorsitzende Mischnik mit großem Engagement für den Wechsel. Diese Rede eines Mannes, der genau weiß, welches infame Spiel Genscher betrieben hat, war ein Musterbeispiel an Opportunismus.

Erstmals haben im Bundestag prominente FDP-Politiker wie der bisherige Innenminister Gerhard Baum und die bisherige Staatsministerin im Auswärtigen Amt, Hildegard Hamm-Brücher, offen Front gegen das Vorgehen der rechten Führungsgruppe ihrer Partei gemacht. Sie sprachen im Namen breiter Kreise der Mitgliederschaft der FDP. Beachtenswert ist die Feststellung von Frau Brücher, daß es sich „nicht um eine Kontroverse zwischen dem sogenannten rechten und linken Flügel unserer Partei handelt, sondern um eine sehr grundsätzliche Auseinandersetzung". Der Unmut über Genschers Kurs reicht in der FDP, das zeigt ihr Auftreten, über den Kreis der sogenannten Linksliberalen hinaus.

Der fraktionslose Abgeordnete Karl Heinz Hansen (früher SPD) deckte in seiner Rede in knapper, aber zutreffender Weise das Klassenwesen des Regierungswechsels und die damit verbundenen Gefahren auf. Er sprach aus, was sicherlich auch viele Sozialdemokraten und Gewerkschafter bewegt, was aber von keinem der SPD-Redner gesagt wurde.

Eine beträchtliche Rolle spielte in der Debatte das Thema der Neuwahlen zum Bundestag am 6. März 1983. Nachdem sich die CDU angesichts der Stimmung im Lande, der Kampagne der SPD und auch der Forderung von Strauß der Frage nach baldigen Neuwahlen nicht völlig entziehen konnte, wurde gemeinsam mit der FDP angekündigt, diese Wahlen für den 6. März 1983 vorzusehen. Hier trafen sich die Interessen von Kohl, der erst einmal Kanzler werden wollte, mit denen der FDP-Spitze, die bei sofortigen Wahlen ein Fiasko wie in Hessen befürchten muß, wo die FDP mit 3,1 Prozent mehr als die Hälfte ihrer Stimmen verlor und nicht mehr in den Landtag einziehen konnte.

Inzwischen sind in der Öffentlichkeit der BRD Zweifel aufgetaucht, ob die CDU/CSU-FDP Koalition die Zusage für Wahlen im nächsten März einhalten wird. Im Bundestag äußerten sich in diesem Sinne Schmidt, Brandt und Wehner von der SPD, aber auch die FDP-Abgeordneten Baum und Hamm-Brücher.

Der Hintergrund dieser Auseinandersetzung ist folgender: Wenn am 6. März 1983 vorgezogene Neuwahlen stattfinden sollen, müßte Kohl 60 Tage vorher, also Ende Dezember 1982/Anfang Januar 1983 durch seinen Rücktritt den Weg freimachen für die Auflösung des Bundestages. Dazu wäre erforderlich, daß er die Vertrauensfrage stellt und dafür sorgt, daß er bei der Abstimmung darüber eine Niederlage erleidet. Nur dann könnte beim Bundespräsidenten die Parlamentsauflösung beantragt werden.

Hierzu kommt, und das wird jetzt in den Medien der BRD diskutiert, daß nach der BRD-Verfassung die vorzeitige Auflösung des Bundestages nur statthaft ist, wenn der im Amt befindliche Kanzler keine tragfähige Mehrheit besitzt. Da es aber für Kohl eine Mehrheit von Abgeordneten im Bundestag gibt, so wird jetzt argumentiert, wäre eine bewußt inszenierte Abstimmungsniederlage für Kohl eine verfassungswidrige Manipulation, die der Bundespräsident nicht unterstützen dürfe und gegen die sogar das Bundesverfassungsgericht einschreiten müsse. So wird Stimmung gemacht, um vorzubereiten, daß die angeblich fest vereinbarten Neuwahlen im März 1983 eventuell gar nicht stattfinden.

Dafür spricht, daß Kohl kein „Übergangskanzler" sein möchte, wie Strauß ihn genannt hat, der nur wenige Monate regiert, und sich dann in einem Wahlkampf, dessen Ausgang ungewiß ist, neu durchsetzen müßte. Die FDP müßte auch im März 1983 noch mit einer schweren Niederlage rechnen, während die Grünen mit ziemlicher Gewißheit ins Parlament einziehen würden. Einflußreiche Kreise der Bourgeoisie möchte die FDP vor diesem Debakel bewahren, denn das Parteigefüge der BRD würde sich damit, wie bereits im Gange, weiter in für sie unkalkulierbarer Weise verändern. Außerdem ist bei der CDU die Begeisterung für Neuwahlen erlahmt, nachdem es in Hessen trotz bester Aussichten nicht gelang, die absolute Mehrheit zu erreichen. Schließlich weiß man bei der CDU/CSU genau, daß die Verwirklichung des mit der FDP vereinbarten wirtschafts- und finanzpolitischen Konzepts zu sehr unpopulären Auswirkungen für die Bevölkerung führt. Die Kritik und der Widerstand gegen die Regierung Kohl wird sich schnell entfalten, wenn man auch die Schuld für alle kommenden Verschlechterungen der früheren Regierung anlasten will. Strauß sagte in einem Presse-Interview, es sei sehr zweifelhaft, ob das Ergebnis für die Union bei Wahlen im März 1983 so günstig ausfallen würde, wie es jetzt hätte sein können.

Trotz der hochtrabenden Worte von einer „Wende" und einem „Neubeginn" gibt es keinen Anlaß für die Annahme, daß die CDU/CSU-FDP-Koalition und damit die Regierung Kohl auf Dauer stabil sein wird. Sie erfreut sich gewiß der Sympathie der Bourgeoisie und wird von ihr einen Vertrauensvorschuß erhalten. Manche Investitionen, die aus politischen Gründen zurückgehaltem wurden, werden jetzt getätigt. Ebenso sind begünstigte Schritte der Bundesbank im Bereich der Geldpolitik denkbar. Auch wird mancher Wähler im Glauben an die demagogischen Versprechungen der CDU/CSU auf Besserung hoffen.

Doch die Ursachen der tiefen Krise, die die vergangene Regierung scheitern ließen, wirken weiter. Die Arbeitslosigkeit wird zunehmen. Alle Steuervergünstigungen werden, abgesehen von Teilbereichen, die Industrie nicht dazu veranlassen, ihre Produktionskapazitäten, die ohnehin nicht ausgelastet sind, extensiv zu erweitern. Die kapitalistische Rationalisierung mit dem damit verbundenen und beabsichtigten Arbeitsplatzabbau wird eher beschleunigt werden. Die Entwicklung in den USA und in Großbritannien zeigt, welche Folgen eine Wirtschaftspolitik mit sich bringt, die dem Motto verläuft „Die Rüstungsausgaben hoch - die Sozialausgaben runter - Steuergeschenke für die Reichen!" An diesem Prinzip aber ist das Konzept orientiert, das der alte und neue Bonner Wirtschaftsminister Lambsdorff unter dem Beifall des Monopolkapitals vorgelegt hat.

Bundeskanzler Kohl wird zum Lavieren gezwungen sein, denn er muß die Rolle der Sozialausschüsse in der CDU ebenso berücksichtigen, wie die Tatsache, daß zur Wählerschaft der Union auch viele Werktätige gehören. Das gilt vor allem für Nordrhein-Westfalen, wo 1985 gewählt wird und die CDU gegenüber der SPD aufholen möchte. Das in der Koalitionsvereinbarung enthaltene wirtschafts- und finanzpolitische Programm bringt für die einfachen Menschen durchweg

Verschlechterungen. Um das Verhältnis zu den Gewerkschaften nicht sofort auf das schwerste zu belasten, hat man vorerst darauf verzichtet, die angekündigte radikale Senkung des Arbeitslosengeldes und die Einführung von Karenztagen im Krankheitsfall festzulegen. Aber die Richtung ist eindeutig. Die neue Regierung wird es anders als die bisherige auf jeden Fall mit einer schärferen Frontstellung seitens der Gewerkschaften zu tun bekommen.

Furcht hat man in der Spitze der Unionsparteien davor, der Wahlkampf zu den kommenden Bundestagswahlen könnte von der SPD, von der Friedensbewegung, von den Grünen, von allen demokratischen und linken Kräften zur umfassenden Mobilisierung gegen die Stationierung der neuen USA-Raketen genutzt werden. Die CDU/CSU würde dann als Raketenpartei abgestempelt ohne Deckung - wie bisher - durch die SPD. Mit Hilfe rechter SPD-Politiker wird man sicherlich versuchen, die SPD davon abzuhalten, sich nach dem Willen der Mehrheit ihrer Mitglieder vollständig und offiziell gegen den NATO-Raketenbeschluß zu wenden. Schon jetzt wird eine Kampagne gegen die Linie von Brandt begonnen, der dazu aufgerufen hat, ein breites Bündnis aller Kräfte links von der CDU/CSU anzusteuern.

Außerdem ist Kohl Kanzler einer Regierungskoalition, die aus 3 Parteien besteht. Die CDU und ihr Vorsitzender Strauß haben in den zurückliegenden Tagen deutlich zu erkennen gegeben, daß sie jetzt stärker ihre Eigenständigkeit bei allen Entscheidungen hervorkehren wollen. In diesem Zusammenhang gehören auch, daß Strauß als bayerischer Ministerpräsident der Bundestagssitzung, auf der Kohl zum Kanzler gewählt wurde, fernblieb, um in Nordbayern eine relativ unbedeutende Veranstaltung für die Landtagswahlen am 10. Oktober 1982 zu besuchen.[108] Kohl ist zudem auf den Koalitionspartner FDP angewiesen, der durch seinen Wechsel ins Lager der Union so stark erschüttert wurde, daß möglicherweise die Existenz der FDP als parlamentarische Kraft überhaupt in Frage gestellt ist. Mit der Ankündigung, zum 6. März 1983 Bundestagsneuwahlen zu ermöglichen, steht Kohl vor dem Dilemma, entweder tatsächlich nur als Übergangskanzler bis zu einer Neuauflösung des Bundestages zu amtieren oder mit einem Trick zu versuchen, die Neuwahlen zu umgehen, was sicherlich nicht zur innenpolitischen Beruhigung beitragen wird.

Insgesamt sind die Vorgänge in Bonn eine eindrucksvolle Demonstration, was von der vielgepriesenen bürgerlichen Demokratie, die zum Zweck der ideologischen Diversion den sozialistischen Ländern

---

108 Bei den Wahlen in Bayern erreichten die CSU 58,3 % und die SPD 31,9 % der Stimmen. FDP und Grüne scheiterten mit 3,5 % bzw. 4,6% am Einzug in den Landtag.

als Modell angeboten wird, zu halten ist. All das feierliche Gerede vom Selbstbestimmungsrecht des Volkes, von der Souveränität des Wählers, von Pluralismus und vom Rechtsstaat gilt nichts, wenn handfeste und wesentliche Interessen des Kapitals auf dem Spiele stehen. Da wird manipuliert und intrigiert, die Verfassung verbogen, Wahlversprechen landen im Papierkorb, Anstand und Moral bleiben auf der Strecke, Druck und Bestechung gehören zum Geschäft. Willfährige und sogar um das System verdiente sozialdemokratische Politiker werden abgeschoben, wenn sie nicht mehr fähig sind, die von Arbeitslosigkeit bedrohten Werktätigen, die um den Frieden besorgten Bürger, die um ihre Zukunft bangenden Jugendlichen stillzuhalten, wenn das Monopolkapital die Weichen neu stellt.

Der Staat der BRD - und daran haben 13 Jahre SPD-Regierung nichts geändert - ist das Instrument der herrschenden Klasse der Monopolbourgeoisie. Ihre Interessen sind letztendlich bestimmend. Das ist die Lehre der Ereignisse am Rhein.

Quelle : SAPMO - BArch, DY 30/J IV 2/2A/2513.

Kapitel 2

1982 - 1984: Honecker trifft Kohl und Strauß
Der Aufbau der Kontakte zur christlich-liberalen Koalition in Bonn

Im Herbst 1982 übernahm Helmut Kohl die Kanzlerschaft in der Bundesrepublik. Das Verhältnis der Supermächte hatte sich weiter verschlechtert. Die Sowjetführung befand sich angesichts des siechenden Generalsekretärs Leonid Breshnew in Agonie und war zu wichtigen Entscheidungen nicht in der Lage. Sein Tod wirkte wie eine Erlösung und brachte wieder etwas Bewegung in die festgefahrenen Ost-West-Beziehungen.

DDR und Bundesrepublik versuchten in den ersten beiden Jahren der neuen Regierung nicht nur das erreichte Niveau ihrer Beziehungen zu erhalten, sie waren auch auf der Suche nach neuen Wegen. Der bayerische Ministerpräsident Franz Josef Strauß, der in der Vergangenheit nicht selten als Gegner geregelter Beziehungen zwischen beiden deutschen Staaten hervorgetreten war, stieg 1983 in den direkten Dialog mit DDR-Vertretern und der SED-Führung ein. Die maßgeblich durch seine Mitwirkung zustande gekommenen beiden Milliardenkredite für die in Zahlungsschwierigkeiten geratene DDR waren ein neues Element im deutsch-deutschen Verhältnis. Angesichts der immer größer werdenden Wirtschaftsprobleme im gesamten Ostblock hätte nach Auffassung des CSU-Vorsitzenden eine ins Schlingern geratene DDR ein erhebliches Sicherheitsrisiko für die europäische Friedensordnung werden können. Überdies war das ostpolitische Engagement von Strauß aus seiner Konkurrenzhaltung zu Bundeskanzler Helmut Kohl zu erklären. Es verursachte in seiner Partei, der CSU, in der politischen Landschaft der Bundesrepublik und schließlich auch in der DDR, vor allem unter der SED-Basis, manche Irritation.

Am Ende dieser Periode stand die auf sowjetischen Druck erfolgte Absage des lange vorbereiteten Honecker-Besuchs in Bonn, der als Gegenbesuch des SED-Chefs nach dem Werbellinsee-Gipfel vorbereitet worden war. Angesichts der nunmehr in Westeuropa stationierten neuen Mittelstreckenraketen wollten Tschernenko, Gorbatschow und Ustinow die Reise an den Rhein demonstrativ nicht zulassen.

Am 20. September 1982 trafen in Bonn die zukünftigen Regierungspartner CDU/CSU und FDP zu einem ersten Koalitionsgespräch zusammen. Die sozial-liberale Bundesregierung unter Kanzler Helmut Schmidt war zwar noch im Amt, die „Wende" in Bonn allerdings bereits eine beschlossene Sache.

Der wichtigste Streitpunkt zwischen der SPD und ihrem langjährigen liberalen Partner war das von Wirtschaftsminister Graf Lambsdorff vorgelegte „Konzept für eine Politik zur Überwindung der Wachstumsschwäche und zur Bekämpfung der Arbeitslosigkeit", in dem drastische Einschnitte in das soziale Netz und eine unternehmerfreundlichere Politik gefordert wurden. Während man in der SPD das Lambsdorff-Konzept als „Scheidungspapier" bezeichnete, sprach die Mehrheit der FDP-Spitze und -Bundestagsfraktion von einer „Vorwärtsstrategie zur Bekämpfung der Arbeitslosigkeit".

Politische Krise in Bonn, wirtschaftliche und Versorgungskrise in der DDR sowie „neue Eiszeit" in den Beziehungen der Supermächte, das waren die Rahmenbedingungen, die das Verhältnis zwischen der DDR und der Bundesrepublik zu jener Zeit beeinflußten.

Helmut Kohl wurde am 1. Oktober 1982 zum Bundeskanzler gewählt. In seiner Regierungserklärung bezeichnete er sein neue Regierung als „Koalition der Mitte" und forderte eine „Politik der Erneuerung" sowie einen „historischen Neuanfang". In der Deutschlandpolitik signalisierte der Bundeskanzler Kontinuität zu seinem Vorgänger. Bei der Begegnung zwischen Karl Carstens und Erich Honecker am Rande der Trauerfeierlichkeiten für den sowjetischen Parteichef Breshnew am 14. November 1982 in Moskau äußerte der Bundespräsident, Kohl habe ihn gebeten zu erklären, „daß er auf Kontinuität und Dialog Wert lege. Die Treffen von Ministern der BRD und der DDR seien ein gutes Zeichen, daß die Kontakte fortgesetzt würden und man sich bemühe, die Probleme zu lösen. Die DDR könne fest davon ausgehen, daß die Politik Bonns fortgesetzt werde." (*Dokument 9*)

Zwei Wochen später bestätigte Kohl in einem Schreiben an Honecker vom 29. November 1982 die von Carstens überbrachte Botschaft. Der Bundeskanzler schrieb: „Der Grundlagenvertrag sowie die anderen Abkommen und Regelungen zwischen den beiden deutschen Staaten bleiben Grundlage und Rahmen für die Entwicklung der Beziehungen. Die Bundesregierung ist an guten Beziehungen zur Deutschen Demokratischen Republik interessiert. Das liegt im wohlverstandenen Interesse der Menschen und ist zugleich ein Beitrag für den Frieden und die Sicherheit in Europa." (*Dokument 11*) Zugleich bekräftigte Kohl die Einladung Honeckers zum Besuch der BRD, für die dieser sich in einem Antwortschreiben vom 7. Dezember 1982 (*Dokument 12*) ausdrücklich bedankte.

Kontinuität in der Deutschlandpolitik der Bundesregierung brachte der Bundeskanzler zum Ausdruck, als er am 24. Januar 1983 erstmals mit dem SED-Generalsekretär telefonierte. Kohl bestätigte, daß dies auch für die Zeit nach der vorgezogenen Bundestagswahl am 6. März 1983 gelten würde. (*Dokument 13*)

Daß eine von der CDU/CSU geführte Bundesregierung in ihrem Verhältnis zur DDR im wesentlichen die gleichen Akzente setzen würde wie die sozialliberale Koalition, war der DDR seit den frühen Signalen des CDU-Schatzmeisters Walter Leisler Kiep im Januar 1975 bekannt.[109] Damals war Helmut Kohl bereits CDU-Vorsitzender

Unmittelbar nach dem Bonner Regierungswechsel gab es erste praktische Schritte in den Beziehungen zwischen beiden deutschen Staaten, überwiegend noch von der alten Regierung eingeleitet. Am 15. November 1982 eröffneten die beiden Bauminister Wolfgang Junker (DDR) und Oscar Schneider (BRD) in Magdeburg die westdeutsche Ausstellung „Stadt Park - Park Stadt", die später auch in der DDR-Hauptstadt gezeigt wurde. Am 20. November 1982 übergaben die beiden Verkehrsminister Otto Arndt (DDR) und Werner Dollinger (BRD) die letzten Teilstücke der Autobahn Berlin-Hamburg. Am 26. November 1982, traf Walter Leisler Kiep erneut zu politischen Gesprächen in Berlin ein und konferierte mit Günter Mittag.

Am 2. Dezember 1982 besuchte Kanzleramtsminister Philipp Jenninger den Außenminister der DDR, Oskar Fischer, in Ost-Berlin. Beide vereinbarten, Verhandlungen über ein deutsch-deutsches Kulturabkommen aufzunehmen.[110]

Neben bilateralen Probleme des deutsch-deutschen Verhältnisses nahmen immer stärker Fragen der europäischen Sicherheit und Probleme der gegenseitigen militärischen Bedrohung der Blöcke sowie der Abrüstung in den Telefonaten (*Dokument 13* und *22*) zwischen Honecker und Kohl sowie in ihrem Briefwechsel einen erstrangigen Platz ein.

Nachdem Honecker am 4. Februar 1983 in einem Brief an Kohl den Vorschlag des schwedischen Ministerpräsidenten Olof Palme vom

---

109 Vgl. Detlef Nakath: Die DDR würde „angenehm überrascht sein". In: ND, 26. Juli 1995.

110 Das Regierungsabkommen über die kulturelle Zusammenarbeit zwischen der DDR und der BRD wurde nach äußerst schwierigen Verhandlungen am 6. Mai 1986 im Hause des DDR-Außenministeriums von Vizeaußenminister Kurt Nier und dem Leiter der Ständigen Vertretung der BRD, Hans Otto Bräutigam, unterzeichnet. Streitpunkte waren vor allem die Einbeziehung Westberlins in das Abkommen sowie die Haltung der DDR zur „Stiftung Preußischer Kulturbesitz". Vgl. den Text des Kulturabkommens in: Beziehungen der DDR zur BRD und zu Westberlin. Dokumente 1971 - 1988. S. 134 ff.

8. Dezember 1982 zur Schaffung einer von nuklearen Gefechtsfeld-waffen freien Zone in Mitteleuropa propagierte (*Dokument 14*), hob Kohl die mit diesem Vorschlag verbundenen Risiken hervor. In sei-nem Antwortschreiben vom 16. Februar 1983 lehnte er den Palme-Plan aufgrund der konventionellen Überlegenheit der Truppen des Warschauer Paktes in Mitteleuropa ab. (*Dokument 15*)

Fragen der europäischen Sicherheit wurden auch immer wieder in den Unterredungen mit dem CSU-Vorsitzenden und bayerischen Mi-nisterpräsidenten Franz Josef Strauß thematisiert. Honecker und Strauß begegneten sich am 24. Juli 1983 im Jagdschloß Hubertusstock am Werbellinsee zum ersten Mal persönlich. Aus der Niederschrift über dieses Gespräch (*Dokument 17*) geht einerseits hervor, wie unter-schiedlich die Positionen beider Politiker in Grundfrage waren. Ande-rerseits wird das beiderseitige Ringen um realpolitisch mögliche Lö-sungen in bilateralen Fragen deutlich. In diesem langen Gespräch be-dankte sich Honecker ausdrücklich bei Strauß für seine Rolle bei dem Aushandeln des wichtigen ersten Milliardenkredits für die DDR, der durch Beschluß der Bundesregierung mit einer Bundesbürgschaft ab-gesichert worden war. Der bayerische Ministerpräsident hatte seine Position zum Dialog mit Honecker wie folgt zum Ausdruck gebracht: „Was er wolle, sei bessere Nachbarschaft." In diesem Jahrhundert würde die Ideologie in den Hintergrund und praktisch-pragmatische Fragen in den Vordergrund treten.

Die Absicht von Strauß, sich für die Lösung praktischer Fragen im deutsch-deutschen Verhältnis einzusetzen, brachte bereits im Herbst erste Ergebnisse. Während des Besuchs von DDR-Umweltminister Hans Reichelt in Bayern unterzeichneten beide Seiten am 12. Oktober 1983 die Vereinbarung zur Gewässerreinhaltung im bayerisch-thürin-gischen Grenzfluß Röden.[111] Strauß hatte Minister Reichelt am glei-chen Tage in München zu einem Gespräch empfangen.(*Dokument 19*) Dabei konzentrierten sich beide Politiker zunächst auf bilaterale Umweltprobleme, diskutierten aber auch die so wichtigen Sicherheits- und Abrüstungsfragen.

In einem Brief vom 5. Oktober 1983 hatte Honecker den Bundes-kanzler mittlerweile aufgefordert, „seine Haltung zur Stationierung neuer atomarer USA-Raketen auf dem Territorium der BRD zu über-denken", und schlug eine später in der DDR vielzitierte „Koalition der

---

111 Vgl. Bulletin des Presse- und Informationsamtes der Bundesregierung, Bonn, 13. Oktober 1983. Wenige Tage vor dem Reichelt-Besuch in München hatte die DDR den Abbau der Selbstschußanlagen an der Grenze zur Bundesrepu-blik bekanntgegeben und damit eine Strauß-Forderung erfüllt, die dieser im Ge-spräch mit Honecker am 24. Juli 1983 gestellt hatte. Vgl. ND, 6. Oktober 1983.

Vernunft" vor. (*Dokument 18)*[112] Kohl verwies in seinem Antwort-schreiben am 24. Oktober 1983 auf die Bonner Erklärung des NATO-Gipfeltreffens vom 10. Juni 1982 und schrieb: „Keine unserer Waffen wird jemals eingesetzt werden, es sei denn als Antwort auf einen An-griff". (*Dokument 20*) Auf Honeckers Vorschlag zu einer „Koalition der Vernunft" ging der Bundeskanzler nicht weiter ein.

Die Gespräche zwischen Vertretern beider deutscher Staaten gin-gen unterdessen weiter: In Bonn trafen sich am 28. Oktober die beiden Abrüstungsbeauftragten Ernst Krabatsch (DDR) und Friedrich Ruth (BRD) zu einem Meinungsaustausch. Drei Tage später reiste der Vizevorsitzende der CDU, Bundesfinanzminister Gerhard Stoltenberg, nach Berlin und traf dort am 1. November 1983 zu einem Gespräch mit Günter Mittag zusammen. Am 15. November unterzeichneten die Vertreter beider Seiten schließlich neue Vereinbarungen über den Post- und Fernmeldeverkehr zwischen der DDR und der BRD.[113]

Eine deutliche Belastung im Verhältnis beider deutscher Staaten brachte der nach kontroverser Debatte gefaßte Beschluß des Bundes-tages vom 22. November 1983, der Stationierung neuer amerikani-scher Mittelstreckenraketen entsprechend dem NATO-Nachrüstungs-beschluß vom 12. Dezember 1979 zuzustimmen.

In einem Schreiben vom 14. Dezember 1983 (*Dokument 21*) und wenige Tage später am 19. Dezember 1983 in direktem telefonischen Kontakt (*Dokument 22*) versuchte Kohl, dem SED-Generalsekretär die westdeutsche Position zu erläutern und sich zugleich für Schadens-begrenzung in den deutsch-deutschen Beziehungen einzusetzen.

Beide Politiker waren sich einig, daß die Stationierung der ameri-kanischen Atomraketen nicht zu einer „neuen Eiszeit" im bilateralen Verhältnis führen dürfe. Dies bekräftigten Honecker und Kohl bei ihrem ersten direkten persönlichen Zusammentreffen am 13. Februar 1984 in Moskau am Rande der Trauerfeierlichkeiten für den verstor-benen KPdSU-Generalsekretär Juri Andropow. (*Dokument 23*)

Am 17. Februar 1994 schlug Honecker dem Bundeskanzler vor, den Abschluß eines Vertrages über den Verzicht auf die Anwendung militärischer Gewalt und die Aufrechterhaltung friedlicher Bezie-hungen zwischen NATO und Warschauer Vertrag sowie das Einfrie-ren aller nuklearen Rüstungen zu unterstützen. (*Dokument 24*)

---

112 Strauß wollte sich gegenüber Reichelt am 12. Oktober 1983 dazu offenbar nicht äußern. Er gab vor, den Briefinhalt nicht zu kennen. Das Honecker-Schreiben war allerdings veröffentlicht worden. Vgl. ND, 10. Oktober 1983.

113 Vgl. den Briefwechsel zwischen den Staatssekretären in den Postministerien beider deutscher Staaten sowie die weiteren Vereinbarungen in: Beziehungen der Deutschen Demokratischen Republik zur Bundesrepublik Deutschland und zu Berlin (West). S. 118 ff.

Eine Honecker-Visite in Bonn als Gegenbesuch zum Treffen am Werbellinsee 1981 spielte nunmehr in den Überlegungen beider Seiten eine entscheidende Rolle.

Günter Mittag besuchte 1984 erneut die Hannover-Messe und traf am 6. April in Bonn mit Helmut Kohl (*Dokument 24*) und Franz Josef Strauß (*Dokument 25*) zusammen. Diese Gespräche führten neben den Aktivitäten von Alexander Schalck-Golodkowski sowie der liberaleren Handhabung von Ausreiseanträgen durch die DDR[114] zu einer erneuten Vereinbarung über einen Kredit in Höhe von 950 Mio. DM, den die Deutsche Bank Luxemburg als Konsortialführer an die DDR ausreichte. DDR-Ministerbesuche in der Bundesrepublik, wie die Reise von Landwirtschaftsminister Bruno Lietz Ende Mai 1984 und Verkehrsminister Otto Arndt im Juli 1984 folgten kure Zeit später.

In einem von Honecker dem Politbüro am 17. August 1984 vorgelegten Dokument ordnete der SED-Generalsekretär seine beabsichtigte Reise in die BRD in seine außenpolitischen Aktivitäten gegenüber westeuropäischen Staaten ein. (*Dokument 27*) Kohl sah im geplanten Honecker-Besuch einen „wichtigen Beitrag zur Friedenssicherung in Europa", wie Kanzleramtsminister Philipp Jenninger am 23. August 1984 Alexander Schalck telefonisch versicherte. (*Dokument 28*)

Der DDR-Entwurf für eine Gemeinsame Erklärung über den Honecker-Besuch hatte dem SED-Politbüro bereits vorgelegen (*Dokument 29*), als das „Stop" für die BRD-Reise in Moskau „verordnet" wurde. Honecker wurde am 17. August 1984 in den Kreml zitiert und von der KPdSU-Spitze ultimativ aufgefordert, nicht nach Bonn zu gehen. Ihm blieb nicht anderes übrig, als diesem „Wunsch" nachzugeben.

Es kam 1984 zwar nicht zu einem deutsch-deutschen Gipfeltreffen am Rhein, die bilateralen Verhandlungen und Gespräche liefen jedoch weiter. Transit-, Verkehrs- und Grenzkommission führten ihre Routinearbeit regelmäßig durch. Die Verhandlungen über das Kulturabkommen zwar noch festgefahren. Dennoch konnte am 3. Dezember 1984 in der DDR-Hauptstadt die BRD-Ausstellung „Design - Vorausdenken für den Menschen" eröffnet werden.

Auch eine Vereinbarung über den grenzüberschreitenden Kaliabbau im Werragebiet wurde am 13. Dezember 1984 unterzeichnet.

Ende 1984 hatte der Stand der deutsch-deutschen Beziehungen eine höhere Qualität als die weltpolitische Großwetterlage und das Verhältnis der Supermächte. Die Situation im Verhältnis zwischen der DDR und der BRD war zweifellos besser, als dies nach dem abgesagten Honecker-Besuch häufig vermutet worden ist.

---

114 Bis Ende 1984 konnten 40.900 Bürger legal aus der DDR in die Bundesrepublik ausreisen. Diese Zahl ist in der Folge bis 1989 nie wieder erreicht worden.

Dokument 10

Niederschrift über das Treffen Erich Honeckers mit Karl Carstens und Hans-Dietrich Genscher am 14. November 1982 in Moskau[115]

K. Carstens erklärte zu Beginn des Gespräches, das in seiner Residenz stattfand, Bundeskanzler Kohl habe ihn gebeten, Erich Honecker seine Grüße zu übermitteln und ihm zu sagen, daß die Einladung zu einem Besuch in der BRD stehe. Man würde sich freuen, wenn dieser Besuch zustande komme. Er. K. Carstens, erinnere sich gern an die Gespräche, die er seinerzeit mit E. Honecker anläßlich der Beisetzungsfeierlichkeiten für Josip Broz Tito in Belgrad geführt hatte.[116]

E. Honecker dankte für die Grüße von H. Kohl. Im europäischen Konzert seien die Beziehungen zwischen beiden deutschen Staaten wichtig; die Kontinuität ihrer Entwicklung liege nicht nur im Interesse der DDR und der Bundesrepublik, sondern diene dem Friedensinteresse der Welt. Der Grundlagenvertrag enthalte die Säulen dieser Beziehungen, ihre gute Entwicklung sei nur möglich, wenn man beachte, daß es sich um zwei unabhängige, souveräne Staaten mit verschiedenen Gesellschaftssystemen handelt, die verschiedenen Bündnissen angehören. Obwohl die Entwicklung der Beziehungen keine einfache Aufgabe sei, könne man feststellen, daß es damit ein gutes Stück vorangegangen sei. Mit großer Aufmerksamkeit habe die DDR zur Kenntnis genommen, daß die neue Regierung in Bonn beabsichtige, diesen Weg weiterzubeschreiten.

Wie K. Carstens sagte, habe H. Kohl ihn gebeten zu erklären, daß er auf Kontinuität und Dialog Wert lege. Die Treffen von Ministern der BRD und der DDR seien ein gutes Zeichen, daß die Kontakte fortgesetzt würden und man sich bemühe, die Probleme zu lösen. Die DDR könne fest davon ausgehen, daß die Politik Bonns fortgesetzt werde, obwohl er als Bundespräsident nicht für die Regierung sprechen könne. E. Honecker: Aber der Bundespräsident hat doch Gewicht. K. Carstens: Ja, vor allem soll ich jetzt entscheiden, ob der Bundestag aufgelöst wird und wann Neuwahlen stattfinden. Dazu stellt E. Honecker fest, er habe natürlich nicht die Absicht, sich in die inneren Angelegenheiten der Bundesrepublik einzumischen. Das Interesse der DDR sei, daß die Dinge zwischen beiden deutschen Staaten gut weitergehen. Es gelte zu tun, was machbar ist.

---

115 KPdSU-Generalsekretär Breshnew war am 10. November 1982 verstorben. Die Beisetzung fand am 15. November 1982 in Moskau statt. Am Rande der Feierlichkeiten gab es eine ganze Reihe von Politikertreffen.

116 Honecker und Carstens waren sich bereits am 8. Mai 1980 in Belgrad begegnet.

Was uns und auch andere Regierungen bedrückt, sagte E. Honecker, ist die Verschlechterung der internationalen Situation. Davon hänge viel ab für die weitere Entwicklung der Ost-West-Beziehungen. Positive Wirkungen könnten vom Verhältnis zwischen der DDR und der Bundesrepublik ausgehen, z. B. auf dem Gebiet der Abrüstung. Wenn es hier zu Fortschritten komme, dann würde er immer noch auf die Möglichkeit hoffen, daß das Teufelszeug der Mittelstreckenraketen verschwinde. K. Carstens erklärte, eine Lösung, durch die das Teufelszeug, wie es E. Honecker genannt habe, verschwinde, würden alle begrüßen. Doch stelle sich die Frage von beiden Seiten. Die Stationierung sowjetischer Mittelstreckenraketen beunruhige die BRD, was ja jeder verstehen müsse. Nötig sei, daß beide Seiten aufeinander zugingen. An dieser Stelle forderte K. Carstens H.-D. Genscher auf, seine Meinung zu diesem Thema zu äußern.

H.-D. Genscher sagte, die neue Bundesregierung wolle mehr erreichen als nur, was ja selbstverständlich sei, die Einhaltung geschlossener Verträge. Das gelte sowohl für die Beziehungen zwischen der Bundesrepublik und der DDR als auch international. In diesem Sinne messe die Bundesregierung der Madrider Konferenz große Bedeutung für das Klima in Europa zu. Selbstverständlich könnten Ergebnisse der Genfer Verhandlungen das Verhältnis beider deutscher Staaten nur positiv beeinflussen. Dort sei man schon stark zur Substanz gekommen, die Definition der Probleme sei in schneller Weise erfolgt, so daß man sich auch schnell verständigen könne.

Niemand, Herr Staatsratsvorsitzender, will gern stationieren, meinte H.-D. Genscher.

E. Honecker erklärte, daß er dies gern zur Kenntnis nehme. Die Bundesrepublik könne viel zu positiven Ergebnissen auf dem Wege zur Abrüstung beitragen, aber Hauptpartner der Verhandlungen seien die Sowjetunion und die USA. Das Angebot der UdSSR zu konkreten Abrüstungsschritten sei sehr umfassend.

Seitens der USA gebe es kein genügend konstruktives Herangehen, aber vielleicht komme es noch dazu. Europa brauche die amerikanischen Mittelstreckenraketen nicht. Ihre Stationierung würde sich sehr negativ auf die Weiterentwicklung der internationalen Beziehungen auswirken. Das habe er H. Schmidt schon beim Treffen am Werbellinsee gesagt. Die DDR wolle auch weiterhin eine friedliche Periode, eine Periode der Zusammenarbeit. So würde sie faßbare Ergebnisse in Genf begrüßen, damit nicht stationiert wird. Den Völkern würden dadurch große Lasten von den Schultern genommen. Die Hauptsorge der Menschheit hinsichtlich ihrer Perspektive sei die Erhaltung des Friedens.

E. Honecker unterstrich, was zwischen der DDR und der Bundesrepublik vereinbart sei, werde durchgeführt. K. Carstens: Ich höre das gern. Ungeachtet des Regierungswechsels in Bonn, fuhr E. Honecker fort, werde entsprechend den Abkommen und Vereinbarungen verfahren, wobei er u. a. auf die Treffen der Minister beider deutscher Staaten und die Schinkel-Ausstellung verwies.[117]

Wie K. Carstens darlegte, habe sich die Bundesrepublik sehr um das Zustandekommen der Genfer Abrüstungsverhandlungen bemüht und keinen unwichtigen Anteil daran. Ihr Interesse an einem Erfolg dieser Verhandlungen sei sehr groß. Nur müsse man beide Seiten sehen - einerseits die beabsichtigte Stationierung neuer amerikanischer Raketen und andererseits die Aufstellung von SS-20-Raketen, in deren Reichweite Europa liege. In der internationalen Situation gebe es jedoch Signale, die positiv zu bewerten seien. Jetzt habe R. Reagan die Embargopolitik gegen das Gasröhren-Geschäft mit der Sowjetunion aufgegeben, worum auch die Bundesrepublik sehr bemüht gewesen sei. Eine andere Sorge gelte einem Land des Warschauer Paktes - Polen. Dort seien allerdings Signale gesetzt worden, die er als positiv bewerte, z. B. die Entlassung Walesas aus der Internierung und die Einladung zum Papst-Besuch. Es gebe also auch positive Elemente in der internationalen Situation.

E. Honecker stellte fest, er sei Optimist von Beruf. Eines der positiven Signale, die von der DDR nicht übersehen würden, sei die Aufhebung des US-Embargos gegen die Sowjetunion; denn dadurch entstünden bestimmte Voraussetzungen, den Wirtschaftskrieg zu beenden. Man dürfe nicht außer acht lassen, daß die politische Zusammenarbeit durch die ökonomische gestützt werde und sich die Störung des Handels nur negativ auswirken könne.

Was Polen betreffe, so betrachte die DDR die dortige Entwicklung als innere Angelegenheit dieses Landes. Wir mischen uns weder in die inneren Angelegenheiten Polens noch der Bundesrepublik ein, sagte E. Honecker. Ihre Beziehungen zur Bundesrepublik gestalte die DDR nach den Prinzipien der friedlichen Koexistenz. Hinter General Jaruzelski stehe sie voll. Die Freilassung Walesas sei eine gute Tat vom ihm und geeignet, international die Gemüter zu beruhigen. Ansonsten könne keine Nation auf die Dauer ohne Arbeit leben, was er auch gegenüber H. Schmidt am Werbellinsee zum Ausdruck gebracht habe. General Jaruzelski schaffe Ordnung, und das sei eine innere Angelegenheit Polens.

E. Honecker erklärte, die DDR lasse sich nach wie vor von dem Grundsatz leiten, daß von deutschem Boden nie wieder ein Krieg ausgehen darf. Das sei die Mahnung der Geschichte. Es gebe keine

---

117 Die Schinkel-Ausstellung der DDR wurde vom 18. November 1982 bis 16. Januar 1983 in der Hamburger Kunsthalle gezeigt.

Zielstellung, die einen neuen Weltkrieg rechtfertigen würde. Deshalb habe sich die DDR so stark für L. Breshnews Vorschläge engagiert, die bekanntlich bis zur Demontage der letzten SS-20 reichten. K. Carstens: In der Tat. Fortschritte bei der Abrüstung, so fuhr E. Honecker fort, würden auch den Interessen beider deutscher Staaten entsprechen, und es sei wichtig zu wissen, daß die Bundesrepublik weiter in dieser Richtung wirken wolle. Ganz ohne Zweifel leiste die Sowjetunion einen konstruktiven Beitrag zu dieser Entwicklung.

H.-D. Genscher bemerkte, er würde gern einen Verzicht beider Seiten sehen. Als Betroffene sei die Bundesrepublik an der Vorbereitung der Genfer Verhandlungen beteiligt gewesen. Er sehe neue Wege der Abrüstungspolitik. Nicht nur bei den „Start"-Verhandlungen über die Interkontinentalraketen solle es um mehr gehen als die obere Begrenzung. Es komme auf eine echte Reduzierung an. Noch nie hätten so viele Verhandlungstische nebeneinander gestanden.

E. Honecker stellte fest, wichtig sei, endlich an einem dieser Verhandlungstische zu konkreten Ergebnissen zu kommen, besonders bei den Verhandlungen über die Begrenzung der strategischen Rüstungen. Dadurch könne anderen Verhandlungen der Weg geebnet werden. SALT-II sei unterschrieben gewesen, aber nicht ratifiziert worden, was eine sehr große Enttäuschung bereitet habe. In Madrid trete die DDR für vertrauensbildende Maßnahmen und die Einberufung einer europäischen Abrüstungskonferenz ein.[118]

Auf eine Bemerkung K. Carstens zur Erhöhung des Mindestumtausches und die von ihm beklagten Erschwernisse für größere Familien erläuterte E. Honecker das Ausmaß des Besucherverkehrs aus der BRD und Berlin-West in die DDR und ihre Hauptstadt Berlin. Jährlich besuchten rund 5 Millionen Bürger der BRD die DDR, 1,5 - 2 Millionen Bürger der DDR reisten in die Bundesrepublik. Er habe das alles H. Schmidt gesagt. In West-Berlin könne man 1 Mark West gegen 4 bis 5 Mark der DDR umtauschen. Freilich erhalte man in West-Berlin für 1 Mark kein Mittagessen, wohl aber in der DDR. H. Schmidt habe damals geantwortet, daß er auf die Banken keinen Einfluß habe. Daraufhin habe E. Honecker erklärt, wenn mit den Wechselstellen Schluß gemacht werde, dann sei das Problem gelöst. Außerdem liege die DDR mit ihren Mindestumtauschsätzen noch unter denen anderer Länder.

Kürzlich habe Herr Barzel davon gesprochen, daß man vom Grundsatz des Gebens und Nehmens ausgehen müsse. E. Honecker verwies darauf, daß er schon H. Schmidt an die Schulden der BRD auf anderen Gebieten erinnert habe. Dort müsse sich etwas bewegen, z. B.

---

118 Die Madrider KSZE-Folgekonferenz begann am 11. November 1980. Am 9. September 1983 wurde ein Abschlußdokument vereinbart.

bei der Elbgrenze. Über sie gebe es bereits ein Protokoll. Aber die Vereinbarungen seien bisher an den restlichen 95 km, am Einspruch des Herrn Albrecht gescheitert. Jetzt habe er gelesen, daß sich Herr Barzel in das Studium der Karten vertiefen wolle.

E. Honecker stellte weiter fest, daß auch die sogenannte Zentrale Erfassungsstelle Salzgitter nicht mehr in die Zeit passe, worauf sich K. Carstens bei seiner Begleitung nach dieser Einrichtung erkundigte. Notwendig sei die Respektierung der Staatsbürgerschaft der DDR, die eine Tatsache sei und kein Verhandlungsgegenstand. Schließlich gehe es um die Umwandlung der Ständigen Vertretungen der DDR und der BRD in Botschaften. Wenn sich in einer dieser Fragen etwas bewege, könne man sich auch in anderen Fragen etwas überlegen.

E. Honecker erinnerte an Maßnahmen der DDR wie die Erweiterung der Besuchserlaubnis für Westberliner und der Besuche in dringenden Familienangelegenheiten. Auch der Jugendtourismus sei in Gang gebracht worden, bei dem sich allerdings das Paritätsproblem ergebe. In der DDR genügten 20 Mark für den Aufenthalt, dagegen müßten in der BRD 80 Mark gezahlt werden. Sei das denn möglich, das sei aber teuer, bemerkte K. Carstens. Selbstverständlich, fuhr E. Honecker fort, müsse die DDR die Respektierung ihrer Staatsbürgerschaft auch im Jugendtourismus verlangen. Es gehe nicht an, daß die Polizei der Bundesrepublik die Pässe der jungen DDR-Bürger nicht anerkenne.

Abschließend erklärte E. Honecker, in der DDR gehe es gut voran. Anfang der Woche werde der Plan 1983 beraten, der weitere beträchtliche Wachstumsraten beim Nationaleinkommen und bei der industriellen Warenproduktion auf der Grundlage gesteigerter Arbeitsproduktivität sowie eine weitere Entwicklung der Geldeinnahmen der Bevölkerung vorsehe. Während K. Carstens die Sorgen in der Bundesrepublik über die zunehmende Zahl der Arbeitslosen zum Ausdruck brachte, stellt E. Honecker fest, daß in der DDR Arbeitskräfte fehlen. Dem werde durch die verstärkte Nutzung von Wissenschaft und Technik begegnet. Auf die Bemerkung K. Carstens, die Bundesrepublik habe mit den mehr als 2 Millionen ausländischen Arbeitskräften große Probleme, und auf seine Frage, wie es denn damit in der DDR stehe, antwortete E. Honecker, hier seien 22.000 polnische Arbeiter tätig, die eine fleißige und ordentliche Arbeit leisteten.

Quelle:[119] *SAPMO - BArch, DY 30/J IV 2/2A/2523.*

---

119 Das vorliegende Dokument wurde veröffentlicht in: Heinrich Potthoff: Die „Koalition der Vernunft". S. 94 ff.

Dokument 11

Schreiben Helmut Kohls an Erich Honecker vom 29. November 1982[120]

Sehr geehrter Herr Generalsekretär,
die neue Bundesregierung mißt dem Verhältnis zur Deutschen Demokratischen Republik große Bedeutung bei. Deshalb liegt mir daran, auch persönlich Verbindung zu Ihnen aufzunehmen.

Der Grundlagenvertrag sowie die anderen Abkommen, Vereinbarungen und Regelungen zwischen den beiden deutschen Staaten bleiben Grundlage und Rahmen für die Entwicklung der Beziehungen. Die Bundesregierung ist an guten Beziehungen zur Deutschen Demokratischen Republik interessiert. Das liegt im wohlverstandenen Interesse der Menschen und ist zugleich ein Beitrag für den Frieden und die Sicherheit in Europa.

Ich habe alle mit den Beziehungen zur Deutschen Demokratischen Republik befaßten Bundesminister gebeten, die laufenden Verhandlungen mit der Regierung der Deutschen Demokratischen Republik fortzusetzen. Nehmen Sie dies bitte als Ausdruck unseres festen Willens, die Möglichkeiten des Grundlagenvertrages auszuschöpfen und so dazu beizutragen, daß die zwischen den beiden deutschen Staaten bestehenden Gegensätze die komplizierte internationale Lage nicht zusätzlich belasten.

Diese Politik der Bundesregierung ist vor allem anderen Friedenspolitik und wird ˇon allen Kräften des Deutschen Bundestages unterstützt.

Ich teile mit Ihnen die Überzeugung, daß von deutschem Boden nie wieder Krieg ausgehen darf. Aufgrund Ihrer gemeinsamen Geschichte schulden die beiden deutschen Staaten ihren europäischen Nachbarn die Beherrschung ihrer Gegensätze und tragen in besonderem Maße Verantwortung für die Sicherung des Friedens in Europa. In einer problemgeladenen Welt müssen wir - auch hier rechne ich fest mit Ihrem Einvernehmen - alles tun, um trotz der Zugehörigkeit beider Staaten zu unterschiedlichen Bündnissystemen, die Zielsetzungen der Schlußakte der Konferenz für Sicherheit und Zusammenarbeit in Europa zu verwirklichen. Die künftige Zusammenarbeit zwischen der Bundesrepublik Deutschland und der Deutschen Demokratischen Republik sollte positive Impulse für Zusammenarbeit und Dialog in Europa geben.

---

120 Honecker zeichnete das Schreiben am 30. November 1982 ab. Es war am gleichen Tage vom Leiter der Ständigen Vertretung der Bundesrepublik in Berlin, Hans Otto Bräutigam, mit einem Anschreiben übergeben worden.

An dieser Aufgabe sollten wir beharrlich arbeiten. Wir dürfen dabei nicht aus dem Auge verlieren, daß die Menschen in beiden Staaten den Stand der Entwicklung der Beziehungen auch daran messen werden, wie weit es gelingt, Probleme zu lösen, die das Leben belasten.

Sie wissen, welch hohes Gewicht die neue Bundesregierung im Interesse der Menschen auf Verbesserungen im Reise- und Besucherverkehr legt. Von ausschlaggebender Bedeutung ist nach wie vor, den drastischen Rückgang des Reiseverkehrs zu beseitigen, der durch die von der Regierung der Deutschen Demokratischen Republik verfügte Erhöhung des Mindestumtausches eingetreten ist. Dies würde dazu beitragen, eine schon mehr als zwei Jahre fortwirkende Belastung der Gesamtbeziehungen abzubauen.

Mein Vorgänger hat Sie bei seinem Besuch am Werbellinsee in die Bundesrepublik Deutschland eingeladen. Die Menschen knüpfen an ein solches Treffen hohe Erwartungen. Ich halte an dieser Einladung fest. Sobald der Zeitpunkt für beide Seiten geeignet erscheint, sollten wir nicht zögern, einen Termin zu verabreden.

Ich gehe davon aus, daß die Gespräch zwischen dem Leiter der Ständigen Vertretung der Bundesrepublik Deutschland, Herrn Staatssekretär Dr. Bräutigam, und Ihrem Beauftragten wie bisher fortgesetzt werden. Mit Genugtuung habe ich zur Kenntnis genommen, daß auch die Bemühungen in den humanitären Angelegenheiten kontinuierlich weitergeführt werden, wobei auf unserer Seite nun Herr Staatssekretär Rehlinger der Gesprächspartner ist.

Die neue Bundesregierung tritt für Verläßlichkeit und Berechenbarkeit in den Beziehungen ein. Es ist mein Wunsch, alle Möglichkeiten auszuschöpfen, um dem Wohl der Menschen und dem Frieden zu dienen.

Mit freundlichen Grüßen
gez. Ihr H. Kohl

Quelle:[121] *SAPMO - BArch, DY 30/vorl. SED 41664.*

---

121 Das vorliegende Dokument wurde veröffentlicht in: Detlef Nakath: „Wir tragen im besonderen Maße Verantwortung". In: ND, 21. September 1994.

Dokument 12

Schreiben Erich Honeckers an Helmut Kohl vom 7. Dezember 1982[122]

Sehr geehrter Herr Bundeskanzler!
Für Ihr Schreiben vom 29. November 1982 danke ich. Ich bin mit Ihnen einer Auffassung, daß gerade in der gegenwärtigen angespannten internationalen Lage dem Dialog verantwortlicher Politiker zwischen Ost und West größte Bedeutung zukommt.

Die geschichtlichen Erfahrungen sowie die Lage der Deutschen Demokratischen Republik und der Bundesrepublik Deutschland an der Trennlinie unterschiedlicher Bündnissysteme verpflichten in ganz besonderem Maße zu aktivem Handeln für Frieden und Entspannung. Diese zu sichern und dafür zu sorgen, daß von deutschem Boden nie wieder ein Krieg ausgeht, ist das Wichtigste, die alles übergreifende Frage auch im Verhältnis zwischen beiden deutschen Staaten. So ist es richtig, daß trotz der bestehenden Gegensätze alles unterlassen werden muß, was die internationale Lage belasten könnte.

In diesem Zusammenhang verhehle ich meine ernste Besorgnis nicht über die 1983 vorgesehene Stationierung neuer nuklearer Mittelstreckenwaffen der USA in Westeuropa, auch auf dem Territorium der Bundesrepublik Deutschland. Die damit verbundene Veränderung des militärstrategischen Gleichgewichtes könnte nicht ohne Auswirkungen auf das Ost-West-Verhältnis, auf die Beziehungen zwischen beiden deutschen Staaten bleiben. Die Deutsche Demokratische Republik, die fest im Bündnis des Warschauer Vertrages verankert ist, ist nicht daran interessiert, daß eine solche Lage eintritt.

Das Gewicht der Bundesrepublik Deutschland in ihrem Bündnis ist erheblich. Es wäre dem Frieden und der Sicherheit außerordentlich dienlich, wenn Sie, Herr Bundeskanzler, Ihren Einfluß geltend machten, um die Reduzierung von Kernwaffen in Europa im Sinne einer wirklichen Null-Lösung, daß heißt eines atomwaffenfreien Europas zu erreichen. Schon das Eintreten für den Verzicht auf die Erstanwendung von Kernwaffen sowie für einen positiven Abschluß des Madrider KSZE-Treffens einschließlich eines Mandats über die Einberufung einer Konferenz über militärische Entspannung und Abrüstung in Europa hätte gewiß einen wohltuenden Einfluß auf das internationale Klima.

---

122 Am 7. Dezember 1982 bestätigte das SED-Politbüro in einer regulären Sitzung den „Antwortbrief" Erich Honeckers auf das Schreiben Helmut Kohls vom 29. November 1982. Gleichzeitig wurde der Leiter der Ständigen Vertretung der DDR in Bonn, Ewald Moldt, beauftragt, den Brief im Bundeskanzleramt zu übergeben.

Mit Befriedigung habe ich vermerkt, daß Ihre Regierung an guten Beziehungen zur Deutschen Demokratischen Republik interessiert ist. Die Auffassung der Deutschen Demokratischen Republik zur Politik des Friedens und der Zusammenarbeit auf der Grundlage der Prinzipien der friedlichen Koexistenz, auch konstruktiver Beziehungen zur Bundesrepublik Deutschland, ist wohlbekannt. Wir wollen das durch die Entspannung in Europa Erreichte bewahren und mehren. Es hat viel Gutes gebracht und darf durch nichts aufs Spiel gesetzt werden. Wenn sich beide Staaten strikt an Geist und Buchstaben der zwischen ihnen abgeschlossenen Verträge und Abkommen halten, wird es möglich sein, Fortschritte zu erreichen. Geboten sind Vernunft, guter Wille und Realitätssinn.

Wichtige Fragen, auf die die Deutsche Demokratische Republik wiederholt hingewiesen hat, sind nach wie vor ungeregelt. Es handelt sich dabei um Erfordernisse, die im Einklang mit den selbstverständlichen Gepflogenheiten des zwischenstaatlichen Verkehrs stehen. Zu all den genannten Fragen wurde in den kürzlichen Gesprächen, die der Minister für Auswärtige Angelegenheiten der DDR, Herr Oskar Fischer, sowie das Mitglied des Politbüros und Sekretär des Zentralkomitees der Sozialistischen Einheitspartei Deutschlands, Herr Dr. Günter Mittag, mit Herrn Staatsminister Dr. Philipp Jenninger führten, der Standpunkt der Deutschen Demokratischen Republik ausführlich dargelegt.[123]

Ich danke Ihnen für die Erneuerung der Einladung zum Besuch der Bundesrepublik Deutschland. Über einen für beide Seiten geeignet erscheinenden Termin können wir uns zu gegebener Zeit verständigen.

Was die Gespräche zwischen meinem Beauftragten und Herrn Bräutigam betrifft, so stimme ich mit Ihnen überein.

Abschließend möchte ich die Entschlossenheit der Deutschen Demokratischen Republik bekräftigen, im Sinne des Friedens, der Entspannung und zum Nutzen gutnachbarlicher Beziehungen zwischen der Deutschen Demokratischen Republik und der Bundesrepublik beizutragen.

Mit vorzüglicher Hochachtung
gez. E. Honecker

Quelle: SAPMO - BArch, DY 30/J IV/2/2A/2532.

---

123 Staatsminister Jenninger führte seine Gespräche mit Fischer und Mittag am 2. Dezember 1982 in Ost-Berlin.

Dokument 13

Telefongespräch zwischen Erich Honecker und Helmut Kohl am 24. Januar 1983[124]

Gen[osse] Honecker: Ja, hallo?

Herr Kohl: Ja, hier ist Kohl. Guten Tag.

H:[125] Guten Tag, Herr Kohl.

K: Ist dort der Herr Generalsekretär Honecker?

H: Ja, hier ist Honecker.

K: Ich freue mich, daß das Gespräch so prompt funktioniert. Wir machen das ja zum ersten Mal, und ich bin sehr erfreut darüber, daß das so klappt. Ich darf Ihnen nochmals für das neue Jahr, Herr Generalsekretär, alles Gute wünschen und der Hoffnung Ausdruck geben, daß es unserer gemeinsamen Arbeit gelingt, in diesem wichtigen Jahr auch das Verhältnis zwischen beiden deutschen Staaten vernünftig, und wenn möglich, gut zu gestalten. Ich finde, daß diese Möglichkeit, miteinander zu telefonieren, die Normalität unserer Beziehungen an diesem Punkt, doch glaube ich, in einer wichtigen Weise unterstreicht. Ich darf mich noch einmal bedanken für Ihr Antwortschreiben vom 7. Dezember auf meinen Brief vom 29. November. Ich habe natürlich mit ganz besonderem Interesse Ihre öffentlichen Äußerungen in den letzten Wochen verfolgt, und ich glaube, ich kann von meiner Seite die Übereinstimmung feststellen, daß wir beide in besonderem Maße auch Verantwortung für die Sicherung des Friedens in Europa tragen. Und es ist unser Wunsch, auch unter diesen Zielsetzungen die Möglichkeiten aus dem Grundlagenvertrag weiterzuentwickeln und zu nutzen, um positive Impulse für die Zusammenarbeit zu ermöglichen. Und das sage ich nicht nur für heute, sondern auch im Blick auf die Ereignisse nach dem 6. März, nach der Wahl bei uns.[126] Und dann will ich noch einmal daran erinnern, daß die Einladung, die ausgesprochen ist zu Ihrem Gegenbesuch in der Bundesrepublik, ganz selbstverständlich gilt, und daß der Erfolg einer solchen Einladung natürlich von der sorgfältigen Vorbereitung nach beiden Seiten hin abhängig ist. Das ist das, was ich mal vornweg Ihnen sagen möchte.

---

124 Laut Vermerk dauerte das Gespräch von 10.33 Uhr bis 11.00 Uhr.

125 Im weiteren Verlauf der Gesprächsaufzeichnung wird Honecker mit „H", Kohl mit „K" abgekürzt.

126 Am 6. März 1983 fanden vorgezogene Bundestagswahlen statt. Zu den Ergebnissen vgl. Anm. 107.

H: Ich möchte Ihnen vor allen Dingen herzlich danken für Ihren Anruf. Ich hatte ihn so gegen elf erwartet. Jetzt kommt er sogar frühzeitig, sozusagen im Sonnenschein.

K: Ja, bei uns auch.

H: Bei Ihnen auch?

K: Es ist das Gegenteil von Winterwetter.

H: Ja, das kann man sagen. Es ist schon fast Frühjahr.

K: Werten wir beide das als gutes Omen, das Wetter.

H: Ja, wollen wir es so nehmen.

K: Wir kommen ja auch aus einer Landschaft von zu Hause aus, die ähnlich ist.

H: Ja, die ist ganz ähnlich. Herr Kohl, ich möchte erst noch einmal danken für Ihren Anruf und möchte sagen, daß ich im gleichen Maße der Auffassung bin, daß es doch ein gutes Zeichen ist, daß wir diese Möglichkeit hier nutzen, um Kontakt zu halten. Ebenso wie Sie bin ich selbstverständlich daran interessiert, daß die Beziehungen zwischen der Deutschen Demokratischen Republik und der Bundesrepublik Deutschland entsprechend dem bereits abgeschlossenen Vertragssystem sich weiter entwickeln, und daß in Verbindung damit wir alle Möglichkeiten ausschöpfen, um Dinge so vorwärts zu bringen, wie sie uns also möglich erscheinen.

Anläßlich meines Moskauer Aufenthalts hatte ich die Möglichkeit gehabt, mit Herrn Carstens zu sprechen im Beisein von Vizekanzler Genscher.[127] Herr Carstens hat mir damals Ihre Grüße überbracht und noch einmal unterstrichen, daß von Ihrer Seite aus die Bestrebungen vorhanden sind, die Beziehungen weiterhin kontinuierlich zu entwickeln. Ich habe damals darauf hingewiesen, wie Sie wissen, daß die Deutsche Demokratische Republik selbstverständlich bestrebt bleibt, die Beziehungen zur Bundesrepublik Deutschland, wie ich bereits erwähnte, gemäß Buchstaben und Geist der abgeschlossenen Verträge zu gestalten. Nach meiner Auffassung ist eine gute Entwicklung der Beziehungen zwischen der Deutschen Demokratischen Republik und der Bundesrepublik Deutschland möglich, wenn von beiden Seiten beachtet wird, daß es sich hier um Beziehungen von zwei souveränen Staaten handelt, die zudem noch unterschiedliche Gesellschaftsordnungen haben und auch unterschiedlichen Paktsystemen angehören, wobei ich allerdings also nicht verschweigen möchte, daß doch die Vergangenheit unterstrichen hat, daß durchaus die Möglichkeit besteht, zu normalen, sagen wir mal annehmbaren Beziehungen zu kom-

---

127 Vgl. Dok. 10.

men, wobei selbstverständlich auf beiden Seiten immer noch bestimmte Wünsche offen bleiben werden. Sie haben darauf hingewiesen, auf unsere beiderseitige Verantwortung. Nun, wie Sie wissen, hatte ich vor kurzem den gleichen Besuch wie Sie. Es war Herr Gromyko hier gewesen.[128]

K: Ja.

H: Und ich denke, daß nach dem Besuch von Herrn Gromyko in Bonn, sich doch eine ganze Reihe Möglichkeiten ergeben, bestehende Positionen zu prüfen, sie wenn möglich, wenn ich mich so ausdrücken darf, zu messen an den Prager Vorschlägen.[129] Nach meiner persönlichen Auffassung, das möchte ich ganz offen sagen, zeigen die Prager Vorschläge, daß sich etwas bewegt hat, seitens der Sowjetunion und seitens der Mitgliedstaaten des Warschauer Paktes. Es wäre meines Erachtens auch im Interesse von beiden deutschen Staaten, aber auch darüber hinaus, von außerordentlich großem Nutzen, sich noch einmal zu überlegen und noch einmal zu überprüfen, ob vom Blickfeld der europäischen Sicherheitsinteressen, aber auch vom Blickfeld der Beziehungen, sagen wir mal zwischen der Bundesrepublik Deutschland und den sozialistischen Nachbarn, doch eine Reihe neuer Probleme aufgetaucht sind, eine Reihe Fragen, die sich doch etwas leichter lösen lassen als wir vielleicht noch vor kurzer Zeit angenommen hatten. Wie Sie wissen, ist ja in Fragen der Kernwaffen von seitens der Sowjetunion und von seiten des Warschauer Paktes jetzt etwas in Bewegung gekommen, und man müßte selbstverständlich von allen Seiten das ernsthaft prüfen. Ich darf Ihnen sagen, weil ich ja etwas ein Beteiligter bin, ich habe die Dinge ernsthaft geprüft, habe sie verglichen mit den Fragen, die ich sehr oft mit Herrn Schmidt behandelt habe. Ich muß sagen, daß hier doch ein Angebot vorliegt, in dem viele neue Punkte enthalten sind. Ja, ich möchte sagen, daß zum Teil Vorschläge von Ihrer Seite mit einbezogen wurden in die Prager Deklaration. Wobei es ganz offensichtlich ist, daß wir am Zeitpunkt angelangt sind, in dem man sagen kann, daß mehr Rüstung keinesfalls mehr Sicherheit bedeutet. Die Arbeitslosigkeit steigt, und die Zukunft wird durch mehr Rüstung nicht heller. Sie haben doch vor kurzem, ich habe das hier gerade gelesen, darauf aufmerksam gemacht, daß Sie ebenfalls für Rüstungsbegrenzung und Abrüstung eintreten.

---

128 UdSSR-Außenminister Andrej Gromyko besuchte Bonn vom 16. bis 19. Januar 1983.

129 Die sogenannte Prager Deklaration des Politischen Beratenden Ausschusses der Warschauer Vertragsstaaten vom 5. Januar 1983 vgl. in: Die Organisation des Warschauer Vertrages. S. 271 ff.

K: Unsere These ist ganz eindeutig. Wir wollen Frieden schaffen mit weniger Waffen. Zu der Prager Deklaration gilt das, was ich in meiner letzten Regierungserklärung im Bundestag gesagt habe.[130] Wir werden mit unseren Verbündeten das sehr sorgfältig prüfen. Sie merken das ja an unserer Reaktion. Wir sind bereit, auf alle Schritte, die der Verbesserung der Ost-West-Beziehungen dienen, positiv zu reagieren. Wir wollen militärisch bedeutsame, ausgewogene, überprüfbare Vereinbarungen zur Rüstungskontrolle und zur Abrüstung. Ich füge hinzu, ich persönlich bin fest überzeugt, daß es einen wirklichen Rutsch, eine wirkliche Bewegung in Genf am besten geben kann, wenn es wirklich möglich ist - ich bleibe bei diesem Gedanken -, daß ohne Propagandatricks Andropow und Reagan nach sorgfältiger Vorbereitung sich treffen. Ich glaube, in Genf am Tisch wird nichts erreicht werden, wenn die beiden wichtigsten Männer nicht letzlich für die beiden entscheidenden Mächte ihr persönliches Engagement voll einsetzen. Ich habe das auch dem Außenminister Gromyko gesagt. Er hat ja nicht negativ, sondern, ich würde sagen, zurückhaltend, aufmerksam in der Sache reagiert. Wir werden auch das mit unseren amerikanischen Partner immer wieder in dieser Richtung besprechen. Was ich aber vielleicht in dem Zusammenhang doch noch sagen will, ist, daß die Leute in Deutschland, in Leipzig genauso wie in Frankfurt, natürlich unser Tun daran messen, inwieweit es gelingt, die Probleme, die bei uns bestehen, die die Menschen betreffen, als echte Maßnahme der Friedenspolitik zu erkennen. Das ist die Verbesserung im Reiseverkehr, humanitäre Anstrengungen. Von unserer Seite kennen Sie ja unsere Position zu den Mindestumtauschsätzen. Ich will auf diesem Weg das nur ganz zurückhaltend formulieren. Mir scheint, es gäbe vielleicht eine Möglichkeit - im Zusammenhang auch, was in den wirtschaftlichen Bereich hineinreicht -, sehr rasch vielleicht einmal - und zwar natürlich in aller Diskretion - zu reden. Ich höre, da gibt es auch bei Ihnen, wenn ich richtig informiert bin, gewisse Vorstellungen. Ich habe heute früh gerade eine entsprechende Nachricht erhalten, die über München gelaufen ist, wo offensichtlich Kontakte stattgefunden haben. Wenn das so ist, sollten Sie mich das rasch wissen lassen auf der gegebenen diskreten Schiene. Ich glaube, wenn ich mich so ausdrücke, bin ich verstanden worden. Ich möchte auch dann auf dem Weg nicht weiter das Gespräch vertiefen. Ich will nur meine Bereitschaft deutlich machen zu auch einem solchen speziellen Gespräch. Ich finde, das ist ja der Vorteil einer solchen telefonischen Möglichkeit. Und ich rate uns beiden, wenn wir etwas haben, die Möglichkeit zu nutzen. Ich bin zu

---

130 Die Rede Kohls vor dem Bundestag am 13. Oktober 1982 vgl. in: Außenpolitik der Bundesrepublik Deutschland. S. 494 ff.

jeder Zeit dazu bereit, um das deutlich noch einmal zu unterstreichen. Ich finde diesen Telefonkontakt für ganz wesentlich. Aber ich glaube, daß ist ein Punkt, den sollten Sie bedenken und uns Nachricht geben.

H: Schön. Besten Dank, Herr Kohl, für Ihre Bemerkungen.

K: Haben wir uns insofern verstanden, an dem Punkt.

H: Ich habe Sie sehr gut verstanden, wobei ich auch zum Ausdruck bringen möchte, daß Herr Gromyko mit bestimmten - sagen wir einmal - Hoffnungen von Bonn nach hierher gekommen ist. Und zwar in der Beziehung, daß er zum Ausdruck brachte, daß man sich offensichtlich überlege, da die Prager Vorschläge doch eine ganze Reihe neuer Gesichtspunkte enthalten. Und was ein Treffen betrifft, zwischen den beiden Persönlichkeiten, so möchte ich zum Ausdruck bringen, daß von unserer Seite bzw. von meiner Seite ein Zustandekommen eines solchen Treffens sehr begrüßt werden würde, denn man kann sich natürlich dann, wenn das entsprechend vorbereitet ist, vieles sagen, was man sonst nicht erledigen kann.

K: Ja.

H: Also in der Beziehung haben wir eine gleiche Auffassung. Wir sind auch für Frieden mit weniger Waffen, und zwar entsprechend dem Grundsatz der Gleichheit und der gleichen Sicherheit. Was die anderen Fragen betrifft, die Sie kurz angedeutet haben, so möchte ich vor allen Dingen sagen, daß selbstverständlich in den Beziehungen zwischen den beiden deutschen Staaten, sich doch in den letzten, sagen wir einmal zehn Jahren, etwas getan hat, was man selbstverständlich nicht einfach so verschütten kann. Zur weiteren Entwicklung wäre es ganz gut, wenn wir uns vornehmen würden, das Errungene zu erhalten und dann möglichst auszubauen. Aber ich möchte Ihnen auch gleichzeitig ganz offen sagen, das wird nur möglich sein bei gegenseitiger Achtung der Souveränität eines jeden Staates, wie er ja auch in dem Grundlagenvertrag und den anderen Verträgen niedergelegt ist. Wobei es selbstverständlich noch eine ganze Reihe Probleme gibt, die entscheidend sind für die Bürger in beiden deutschen Staaten. Zum Beispiel in der Abrüstungsfrage, die wir hier kurz angeschnitten haben, wäre es selbstverständlich günstig, daß man in Konsultationen die gegenseitigen Kenntnisse vertiefen könnte, in bezug auf Rüstungsbegrenzung und Abrüstung, und auch vielleicht zu einzelnen Fragen im Zusammenhang mit diesem äußerst wichtigen Dokument, der Prager Deklaration. Denn soweit ich mich erinnern kann, ist dort zum ersten Mal der Grundsatz verankert, daß all das sich selbstverständlich nur vollziehen kann, bei entsprechenden Kontroll- und vertrauensbildenden Maßnahmen, so daß also in dieser Beziehung viele Fragen neu stehen und offen sind. Und ich glaube, es liegt sowohl im Interesse der

Bundesrepublik Deutschland als auch der Deutschen Demokratischen Republik und darüber selbstverständlich hinaus zumindest bei allen Unterzeichnern der Schlußakte von Helsinki, daß man diese Möglichkeiten, die jetzt gegeben sind, ausschöpft. Selbstverständlich gehe ich davon aus, daß die Prager Deklaration nicht die Grundlage ist für eine Vereinbarung, aber sie doch sehr wichtige Elemente hat, die es erlauben, zu bestimmten Übereinkommen zu kommen in den wichtigsten Fragen, zum Beispiel in den Fragen eines Vertrages über den gegenseitigen Gewaltverzicht und die Weiterführung friedlicher Beziehungen. Das scheinen mir äußerst wichtige Fragen zu sein. Aber abgesehen davon, ich denke, es wäre sehr gut, wenn die Regierungen zwischen unseren beiden Ländern bzw. ihre Beauftragten oder Mitarbeiter, die Konsultationen zu Fragen der Rüstungsbegrenzung/Abrüstung weiterführen. Desweiteren haben wir eine ganze Reihe Fragen, wie Sie wissen, ins Gespräch eingeführt. Selbstverständlich verstehe ich, daß Sie wahrscheinlich vor den Wahlen diese Dinge nicht genauer bearbeiten können, ohne zu bestimmten Schwierigkeiten zu kommen. Aber, ehrlich gesagt, wir sind interessiert, daß zumindest die Feststellung der Elbgrenze zu Ende geführt werden könnte. Denn, wenn das geschieht, hat die Grenzkommission doch eine Arbeit geleistet, die äußerst bedeutungsvoll wäre. Damit wäre die gesamte Grenze zwischen der Bundesrepublik Deutschland und der Deutschen Demokratischen Republik markiert. Und es gab schon einmal, ich weiß nicht, ob man Ihnen das vorgelegt hatte, ein gemeinsame vereinbartes Protokoll in dieser Frage.

K: Ich weiß das -.

H: Es scheiterte damals noch an Herrn Albrecht, der seine Zustimmung nicht gab. Aber das wäre doch immerhin dann schon ein Fortschritt. Denn, es geht ja darum, um die Grenze festzustellen und nicht irgendwas anderes da zu vereinbaren, und die anderen Punkte, über die ich im einzelnen jetzt nicht sprechen möchte und die Sie kennen.

K: Also, Sie haben natürlich ganz zu recht gesagt, es sind eine Fülle von Problemen, die mit Sicherheit jetzt in den paar Wochen vor dem 6. nicht laufen; es ist unmöglich, Ihnen da zu sagen, daß das auf unserer Seite jetzt besonders aktualisiert wird. Was ich für möglich halte, ist, daß wir ungeachtet der eben gesagten Dinge, den direkten Kontakt in dem anderen Zusammenhang sehr bald herstellen, und Sie haben das ja auch aufgenommen.

H: Herr Kohl, ich wollte Ihnen folgendes zum Gesamtkomplex noch sagen. Ich habe vorhin darauf hingewiesen, daß es selbstverständlich notwendig ist, von dem bestehenden Vertragssystem auszugehen. Von unserer Seite wird man immer ausgehen von den in den Verträgen enthaltenen Grundsätzen der Existenz von zwei deutschen Staaten. Und ich muß sagen, mich irritiert jetzt sehr oft der Wortgebrauch: beider Staaten in Deutschland. Aber ein solches Deutschland gibt es ja nicht. Es gibt zwei deutsche Staaten, die laut Grundlagenvertrag in ihren inneren Angelegenheiten souverän sind. Aber das lasse ich jetzt einmal dahingestellt. Ich wollte jetzt bloß darauf aufmerksam machen, daß das selbstverständlich hier zu einer bestimmten Irritierung führt, wenn andere Begriffe plötzlich auftauchen. Aber das soll nicht das Hauptproblem sein.

K: Eben, das glaube ich aber auch.

H: Ich möchte bloß Ihre Aufmerksamkeit lenken auf eine folgende Frage. Meines Erachtens darf man, a) nicht unterschätzen die gesamten Vereinbarungen, die bisher getroffen wurden auf dem Gebiet der Besucherreisen usw., einschließlich der Erweiterung, die von uns vorgenommen wurde, der Besuch in dringenden Familienangelegenheiten. Ich habe gerade in den letzten Tagen gehört, daß die Besuche z. B. in bezug auf Berlin-West, das ja bekanntlich nicht zur Bundesrepublik Deutschland gehört, im letzten Jahr um 100 Prozent gestiegen sind. Ich kann mich natürlich nicht für solche Pressemeldungen verbürgen, aber insgesamt muß ich sagen, daß auch der Besucherverkehr in dringenden Familienangelegenheiten erweitert wurde. Sie selbst kennen ja bestimmte Probleme aus eigener Erfahrung, und ich möchte Ihnen sagen, daß wir also bestrebt sein werden - und ich persönlich -, diese Dinge weiter zu fördern, damit hier nicht so eng verfahren wird.

K: Das ist ein ganz zentraler Punkt für mich.

H: Und die nächste Frage, das wäre die Frage der Förderung der Jugendtouristik. Sie wissen, ich habe Herrn Bundespräsidenten Carstens damals angesprochen wegen dieser Frage, - das ergibt sich aus den unterschiedlichen Preissätzen; bei Ihnen 80 Mark pro Tag, bei uns 20 Mark - daß man diese Frage löst. Von unserer Seite aus möchte ich feststellen, daß wir in jeder Beziehung diese Jugendtouristik fördern werden. Und ich nehme auch an, daß von Ihrer Seite aus diesem Problem die entsprechende Aufmerksamkeit gewidmet wird.

K: Ja, aber das ist auch ein typischer Gesprächsgegenstand, den die Beauftragten vorantreiben sollten.

H: Ja. Das können die jetzt schon zu Ende führen. Und die nächste Frage ist die Frage des Kulturabkommens. Unsere Leute sind bereit, die Verhandlungen dazu aufzunehmen. Das könnte auch keine Schwierigkeiten bereiten vor den Wahlen.[131]

---

131 Am 2. Dezember 1982 hatten sich beide Seiten darauf geeinigt, im I. Quartal 1983 Verhandlungen über ein Kulturabkommen aufzunehmen. Vgl. Anm. 123.

K: Ja.

H: Und ich habe mir gerade gestern noch überlegt, nachdem so verschiedene Denkanstöße von Ihrer Seite gekommen sind bzw. von Ihren Beauftragten aus den verschiedensten Ebenen, man könnte auch nachdenken bzw. in Gespräche eintreten über die Regelung von Fragen gemeinsamen Interesses im Zusammenhang mit Kernanlagen. Ich glaube, es gibt auch solch einen Vertrag zwischen der CSSR und Österreich. Man könnte sich die Sache ja einmal ansehen, wenn das von Ihrer Seite von Interesse ist, so könnte man das auch machen. Was die andere Frage betrifft, um damit abzuschließen, so gab es bestimmte Vorstellungen und gibt es bestimmte Vorstellungen. Die Dinge sind selbstverständlich sehr schwer zu lösen - ich möchte das jetzt auch nicht telefonisch besprechen - unter Berücksichtigung dieser Spekulation mit der Mark der DDR im Westen. Ich habe vorige Woche wieder ein Material von unserem Finanzminister bekommen. Wenn man selbstverständlich die Mark der DDR, die eine Binnenwährung ist, wenn man sie tauscht zu vier Mark oder fünf Mark zu einer Mark der Bundesrepublik, dann ist es natürlich sehr kompliziert, diese ganzen Fragen hier zu lösen. Ich hörte damals, daß man das nicht lösen kann, weil es Angelegenheit der einzelnen Wechselstuben, der einzelnen Banken sei, einen Kurs da festzulegen. Aber unsere Mark ist ja nicht freigegeben für das Ausland. Die Sache ist einfach so: Für uns ist die Mark im Verkehr zwischen der DDR und der BRD eine Mark, hier im Handelsverkehr, bzw. eine Rechnungseinheit. Aber wenn man selbstverständlich in der Bundesrepublik Deutschland bzw. in Berlin (West) bei den Banken eintauscht eine Mark der BRD gegen vier bzw. fünf Mark der DDR, da verletzt man nicht nur Gesetze der DDR, sondern für eine Mark bekommt man ja hier auch ein Mittagessen. Aber in Berlin (West) und in der BRD ist das sehr schwer.

K: Das ist natürlich in unserer Gesellschaft ein völlig anderes System.

H: Bitte?

K: Das ist natürlich in unserer Ordnung ein völlig anderes System, wie Sie wissen.

H: Na eben, eben.

K: Also ich finde, Herr Generalsekretär, wir sollten jetzt konkret, und wenn es Ihrem Ziel entspricht, sehr rasch über die Beauftragten in aller Diskretion, vor allem, weil da der eine Punkt darin enthalten ist; mal sehen, was man jetzt machen kann.

H: Gut, einverstanden.

K: Ich gehe davon aus, daß ich jetzt von Ihrer Seite eine Reaktion kriege.

H: Gut, einverstanden, schön.

K: Da können wir ja zwischendrin, ich biete das noch einmal ausdrücklich an, das muß ja nicht in langen Zeiträumen sein, ich finde es nützlich, wenn wir einfach so miteinander reden. Reden ist immer besser, als wenn man Schriftstücke schickt.

H: Ja, ich denke, das ist auch sehr gut, und deshalb - es sind jetzt 30 Minuten vergangen - über eine ganze Reihe von Fragen haben wir gesprochen. Im Grunde genommen geht es selbstverständlich darum, daß wir unsere Beziehungen entsprechend dem Vertragssystem weiterführen. Wobei wir natürlich im Auge behalten sollten, daß natürlich auch härtere Tage kommen könnten, wenn es nicht zu einer Übereinstimmung kommt.

K: Ja, selbstverständlich.

H: Aber ich habe die feste Hoffnung, Herr Kohl, daß es zu irgendeiner Übereinstimmung in der Rüstungsfrage kommen wird.

K: Ja, ich bin da auch optimistisch.

H: Ich bin da sehr optimistisch jetzt.

K: Also ich gehe davon aus, daß das Wetter jeden Tag so ist wie heute. Aber wir müssen auch bei schlechterem Wetter miteinander leben, und deswegen mein Angebot, a) daß wir zwei miteinander reden und b) daß wir jetzt bald, ich sage es noch einmal, in aller Diskretion etwas hören von Ihnen in ein paar zentralen Punkten, wobei man dann reden kann, was mit dem 6. März vorher oder danach sein kann. Ich glaube, das wäre ganz interessant, dieses Gespräch außerhalb dieser Leitung fortzusetzen.

H: Ich danke Ihnen.

K: Ich danke Ihnen auch.

H: Und Herr Kohl, ich wollte Ihnen noch folgendes sagen, was Ihre Einladung betrifft, so möchte ich sagen, daß ich mich schon damals bedankt habe für die Erneuerung der Einladung, und es ist klar, es bedarf einer entsprechenden Vorbereitung, wobei ich selbstverständlich nicht davon ausgehe, daß diese Einladung mit Vorbedingungen belastet wird, wie sie von einigen Seiten schon jetzt geäußert werden.

K: Also ich finde, da sollte man ganz entspannt darüber reden.

H: Ja eben.

K: Und ganz vernünftig.

H: Und das wäre auch wahrscheinlich nach dem 6. März am besten.

K: Selbstverständlich.

H: Damit man nicht in den Geruch kommt, sich in innere Angelegenheiten einzumischen.

K: Das verstehe ich völlig.

H: Das verstehen Sie, ja? Also, ich danke Ihnen bestens.

K: Bitte schön. Auf Wiederhören.

H: Auf Wiederhören.

Quelle: SAPMO - BArch, DY 30/vorl. SED, 41 664.

Dokument 14

Schreiben Erich Honeckers an Helmut Kohl vom 4. Februar 1983

Sehr geehrter Herr Bundeskanzler!
Gestatten Sie mir, Sie darüber zu informieren, daß die schwedische Regierung die Regierung der Deutschen Demokratischen Republik um ihre Ansichten zum Vorschlag einer „von nuklearen Gefechtsfeldwaffen freien Zone gebeten hat, die sich von Mitteleuropa bis an die nördlichsten und südlichsten Flanken der beiden Bündnisse erstreckt" [132]
Das Zentralkomitee der Sozialistischen Einheitspartei Deutschlands, der Staatsrat und der Ministerrat der Deutschen Demokratischen Republik haben diesen schwedischen Vorschlag eingehend geprüft. Sie kamen zu der Überzeugung, daß die Schaffung einer solchen Zone ein nützlicher Schritt zur Festigung des Friedens in Europa und zur Weiterführung der Entspannung sein könnte.

Davon ausgehend wurde der Beschluß gefaßt, die schwedische Initiative zu unterstützen. Inzwischen ist die schwedische Regierung offiziell davon in Kenntnis gesetzt worden, daß die Deutsche Demokratische Republik bereit ist - über den schwedischen Vorschlag hinausgehend -, ihr gesamtes Territorium für eine solche Zone bei Beachtung des Prinzips der Gleichheit und der gleichen Sicherheit zur Verfügung zu stellen.

Ausgehend von der Bedeutung der schwedischen Initiative und von der Verantwortung der beiden deutschen Staaten für den Frieden und der damit verbundenen Verpflichtung, aktiv zur Verhinderung einer nuklearen Katastrophe beizutragen, wäre es von großem Gewicht.

---

132 Die Note der schwedischen Regierung an die Regierung der DDR vom 8. Dezember 1982 und die Antwortnote der DDR-Regierung vom 27. Januar 1983 vgl. in: Sicherheit und friedliche Zusammenarbeit in Europa. Dokumente 1982 - 1986. Berlin 1988, S. 81 ff. bzw. S. 101 ff.

wenn auch die Regierung der Bundesrepublik diese Initiative unterstützen würde.

Für eine Mitteilung über eine Entscheidung der Bundesrepublik Deutschland wäre ich Ihnen, Herr Bundeskanzler, sehr verbunden.

Als Anlagen füge ich die Note der schwedischen Regierung und die Antwort der Regierung der Deutschen Demokratischen Republik bei.

Mit vorzüglicher Hochachtung
E. Honecker

Quelle: Neues Deutschland (Berlin), 9. Februar 1983.

Dokument 15

Schreiben Helmut Kohls an Erich Honecker vom 16. Februar 1983[133]

Sehr geehrter Herr Honecker,
für Ihr Schreiben vom 4. Februar 1983 danke ich Ihnen.

Ich weiß mich mit Ihnen darin einig, daß die Bundesrepublik Deutschland und die Deutsche Demokratische Republik eine große Verantwortung für die Sicherung des Friedens in Europa und in der Welt tragen. Wir sollten uns ernstlich darum bemühen, positive Impulse für die Lage in Europa zu geben. Dialog und Zusammenarbeit, die Ausfüllung der bestehenden Verträge, mehr Kontakte zwischen den Menschen, sind nach meiner festen Überzeugung ein wichtiger Beitrag zum Frieden.

Herr Generalsekretär, auf das Ziel der Sicherung des Friedens sind alle rüstungskontrollpolitischen Anstrengungen der Bundesregierung und des ganzen Atlantischen Bündnisses gerichtet - in Genf, in Wien, in Madrid und in den Vereinten Nationen. Wir wollen ein stabiles militärisches Gleichgewicht zwischen Ost und West auf möglichst niedrigem Niveau der Rüstungen.

Unsere besonderen Erwartungen richten sich derzeit auf die Verhandlungen über nukleare Mittelstreckenraketen in Genf. Die Vereinigten Staaten haben dort in Abstimmung mit ihren Bündnispartner

---

133 Der Leiter der Ständigen Vertretung der Bundesrepublik Deutschland in Ost-Berlin, Hans Otto Bräutigam, übergab das Schreiben am 17. Februar 1983 im DDR-Außenministerium. Honecker zeichnete das Schreiben am selben Tag ab und übermittelte es den Mitgliedern und Kandidaten des SED-Politbüros.

vorgeschlagen, daß die USA und die UdSSR auf ihre landgestützten Mittelstreckenraketen verzichten. Ein solches Ergebnis würde zeigen, daß wirkliche Abrüstungsschritte zwischen West und Ost vereinbart werden können. Es wäre ein einschneidender Beitrag zum Abbau der nuklearen Bedrohung Europas.

Für die nukleare Bedrohung eines Gebietes ist es nicht ausschlaggebend, ob dort Kernwaffen stationiert sind, sondern ob auf dieses Gebiet Kernwaffen gerichtet sind. Verhandlungen, die nur auf ein Auseinanderrücken der nuklearen Arsenale in Europa hinauslaufen, würden deshalb die Stabilität nicht erhöhen, sondern nur eine Illusion größerer Sicherheit schaffen. Sie würden von den laufenden Verhandlungen über Reduzierung von Kernwaffen ablenken und damit baldige Ergebnisse erschweren.

Unser oberster Maßstab für alle rüstungskontrollpolitischen Vorschläge ist es, welchen Beitrag sie zur Verhütung jeglicher kriegerischen Auseinandersetzung leisten, einschließlich eines konventionellen Konflikts in Europa. Die Initiative für eine von nuklearen Gefechtsfeldwaffen freie Zone in Mitteleuropa wird dieser Anforderung nicht gerecht.[134] Wir sehen uns deshalb nicht in der Lage, sie zu unterstützen. Angesichts der konventionellen Überlegenheit des Warschauer Paktes in Europa würde eine solche Zone das Risiko einer Konfrontation sogar erhöhen. Wir können nicht übersehen, daß der Warschauer Pakt allein in dem Raum, der von den Wiener Verhandlungen über gegenseitige und ausgewogene Truppenreduzierungen erfaßt wird, über mehr als doppelt soviele Divisionen, Panzer und Kanonen verfügt als die NATO.

Ich halte es für notwendig, daß wir alle Anstrengungen auf diejenigen Bemühungen im Bereich der Abrüstung und Rüstungskontrolle konzentrieren, die geeignet sind, konkrete und verifizierbare Verhandlungsergebnisse zu erzielen. Deshalb messen wir Fortschritten bei den laufenden Verhandlungen größte Bedeutung bei.

An einer Reihe solcher Verhandlungen nehmen Vertreter der Bundesrepublik Deutschland und der Deutschen Demokratischen Republik teil. Ich halte es für nützlich, über Grundsatzfragen, die diese Verhandlungen betreffen, einen direkten und sachlichen Meinungsaustausch zu führen. Deshalb schlage ich Ihnen vor, daß sich unsere Abrüstungsbeauftragten treffen, um die Gespräche über die Themen fortzusetzen, die bereits Gegenstand des beiderseitigen Gedankenaustausches waren. Nach unserer Vorstellung könnte ein derartiges Treffen im April oder Mai in Bonn stattfinden.

---

134 Vgl. Anm. 132.

Mit freundlichen Grüßen
gez. Ihr Kohl

Quelle:[135] *SAPMO - BArch, DY 30/vorl. SED, 41 664.*

Dokument 16

Telefongespräch zwischen Erich Honecker und Helmut Kohl am 18. April 1983[136]

Gen[osse] H[onecker]: Hallo?

Herr K[ohl]: Kohl.

H:[137] Hallo?

K: Ja, hier spricht Kohl.

H: Ja.

K: Guten Tag, Herr Generalsekretär.

H: Augenblick mal, Hallo? Wer ist da?

K: Hier ist Kohl.

H: Guten Tag Herr Kohl. Hier ist Honecker.

K: Guten Tag, Herr Honecker.

H: Ich höre hier etwas schwach.

K: Es war leitungsmäßig ein Problem, durchzukommen. Herr Generalsekretär, ich rufe Sie an, weil hier eine sehr ungute Lage entstanden ist. Aber ich nicht will, daß aus dieser Lage insgesamt negative Perspektiven entstehen.

H: Was meinen Sie damit? Hallo? Ich höre so schwer.

K: Hallo? Jetzt ist gut, ja?

H: Ja, jetzt gehts.

---

135 Das Schreiben wurde offiziell veröffentlicht in: Bulletin des Presse- und Informationsamtes der Bundesregierung, Bonn, 23. Februar 1983.

136 Das Gespräch fand laut Vermerk von 13.02 Uhr bis 13.15 Uhr statt.

137 Im weiteren Verlauf der Gesprächsaufzeichnung wird Honecker mit „H", Kohl mit „K" abgekürzt.

K: Ich spreche etwas lauter, ja?

H: Ja.

K: Wenn ich aber dann zu laut spreche, müssen Sie es sagen.

H: Es ist nicht zu laut.

K: Ich verstehe Sie sehr gut. Es ist eine ungute Lage durch den Tod des Burkert entstanden und den Vorgängen in Drewitz.[138]

H: Hm.

K: Ich habe mich heute vorbereitet gehabt auf das Gespräch mit Herrn Mittag.[139] Diese Sache ist für uns ein sehr gravierender Vorgang. Sie wissen, die Witwe hat einen Obduktionsbericht bei dem zuständigen Gerichtsmedizinischen Institut in Hamburg beantragt der durchgeführt worden ist. Die Obduktion bringt eindeutig zum Ausdruck, daß da Gewaltanwendungen vorlagen. Das ist ein ziemlich gravierender Vorgang, und ich muß schon sagen, meine sehr dringende Bitte ist, daß die Behörden der DDR den notwendigen Aufschluß dazu geben. Es ist der erste Vorgang dieser Art, der auf den Transitwegen entstanden ist.

H: Ja.

K: Ich sage Ihnen das jetzt am Telefon ganz offen. Deswegen habe ich mich sofort nach meiner Rückkehr, ich bin heute erst wieder in den Dienst gekommmen, weil ich, um das gleich vorwegzusagen, mein Interesse auch durch diesen Vorgang nicht verloren habe an Ihrem Besuch. Mein Interesse ist, daß dieser Besuch zustande kommt. Aber ebenso klar ist, daß die Öffentlichkeit in der Bundesrepublik jetzt in diesem Vorgang natürlich eine ziemliche Belastung unserer Beziehungen sieht. Und deswegen ist ganz einfach jetzt meine Überlegung, was man in der Situation tun kann. Ich habe eine Menge Dinge mit einem Ihrer Repräsentanten zu besprechen, aber auch übrigens nach meiner Amerikareise. Auch das scheint mir nicht ohne Bedeutung. Ich möchte auch dieses Gespräch mit einem Beauftragten von Ihnen vor meiner Moskaureise führen. Ich weiß nicht genau, wann die Moskaureise sein wird. Von mir ist vorgesehen die erste Juli-Woche.[140]

---

138 Am 10. April 1983 erlitt der westdeutsche Transitreisende Burkert während einer Vernehmung im DDR-Kontrollpunkt Drewitz einen tödlichen Herzanfall. Nach öffentlichen Diskussionen in der Bundesrepublik wurden die Kontrollen an den Grenzübergängen dann weniger rigoros durchgeführt.

139 Günter Mittag besuchte am 17. April 1983 die Hannover-Messe und führte einen Tag später Gespräche in Bonn, u. a. mit Otto Graf Lambsdorff.

140 Kohl besuchte vom 4. bis 7. Juli 1983 offiziell die UdSSR.

H: Julei?

K: Julei. Erste Julei-Woche. Ich habe bis zum Ende Juli Parlament und muß in den Tagen hier sein, weil wir einen Haufen Probleme hier haben im Parlament, die ich selber lösen muß. Aber mein Interesse ist eben, daß ich Ihren Beauftragten noch einmal in Ruhe sprechen kann. Ich habe hin und her überlegt. Wenn ich heute das Gespräch führe mit Herrn Mittag, ist es in einer Weise vorbelastet, daß es keine gute Sache ist.

H: Ich möchte Ihnen recht herzlich danken, daß Sie mich anrufen, wenn auch hier in einer etwas unangenehmen Sache. Sie können sich bestimmt vorstellen, daß also dieser Vorgang selbstverständlich auch meine Aufmerksamkeit gefunden hat. Mir wurde von den zuständigen Organen erklärt, daß es sich hierbei um einen Herzinfarkt handelte, bei dem der Beklagte, Burkert, umgefallen ist auf einen Heizungstrakt. Mehr kann ich Ihnen jetzt nicht sagen.

K: Also ich will nur sagen, was ich weiß, aus dem Obduktionsbericht. Der Obduktionsbericht geht ganz eindeutig darauf hinaus, der Gerichtsmediziener, daß von einem Aufprall bei einem Hinfall die Verwundungen oder die inneren Schädigungen nicht allein herrühren können, daß eindeutig Gewalt vorliegen muß, und zwar mehrfach. Der Bericht ist völlig eindeutig, und es ist ja eine Institution, das Gerichtsmedizinische Institut, das nicht irgendeiner Weisung unterliegt und daß auch zudem nicht nur staatliche Behörden eingeschaltet wurden. Für uns ist das ein ganz gravierender Vorgang. Und meine dringende Bitte ist, daß Sie die notwendigen Organe Ihrer Regierung beauftragen, der Sache nachzugehen und dann eine öffentliche Erklärung abzugeben. Aber heute im Konkreten ist ja das Problem, daß Herr Mittag da ist. Sie merken daran, daß ich Sie anrufe, daß mir nicht daran liegt, daß aus dieser Sache ein bleibender Schaden entsteht. Ich sehe mich natürlich außerstande in dieser Lage, heute den Herrn Mittag zu empfangen. Es gibt eine ganz ungute Situation.

H: Ach so, jetzt verstehe ich, weil ich hier so schwer verstanden habe.

K: Mein Vorschlag ist, daß der Herr Mittag - ich habe ja öffentlich nie etwas dazu gesagt, ob der Termin stattfindet. Alles, was in den Zeitungen steht, sind Spekulationen. Mein Vorschlag ist, daß der Herr Mittag sein Programm hier abwickelt, so wie es vorgesehen ist. Er hat jetzt gerade mit den Fraktionsvorsitzenden des Bundestages gesprochen und hat heute Mittag wieder den Grafen Lambsdorff - daß sie den Besuch einfach durchführen ohne den Besuch bei mir. Eine weitere Idee ist, und da läge mir schon dran, daß wir in einigen Wochen - mir ist es am liebsten, der Herr Mittag ist es, aber das ist ja dann Ihre Sache, eine erneute Gelegenheit zu einem Termin hier finden, daß Ihr Beauftragter bei mir vorbeikommt.

H: Hm.

K: Ich kann es bloß heute nicht machen; wir kriegen eine ganz ungute Situation. Ich will die Sache nicht unnötig dramatisieren. Aber mir liegt daran, daß das Gespräch in einer sehr absehbaren Zeit stattfindet, auch im Blick auf die Vorbereitung Ihres Besuches und anderer Punkte.

H: Leider gibt es hier eine so geringe Verständigungsmöglichkeit, und ich weiß nicht, woran das liegt. Da Sie mich aber gut verstehen, wollte ich Ihnen nur sagen, daß ich die Sache außerordentlich bedauere, zumal es sich hier um einen, auch mir bis jetzt unerklärlichen Vorgang handelt. Mir liegt - ich war ja beschäftigt mit dieser internationalen Konferenz - ein Material vor, in dem eindeutig hervorgeht, das wurde auch von den Organen Ihrerseits zur Kenntnis genommen, daß da, in Verbindung mit einer Devisen-Frage, Besprechungen stattfanden und dabei dieser Herr Rudolf *Burkert* einen Herzinfarkt erlitten hat. Mehr also habe ich nicht. Selbstverständlich werden unsere Organe bemüht sein, diese Dinge aufzuklären.

Es liegt natürlich vollkommen bei Ihnen, wie die Sache also weiter behandelt wird, in Verbindung mit der Entwicklung der Beziehungen zwischen den beiden deutschen Staaten. Meines Erachtens kann diese bedauerliche Angelegenheit, die ja ursächlich liegt in der Lage dieses beklagenswerten Menschen und seiner Familie, nicht herangezogen werden zur Belastung der Beziehungen zwischen den beiden deutschen Staaten, aufgrund der Auskünfte, die mir vorliegen.

K: Herr Honecker, Sie merken ja an der Tatsache, daß ich -.

H: Hallo?

K: Hallo?

H: Ja, jetzt höre ich Sie wieder.

K: Sie merken ja an der Tatsache, daß ich Sie selbst anrufe, daß ich hier versuche, einen Weg zu suchen, der genau das vermeidet. Verstehen Sie?

H: Ja.

K: Um das zu vermeiden und hier keine unnötige öffentliche Polemik zu entfachen, ist eben mein Vorschlag, daß der Herr Mittag seinen Besuch, mit Ausnahme des Termins bei mir, heute durchführt und daß wir uns verständigen über einen Termin in einigen Wochen, wo er oder ein anderer, mir ist am liebsten, er kommt her - Anlaß finden wir ja leicht, es ist keine Kunst, das zu konstruieren -, daß er dann auch bei mir vorbeikommt. Ich will wegen dieser Sache jetzt diesen Kontakt nicht abbrechen. Aber Sie merken umgekehrt, ich bin in einer Lage, daß es ungut wäre, wenn ich so täte, als gäbe es diesen Vorgang nicht.

H: Gut. Ich verstehe nun. Ich möchte Ihnen bloß sagen, daß nach den Kenntnissen, die mir vorliegen, die Dinge sich so vollzogen haben, wie sie von unseren zuständigen Stellen dargelegt wurden, die ja wahrscheinlich vorgestern eine entsprechende Veröffentlichung vorgenommen haben. Aber wenn aufgrund der Lage Sie in eine solche Situation kommen, habe ich natürlich Verständnis dafür.

K: Damit das klar ist, ich veröffentliche nur die Tatsache, daß wir miteinander telefoniert haben. Wenn Sie damit einverstanden sind.

H: Nun, Herr Kohl, da wir schon miteinander sprechen - vielleicht dürfte ich noch etwas anmerken im Zusammenhang mit Ihrem bevorstehenden Besuch, den Sie für Juli angekündigt haben.

K: Die erste Woche, ja.

H: In Moskau, ja. So habe ich Sie verstanden.

K: Ja, das ist richtig. Das ist korrekt.

H: Ich wollte Ihnen nur sagen, daß ich voll und ganz mit Ihnen die Meinung teile, daß es gegenwärtig nichts wichtigeres gibt, als die Sicherung des Friedens.

K: Ja, da sind wir einer Meinung.

H: Und daß die beiden deutschen Staaten ja hier in einer besonderen Verantwortung stehen, die ihnen niemand abnehmen kann.

K: Ja.

H: Ich glaube, das ist auch gültig nach Ihren Gesprächen in Washington.

K: Ja. Zumal ich nach diesen Gesprächen positiver Erwartung bin.

H: Auch wir sind der Meinung, daß es darauf ankommt, Sie werden das ja bemerkt haben, mit immer weniger Waffen Frieden zu schaffen.

K: Ja, mit immer weniger Waffen Frieden schaffen. Das ist genau der richtige Weg.

H: Sie werden Verständnis haben, daß ich diese Worte von Ihnen übernommen habe.

K: Das habe ich gemerkt.

H: Das tue ich mit voller Absicht. Und Sie, Herr Bundeskanzler, werden ja auch die Möglichkeit haben, mit Generalsekretär Juri Andropow zu sprechen. Wir haben uns konsultiert, und wir sind beiderseitig zur Meinung gekommen, daß ein solches Treffen nur nützlich sein könnte. Sowohl für die europäischen Beziehungen als auch für die internationalen Beziehungen. Ich meine Ihr Treffen mit dem Generalsekretär der KPdSU, Juri Andropow.

K: Das habe ich schon verstanden. Ja, ich sehe das auch so.

H: Und auf dem Tisch liegen ja unsere Vorschläge, und zwar sowohl von Prag -. Nach meiner Auffassung ist es so, die Vorschläge von Juri Andropow und in Prag erhalten doch Möglichkeiten, zu einem Ergebnis in Verhandlungen zu kommen, die den Interessen beider Seiten entsprechen. Ich denke dabei vor allem an einen Vertrag über die Nichtanwendung von Gewalt und die Fortsetzung friedlicher Beziehungen und die verschiedenen anderen Vorschläge im nuklearen bzw. konventionellen Bereich, und daß es offensichtlich ist, daß die Möglichkeit besteht, auch die Madrider Konferenz konstruktiv zu beenden auf der Grundlage der Vorschläge der Neutralen. Ich habe gestern Ihr Interview gesehen, und ich entnehme daraus, daß auch Sie eine bestimmte Chance sehen für das Madrider Treffen, daß man es gut zu Ende führt.

K: Ich habe in diesem Sinne auch meine amerikanischen Freunde beraten. Also, was ich da öffentlich gesagt habe, entspricht ganz korrekt dem Ablauf der Verhandlungen.

H: Meines Erachtens wäre es auch gut für die Entwicklung der Beziehungen zwischen der DDR und der Bundesrepublik Deutschland.

K: Ja, das sehe ich genauso.

H: Das heißt, daß man überhaupt erst nicht in die Lage kommt, daß diese eurostrategischen Waffen stationiert werden. Das wäre unseres Erachtens gut für alle Seiten. Für die Menschheit überhaupt. So daß ich also sagen möchte, Ihrem bevorstehenden Besuch in Moskau messen wir unsererseits große Bedeutung bei.

K: Ja, das habe ich verstanden.

H: Und meines Erachtens, da nehme ich Ihren Vorschlag an, kann dann in absehbarer Zeit mein Beauftragter mit dem Ihren einmal zusammentreffen und dann absprechen, die Schritte, die wir unsererseits unternehmen können.

K: Also, damit das klar ist: Mein Interesse ist, daß vielleicht Mitte/Ende Mai einer Ihrer Beauftragten - wenn das Herr Mittag ist, ist mir das sehr recht - den Termin, der heute ausfällt, nachholt.

H: Ja, gut.

K: Und ich werde jetzt den Staatsminister Jenninger bitten, mit Herrn Mittag direkt in Kontakt zu treten.

H: Ja, gut. Und ich werde versuchen, auch Kontakt zu bekommen.

K: Es ist gut dann, ja?

H: Ja.

K: Also, dann -.

H: Also dann alles Gute.

K: Dankeschön auch. Auf Wiedersehen.

H: Auf Wiedersehen.

Quelle:[141] *SAPMO - BArch/DY 30, vorl. SED, 41664.*

Dokument 17

Niederschrift über das Gespräch Erich Honeckers mit Franz Josef Strauß am 24. Juli 1983 in Hubertusstock

E. Honecker begrüßte zu Beginn des Gesprächs F. J. Strauß auf dem Boden der Deutschen Demokratischen Republik und brachte seine Befriedigung über das Zustandekommen des Treffens zum Ausdruck. Allein die Tatsache seines Stattfindens unterstreiche erneut die Wichtigkeit des Sinns für die Realitäten, der die Dinge in der Welt wesentlich beeinflusse. Nach seiner Reise in die CSSR und die VR Polen besucht F. J. Strauß nun die DDR.[142] Als Vorsitzender der CSU, der zweitstärksten Koalitionspartei der Bundesrepublik Deutschland, und bayerischer Ministerpräsident sei er eine der führenden Persönlichkeiten nicht nur Bayerns und verfüge über eine gute Kenntnis der Bundes-

---

141 Das Dokument wurde erstmals veröffentlicht in: Detlef Nakath: „Ja, da sind wir einer Meinung". In ND, 4./5. Juni 1994. Vgl. auch Auszüge in: Lothar Heinke: Tod eines Transitreisenden. In: Der Tagesspiegel, 13. November 1994.

142 Strauß hatte seit 17. Juli 1983 privat die beiden Länder besucht. Am 24. Juli kam er von Polen aus über den Grenzübergang Pomellen mit dem Auto in die DDR. Vgl. Franz Josef Strauß. Die Erinnerungen. S. 483 ff.

politik. Zugleich sei er gewohnt, sich mit weltpolitischen Zusammenhängen zu befassen. Bei allen Meinungsverschiedenheiten, die es in vielen grundsätzlichen Fragen gebe, werde dies für das Gespräch günstig sein. Wie E. Honecker sagte, gehe es ihm vor allem um Fragen der Sicherheitspolitik und der weiteren Entwicklung der bilateralen Beziehungen. Zunächst möge sich F. J. Strauß äußern.

Was die von E. Honecker genannten Themen betreffe, so meinte F. J. Strauß, habe er sich Gleiches vorgestellt. Er bedankte sich für den Empfang in der DDR und die großartige Gestaltung des Programms seiner Besuchsreise. Worauf es ankomme, sei, „weder uns selber noch den Partner zu täuschen". Ihm liege an einer Reihe praktischer Probleme der beiderseitigen Beziehungen, für die er teils unmittelbare Verantwortung trage - immerhin gebe es zwischen Bayern und der DDR eine gemeinsame Grenze von über 400 Kilometern -, teils mittelbare. Nach seiner Rückkehr habe er vor, Bundeskanzler Kohl über das Gespräch mit E. Honecker zu unterrichten, werde dies aber nicht mißbrauchen. E. Honecker: Das liegt in Ihrem Ermessen.

F. J. Strauß verwies auf die Wirtschaftsgespräche mit der DDR in der vergangenen Zeit. Dann sei der „bedauerliche Rückfall" eingetreten. Indem er sich entschuldigte, den Tod eines Transitreisenden aus der BRD am Grenzkontrollpunkt Drewitz als „Mord" bezeichnet zu haben, sagte F. J. Strauß, er habe seitdem mehrfach öffentlich erklärt, daß seine Ausdrucksweise „nicht juristisch" gemeint gewesen sei.[143] Er dankte für die jetzige Handhabung der Grenzkontrollen durch die Organe der DDR. Auch im Auftrage von H. Kohl wolle er zum Ausdruck bringen, wie wohltuend die Änderung empfunden werde. Die Bitte an die DDR sei, dies fortzusetzen. F. J. Strauß betonte, er gehöre nicht zu denen, die Öl ins Feuer gießen und psychologischen Sprengstoff sammeln wollten. Mit seinem Bekenntnis zum „freien Journalismus" verband er heftige Kritik an einem solchen Journalismus, der alles zu verteufeln versuche.

Wir leben in zwei Gesellschaftssystemen und zwei Machtkonstellationen, sagte F. J. Strauß. Unser gemeinsames Interesse ist es, nicht Opfer eines Krieges zu werden, der alle weiteren Überlegungen überflüssig machen würde. Ausdrücklich stimmte F. J. Strauß der Feststellung E. Honeckers zu, daß ein Atomkrieg nicht nur Europa sondern die Welt verwüsten würde, und daß von beiden deutschen Staaten nichts übrig bleiben würde, auch nicht von den USA. Wir wollen die DDR weder integrieren noch bekriegen noch aus der Welt schaffen, fuhr F. J. Strauß fort. Alles andere werde in einem evolutionären Prozeß entschieden, in dem sich die Welt befinde.

---

143 Vgl. Dok. 16 und insbes. Anm. 137.

Es sei der Wunsch der Bundesregierung, mit den Ländern, zu denen die Bundesrepublik eine gemeinsame Grenze habe, unter Vermeidung überflüssiger Schwierigkeiten - er nenne hier nur das Stichwort Berlin - in absehbarer Zeit zu einem Umweltabkommen zu gelangen. In diesem Zusammenhang verwies F. J. Strauß auf die entsprechenden Ausführungen H. Kohls in seiner Regierungserklärung vom 23. Juni sowie erste Gespräche von Regierungsvertretern der DDR und der BRD im November 1973. Es geht um den Abbau der Versalzung von Werra und Weser, der Elbverschmutzung, um die Sanierung der Röden, um die Reinhaltung der Luft, vor allem durch die Rauchgasentschwefelung. Ernste Sorgen gebe es mit den Wäldern. Dazu habe kürzlich in München ein bayerisch-sowjetisches Symposium zum Austausch von Forschungsergebnissen und Erfahrungen stattgefunden, was man in Bonn wohl zunächst nicht so gern gesehen habe. Die Bundesrepublik sei am Informationsaustausch über die Reaktorsicherheit und den Strahlenschutz interessiert. Im Unrecht befänden sich die Kernkraftgegner: Denn hier handele es sich um die umweltfreundlichste Art der Energiegewinnung. Von der DDR sei grundsätzliches Einverständnis mitgeteilt worden. Jetzt erwarte man einen Terminvorschlag.

F. J. Strauß bekundete das Interesse der Bundesregierung an einem Abkommen über die kulturelle Zusammenarbeit gemäß dem Zusatzprotokoll zum Grundlagenvertrag. Dabei gehe es um einen stärkeren Austausch in beiden Richtungen.

Zu den Fragen der Staatsangehörigkeit äußerte sich F. J. Strauß lediglich mit der Bemerkung, hier bestehe der bekannte Dissens.

Er sein kein Fanatiker einer Senkung des Mindestumtauschs durch die DDR, aber eine Geste bei Kindern und alten Leuten wäre für die Zusammenarbeit hilfreich. Die BRD sei an der Erleichterung von Reisemöglichkeiten für „DDR-Bewohner" in dringenden Familienangelegenheiten interessiert, z. B. bei Todesfällen. Erweitert werden sollten die Kontaktmöglichkeiten an Grenzübergängen (Verkehrsprobleme u. a.). Einen „Stimmungswandel in der Bundesrepublik von gewaltigem Ausmaß" sagte er für den Fall voraus, daß die DDR den „Schießbefehl" und die automatischen Grenzsicherungsanlagen abschaffe.

F. J. Strauß sprach sich für die Weiterentwicklung der Beziehungen zwischen der DDR und der BRD auf der Grundlage des Vertragssystems aus. Seinerzeit sei er ein Gegner dieser Verträge gewesen, weil sie schlampig ausgehandelt worden seien, aber „pacta sunt servanda" - Verträge sind einzuhalten. Schließlich sei er es gewesen, der veranlaßt habe, daß die Entscheidung fiel, daß es Bürger der DDR gibt.

Er glaube nicht, daß das sozialistische Wirtschaftssystem auf die Dauer funktionieren könne; es sei kein „ideologisches Experimentierfeld". Was er wolle, sei bessere Nachbarschaft. In diesem Jahrhundert trete die Ideologie in den Hintergrund, und praktisch-pragmatische Fragen träten in den Vordergrund. Die Welt befinde sich in einem Umgestaltungsprozeß. Die Rüstungspolitik beider Pakte und Blöcke, beider Hauptmächte dürfe nicht zu einer Vereisung führen, die durch eine Explosion abgelöst werden könnte. Je mehr sich hier die Fronten verhärteten, desto mehr müsse man sich die Hand reichen zur Kooperation.

Bei der Reise H. Kohls nach Moskau sei eingetreten, was die Realisten erwartet hätten.[144] Man habe gefragt, ob Kohl Moskaus Standpunkt ändern werde, aber das könne nicht einmal Reagan, schon gar nicht der Bundeskanzler der BRD. Deutlich geworden sei, daß die Sowjetunion keinen Bruch mit der Bundesrepublik wolle. F. J. Strauß sagte, er sei schon immer ein Gegner der Null-Lösung gewesen. Für die Nachrüstung sei er. In Genf sei keine Einigung zu erwarten, sondern eine zwischenzeitliche Vereinbarung unter Einbeziehung der strategischen und der Mittelstreckenwaffen in ein gemeinsames Abkommen. Auf eine entsprechende Frage A. Gromykos habe er der Sowjetunion empfohlen, ihre Mittelstreckenraketen „auf den niedrigsten Pegelstand" zu verringern. F. Mitterand sei einer der „schärfsten Betreiber" der Nachrüstung des Westens.

Für H. Kohl sei vor seiner Moskaureise durch den Druck der Sowjetunion eine schwierige Situation bei einem Nachgeben entstanden. Er sei ein Kanzler der guten Nachbarschaft, kein Kanzler der Konfrontation. Einerseits könne er nicht nachgeben, andererseits sei er kein Kanzler eines Feindstaates und einer feindlichen Konstellation.

F. J. Strauß bemerkte zu seinen Gesprächen in der VR Polen, dieses Land müsse seinen Weg gehen. Im Mittelpunkt seiner Unterredungen habe der Ausgleich zwischen Kirche und Staat gestanden. Durch die Versendung von Paketen werde die nationale Würde der Polen verletzt. Er sei für eine Normalisierung der Lage im Lande.

E. Honecker dankte F. J. Strauß für seine Darlegungen. Die Beziehungen zwischen der DDR und der BRD seien von außerordentlicher Bedeutung für die Friedenssicherung und damit für das Wohl der Bürger beider deutscher Staaten. Trotz aller Probleme seien diese Beziehungen als gut zu bezeichnen, man könne sie aber verbessern. F. J. Strauß selbst habe auf das Vertragssystem hingewiesen und erklärt: Pacta sunt servanda. Das sei entscheidend, wie er auch H. Kohl am Telefon gesagt habe. Im Zusammenhang mit dem Regierungswechsel in Bonn seien bestimmte Schwierigkeiten eingetreten - vielleicht hätte es sie auch ohne ihn gegeben. Ohne Überheblichkeit, als Fakt könne man feststellen, daß eine Verbesserung der Beziehungen zwischen beiden deutschen Staaten die Entwicklung in Europa und in der Welt positiv beeinflusse.

---

144 Vgl. Anm. 139.

Wir halten den Dialog zwischen Politikern aus Ost und West für ein wichtiges Element der internationalen Beziehungen, erst recht in einer Zeit wie der heutigen, unterstrich E. Honecker. Die Weltlage sei besorgniserregend. Die Verschärfung der Spannungen und die Destabilisierung der zwischenstaatlichen Beziehungen dauerten an. Die Gefahr eines Kernwaffenkrieges mit seinen katastrophalen Folgen wachse. Daher gehe es um nicht mehr und nicht weniger als um die Frage, ob die Menschheit in ein atomares Inferno abgleite.

Nach wie vor sei es das wichtigste, eine neue Runde des atomaren Wettrüstens zu verhindern; denn sie würde die Weltlage weiter komplizieren, die Gefahr eines Weltkrieges erhöhen und die Beziehungen zwischen beiden deutschen Staaten ernsthaft belasten. Alles zu tun, um die Völker vor dem Abgleiten in einen Atomkrieg zu bewahren und den Frieden zu sichern, sei die Gretchenfrage für jeden verantwortungsbewußten Staatsmann, in welchem Lager er auch immer stehe. In einem Atomkrieg werde es keine Sieger geben. Er wäre der Selbstmord der Menschheit, der Untergang der Zivilisation.

Gerade wir in Europa, sagte E. Honecker, haben allen Grund, diese Tatsache mit allem Ernst zu sehen. Ohne Zweifel würden die Völker unseres Kontinents einen nuklearen Schlagabtausch nicht überleben. Unter den ersten, die einem Nuklearkrieg zum Opfer fielen, wären die Bürger der BRD und die Bürger der DDR sowie die Bürger der Nachbarländer.

Man möge unterschiedlicher Auffassung sein, welche Gesellschaftsordnung die bessere ist, wahr sei, daß Europa nur im Frieden eine Zukunft hat. Wenn die DDR über die europäischen Belange spreche, dann nicht mit der Absicht, die BRD aus ihrem Bündnissystem herauszulösen, wie manche behaupten. Ebenso sollte sich niemand der Hoffnung hingeben, er könne die Verankerung der DDR in ihrem Bündnis lockern. Es gehe darum, mit Verantwortungsbewußtsein und Entschiedenheit einen Weg zu beschreiten, der trotz aller Schwierigkeiten eine Perspektive friedlichen Lebens und ersprießlicher Zusammenarbeit eröffnet.

Nehme man die Tatsachen, wie sie sind, so komme man nicht umhin festzustellen, daß die rapide Verschärfung der internationalen Lage vor allem durch das Bestreben führender Kreise der USA verursacht wird, militärische Überlegenheit über die Sowjetunion und die anderen sozialistischen Länder zu erlangen. Dem diene die Politik der Konfrontation und Hochrüstung, zu der die gegenwärtige US-Administration übergegangen ist. Dazu gehöre auch die Aufforderung zu einem „Kreuzzug" gegen die Sowjetunion, von der Präsident Reagan bekanntlich behaupte, sie sei das Zentrum alles Bösen in der Welt. Das sei eine Philosophie des Krieges, anders könne man es nicht bezeichnen.

Unsere Vorschläge liegen auf dem Tisch, sagte E. Honecker. Auf dem Moskauer Treffen der führenden Repräsentanten sozialistischer Länder seien sie in einer Erklärung zusammengefaßt worden.[145] Alle Regierungen hätten sie erhalten. Von der NATO gebe es jedoch keine Antwort. Die meisten ihrer Staaten erklärten, diese Vorschläge würden geprüft. Die USA bewegten sich nicht - weder auf dem Feld der strategischen Waffen noch der Mittelstreckenwaffen noch der operativ-taktischen Waffen atomarer Art.

Angesichts der weiteren Zuspitzung der internationalen Lage sei auf dem Moskauer Treffen mit allem Nachdruck betont worden, daß keine Zeit verloren werden darf, um praktische Schritte zu unternehmen, die dazu angetan seien, das Schlimmste zu verhüten und zur Festigung des Friedens beizutragen. Dem entspreche zum Beispiel der von Moskau aus unterbreitete Vorschlag an die USA und die anderen Länder der NATO für eine Vereinbarung, die eine Stationierung neuer nuklearer Mittelstreckenraketen in Europa ausschließt und zur Reduzierung der vorhandenen führt. Wir sind für das Einfrieren der nuklearen Rüstungen, unterstrich E. Honecker, sind dafür, daß sich die Kernwaffenmächte nach dem Beispiel der Sowjetunion verpflichten, nicht als erste nukleare Massenvernichtungsmittel einzusetzen. Vorgeschlagen werde weiter ein Übereinkommen mit der NATO, ab 1. Januar 1984 die Militärausgaben nicht zu erhöhen und in der Folgezeit beiderseitig zu kürzen. Erneut sei erklärt worden, daß der in der Prager Deklaration des Warschauer Paktes enthaltene Vorschlag auf dem Tisch bleibe, zwischen dem Warschauer Vertrag und der NATO ein Abkommen über den gegenseitigen Verzicht auf die Anwendung militärischer Gewalt und die Aufrechterhaltung friedlicher Beziehungen zu treffen.[146]

Nun heiße es im Westen, das sei nichts Neues. Solange konstruktive Vorschläge ohne konstruktive Antwort blieben, liege es doch auf der Hand, daß man sie wiederhole, wobei man sich übrigens nicht darauf beschränkt, sondern weitere Vorschläge hinzugefügt habe. Alle Angebote berücksichtigten die wohlverstandenen Sicherheitsinteressen beider Staaten. Wenn von der NATO seit langem zu hören sei, sie wolle diese Angebote prüfen, dann dränge sich der Eindruck auf, daß damit einer Antwort, die vorwärts führt, ausgewichen werden solle.

Mehr als einmal hätten die Sowjetunion, die DDR und die anderen sozialistischen Länder ihre Bereitschaft, ihren festen Willen unter Be-

---

145 Ein Treffen der Partei- und Staatschefs von Bulgarien, der DDR, Polens, Rumäniens, der CSSR, der UdSSR und Ungarns hatte am 28. Juni 1983 in Moskau stattgefunden. Die dabei angenommene „Gemeinsame Erklärung" vgl. in: Die Organisation des Warschauer Vertrages. S. 294 ff.

146 Zur Prager Deklaration der Warschauer Vertragsstaaten vom 5. Januar 1983 vgl. Anm. 129.

weis gestellt, selbst die radikalsten Maßnahmen zur Abrüstung zu ergreifen, betonte E. Honecker. Selbstverständlich könne das nur nach dem Prinzip der Gleichheit und der gleichen Sicherheit geschehen. Ebenso unmißverständlich hätten die sozialistischen Staaten erklärt, daß eine einseitige Veränderung des militärstrategischen Gleichgewichts unter keinen Umständen zugelassen werde. Also sind wir dafür, Frieden zu schaffen mit immer weniger Waffen, sagte E. Honecker.

Nach wie vor bleibe ein atomwaffenfreies Europa unser Ziel. Deshalb habe die DDR bekanntlich den schwedischen Vorschlag für eine atomwaffenfreie Zone in Mitteleuropa unterstützt und sich bereit erklärt, dafür ihr gesamtes Territorium zur Verfügung zu stellen. Leider sei die Antwort aus Bonn negativ gewesen.[147]

E. Honecker verwies darauf, daß die Bundesrepublik in Europa ohne Zweifel ein beachtliches politisches Gewicht besitze. Werde es voll in die Waagschale des Friedens und der Sicherheit geworfen, werde eine realistische Position zu den anstehenden Fragen bezogen, so könne dies von großer Bedeutung für unseren Kontinent sein. In diesem Lichte, sagte E. Honecker, sehen wir auch den kürzlichen Besuch von Bundeskanzler Kohl in der UdSSR.

Besonders bedrohlich sei die von der NATO geplante Stationierung neuer nuklearer Mittelstreckenwaffen der USA in Westeuropa, stellte E. Honecker fest. Dafür liefen die Vorbereitungen auf vollen Touren. Damit sollten die Völker der betreffenden Länder zur Geisel einer abenteuerlichen Vorherrschaftspolitik gemacht werden. Alles spreche dafür, daß die USA die Stationierung ihrer neuen Erstschlagwaffen um jeden Preis betreiben und die erste Pershing-II bereits ab Januar 1984 einsatzbereit haben wollen. Mit einer Fülle von Argumenten, die keine seien, werde versucht, dies zu rechtfertigen. Aber zu rechtfertigen sei es durch nichts, schon gar nicht durch eine angebliche Bedrohung aus dem Osten. Auch wäre es ein verhängisvoller Irrtum zu glauben, man könne die Sowjetunion durch den Beginn der Stationierung zu unzumutbaren Zugeständnissen bewegen.

Wenn ich mich recht erinnere, sagte E. Honecker, haben Sie, Herr Strauß, schon sehr früh zu erkennen gegeben, was Sie von dem sogenannten Doppelbeschluß der NATO aus dem Jahre 1979 halten. Den USA kommt es ausschließlich darauf an, die Bedingungen für die Stationierung zu schaffen. Das ist offenbar auch der Grund, weshalb sie in Genf, wie mir Juri Andropow bei meinem Besuch in der UdSSR sagte, nicht ernsthaft verhandeln, um zu einer beiderseits akzeptablen Vereinbarung nach dem Prinzip der Gleichheit und der gleichen Sicherheit zu gelangen. Daher tragen sie die Verantwortung für alle

---

147 Vgl. Dok. 14 und 15.

Folgen, die entstehen, wenn es zur Stationierung der neuer USA-Raketen in Westeuropa kommt.

Die Frage, wohin dies alles führen soll, bewege mittlerweile im wahrsten Sinne des Wortes Millionen Menschen, fuhr E. Honecker fort. Darunter befänden sich Persönlichkeiten und Gruppen verschiedenster politischer und weltanschaulicher Richtungen. In den USA selbst erhöben nicht wenige ihre Stimme, die vom Geschäft sehr viel verstehen. Er meine die große Zahl von ehemaligen Vizepräsidenten, Ministern, Senatoren, Kongreßabgeordneten und anderen, ganz schweigen von namhaftesten Wissenschaftlern. Gut bekannt sei die Haltung der katholischen Bischöfe sowie der Repräsentanten anderer Kirchen. Ihnen allen gehe es, aus welchen Motiven auch immer, darum, dem Wettrüsten jetzt ein Ende zu setzen, die Atomwaffen einzufrieren und mit Entschlossenheit Schritte der Abrüstung herbeizuführen. Das sei sehr bedeutsam. Zu behaupten, da sei nur die Hand Moskaus im Spiel, werde der Sache einfach nicht gerecht. Es sei ein echtes Aufbegehren gegen die tödlichste Gefahr, die der Menschheit jemals gedroht hat.

E. Honecker betonte, daß die Verwandlung des Territoriums der BRD in eine Startrampe nuklearer Erstschlagwaffen der USA eine neue Lage schaffen würde. J. Andropow habe gegenüber H. Kohl klar festgestellt, daß dies die Wiederbelebung der Gefahr der Entfesselung eines Krieges von deutschem Boden aus gegen die Sowjetunion sei. Er, E. Honecker, möchte F. J. Strauß mit aller Deutlichkeit sagen, daß die Stationierung neuer USA-Raketen mittlerer Reichweite unweigerlich Gegenmaßnahmen zum Schutz der UdSSR und ihrer Verbündeten nach sich ziehen werde. Beim Besuch H. Kohls habe J. Andropow eindeutig erklärt, daß die Sowjetunion im Falle einer Nachrüstung der NATO gezwungen sein werde, auf das Moratorium der weiteren Stationierung von Kernwaffen mittlerer Reichweite zu verzichten und eine bestimmte Anzahl von Langstrecken-Marschflugkörpern zu dislozieren. Auch würde es dann notwendig, effektive Arten operativ-taktischer Raketen größerer Reichweite im Westen des Warschauer Vertrages zu stationieren.

Was dies für die BRD bedeuten würde, wisse F. J. Strauß selbst. Bei Gegenmaßnahmen würde auch das Territorium der USA berücksichtigt. Angesichts dieser Entwicklung entstehe die Frage, was die Führung der BRD veranlaßt, den Plan zur Stationierung von Pershing-II und Cruise Missiles auf dem Boden der BRD derart beharrlich zu unterstützen. Durch die Nachrüstung gewinne die Sicherheit der BRD gar nichts, im Gegenteil.

E. Honecker sagte: Im Namen der DDR, ihrer Bürger, im Namen unserer Kinder und Kindeskinder möchte ich an Sie, an die Führung der BRD nachdrücklich appellieren, ihre Haltung in dieser Frage nochmals zu überdenken und in Richtung einer gegenseitig annehmbaren Lösung zu wirken. Solange man mit der Stationierung nicht begonnen hat, ist ein Abkommen möglich. Wir hoffen auf Ergebnisse in Genf; noch ist Zeit. Wenn die Stationierung beginnt, dann werden sofort Gegenmaßnahmen ergriffen - sowohl auf sowjetischem Territorium als auch im westlichen Raum des Warschauer Vertrages. Wir möchten nicht, daß es so weit kommt. Mit der Rüstung muß in Ost wie in West aufgehört werden. Das werde er auch in seiner morgigen Rede zur Eröffnung des Turn- und Sportfestes in Leipzig zum Ausdruck bringen.[148]

Lieber verhandeln, als es zu einer neuen Spirale des Wettrüstens kommen lassen, unterstrich E. Honecker. Möglichkeiten für positive Verhandlungsergebnisse seien vorhanden, das zeige auch Madrid. Diese Ergebnisse seien nicht nur durch die Initiativen der sozialistischen Länder, sondern auch durch den Beitrag der westlichen Staaten, darunter die BRD, zustandegekommen.

Es sei schon so, und das spüre heute wohl jeder, daß gegenwärtig in der Weltpolitik und gerade auch für Europa Weichen gestellt werden. Selbstverständlich berühre das in erheblichem Maße die Beziehungen zwischen der DDR und der BRD. Wie sie sich gestalten, sei von nicht geringer Tragweite für die europäische Gesamtsituation. Zugleich ließen sie sich nicht trennen von der internationalen Großwetterlage.

Die Haltung der DDR zu den Beziehungen mit der BRD beruhe auf den festen Grundsätzen der friedlichen Koexistenz. Deshalb, so stellte E. Honecker fest, war sie für uns niemals eine konjunkturelle Frage. Wir gehen davon aus, daß beide deutsche Staaten eine besondere Verantwortung für den Frieden tragen. Diese Verantwortung ergebe sich schon aus der Zugehörigkeit zu unterschiedlichen Paktsystemen, den mächtigsten Militärkoalitionen unserer Zeit, und nicht zuletzt aus den Lehren der deutschen Geschichte. Sorgfalt, Besonnenheit und Augenmaß seien unentbehrlich. Seit Abschluß des Grundlagenvertrages sei in den Beziehungen vieles Positive erreicht worden, eigentlich mehr, als man sich früher hätte denken können, Das habe sich auf die europäische Situation günstig ausgewirkt, sei von großem Nutzen für beide Staaten und die Menschen. Für weitere Fortschritte bestünden durchaus gute Voraussetzungen. Die Basis dafür seien der Grundlagenvertrag und dementsprechend die volle Beachtung des Prinzips der Gleichberechtigung, der Souveränität und der Nichteinmischung.

F. J. Strauß habe wiederholt erklärt, Verträge müßten eingehalten werden. So müsse es sein, wenn in den zwischenstaatlichen Bezie-

---

148 Vgl. die Leipziger Rede vom 25. Juli 1983 in: Erich Honecker: Reden und Aufsätze. Bd. 9. Berlin 1985, S. 355 ff.

hungen die Dinge funktionieren sollen. Das europäische Vertragswerk beruhe auf den Ergebnissen des zweiten Weltkrieges und der Nachkriegsentwicklung. Damit haben wir es zu tun, mag einem das gefallen oder nicht, stellte E. Honecker fest.

Man brauche wohl nicht viele Worte darüber zu machen, was es bedeuten würde, müßten sich demnächst die Deutschen in beiden Staaten durch Raketenzäune betrachten. Für die DDR bleibe es bei der verpflichtenden Aufgabe, alles zu tun, damit von deutschem Boden nie wieder ein Krieg ausgeht. Auch die Bundesregierung habe sich dafür ausgesprochen. Sollte das gelten, dann bedürfe es einer Politik, welche die BRD nicht zur Startrampe amerikanischer Erstschlagwaffen macht und sie der Gefahr der Selbstvernichtung aussetzt.

Die Friedenssicherung sei die alles übergreifende Frage. Daher sollten die DDR und die BRD parallel und, wo das möglich ist, auch gemeinsam für konkrete Maßnahmen zur Rüstungsbegrenzung und Abrüstung eintreten. Hier gebe es ein weites Feld. E. Honecker verwies u. a. auf die Wiener Verhandlungen, wo die sozialistischen Staaten kürzlich einen Vertragsentwurf vorgelegt haben, der aus der Sackgasse herausführen kann.[149]

Unter Bedingungen des Friedens, in einer entsprechenden Atmosphäre könne man über vieles reden, was den Ausbau der Beziehungen zwischen beiden deutschen Staaten angeht. Es gebe eine Reihe von Fragen grundsätzlicher Bedeutung, die bekannt seien, so die Staatsbürgerschaft der DDR, die Elbgrenze, Salzgitter, die Umwandlung der Ständigen Vertretungen in Botschaften. Vor kurzem habe F. J. Strauß, das sei mit Interesse vermerkt worden, von den Bürgern der Bundesrepublik gesprochen. Im Karlsruher Urteil hieße es: Bürger der DDR. Jeder Staat habe seine Bürger. Die Respektierung der Staatsbürgerschaft der DDR sei unerläßlich. Was die sogenannte Erfassungsstelle in Salzgitter angehe, so sei sie ein Überbleibsel des kalten Krieges und ihre Auflösung überfällig.

Als ein wichtiges Thema bezeichnete E. Honecker die Regelung der Elbgrenze. Schon vor Jahren habe man kurz vor einer Übereinkunft gestanden, die der wirklichen Lage Rechnung trug. Eine Regelung des Grenzverlaufes Mitte Strom oder Mitte Fahrwasser liege im beiderseitigen Interesse. Niemand würde etwas aufgeben, sondern es würde nur die jetzige Praxis fixiert, aber ein möglicher Konfliktherd wäre aus der Welt. Überdies könnten weitere, weitgehend fertig ausgearbeitete Abkommen unterschrieben werden, an denen die BRD besonders interessiert ist.

E. Honecker dankte F. J. Strauß für sein persönliches Engagement

---

149 Vgl. Anm. 90.

beim „Einfädeln" der jüngsten Kreditvereinbarung zwischen Banken der DDR und der BRD.[150] Diese Vereinbarung, dieses Bankgeschäft sei für beide Seiten von Nutzen und werde sich gewiß positiv auf die weitere Entwicklung der wirtschaftlichen Beziehungen auswirken. In der Tat solle man hier nichts zerreden oder zerschreiben. Je weniger Lärm gemacht werde, desto besser ließen sich die Fragen klären. Das habe sich schon in der Vergangenheit bezeigt.

Es sei notwendig und möglich, in absehbarer Zeit eine neue Postpauschale zu vereinbaren. Dabei sei die DDR bereit, von einem mittleren Tarif von 300 Millionen DM auszugehen. Das entspreche der gegebenen Situation.

Ein Abkommen über Wissenschaft und Technik könne abgeschlossen werden, sobald für den entsprechenden Vertrag zwischen der BRD und der UdSSR eine Berlin-Klausel gefunden sei. Hier müsse dem Vierseitigen Abkommen über Berlin (West) Rechnung getragen werden.

Mit den Verhandlungen über den Abschluß eines Kulturabkommens könne sofort begonnen werden. Denkbar sei auch ein Wirtschaftsabkommen mit Bildung eines Wirtschaftsausschusses DDR/BRD, wobei E. Honecker auf die analoge Vereinbarung BRD/UdSSR mit einer Laufzeit von 20 Jahren verwies. Die DDR sei für ein solches Abkommen.

Seit 1970 sei der Handel zwischen der DDR und der BRD von 4,1 auf 14,5 Milliarden Mark gestiegen. An seinem Ausbau zum gegenseitigen Nutzen sei die DDR interessiert. Allerdings erfordere das, die Exportmöglichkeiten der DDR zu verbessern und bestimmte Restriktionen auf seiten der BRD zu beseitigen.

Die DDR sei auch bereit, über die Elektrifizierung einer Transiteisenbahnstrecke zu sprechen.

Bereitschaft bestehe bei der DDR, Verhandlungen zu führen über den Gewässerschutz, die Reinhaltung der Luft, die Abwehr des Waldsterbens - hier sei sie übrigens der europäischen Konvention beigetreten. Hinsichtlich der Röden stünden die Dinge kurz vor einer Vereinbarung, und diese könne getroffen werden. Weitgehend ausgehandelt seien die Regelungen zu Fragen des Kaliabbaus im Grenzgebiet. Jetzt liege es an der BRD, eine Entscheidung zu treffen. E. Honecker bezeichnete auch eine Übereinkunft über Fragen der Sicherheit kerntechnischer Anlagen mit gegenseitiger Information als möglich, wobei er die Vereinbarung erwähnte, die auf diesem Gebiet bereits zwischen der ČSSR und Österreich besteht.

---

150 Am 29. Juni 1983 beschloß die Bundesregierung eine Bundesbürgschaft für einen Kredit in Höhe von einer Mrd. DM, welchen die DDR bei westdeutschen Banken aufnahm.

142

Die DDR sei dafür, daß der Bundestag offizielle Beziehungen zur Volkskammer aufnimmt. Schon jetzt besuchten viele Delegationen von Abgeordneten des Bundestages die DDR; in der Interparlamentarischen Union gebe es eine Zusammenarbeit. Die Aufnahme offizieller Beziehungen zwischen beiden Parlamenten werde vom Standpunkt der Normalität durch die DDR befürwortet. Ihre Präsidenten sollten die notwendigen Vereinbarungen treffen.

E. Honecker erklärte sein Einverständnis, mit der praktischen Zusammenarbeit hinsichtlich des Austauschs von Forschungsergebnissen über die Ursachen des Waldsterbens, von dem die DDR allerdings nicht im selben Maße betroffen sei wie die BRD, zu beginnen und eine Vereinbarung vorzubereiten. Auf eine Einladung aus München hin werde die DDR Minister Reichelt zu Gesprächen entsenden.[151]

Was den Mindestumtausch betreffe, so sei dies immer wieder eine Frage der in der BRD betriebenen Spekulation mit der Mark der DDR. Sie werde stark unter ihrem Wert gewechselt. F. J. Strauß: „Auf dem gespaltenen Markt, stimmt." Schätzungsweise 200 Millionen Mark der DDR befänden sich in der BRD. Aber die Mark der DDR sei eine Binnenwährung, deren Aus- und Einfuhr verboten ist. Ein Umtauschverhältnis von 1 : 4 sei untragbar. Ansonsten würden Umtauschsätze auch von anderen Ländern erhoben, z. B. von der VR Polen für Reisende aus der DDR in Höhe von 30 Mark.

Zu den Grenzsicherungsmaßnahmen der DDR stellte E. Honecker mit aller Klarheit fest, daß es gar keinen Zweck habe zu träumen. Ein Vergleich ergebe keinen Unterschied in den Bestimmungen über den Schußwaffengebrauch, wie sie auch für die Polizei in der BRD bestehen. Daß dort häufig schneller als erlaubt zur Pistole gegriffen werde, habe erst unlängst die von einem Gericht verhandelte Erschießung eines Schuljungen durch einen Polizisten in Bayern gezeigt, was F. J. Strauß bestätigte.

Dringende Familienangelegenheiten als Reisegrund für Bürger der DDR würden großzügig behandelt, erklärte E. Honecker. Das gelte für Kindtaufe, Krankheits- und Todesfälle, auch für Verlobte.

Entwickelt habe sich der Jugendtourismus zwischen der DDR und der BRD. Allerdings betrage die Aufenthaltsgebühr in der DDR 20 Mark, in der BRD hingegen 80 DM. F. J. Strauß: „Das ist ja kontraproduktiv". Bei seiner Begegnung in Moskau habe er schon Bundespräsident Carstens darauf aufmerksam gemacht, sagte E. Honecker, doch bis jetzt habe sich nichts verändert. Auf die Frage von F. J. Strauß, ob eine Reise von Angehörigen der Jungen Union in die DDR möglich sei, die über die Nachrüstung und damit verbundene Fragen diskutieren woll-

---

151 Vgl. Dok. 19.

ten, antwortete E. Honecker, ein solcher Wunsch solle an den Zentralrat der FDJ gerichtet werden.

E. Honecker betonte, er bleibe bei seiner Meinung, daß man diejenigen Fragen in den Vordergrund rücken sollte, die unter Berücksichtigung der beiderseitigen Interessen einer Lösung zugeführt werden können. Seitens der DDR gebe es dazu volle Bereitschaft. Der freimütige Meinungsaustausch, das gegenseitige Kennenlernen von Politikern könnten nur von Vorteil sein.

F. J. Strauß dankte für die ausführliche Darlegung der Motive und Argumente durch E. Honecker. Nach seiner Meinung werde es zu keinem Atomkrieg kommen; denn unter atomaren Bedingungen sei der Krieg kein Mittel mehr, politische Ziele zu verfolgen. Für die BRD wolle er sagen, nachdem Deutsche den ersten Weltkrieg mitverschuldet und den zweiten verschuldet hätten, werde klar, daß auch nur der Gedanke an einen neuen Krieg ins Verderben führen müsse.

Die DDR, so betonte E. Honecker, betrachte die Friedenssicherung als das Wichtigste und folge den Prinzipien der friedlichen Koexistenz, zu denen auch die Nichteinmischung gehöre. Gerade auch in der Sowjetunion, die mit 20 Millionen Menschen so gewaltige Opfer gebracht hat, wolle niemand einen Krieg. Woran es zu arbeiten gelte, sei die weitere Ausfüllung des Grundlagenvertrages als Basis für die Gestaltung friedlicher Beziehungen zwischen der DDR und der BRD.

Quelle: SAPMO - BArch/DY 30, J IV/962.

Dokument 18

Schreiben Erich Honeckers an Helmut Kohl vom 5. Oktober 1983

Sehr geehrter Herr Bundeskanzler!
Wie Sie wissen, hatte ich in jüngster Zeit Gelegenheit, mit namhaften Politikern der Bundesrepublik Deutschland, sowohl der Regierungsparteien als auch der Opposition und Persönlichkeiten der Wirtschaft, Gespräche über die besorgniserregende Zuspitzung der internationalen Lage und die daraus erwachsenden Gefahren für den Frieden, die Sicherheit der Völker und die Zusammenarbeit der Staaten zu führen.[152]

---

152 Nach seinem Gespräch mit Strauß war Honecker u. a. mit Egon Bahr (24. August 1983), Helmut Schmidt (5. September 1983), Richard von Weizsäcker (15. September 1983) und Berthold Beitz (19. September 1983) zusammenge-

Trotz aller Unterschiede und auch Gegensätze, die dabei natürlicherweise zutage traten, konnte ich ein hohes Maß an Übereinstimmung in der Sorge um den Frieden und die möglichen Belastungen für die Beziehungen zwischen der Deutschen Demokratischen Republik und der Bundesrepublik Deutschland feststellen.

Im vollen Einklang mit den Interessen und Wünschen der Bürger der DDR ist es meine Auffassung, daß sich alle die das Abgleiten der Menschheit in eine nukleare Katastrophe verhindern wollen, zu einer Koalition der Vernunft zusammentun sollten, um beruhigend auf die internationale Lage einzuwirken und nichts unversucht zu lassen, eine neue Runde des atomaren Wettrüstens zu verhindern. Andernfalls würde sich die Situation weiter verschärfen und die Kriegsgefahr noch erhöhen.

Um so mehr fühle ich mich veranlaßt, erneut an Sie, Herr Bundeskanzler, den Appell zu richten, Ihre Haltung zur Stationierung neuer atomarer USA-Raketen auf dem Territorium der BRD zu überdenken und sich mit Ihrem ganzen Einfluß für ein Abkommen in Genf einzusetzen, das auf der Grundlage des Prinzips der Gleichheit und der gleichen Sicherheit zu einer Ruduzierung der Atomraketen in Ost und West führt. Die ernste Erklärung des Generalsekretärs des ZK der KPdSU und Vorsitzenden des Präsidiums des Obersten Sowjets der UdSSR, Juri Andropow, der von den USA geplanten Zerstörung des militärischen Gleichgewichts Einhalt zu gebieten und in der internationalen Lage eine entscheidende Wende zum Besseren herbeizuführen, bestärkt mich in diesem Entschluß.[153]

Mit weniger Waffen Frieden schaffen zu wollen, ist schwerlich mit einem Stationierungs-Automatismus vereinbar, der die Bundesrepublik Deutschland zu einem zentralen Startplatz für US-Erstschlagswaffen atomaren Charakters gegen die UdSSR, gegen uns alle, macht. Notwendigerweise müßte das auf seiten unseres Bündnisses zu entsprechenden Gegenmaßnahmen führen, um das für den Frieden unerläßliche militärstrategische Gleichgewicht aufrechtzuerhalten. Wie Ihnen bekannt ist, haben die Sowjetunion und die anderen sozialistischen Länder konkrete Vorschläge auf den Verhandlungstisch gelegt, die unter Berücksichtigung der Sicherheitsinteressen aller Seiten eine Einigung in Genf ermöglichen. Leider zeigen sich die USA nicht flexibel und blockieren ein Ergebnis in Genf. Nach unserer Meinung ist es in jedem Fall besser, weiter zu verhandeln als hochzurüsten.

Weder Ihnen noch uns kann an einer andauernden Zuspitzung der

---

troffen. Vgl. die entsprechenden Niederschriften (außer Beitz) in: Heinrich Potthoff: Die „Koalition der Vernunft". S. 160 ff.

153 Am 26. September 1983 hatte sich KPdSU-Generalsekretär Juri Andropow in einem Interview für die „Prawda" zu den Verhandlungen mit den USA geäußert.

Situation gelegen sein, da sie die ernsthafte Gefahr katastrophaler Folgen einer weiteren Aufrüstung und die Möglichkeit in sich birgt, eine neue Eiszeit in den Beziehungen zwischen der Deutschen Demokratischen Republik und der Bundesrepublik Deutschland auszulösen. Dadurch könnte das bisher Erreichte und das von uns Angestrebte nicht nur belastet, sondern sogar in Frage gestellt werden.

In voller Verantwortung für das Wohlergehen und das Leben der Bürger der Deutschen Demokratischen Republik und in Rücksicht auf das Schicksal Europas, erkläre ich die uneingeschränkte Bereitschaft der DDR, jeden Schritt zu unterstützen, jeden Weg zu beschreiten, jede Idee konstruktiv zu prüfen, die uns einem gesicherten Frieden näherbringen und dem Weltfrieden dienen.

Ich möchte der Erwartung Ausdruck geben, daß Sie ebenso wie wir, eingedenk der geschichtlichen Lehren zweier Weltkriege, von Ihren Möglichkeiten Gebrauch machen, um in später Stunde einer weiteren Umdrehung der Rüstungsspirale mit schlimmen Folgen Einhalt zu gebieten. Das sollte um so eher möglich sein, da wir uns beide zu dem verpflichtenden Grundsatz öffentlich bekannt haben, alles zu tun, damit niemals mehr von deutschem Boden ein Krieg ausgeht. Wir meinen, nicht neue Massenvernichtungsmittel, nicht neue Raketen, nicht Konfrontation und Politik der Stärke, sondern Rüstungsstopp und Abrüstung, Zusammenarbeit und friedliches Miteinander wünschen und brauchen die Völker Europas und insbesondere die Bürger der beiden deutschen Staaten. Ein atomwaffenfreies Europa ist letzten Endes das Ziel der europäischen Völker. Wir schließen uns im Namen des deutschen Volkes dem an.

Mit vorzüglicher Hochachtung
Erich Honecker

Quelle: Neues Deutschland (Berlin), 10. Oktober 1983.

Dokument 19

Notiz über das Gespräch des DDR-Umweltministers Hans Reichelt mit Franz-Josef Strauß am 12. Oktober 1983 in München[154]

Dr. Reichelt übermittelte zu Beginn des Gespräches die Grüße des Vorsitzenden des Staatsrates der DDR, Erich Honecker. Er hob den persönlichen Anteil von F. J. Strauß am Zustandekommen des statt-

---

154 Reichelt weilte vom 11. bis 14. Oktober 1983 zu einem Besuch in München.

findenden Informations- und Erfahrungsaustausches sowie am zügigen Abschluß der Vereinbarung über die Durchführung der Gewässerschutzmaßnahmen im Raum Sonneberg hervor. Sie zeigen, daß auf der Grundlage der friedlichen Koexistenz und des Interessenausgleiches Ergebnisse erreichbar sind, wenn auf beiden Seiten der Wille dazu vorhanden ist und über die gemeinsam ausgearbeiteten Vorschläge entschieden wird. Entsprechende Ergebnisse wären auch bei den Beratungen zur Werra möglich.

In seinem Dank wies F. J. Strauß auf die Bedeutung hin, die er der persönlichen Begegnung mit dem Staatsratsvorsitzenden der DDR beimesse.[155] Ein Ergebnis sei der Informations- und Erfahrungsaustausch zu Fragen des Umweltschutzes, speziell der Schädigung der Wälder, der gegenwärtig durchgeführt werde. Dieser Erfahrungsaustausch sei von der bayerischen Seite sorgfältig vorbereitet worden, und er hoffe auf einen erfolgreichen Verlauf.

Dr. Reichelt informierte kurz über den bisherigen Ablauf seines Besuches in München. Er gab einen Überblick über die Grundzüge der Umweltpolitik in der DDR und besonders über das Herangehen an die Reduzierung und Überwindung von Waldschäden. Er legte dar, daß im Gegensatz zur BRD die Maßnahmen der DDR in zwei Richtungen geführt werden; einmal zur Erhöhung der Widerstandsfähigkeit und der Vitalität der Waldbestände durch waldbauliche Maßnahmen, Schädlingsbekämpfung, planmäßige Wildbewirtschaftung sowie Züchtungsmaßnahmen, zum zweiten zur Senkung der Emission von Schadstoffen, insbesondere durch Rauchgasentschwefelung. In diesem Zusammenhang informierte Dr. Reichelt auch über die Anstrengungen auf dem Gebiet der DDR zur Senkung der Luftbelastung durch die Zellstoff- und Papierfabrik Blankenstein. Die bisherige positive Entwicklung werde auch durch bayerische Messungen belegt, wie er in der Überwachungszentrale des Bayerischen Landesamtes für Umweltschutz feststellen konnte. Problematisch seien vor allem noch auftretende kurzzeitige Belastungsspitzen, an deren Verminderung ebenfalls gearbeitet wird.

Dr. Reichelt betonte die Bereitschaft der DDR zur konstruktiven Zusammenarbeit bei den Fragen der Waldschäden, ebenso zu anderen Problemen des Umweltschutzes. Er unterstrich das gemeinsame Interesse an der Fortsetzung des Informationsaustausches mit Staatsminister Dick in der DDR. Dazu werde eine Einladung übermittelt. Zur Förderung der Zusammenarbeit im Umweltschutz sei auch der Austausch von Experten der Regierung der DDR und der Regierung der BRD zu Fragen der Waldschäden denkbar.

---

155 Vgl. Dok. 17.

F. J. Strauß begrüßte vorbehaltlos eine Reise von Staatsminister Dick in die DDR. Er unterstrich nochmals das große politische Gewicht der Waldschäden und betonte die Notwendigkeit, intensiv nach den Ursachen zu forschen.

Auf jeden Fall sei es notwendig, die Schadstoffbelastung der Luft weiter zu reduzieren. Bayern betreibe auf diesem Gebiet eine langfristig angelegte Politik. Ausdruck dessen sei die zielstrebige Entwicklung der Kernenergie. Neben den eigenen Anstrengungen zur Senkung der Belastung der Luft suche die BRD Kontakte zu den Nachbarn, damit auch dort ähnliche Maßnahmen durchgeführt werden. Er verwies auf die Tatsache, daß in dieser Richtung mit der CSSR Gespräche stattfinden. Mit Interesse habe er festgestellt, daß die DDR über umfangreiche Erfahrungen auf dem Gebiet der Minderung der Waldschäden verfüge. Dieser Weg der Anpassung der Forstwirtschaft an die veränderten Umweltbedingungen sei interessant, ebenso auch die weitere Senkung der Luftbelastung. Die DDR und Bayern hätten auf diesem Gebiet eine erfreuliche Übereinstimmung in den Grundansichten.

Dr. Reichelt verwies auf die Belastungen, die einer Entwicklung der Zusammenarbeit durch eine weitere Verschärfung der internationalen Lage drohen. Die Beibehaltung des Automatismus in der Frage der Stationierung von atomaren Mittelstreckenwaffen berge die ernste Gefahr einer neuen Eiszeit in den Beziehungen zwischen der DDR und der BRD in sich. Er verwies auf den Brief des Vorsitzenden des Staatsrates der DDR, Erich Honecker, an den Bundeskanzler der BRD, Helmut Kohl, und unterstrich die Bereitschaft der DDR, alles für die Entwicklung einer breiten und konstruktiven Zusammenarbeit zwischen beiden deutschen Staaten zu tun.[156] Dr. Reichelt vertrat die Auffassung, daß die BRD ihr zweifelsohne großes politisches Gewicht dafür einsetzen sollte, daß in Genf weiter verhandelt werde. Dies entspreche auch der historischen Verpflichtung der beiden deutschen Staaten, alles zu tun, damit von ihrem Boden kein neuer Krieg ausgehe.

F. J. Strauß gab vor, daß ihm der Inhalt des Briefes des Staatsratsvorsitzenden an den Bundeskanzler noch nicht bekannt sei. Er habe keinerlei Illusionen über den Ernst der Lage. Nach seiner Auffassung sei ein künftiger Krieg weder zu gewinnen, noch sei er auf Europa begrenzbar. Ein Krieg, sollte er kommen, würde nach kurzer Zeit zum atomaren Weltkrieg.

Nach seiner Auffassung haben die Genfer Verhandlungen keine Aussicht auf Erfolg. Der gegenteilige Standpunkt der Bundesregierung hierzu sei falsch. Das Hauptproblem liege in der Unmöglichkeit, beim Vergleich der einzelnen Waffensysteme ein Übereinkommen zu erzie-

---

156 Vgl. Dok. 18.

len. Er bezeichnete die sogenannte Null-Lösung als „schwachsinnig" und einen Totalabbau der sowjetischen Mittelstreckenraketen als unmöglich. Gegen seine Erwartungen habe die UdSSR die britischen und französischen Atomwaffen zu Beginn der Genfer Verhandlungen nicht einbezogen. Diese Frage habe erst Andropow aufgeworfen

F. J. Strauß bezeichnete die Einführung der SS-20 Raketen durch die UdSSR als Fehler. Westeuropa befindet sich seit langem in der Reichweite totaler Vernichtungswaffen der UdSSR. Insofern sei keine Steigerung der Drohung möglich. Es werde in der BRD keine Volkserhebung gegen die Stationierung geben und die Erklärung Andropows sei deshalb psychologisch falsch angelegt. Es wäre besser gewesen, die UdSSR hätte einen Abbau der SS-20-Raketen angeboten, sofern die USA einen Abbau ihrer atomaren Planungen vornehmen. In diesem Zusammenhang erinnerte er, daß der Gedanke des Doppelbeschlusses vom damaligen Bundeskanzler Schmidt an die USA herangetragen worden sei, die ihn nach kurzer Zeit aufgegriffen hätten. Bereits vor Jahren habe er Helmut Schmidt davor gewarnt, daß der Westen durch das Fortschreiten einer Verbindung zwischen dem Abbau sowjetischer Systeme und der Stationierung neuer amerikanischer Atomwaffen in einen Zugzwang geraten könne. Das sei nunmehr eingetreten.

F. J. Strauß drückte seine feste Überzeugung aus, daß weder die UdSSR noch die USA einen Krieg wollten. Er glaube nicht an einen Angriff der UdSSR auf Westeuropa; derartige Vorstellungen seien unrealistisch. Die UdSSR habe zwar in verschiedenen Teilen der Welt eine risikoreiche Politik verfolgt, so in Afrika, in Afghanistan und auch in Mittelamerika; in Europa jedoch sei die UdSSR stets behutsam vorgegangen und habe jedes Risiko einer militärischen Konfrontation vermieden.

Auch in der BRD gebe es keinen Politiker, der an einem Krieg Interesse habe. F. J. Strauß entwickelte seine Auffassung, daß die europäischen Mächte in den 1. Weltkrieg teils gewollt und teils ungewollt hineingerannt seien, ohne sein Ausmaß zu übersehen. Der 2. Weltkrieg sei dadurch entstanden, daß Hitler Polen angegriffen habe, ohne zu erkennen, daß damit ein Krieg mit England und Frankreich, das heißt ein Weltkrieg, unvermeidlich ausgelöst werde. Dagegen seien sich heute alle Politiker über die Gefahren eines Krieges im klaren. Niemand habe Zweifel über den Ausgang eines Krieges und darüber, daß ein Krieg nicht gewinnbar ist. Er wisse, daß dies auch die Auffassung von Bundeskanzler Kohl sei.

F. J. Strauß entwickelte seine Vorstellungen zur weiteren Abrüstung. Fortschritte sind nach seiner Auffassung zu erwarten, wenn es nach der unvermeidlichen Stationierung neuer US-amerikanischer

Waffensysteme und einer darauf folgenden Verhandlungspause zu umfassenden Abrüstungsverhandlungen kommt, die sowohl strategische Atomwaffen als auch Mittel- und Kurzstreckensysteme und konventionelle Waffen einbeziehen. Dabei sei nur eine schrittweise Reduzierung der Rüstungspotentiale möglich. Es müsse ein völlig neuer Anfang in den Abrüstungsverhandlungen gemacht werden.

Dr. Reichelt erklärte, daß die DDR in dieser Frage grundsätzlich anderer Auffassung sei. Unter Hinweis auf das politische Gewicht der BRD forderte er, alles zu tun für die Fortführung der Genfer Verhandlungen und die Abkehr vom Automatismus der Raketenstationierung. In dieser Richtung möge F. J. Strauß seien politischen Einfluß geltend machen.

F. J. Strauß sagte eine sachliche Prüfung des Briefes des Vorsitzenden des Staatsrates der DDR zu und gab zu verstehen, daß er dazu mit dem Bundeskanzler der BRD sprechen wolle. Er betonte, daß Rückwirkungen der Stationierung neuer Waffensysteme in Westeuropa auf die Beziehungen zwischen der DDR und der BRD nach seiner Meinung nicht unvermeidlich seien; sie sollten durch entsprechende Anstrengungen beider Seiten verhindert werden. Er halte auch deshalb die begonnenen Gespräche auf dem Gebiet des Umweltschutzes für notwendig und erhoffe einen positiven Verlauf.

Anschließend bat F. J. Strauß, dem Vorsitzenden des Staatsrates der DDR seinerseits herzliche Grüße zu übermitteln.

Im Anschluß an das Gespräch gab F. J. Strauß dem Fernsehen der DDR ein Interview.

Quelle: BArchP, DC 20, 4305.

Dokument 20

Schreiben Helmut Kohls an Erich Honecker vom 24. Oktober 1983[157]

Sehr geehrter Herr Generalsekretär,
für Ihr Schreiben vom 5. Oktober 1983 danke ich Ihnen.

Ich stimme Ihnen zu, daß es ein Anliegen des ganzen deutschen Volkes ist, den Frieden zu sichern und zu festigen. Alle Deutschen ha-

---

[157] Das Schreiben wurde am 25. Oktober 1983 vom Ständigen Vertreter der BRD in Ost-Berlin, Hans Otto Bräutigam, im DDR-Außenministerium übergeben.

ben die Lehren aus ihrer Geschichte verstanden. Beide Staaten in Deutschland bekennen sich zu der Überzeugung, daß von deutschem Boden nie wieder Krieg ausgehen darf. Die Bundesrepublik Deutschland und die Deutsche Demokratische Republik tragen vor dem deutschen Volk gemeinsam eine große Verantwortung für die Sicherung des Friedens. Die Bundesregierung nimmt diese besondere Verantwortung sehr ernst. Ihrer Politik liegt zugrunde, daß der Einsatz von Waffen und Gewalt kein Mittel zur Durchsetzung politischer Ziele mehr sein darf.

Das Atlantische Bündnis hat dies in der Bonner Erklärung am 10.6.1982 so ausgedrückt:

„Keine unserer Waffen wird jemals eingesetzt werden, es sei denn als Antwort auf einen Angriff."[158]

Das deutsche Volk erwartet aber auch von uns, auf einen Zustand des Friedens in Europa hinzuwirken, in dem es in freier Selbstbestimmung seine Einheit vollenden kann. Der Frieden wird nur in dem Maße sicherer, in dem es gelingt, die Härten der Teilung Deutschlands abzubauen und die Teilung im Rahmen einer europäischen Friedensordnung zu überwinden.

Deshalb greife ich den von ihnen gewählten Begriff einer notwendigen Koalition der Vernunft gerne auf.

Mein ganzes Bemühen und mein ganzer Einsatz sollen dieser Vernunft in allen Bereichen zum Durchbruch verhelfen.

Mit aller Kraft trete ich für einen erfolgreichen Abschluß der amerikanisch-sowjetischen Verhandlungen in Genf über landgestützte nukleare Mittelstreckenraketen ein.

Die von mir geführte Bundesregierung hat bei der Entwicklung der amerikanischen Verhandlungsposition in Genf eine aktive und konstruktive Rolle gespielt. Sie läßt sich davon leiten, daß die legitimen Sicherheitsinteressen aller Staaten gewahrt bleiben müssen. Deshalb ist es für die Bundesregierung von fundamentaler Wichtigkeit auszuschließen, daß Westeuropa und damit auch die Bundesrepublik Deutschland im Schatten des sowjetischen nuklearen Mittelstreckenpotentials zu einer Zone minderer Sicherheit mit allen politischen und strategischen Konsequenzen der Instabilität werden.

Die von mir geführte Bundesregierung ist bereit, ihren Beitrag zur Wahrung und Stabilisierung des Gleichgewichts zu leisten, das - wie Sie selbst ausführen - für den Frieden unerläßlich ist.

Das Gleichgewicht ist heute gestört, weil die Sowjetunion seit über einem Jahrzehnt mit großer Kräfteanstrengung das militärische Kräfte-

---

158 Diese Erklärung war von einer Tagung des NATO-Rates auf der Ebene der Staats- und Regierungschefs in Bonn am 10. Juni 1982 angenommen worden.

verhältnis durch Ausbau und Verbesserung ihrer Waffen sowohl im nuklearen Bereich als auch im konventionellen Bereich einschließlich der Rüstung zur See zu ihren Gunsten zu verändern sucht. Auf diese Herausforderung hat das Nordatlantische Bündnis nicht mit einer automatischen Gegenrüstung geantwortet, sondern eine Politik der Verhandlungsbereitschaft in Gang gesetzt in der Überzeugung, daß wir alle Kräfte dafür einsetzen müssen, durch Rüstungskontrollverhandlungen ein Gleichgewicht auf möglichst niedrigem Niveau zu erreichen und zu sichern.

Dabei hat das Nordatlantische Bündnis mit dem Doppelbeschluß trotz anhaltender sowjetischer Aufrüstung mit landgestützten nuklearen Mittelstreckenraketen und in anderen Bereichen eine einseitige Vorleistung in Form eines vierjährigen Moratoriums erbracht. Zugleich hat der Westen jahrelang an die Vernunft der sowjetischen Führung appelliert, die vereinbarte Parität im interkontinental-strategischen Bereich nicht durch Aufrüstung mit nuklearen Mittelstreckenraketen zu unterlaufen. Darüber hinaus hat die NATO ihre bei einem Scheitern der Verhandlungen eventuell erforderlich werdenden Maßnahmen von vornherein quantitativ und qualitativ begrenzt. Diese Mäßigung ist bisher auf östlicher Seite leider ohne Antwort geblieben. Die Sowjetunion hat bisher nicht erklärt, welche Höchstgrenze sie bei der Dislozierung ihrer SS-20-Raketen anstrebt.

Der Doppelbeschluß zielt nicht auf eine Vermehrung des Nuklearpotentials, vielmehr wird er zu einer bedeutsamen Reduzierung der Nuklearwaffen der NATO führen. Tausend nukleare Gefechtsköpfe sind bereits 1980 einseitig aus Europa abgezogen worden. Ich habe mich persönlich dafür eingesetzt, daß der nukleare Waffenbestand der NATO weiter auf das Minimum dessen verringert wird, was zur Gewährleistung der Sicherheit des Bündnisses unbedingt erforderlich ist. Die NATO wird in Kürze noch einmal eine Anzahl von nuklearen Gefechtsköpfen abziehen, die größer sein wird als der Abzug von 1980. Dieser einseitige Schritt des westlichen Verteidigungsbündnisses wird im übrigen unabhängig vom Ausgang der Genfer Verhandlungen über Mittelstreckensysteme getan werden.

Die jüngsten amerikanischen Verhandlungsvorschläge in Genf haben die Möglichkeit eröffnet, die wesentlichen und entscheidenden Probleme in den Genfer Verhandlungen zu lösen. Die amerikanische Seite ist auf zentrale Anliegen der sowjetischen Seite, wie auf den Einschluß von Flugzeugen in nuklearer Erstrolle und den geographischen Geltungsbereich eines Abkommens eingegangen. Nach meiner Auffassung liegen nunmehr alle Elemente für ein faires und ausgewogenes Abkommen auf dem Tisch. Bei entsprechendem Willen der Sowjetunion zur Verständigung wäre es jetzt binnen kurzer Zeit möglich, ein

Verhandlungsergebnis zu erzielen. Statt dessen hat die Sowjetunion bedauerlicherweise die westliche Initiative kritisiert und als bedeutungslos bezeichnet. Dies hat in der westlichen Öffentlichkeit Enttäuschung und Befremden ausgelöst.

Es liegt nun ausschließlich an der Sowjetunion, den Weg für ein Ergebnis freizumachen, indem sie ihre starre, in der Sache nicht gerechtfertigte und von ihr früher anders beurteilte Haltung zur Einbeziehung der britischen und französischen Systeme in die INF-Verhandlungen in Genf aufgibt.

Eine Verhandlungslösung in Genf ist nach alledem keine Frage der Zeit, sondern vielmehr eine Frage der Kompromißbereitschaft. Insofern geht auch das Verlangen nach einem Stationierungsaufschub am Problem vorbei. Ich halte es unter den gegebenen Umständen für höchst zweifelhaft, daß der Verständigungswille durch einen Aufschub der Stationierung wachsen könnte. Falls die sowjetische Seite die verbleibende Zeit nicht nutzt, um nach dem jüngsten amerikanischen Entgegenkommen ihrerseits den Weg zu einem Ergebnis freizumachen, muß der Westen nach vier Jahren einseitiger Vorleistungen das tun, was zur Wiederherstellung des Gleichgewichts und zur Gewährleistung seiner Sicherheit notwendig ist.

Von einer Automatik auf der Seite des Nordatlantischen Bündnisses kann schon deshalb nicht gesprochen werden, weil es die Sowjetunion durch ihr Verhalten in der Hand hat, ob der Westen zur Stationierung gezwungen wird oder nicht. Es sollte auch nicht außer acht gelassen werden, daß das Bündnis nach dem gegenwärtigen Zeitplan nicht sofort alle zur Stationierung vorgesehenen 572 Systeme der sowjetischen Vorrüstung gegenüberstellen wird, falls bis Ende 1983 ein konkretes Verhandlungsergebnis ausbleiben sollte. Die eventuell erforderliche werdende Dislozierung der amerikanischen Mittelstreckensysteme wird nach dem gegenwärtigen Zeitplan einen Zeitraum bis Ende 1988 beanspruchen.

Die westliche Seite ist bereit, auch über Ende 1983 hinaus weiterzuverhandeln und dabei in den fortlaufenden Verhandlungen wie bisher das gesamte NATO-Modernisierungspotential zur Disposition zu stellen. Das Bündnis würde im Falle eines entsprechenden Ergebnisses einwilligen, etwa zwischenzeitlich dislozierte Systeme wieder zu entfernen.

Was nun ihre Qualifizierung der Modernisierungssysteme der NATO anbetrifft, so muß ich Ihnen sehr nachdrücklich widersprechen. Diese Systeme können weder nach ihrer Reichweite noch nach ihrer Zahl als Erstschlagswaffen qualifiziert werden. Sie sollen weder als Angriffswaffen dienen, noch können sie wegen der begrenzten Zahl als eine massive Bedrohung der Sowjetunion gewertet werden, und sie würden schon gar nicht - falls die Stationierung notwendig werden sollte - die Gefahr eines Krieges erhöhen. Es geht nur darum, in der Kategorie der Mittelstreckenwaffen wieder zu Gleichgewicht und Stabilität zurückzufinden.

Ich meine überhaupt, daß die Gefahr eines Krieges in Europa trotz der gegenwärtigen Belastungen in den Ost-West-Beziehungen weniger real ist denn je. Daher verurteile ich auch die Versuche, eine solche Gefahr herbeizureden und unter den Menschen in Ost und West die Angst zu schüren. Diese Versuche werden weder der Interessenlage des Westens noch des Ostens gerecht, da auch wir von der Annahme ausgehen, daß die Sowjetunion ihre Überlegenheit im Mittelstreckenbereich nicht zu einem Angriff oder zu einem nuklearen Vernichtungsschlag einsetzen würde. Uns macht jedoch besorgt, daß die Sowjetunion gerade durch die Ankündigung sogenannter Gegenmaßnahmen im Falle einer westlichen Stationierung zeigt, daß sie willens und fähig ist, Nuklearwaffen als Instrumente der politischen Einflußnahme zu gebrauchen.

Mit noch größerer Sorge stelle ich darüber hinaus fest, daß das von der Sowjetunion als Gegenmaßnahme angekündigte nukleare Rüstungsprogramm bereits überwiegend Realität ist. Wie Sie wissen, werden seit längerer Zeit nukleare Kurzstreckenraketen des Typs SS-21 in der Deutschen Demokratischen Republik disloziert; SS-22-Raketen werden in der westlichen Sowjetunion aufgestellt, und die Dislozierung der SS-23 steht unmittelbar bevor. Die Genfer INF-Verhandlungen könnten auch eine Begrenzung dieser Potentiale bewirken. Ich appelliere aus diesem Grunde an Sie, Herr Generalsekretär, Ihren Einfluß geltend zu machen, daß ein neues Andrehen der Rüstungsspirale vermieden wird, die bereits in der Deutschen Demokratischen Republik stationierten neuen modernen Nuklearraketen abgebaut und keine zusätzlichen Nuklearwaffen aufgestellt werden.

Auch dazu ist noch Zeit und die Möglichkeit für Verhandlungen, um erforderliche Weichenstellungen herbeizuführen. Ich greife gern Ihre Bereitschaft auf, alles zu unterstützen, was uns einem gesicherten Frieden näherbringt. Ich möchte Sie in diesem Zusammenhang bitten, ihren ganzen Einfluß bei der Sowjetunion geltend zu machen, um zu bewirken, daß die konstruktiven westlichen Vorschläge von ihr gründlich geprüft und nicht voreilig verworfen werden.

Sie können davon ausgehen, daß die von mir geführte Bundesregierung nach wie vor das ihrige tun wird, alle Möglichkeiten in den Verhandlungen auszuschöpfen und einen für das deutsche Volk und für alle Völker lebensnotwendigen Zustand des Friedens und der Zusammenarbeit zu schaffen.

Niemanden kann an einer Zuspitzung der Situation gelegen sein. Gerade dann, wenn die internationale Lage schwieriger wird, müssen die beiden Staaten in Deutschland alle Kraft daransetzen, das Geflecht der Beziehungen und der Zusammenarbeit weiterzuentwickeln und auszubauen. Die beiden deutschen Staaten werden ihrer gemeinsamen Verantwortung vor dem deutschen Volk und für den Frieden nur gerecht, wenn sie sich ernstlich bemühen, ihre Beziehungen so zu entwickeln, daß davon positive Impulse für die Lage in Europa ausgehen.

Die Bundesregierung hat in diesem Sinne gehandelt. Sie ist davon überzeugt, daß nur eine solche Politik den Menschen in den beiden deutschen Staaten dient, die die im Grundlagenvertrag niedergelegte Absicht fördert, normale gutnachbarliche Beziehungen zu entwickeln, und darüber hinaus - vor dem Hintergrund der internationalen Situation - zur Stabilisierung der Lage in Europa beiträgt.

Mit freundlichen Grüßen
gez. H. Kohl

Quelle: SAPMO - BArch/DY 30/IV 2/2035/87.

Dokument 21

Schreiben Helmut Kohls an Erich Honecker vom 14. Dezember 1983[159]

Sehr geehrter Herr Generalsekretär,
das neue Jahr wird die beiden Staaten in Deutschland vor wichtige Aufgaben der Förderung des Friedens, der Sicherheit und der Zusammenarbeit in Europa stellen. Die Erfüllung dieser Aufgaben wird nicht nur für die Beziehungen zwischen unseren beiden Staaten von großer Bedeutung sein, sondern auch für die Beziehungen zwischen West und Ost. Die beiden Staaten in Deutschland stehen in ihren Beziehungen zueinander in einer Verantwortungsgemeinschaft vor Europa und vor dem deutschen Volk. Beide können gerade in schwierigen Zeiten des West-Ost-Verhältnisses einen wichtigen Beitrag für Stabilität und Frieden in Europa leisten, wenn sie aufeinander zugehen und das jetzt Machbare an Zusammenarbeit voranbringen.

Ich habe mit großer Aufmerksamkeit zur Kenntnis genommen, daß auch Sie sich für die Fortsetzung des Dialogs und für die Weiter-

---

159 Honecker legte den Mitgliedern und Kandidaten des SED-Politbüros das Schreiben am 20. Dezember 1983 auf einer regulären Sitzung vor. Er selbst zeichnete den Brief am 19. Dezember ab.

entwicklung friedlicher Beziehungen entsprechend dem Vertragssystem ausgesprochen haben. Dazu sehe ich in der Tat keine Alternative. Das gilt unabhängig davon, daß wir die Ursachen und Auswirkungen der derzeitigen Lage unterschiedlich bewerten.[160]

Wir haben in letzter Zeit Erklärungen des Warschauer Paktes gehört, die sich kritisch zu der Aufstellung amerikanischer Raketen in einigen westeuropäischen Ländern geäußert haben. In meinem Schreiben vom 24. Oktober 1983 habe ich Ihnen, Herr Generalsekretär, die Haltung der Bundesregierung zur Frage der Mittelstreckensysteme dargelegt. Niemand konnte überrascht sein, wenn sich das westliche Bündnis mangels eines konkreten Ergebnisses bei den Genfer INF-Verhandlungen jetzt gezwungen sieht, mit der 1979 beschlossenen Nachrüstung in Westeuropa zu beginnen. Die Nachrüstung verfolgt den Zweck, zu vermeiden, daß die Sicherheit Westeuropas von der Nordamerikas getrennt wird. Sie soll verhindern, daß Westeuropa in eine Zone minderer Sicherheit verwandelt wird. Sie dient dazu, das durch die langjährige sowjetische Vorrüstung im Mittelstreckenwaffenbereich verlorengegangene Gleichgewicht wieder herzustellen und damit der Gefahr einer instabilen Entwicklung vorzubeugen.

Ich bedaure, daß die Sowjetunion den Genfer INF-Verhandlungstisch verlassen und hierdurch Unsicherheit über den weiteren Fortgang des Dialoges über Rüstungskontrolle in diesem wichtigen Bereich geschaffen hat. In diesem Zusammenhang möchte ich daran erinnern, daß das Bündnis an den INF-Verhandlungen trotz des bis zum heutigen Tage anhaltenden Aufbaus des sowjetischen Potentials an Mittelstreckenwaffen festgehalten hat. Wir bleiben auch weiterhin der Auffassung, daß eine vereinbarte Lösung des Problems der Mittelstreckenwaffen entscheidend zur Stabilität in Europa beitragen, die Sicherheit für alle erhöhen und damit den Interessen sämtlicher Beteiligter entsprechen würde. Dementsprechend unterstützen wir nachdrücklich die USA in ihrer Bereitschaft, die Verhandlungen über dieses Problem bis zu einem konkreten Ergebnis fortzuführen. Jede einzelne amerikanische Rakete, die jetzt stationiert wird, kann wieder abgebaut werden,

---

160 Am 22. November 1983 hatte der Bundestag gegen die Stimmen der SPD und der Grünen beschlossen, den NATO-Doppelbeschluß von 1979 umzusetzen. Einen Tag später brach die UdSSR die Genfer Verhandlungen mit den USA über die nukearen Mittelstreckenraketen ab. KPdSU-Generalsekretär Andropow gab am 24. November die sowjetischen Gegenmaßnahmen bekannt, u. a. die beschleunigte Stationierung von Nuklearraketen auf den Territorien der DDR und der CSSR. In dieser Situation erklärte SED-Chef Honecker in einer Rede auf dem 7. ZK-Plenum am 25. November in Berlin, die Verhandlungen mit dem Westen „jetzt erst recht" fortsetzen zu wollen. Den Wortlaut des Auftritts vgl. in: Erich Honecker. Reden und Aufsätze. Bd. 10. Berlin 1986, S. 8 ff.

sobald ein konkretes Verhandlungsergebnis vorliegt, das dies ermöglicht. Ich habe deshalb an Generalsekretär Andropow appelliert, Verhandlungen über die Mittelstreckenwaffen nicht zu blockieren und den Dialog über Rüstungskontrolle wie bisher auf allen Ebenen fortzusetzen.

Ich versichere Ihnen, daß die Bundesregierung nach wie vor entschlossen ist, ihre Politik des Dialogs und der langfristig angelegten Zusammenarbeit auch mit der Deutschen Demokratischen Republik fortzusetzen. Sie möchte das in den Beziehungen zwischen den beiden Staaten in Deutschland im Verlauf vieler Jahre Erreichte bewahren und das Geflecht der Beziehungen auf den bewährten vertraglichen Grundlagen weiterentwickeln und ausbauen. Ich bin mit Ihnen darin einig, daß vom Verhältnis unserer beiden Staaten zueinander positive Impulse auf das europäische Klima ausgehen sollten. Ein Höchstmaß an Dialog und Zusammenarbeit wird der Entspannungsprozeß in Europa fördern. Dies ist gerade dann wichtig, wenn die internationale Lage schwieriger geworden ist.

Es ist zu begrüßen, daß sich im letzten halben Jahr in den Beziehungen zwischen unseren beiden Staaten Bewegung ergeben hat. Die von mir geführte Bundesregierung hat zu einem Fortschritt der Entwicklung der Beziehungen beigetragen. Sie gibt ihrer Erwartung Ausdruck, daß auch die Regierung der Deutschen Demokratischen Republik über die ersten Schritte hinaus ihren Teil dazu beiträgt, die Beziehungen qualitativ zu verbessern. Alle Kontakte, Gespräche und Verhandlungen zwischen unseren beiden Staaten sollten zügig und mit mit dem Ziel fortgeführt werden, praktische Probleme gemeinsam zu lösen und weitere Felder der Zusammenarbeit zu erschließen. In diesem Zusammenhang nehme ich gerne Ihren Hinweis vom 25. November 1983 auf, „jeden vernünftigen Vorschlag sorgfältig zu prüfen, die Beziehungen zwischen unseren Staaten entsprechend dem Vertragssystem auf ein normales Gleis zu bringen".[161] Ich rege daher an, alsbald in einen umfassenden Dialog über die Weiterentwicklung und den Ausbau der Zusammenarbeit einzutreten. Ich bin gerne bereit, Ihnen meine Vorstellungen dazu, wenn Sie es wünschen, durch einen Beauftragten näher erläutern zu lassen.

Niemand zweifelt daran, daß die ungelösten Sicherheitsfragen für die West-Ost-Beziehungen große Bedeutung besitzen. Diese Fragen können aber nur auf dem Verhandlungswege gelöst werden. Solche Lösungen können erleichtert werden, wenn sich beide Seiten um ein besseres Klima in den Beziehungen zwischen Ost und West insgesamt bemühen.

Wir haben Erklärungen von seiten der Staaten des Warschauer Paktes gehört, in denen die Sorge ausgedrückt wurde, die neuen Rake-

---

161 Ebenda, S. 18.

ten in Westeuropa, mit denen der Westen in Ermangelung eines rechtzeitigen Verhandlungsergebnisses in Genf auf die sowjetische SS-20-Vorrüstung geantwortet hat, könnten zum Ausgangspunkt für eine Politik der Konfrontation gegenüber der Sowjetunion werden. Ich versichere Ihnen, daß solche Befürchtungen gänzlich unbegründet sind. Im Gegenteil. Das Nordatlantische Bündnis hat in seiner Brüsseler Erklärung zum Ost-West-Verhältnis soeben bekräftigt, daß die gesamte Allianz die Bereitschaft zur Entspannung und Zusammenarbeit mit dem Osten ebenso ernst meint wie die Gewährleistung der eigenen Sicherheit. Mit der Erklärung hat der Westen sein Angebot an die Sowjetunion und die anderen Mitgliedsländer des Warschauer Paktes unterbreitet. Ich möchte Ihre Aufmerksamkeit besonders auf folgenden Passus lenken:

„Wie werden auch weiterhin unser Äußerstes tun, um eine sichere und friedliche Zukunft zu gewährleisten. Wir machen der Sowjetunion und den übrigen Staaten des Warschauer Paktes das Angebot, mit uns zusammenzuarbeiten, um ein langfristiges, dauerhaftes, konstruktives und realistisches Verhältnis herzustellen, das auf Gleichgewicht, Mäßigung und Gegenseitigkeit beruht. Zum Nutzen der Menschheit treten wir für einen offenen und umfassenden Dialog und für Zusammenarbeit auf der Grundlage gegenseitigen Vorteils ein."[162]

Ich weise auf den Appell hin, gemeinsame Anstrengungen zu unternehmen, um bei den Wiener MBFR-Verhandlungen, bei den Bemühungen um ein vollständiges Verbot chemischer Waffen und bei den START-Verhandlungen Fortschritte zu erzielen. Das westliche Bündnis hat seine Entschlossenheit unterstrichen, die Stockholmer KVAE-Konferenz als neue Möglichkeit zu nutzen, um den West-Ost-Dialog zu erweitern, vertrauensbildende Maßnahmen auszuhandeln und die Stabilität und Sicherheit in ganz Europa zu erhöhen. Ich unterstreiche besonders den Aufruf der Partner des westlichen Bündnisses an die Sowjetunion, zu den Verhandlungen über Mittelstreckenwaffen zurückzukehren. Verhandlungsbereitschaft ist der Prüfstein für den Willen zur Entspannung, zur Abrüstung und zum Frieden. Dagegen wäre es unrealistisch zu glauben, daß eine Seite bereit sein könnte, ihre Sicherheitsinteressen als Preis für die Bereitschaft der anderen Seite zu guten politischen Beziehungen zu opfern.

Die Erfahrungen, die wir trotz schwieriger internationaler Bedingungen mit dem KSZE-Folgetreffen in Madrid gemacht haben, geben Anlaß zur Hoffnung, daß wir bei gutem Willen auf allen Seiten auch in Stockholm Ergebnisse erzielen können, die zu einer politischen Verbesserung der West-Ost-Beziehungen beitragen.

---

162 Die Tagung des NATO-Rates auf der Ebene der Außenminister am 8./9. Dezember 1983 verabschiedete eine hier zitierte „Brüsseler Deklaration".

Die Bundesregierung wird auch in den kommenden Wochen und Monaten im Bewußtsein ihrer Verantwortung für den konstruktiven Fortgang der West-Ost-Beziehungen handeln. Sie erwartet, daß sich auch die Deutsche Demokratische Republik von einem gemeinsamen Interesse an Zusammenarbeit, Sicherheit und Frieden leiten lassen wird. Es wäre sehr zu begrüßen, wenn die Regierung der Deutschen Demokratischen Republik das in der politischen Erklärung von Brüssel bekundete Angebot einer langfristig angelegten Zusammenarbeit aufnähme, einer Zusammenarbeit, die den legitimen Sicherheitsinteressen aller entspräche, den Wohlstand der Völker mehrte und ganz besonders den Deutschen diente. Ich bitte, meine eingangs gemachten Vorschläge auch in diesem Sinne zu verstehen.

Zum Jahreswechsel übermittle ich Ihnen meine besten Wünsche.

gez. Ihr H. Kohl

Quelle: SAPMO - BArch/DY 30/J IV/2/2A/2621.

Dokument 22

Telefongespräch zwischen Erich Honecker und Helmut Kohl am 19. Dezember 1983[163]

H: Ja, Hallo?

K: Ja, hier ist Kohl, guten Tag.

H: Guten Tag, Herr Bundeskanzler, hier ist Honecker.

K: Ja, guten Tag Herr Vorsitzender. Wie geht es Ihnen?

H: Ausgezeichnet, möchte ich sagen, wenn das Wetter ein bißchen besser wäre.

K: Wie ist das Wetter bei Euch?

H: Trübe, Nebel.

K: Hier ist es total unklar, vorher diese Kälte; jetzt haben wir Frühlingswetter.

---

163 Das Gespräch dauerte laut Vermerk von 14.07 Uhr bis 14.41 Uhr. Das Protokoll zeichnete Honecker am 20. Dezember 1983 ab.

H: Ja, das kenne ich.

K: Viel zu warm. Herr Vorsitzender, ich wollte Sie einfach nur zum Jahresende anrufen, um ein paar Gedanken auszutauschen. Das erste, was ich sagen wollte, daß ich mit großer Befriedigung sehe, daß wir in diesem Jahr, ungeachtet der weltpolitischen Umstände, eine Reihe von, wie ich denke, ganz vernünftigen Sachen zusammengebracht haben. Ich denke an die Postpauschale. Ich denke an die gute Aussicht beim Abschluß der S-Bahn-Verhandlungen. Ist noch nicht soweit. Sanierung der Röden, um nur ein paar Beispiele zu nennen, die ich für wichtig und nützlich halte. Und ich wollte Ihnen auch noch einmal mündlich sagen, was ich schon in meinem Weihnachtsbrief geschrieben habe, daß ich größten Wert darauf lege, daß wir die langfristig angelegte Zusammenarbeit auf der bewährten vertraglichen Grundlage fortsetzen.

Wir, die Bundesregierung, wollen alles tun, um das Erreichte zu bewahren und wenn möglich, wie man das ja jetzt in diesem Politik-Chinesisch nennt, das Geflecht der Beziehungen, ich würde es ein bißchen einfacher nennen, sogar sagen, vernünftige Beziehungen einfach zu gestalten und dort, wo es möglich ist, auszubauen. Wir haben sehr zu Kenntnis genommen, was Sie auf dem 7. ZK gesagt haben. Ich will das noch einmal zitieren:

„Jeden vernünftigen Vorschlag sorgfältig zu prüfen und die Beziehungen zwischen unseren Staaten entsprechen dem Vertragssystem auf ein normales Gleis zu bringen."[164] Das entspricht absolut meiner Vorstellung. Und ich wäre sehr damit einverstanden, wenn Sie dies wünschten, daß man über persönliche Beauftragte außerhalb jeglicher Öffentlichkeit, ich glaube, das wäre nützlich, wie auch dieses Gespräch, damit es klar ist, außerhalb jeglicher Öffentlichkeit hier bei uns läuft, noch einmal näher zu erläutern und vielleicht das eine oder andere im Klartext zu versehen.

Wir setzen große Hoffnungen auf die Stockholmer Konferenz.[165] Wir denken, sie sollte genutzt werden, um den Ost-West-Dialog zu erweitern, wenn möglich, vertrauensbildende Maßnahmen auszuhandeln, und ich würde sehr begrüßen, wenn von Ihrer Seite und der Seite der anderen Staaten, einschließlich der Sowjetunion, die Außenminister kommen würden. Ich habe in Washington sehr dafür geworben. Es wird auch so sein, daß der Außenminister Shultz dorthin kommt. Ich glaube, das wäre eine nützlich Chance, um Gespräche zu führen

---

164 Erich Honecker: Reden und Aufsätze. Bd. 10. S. 18. Vgl. Anm. 160.

165 Am 17. Januar 1984 begann in Stockholm die Konferenz über vertrauens- und sicherheitsbildende Maßnahmen und Abrüstung in Europa (KVAE).

zwischen den beiden wichtigen Mächten, zwischen den Amerikanern und der Sowjetunion.

Im übrigen will ich schnell noch einmal sagen, was ich schon öffentlich gesagt habe: Meine Einladung für Sie gilt selbstverständlich. Wann immer Sie darauf zurückkommen, lassen Sie mich das wissen.

H: Herr Bundeskanzler, ich habe heute gegen 12.00 Uhr durch unseren Außenminister Ihren Brief erhalten.[166] Selbstverständlich muß ich diesen Brief noch eingehend prüfen. Aber ich finde es gut, daß wir in Kontakt bleiben. Sie weisen meines Erachtens in diesem Brief mit Recht darauf hin, daß die beiden deutschen Staaten vor einer wichtigen Aufgabe stehen, der Förderung des Friedens, wie es hier heißt, der Sicherheit und Zusammenarbeit in Europa, und die Erfüllung dieser Aufgabe, habe auch eine Bedeutung für die Beziehung zueinander in einer Verantwortungsgemeinschaft, vielleicht könnte man auch sagen, Sicherheitspartnerschaft vor Europa und vor dem deutschen Volk. Wie gesagt, ich begrüße das sehr. Allerdings ist es natürlich so, daß die Lage inzwischen schon etwas anders geworden ist durch den Beginn der Stationierung, denn meines Erachtens - das findet auch in Ihrem Brief einen Niederschlag - hat das selbstverständlich die internationale Lage weiterhin kompliziert, die Spirale des Wettrüstens neu angedreht und die Gefahr eines neuen Krieges erhöht, so daß also, unter diesen Gesichtspunkten betrachtet, selbstverständlich eine ganze Reihe Fragen neu stehen, die man im einzelnen noch durchdenken müßte. Jedenfalls ist es so, daß, Herr Bundeskanzler, ich selbst mit großer Aufmerksamkeit Ihren Einsatz für den Beginn der Stationierung der neuen USA-Mittelstreckenwaffen verfolgt habe. In Ihrem Brief gehen Sie bereits darauf ein, Sie könnten sich vorstellen, daß dies von uns als ein sehr bedenklicher Schritt aufgenommen wurde. Die Haltung der DDR zu dieser Frage hatte ich Ihnen damals in meinem Schreiben Anfang Oktober ausführlich erläutert. Mit dem Beginn der Stationierung ist praktisch doch eine neue Lage entstanden. Dazu habe ich mich - wie Sie mit Recht soeben anführten in Ihren Darlegungen - auf der 7. Tagung des Zentralkomitees unserer Partei geäußert. Die Welt ist schon heute nicht mehr so, wie wir wissen, wie sie vor dem Beschluß über die Stationierung war. Also die internationale Lage hat sich kompliziert. Ich habe das bereits angeführt, und die Tatsachen, mit denen wir konfrontiert sind, sind selbstverständlich sehr ernst. Ich möchte Ihnen nicht verhehlen, daß in der Tat damit dem europäischen Vertragssystem einschließlich Grundlagenvertrages, wie ich bereits auf der 7. Tagung des Zentralkomitees sagte, ernster Schaden zugefügt wurde. Ich habe ausdrücklich von Schaden gesprochen, was Sie auch bemerkt

---

166 Vgl. Dok. 21.

haben. Immerhin wird ja in den Verträgen von Moskau, Warschau und Prag sowie im Vierseitigen Abkommen vom 3. September 1971 und auch im Grundlagenvertrag die Friedenssicherung zum Kernanliegen der Verträge erklärt. Und Sie, Herr Bundeskanzler, haben ja in Ihrem ersten Schreiben an mich selbst geäußert, daß die Politik Ihrer Regierung auf Kontinuität gerichtet sei, gestützt auf das Bündnis, selbstverständlich im Westen, wollten Sie die Zusammenarbeit mit dem Osten fortsetzen und ausbauen. Das fand bei uns ein positives Echo, wie Sie wissen. Bis heute ist mir selbstverständlich unverständlich, wieso die großzügigen, ich darf das hier mal sagen, großzügigen Angebote von Juri Andropow, die vielfältigen Vorschläge der führenden Repräsentanten der sozialistischen Länder von Prag und Moskau, nicht veranlaßt haben, alle Verhandlungsmöglichkeiten in Genf auf jeden Fall voll auszuschöpfen. Und warum die Stationierung nicht zumindestens ausgesetzt wurde, um doch noch zu einem beiderseits akzeptablen Ergebnis zu kommen. Jetzt betrachten wir die Lage so, und daß nun Verhandlungen über die Mittelstreckenwaffen, deren Einsatz nicht nur die beiden deutschen Staaten, ihre Bürger vernichten und ganz Europa zu einem atomaren Schlachtfeld machen werden, die Grundlage wirklich entzogen wurde, weil die NATO trotz Einsprüche Griechenlands, Dänemarks und Spaniens ohne jeden Aufschub stationiert. Unter diesen Bedingungen, die auch die anderen Abrüstungsverhandlungen leider in Mitleidenschaft gezogen haben, hat sich die internationale Lage doch weiter zugespitzt. Und die Situation in Europa ist noch angespannter geworden. Mehr Sicherheit für die Bundesrepublik und ihre Bürger ist nicht entstanden, wie das als Begründung für die Raketenstationierung ausgegeben wurde. Wissen Sie, Herr Bundeskanzler, mich, meine Freunde und auch die Bürger der DDR erfüllt es natürlich mit großer Sorge. Ich war seitdem einige Male in der Republik, und daß sich auf Ihrer Seite mittlerweile politische und strategische Doktrinen durchsetzen, die, und auch hier glaube ich, müßten wir mal darüber sprechen, die Welt in eine nukleare Katastrophe doch treiben könnten.

Ich meine z. B. die Doktrin, wonach die Sowjetunion das Reich alles Bösen sei. Das wurde in diesen Tagen wiederum bekräftigt, das es zu beseitigen gelte. Und ich meine auch die Doktrin zur Zerstörung des Sozialismus mit Hilfe eines Enthauptungsschlages, wie man das nennt: Mit Hilfe einer militärischen Strategie der Entwaffnung und sogar des Präventivschlages. Hierbei handelt es sich nicht um eine unverantwortliche Sprache, um unverantwortliche Sprüche von unbedeutenden Leuten, sondern um offizielle Verkündung führendster Persönlichkeiten der USA und um Festlegungen in bereits gültigen Konzeptionen der NATO. Man muß nicht die Geschichte bemühen, um zur

Auffassung zu gelangen, daß eine Kreuzzugpolitik gegen die Sowjetunion und die anderen sozialistischen Staaten, die auf militärische Gewalt setzt, der Weg in die Katastrophe ist. Und unter den heutigen Bedingungen wäre es die Katastrophe für die ganze Menschheit. Das ist eine Philosophie des Krieges und nicht des Friedens, der Vernunft und des Ausgleiches. Wir stellen, Herr Bundeskanzler, die Zugehörigkeit der Bundesrepublik Deutschland zu ihrem Bündnissystem nicht in Frage. Und umgekehrt sollte man es auch nicht mit der DDR halten. Aber Europa darf nicht die Geisel einer Politik werden, die offenkundig bereit ist, jene Grenze zu überschreiten - jedenfalls ist das unser Eindruck - an der eigentlich ein jeder verantwortungsvoller, bewußter Politiker, gleich welcher politischer Farbe, haltmachen sollte. Ich hatte, wie Sie wissen, Gelegenheit, Ihrem Vorgänger im Amt zu sagen, er möge sein politisches Schicksal nicht mit dem Raketenbeschluß verbinden. Was geschehen ist, wissen Sie. Erlauben Sie die Feststellung, wer in unserer Zeit nicht alles Erdenkliche für den Frieden, für die Vermeidung eines nuklearen Krieges, für die Zusammenarbeit der Staaten auf der Basis der Gleichheit und der gleichen Sicherheit unternimmt, wird vor seinem Volk und auch vor seinem Gewissen nicht bestehen können. Und in dieser Beziehung habe ich auch mit Interesse aus Ihrem mir heute zugänglich gemachten Brief entnommen, daß Sie unsere Position sehr stark verfolgen und Sie selbst einige Vorstellungen haben, wie man diese Fragen einer Lösung zuführen könnte.

Die Bundesrepublik Deutschland und die Deutsche Demokratische Republik, das verlieren wir nie aus dem Auge, und ich möchte, daß Sie das auch am Vorabend des neuen Jahres wissen, haben nicht nur unterschiedliche gesellschaftliche Ordnungen, sondern sie gehören auch verschiedenen Bündnissystemen an. Und in meiner Rede auf der Tagung des Zentralkomitees unserer Partei habe ich ja auch unterstrichen, daß die Deutsche Demokratische Republik in jedem Falle ihre Bündnisverpflichtungen erfüllen wird. Und dazu gehört auch die Stationierung operativ-taktischer Raketen größerer Reichweite, jedenfalls größer als 120 Kilometer, die, das kann ich ganz offen sagen, das Startgebiet von Pershing II und Cruise Missiles berücksichtigen. Von dieser Tatsache muß man nunmehr bei Betrachtungen der Beziehungen zwischen der DDR und der BRD ausgehen. Ganz offensichtlich sind das keine Instrumente, da werden Sie mir zustimmen, die gutnachbarlichen Beziehungen zu erleichtern. Wir waren dagegen, daß es so kommt, und wir sind dafür, diesen Zustand in absehbarer Zukunft wieder zu beseitigen. Wir werden bei der Durchführung unserer militärischen Maßnahmen, das darf ich sagen, nicht weitergehen, als es durch das Vorgehen der USA und der NATO erforderlich ist, und Juri Andropow hat das auch in seiner Erklärung klar gesagt. Allerdings werden wir dabei selbstverständlich die Aufrüstungsmaßnahmen der Bundesrepublik zu berücksichtigen haben. Und da letztens beide deutsche Staaten eine Zukunft haben wollen, sollte man, wenn Ihrerseits der Wille vorhanden ist, weiter von dem Prinzip ausgehen, daß es zur Politik der friedlichen Koexistenz keine akzeptable Alternative gibt. Wir sind dafür, vom Vertragssystem all das zu wahren, was noch besteht, es weiter auszubauen, mit Inhalt zu erfüllen. So sind wir dafür, den Schaden möglichst zu begrenzen. So bitte ich auch meine Ausführungen auf der letzten Sitzung des Zentralkomitees zu verstehen. Dabei muß vor allem, Herr Bundeskanzler, jener Kergedanke im Grundlagenvertrag meines Erachtens stärkere Berücksichtigung finden, der besagt, daß jeder der beiden deutschen Staaten über seine Innen- und Außenpolitik selbständig und souverän zu entscheiden hat. Wenn Sie das ebenso halten, sehen wir auch jetzt noch Möglichkeiten der fruchtbaren Entwicklung der Beziehungen. Allerdings will ich nicht verschweigen, daß ohne die Stationierung neuer Raketen die Chancen dafür besser wären.

In Ihrem Brief, Herr Bundeskanzler, habe ich sehr aufmerksam zur Kenntnis genommen Ihre Feststellung, wonach der Krieg kein Mittel zur Durchsetzung politischer Ziele mehr sein darf und Waffen nicht eingesetzt werden sollten, es sei denn als Antwort auf einen Angriff. Diesem kann ich voll und ganz zustimmen. Um so mehr wäre es doch gut, wenn Sie den Vorschlag unterstützen würden, Verhandlungen über den Abschluß eines Vertrages über den Verzicht auf Anwendung militärischer Gewalt zwischen dem Warschauer Pakt und der NATO aufzunehmen. Es geht dabei nicht nur um die Frage des Verzichts auf militärische Gewalt, sondern um die Aufrechterhaltung friedlicher Beziehungen. Und der Einwand, Gewaltverzicht sei in anderen internationalen Dokumenten bereits festgelegt, hebt selbstverständlich die Notwendigkeit eines solchen Vertrages nicht auf. Also, wir sind dafür, alle entstehenden Probleme friedlich zu regeln. Unsere Vorschläge dazu betrachten wir als realistisch. Wir sind für das Einfrieren aller Rüstungen auf nuklearem Gebiet, den Stopp und die Zurücknahme der Stationierung der USA-Erstschlagswaffen, um wieder Verhandlungen zu ermöglichen, den vertraglich vereinbarten Verzicht auf die Erstanwendung von nuklearen und konventionellen Waffen, die Bildung atomwaffenfreier Zonen, für den schwedischen Vorschlag, eine von atomaren Gefechtsfeldwaffen freie Zone in Europa zu schaffen. Bekanntlich haben wir hierzu unsere Bereitschaft erklärt, das ganze Territorium der DDR zur Verfügung zu stellen, und wir sind für das Verbot der chemischen und bakteriologischen Waffen. Wir sind ganz entschieden für das Verbot der Militarisierung des Weltraumes. Also, wir schließen nicht die Möglichkeit aus, daß es früher oder später, trotz eingetretener

Lage, zu positiven Ergebnissen der Verhandlungen über Abrüstung kommt und die Entspannung fortgesetzt wird. Wie gesagt, nach wie vor gibt es unseres Erachtens zur Politik der friedlichen Koexistenz zwischen Staaten unterschiedlicher sozialer Ordnung, und das ist auch in dem mir von Ihnen heute übermittelten Brief vermerkt, keine vernünftige Alternative. Realismus und Vernunft müssen wirklich die Oberhand gewinnen. Sie haben eingangs in Ihren Äußerungen darauf hingewiesen auf die verschiedenartigen Fortschritte, die es zwischen uns gibt. Ich bin voll und ganz mit Ihnen einverstanden, daß man sich überlegen muß, was man tun kann, um trotz der schwierigen Zeiten all das zu erhalten, was man in der Frage der Entspannungspolitik erreicht hat, und weiter auszubauen.

Deshalb möchte ich Sie bitten, Ihre Aufmerksamkeit solchen Fragen zu schenken, zu dem, was wir bereits erreicht haben, wie die Klarstellung des Verlaufes der Elbgrenze, der Respektierung der Staatsbürgerschaft der DDR, der Auflösung der aus dem kalten Krieg stammenden Dienststelle in Salzgitter sowohl wie der Umwandlung der Ständigen Vertretung in Botschaften. Eine Frage haben wir schon gelöst. Die frühere Treuhandstelle - da wurden Sie ja bereits darüber informiert - für innerdeutschen Handel wurde ja in Treuhandstelle für Industrie und Handel umgewandelt. Und die Regelung der Probleme der Elbgrenze würde selbstverständlich - ich bitte das zu beachten - von uns honoriert, da ja das, was wir hier besprechen unter uns bleibt, von uns aus honoriert. Trifft nach Informationen, die mir vorliegen, Herr Bundeskanzler - und ich möchte die Frage an Sie richten, ob das stimmt, trifft es zu, daß in einem Staatsvertrag zum Beispiel zwischen Bayern und Württemberg, ohne daß ich jetzt Bayern und Württemberg mit der DDR vergleichen möchte, festgelegt worden ist, daß die Grenze zwischen den beiden Bundesländern exakt auf der Flußmitte des Main verläuft. Wenn eine solche Regelung sogar innerhalb der Bundesrepublik getroffen wird, warum sollte man dann zögern bei der Klärung dieses Problems der Flußgrenze zwischen zwei von einander unabhängigen Staaten, zum Beispiel des kleinen Stückchens Elbgrenze? Im übrigen sollte es doch wirklich nicht schwer sein einzusehen, daß es auch Staatsbürger der DDR und Staatsbürger der BRD gibt. Und Sie selbst haben ja auch schon von Bürgern der DDR gesprochen. Größten Wert möchte ich darauf legen, daß, wie ich schon sagte, der Grundsatz eingehalten wird, wonach beide Staaten in ihren inneren und äußeren Angelegenheiten souverän sind, selbständig sind. Deshalb sollten Schritte unterlassen werden, die darauf gerichtet sind, auf andere Staaten bei der Gestaltung ihrer Beziehungen zur DDR negativ oder gar mit politischem Druck einzuwirken. Neuerdings kann nicht verschwiegen werden, daß solche Versuch seitens der BRD zunehmen.

Ich bitte Sie, immer davon auszugehen, Herr Bundeskanzler, daß es nicht möglich sein wird, die Deutsche Demokratische Republik in irgendeiner Weise durch andere Dinge politisch von ihren prinzipiellen Positionen abzubringen. Natürlich berücksichtigen wir den großen Umfang verwandtschaftlicher Beziehungen zwischen Bürgern der DDR und Bürgern der BRD. Und wir sind dafür - Sie haben selbst die Dinge auch etwas mit nach vorwärts gebracht -, Wege für Begegnungen zu öffnen, aber guter Wille darf unseres Erachtens nicht mißbraucht werden, um so lebenswichtige Interessen unseres Staates anzutasten. Und ich glaube, man sollte das auch nicht mit allen anderen Sachen umschmücken, sondern hier handelt es sich darum, so wie auf verschiedenen Gebieten, daß wir auf allen Gebieten frei und offen uns immer aussprechen. Und ich teile voll und ganz die von Ihnen geäußerte Meinung, daß die bevorstehende Stockholmer Konferenz doch also die Möglichkeit bietet, nicht nur wesentliche Fragen zu besprechen, die eine wirkliche Vertrauensbildung bieten, sondern, daß nach den ganzen Ereignissen der letzten Zeit doch also Millionen von Menschen dieser Konferenz mit Hoffnung entgegenschauen. Wir haben noch nicht endgültig entschieden, ich nehme aber an, daß wir unseren Außenminister schicken. Die Konferenz hat eine solche Bedeutung, daß wir unseren Außenminister entsenden werden.[167]

K: Ja.

H: Übrigens Ihre Frage in bezug auf Besuch in der BRD, das heißt, die Erneuerung der Einladung zum Besuch. Ich möchte Ihnen sagen, im Prinzip bin ich einverstanden. Wir sind aber wahrscheinlich beide doch der Auffassung, ihn in einer Situation durchzuführen, die auch einen normalen Ablauf diese Besuches ermöglicht.

K: Da stimme ich Ihnen völlig zu.

H: So daß also man zu gegebener Zeit Termin, Programm usw. alles vereinbaren könnte, auch was die Frage betrifft in Ihrem Brief, was Sie wiederholt haben, das Angebot einer meiner Vertrauensleute zu Ihnen zu senden.

K: Oder umgekehrt.

H: Oder umgekehrt. Auch einverstanden. Da würde ich darum bitten, daß wir uns dann über einen Termin verständigen, damit das alles vor sich gehen kann. Wobei ich als die wichtigste Frage gegenwärtig betrachte, die Vorbereitung der Stockholmer Konferenz.

---

167 Tatsächlich leitete Außenminister Oskar Fischer die DDR-Delegation zur Eröffnung der KVAE am 17. Januar 1984 in Stockholm.

K: Ja. Also, ich habe sehr aufmerksam natürlich das jetzt alles angehört und zugehört, was Sie gerade gesagt haben. Ich will jetzt nicht zu allen Punkten im Detail Stellung nehmen, weil das doch viel zu weit führen würde. Ich will auch jetzt nicht eine Würdigung der natürlicherweise sehr konträren Standpunkte, was die Stationierung betrifft vornehmen.

Hier sind unsere Meinungen völlig verschieden. Nur will ich sagen, seitens der Bundesrepublik Deutschland und seitens der NATO wird es mit absoluter Sicherheit keinen Angriffskrieg geben, und ich füge etwas hinzu, was in diesem Augenblick vielleicht Sie besonders beeindrucken kann: Ich bin fest überzeugt, daß wir beide, die wir jetzt miteinander telefonieren, im sichersten Teil dieser Erde leben. Ich bin ganz sicher, daß es in Mitteleuropa keinen Krieg geben wird. Das ist meine feste Überzeugung, und ich habe auch nicht die geringsten Anzeichen dafür, wenn ich das ernst nehme, was die sowjetische Seite erklärt, und sie tun dies, und wenn ich das ernst nehme, was ich selber mit beeinflussen kann, weil ich hier die allerbesten Kenntnisse aus allernächster Nähe habe. Ich bin der festen Überzeugung, daß in der jetzigen Lage absolut die Chancen liegen, auch zu einer Verständigung der beiden Weltmächte zu kommen. Ich bin sicher, daß sich da in den nächsten Monaten auch noch einiges erreichen läßt und erreicht wird, was ich selbst tun kann, das ist eine ganze Menge. Auch in Washington werde ich eine ganze Menge tun. Wir haben enge Kontakte, und wir haben das immer wieder gesagt. Ich will aber jetzt nichts sagen über diese Abteilung, die ich unter Propaganda bezeichne, wer wen jeweils angreift. Wissen Sie, Herr Honecker, das bringt uns beide nicht weiter. Wir haben nach meiner festen Überzeugung in dieser sehr kritischen, sehr ernsten weltpolitischen Lage ganz persönlich, wir beide, eine besondere Verantwortung. Es ist ganz selbstverständlich, daß wir nicht die Absicht haben, etwa die Gegebenheiten, die da sind und die realistisch zu betrachten sind, ich höre aus Ihren Worten umgekehrt das gleiche, jetzt auf den Kopf stellen zu wollen. Wir müssen in der uns zur Verfügung stehenden Zeitspanne unseres Amtes oder unseres Lebens, wie man es nennen will, versuchen, unsere Pflicht zu tun. Unsere Pflicht muß es sein, den Frieden zu bewahren. Unsere Pflicht muß auch sein, in der Verantwortung vor der deutschen Geschichte unsere Pflicht zu bewahren. Sie haben aus gutem Grund auf die Menschen in beiden Teilen hingewiesen. Auf die Menschen in der DDR und auf die Menschen in der Bundesrepublik. Und das gibt noch eine weit über das politische Maß hinausgehende zusätzliche Verantwortung. Gerade für eine Generation, ich bin etwas jünger, aber ich habe den Krieg noch mit wachem Bewußtsein als Kind miterlebt.

H: In den letzten Zügen, ja?

K: Ja. Und zum Schluß noch als Flakhelfer. Ich hab in meiner Heimatstadt Ludwigshafen Fliegerangriffe erlebt. Mein Bruder ist gefallen. Mein Schwager war von den Nazis eingesperrt. Ich habe all das erlebt, was das Schicksal einer deutschen Familie in dieser Zeit ausmacht. Ich glaube, daß in Stockholm eine Chance besteht, ein Stück weiterzukommen. Ich persönlich bin auch überzeugt, daß es im kommenden Jahr nach einem zeitlichen Phasenverzug zwischen den Weltmächten erneut zu Gesprächen kommen wird. Alles, was ich weiß, deutet darauf hin. Und jetzt will ich es auch noch einmal ganz klar und deutlich ansprechen. Ich kann nicht erkennen, daß wir, wir beide, und die Regierung der DDR und die Regierung der Bundesrepublik im Rahmen ihrer Möglichkeiten bilateral nicht das tun sollten, was die anderen selbstverständlich tun. Seit dem Stationierungsbeschluß sind die Wirtschaftsgespräche zwischen der Sowjetunion und der Bundesrepublik nicht geringer geworden, sondern eher intensiviert. Ich habe im Augenblick gerade einen Bericht vor einer Stunde bekommen, wer alles etwa mit unserer chemischen Industrie verhandelt hat in den letzten 14 Tagen. Da war das eine ganze stolze Reihe aus dem Bereich des Warschauer Paktes. Ich vermag nicht einzusehen, warum die Beziehungen unter den Deutschen, unter den sicher schwierigen Verhältnissen - ich leugne das überhaupt nicht - mehr leiden sollten als die Beziehungen zwischen den Tschechen und uns, ich meine jetzt die Bundesrepublik, und die Beziehungen zwischen den Polen und uns, die Beziehungen zwischen den Bulgaren oder den Rumänen. Ich finde, wir haben auf Grund der geltenden Verträge eine gute Chance, hier mit Vernuft und Augenmaß das Richtige zu tun. Und Sie können vor allem davon ausgehen, das glaube ich ist sehr wichtig: Sie sprechen hier mit einem Mann, der nichts unternehmen wird, um Sie in eine ungute Lage - ich will es nicht näher interpretieren - in eine ungute Lage zu bringen. Mein Interesse ist, daß das, was mühsam aufgebaut wurde und was unendlich schwierig und nur mit kleiner Schritten fortzuentwickeln ist, fortentwickelt wird, das ist das, was ich mir vorgenommen habe. Und vielleicht können wir im Laufe des Januar noch einmal uns verständigen, ob jemand von meinen Leuten rüberkommt mal zu Ihnen, und zwar wirklich in aller Diskretion - bei uns ist das natürlich, wie Sie wissen, ein bißchen schwieriger. Aber, das kann man so machen, daß das in einer vernünftigen Dimension läuft. Mir geht es darum, daß der Faden nicht abreißt und schon gar kein Tischtuch zerschnitten wird, sondern daß wir im Rahmen dessen, was jetzt, heute oder im kommenden Jahr möglich ist, möglich machen. Ich glaube, das ist unsere Pflicht. Ich empfinde es jedenfalls so.

H: Ich möchte Ihnen, Herr Bundeskanzler, ganz offen sagen, daß es mich außerordentlich freut, daß Sie die Fragen der Sicherung des Friedens in den Mittelpunkt Ihres Wirkens rücken und in Verbindung damit als selbstverständlich betrachten, daß gerade die beiden deutschen Staaten unter Berücksichtigung ihrer unterschiedlichen Gesellschaftsordnungen und der verschiedenen Zugehörigkeit zu den Bündnissystemen zumindest nicht schlechter zusammenarbeiten dürfen als mit anderen Staaten.

K: Ja, und da werden wir das in aller Souveränität auch tun.

H: Und meinerseits, das wissen Sie, werden die Probleme immer von dieser Kante aus angepackt. Wobei ich ganz offen sagen möchte, daß also selbstverständlich die Zuspitzung der internationalen Lage sich sowohl negativ auswirken wird für die DDR als auch für die Bundesrepublik Deutschland, wenn es nicht gelingt, den Zug der Aufrüstung zu bremsen und ihn vielleicht umkehrbar zu machen. Die Informationen, die Sie gegeben haben zu den ökonomischen Beziehungen, erfüllen mich mit einem bestimmten Optimismus. Auch wie ich Ihnen bereits sagte, die Vorbereitung der Stockholmer Konferenz. Wir werden wahrscheinlich morgen dazu Stellung nehmen und festlegen, daß unser Außenminister zu dieser Konferenz fahren wird. Dort wird man die Möglichkeit haben, sich über das zu verständigen, was es zu verständigen gibt, und daß also dann die Dinge weitergehen. Die ökonomischen Beziehungen zwischen beiden deutschen Staaten entwickeln sich an und für sich gut. Wenn ich richtig im Bilde bin, ich weiß nicht genau, so wird der Handel in diesem Jahr einen Umfang von 15 Milliarden Mark erreichen.

K: Ja, ja, bestimmt.

H: Das ist immerhin eine ganz schöne Summe, und wir sind interessiert, daß bestimmte Hemmnisse abgebaut werden, der Handel weiterentwickelt wird. Aber darüber können ja die zuständigen Stellen sprechen. Jedenfalls können Sie von mir aus das Wort ganz fest nehmen, ich hätte bald gesagt, mitnehmen, daß also von unserer Seite aus die Orientierung genommen wird, diesen Handel zu entwickeln, auch den Austausch auf wissenschaftlich-technischem Gebiet zu entwickeln und auf den verschiedenen anderen Gebieten, die Sie angeführt haben. Aber wichtig ist selbstverständlich, das ergibt sich allein schon aus unserer Verantwortung, aber auch aus unseren Erfahrungen, den Frieden zu sichern, d. h. einen neuen Krieg abzuwenden. Ich nehme gern Ihre Versicherung entgegen. Ich hätte bald gesagt, möge Gott, daß das alles so zutreffen wird, wie Sie das zum Ausdruck gebracht haben. Nach meinem Eindruck - ich darf das ganz offen sagen -, ich stehe auch im engen Kontakt, von sowjetischer Seite ist man selbstverständlich bereit, unter Beachtung ihrer Interessen, ein großes Stück entgegenzukommen. Allerdigs ist es natürlich so, daß auch die andere Seite entgegenkommen muß, wobei ich vom Geschimpfe überhaupt nichts halte, sondern einfach von der Tatsache ausgehe, daß reale Interessen die Beziehungen zwischen den Staaten entwickeln. Dazu haben wir ja auch selbst eine besondere Verantwortung. Wie Sie mit recht sagten, vom Standpunkt des Friedens und vom Standpunkt der Geschichte.

K: Ja. Also, ich wünsche Ihnen einen guten Rutsch ins neue Jahr.

H: Ja, ebenfalls einen guten Rutsch ins neue Jahr. Wie ich gehört habe, werden Sie in der Umgebung von Ludwigshafen sein. In dem schönen Gebiet dort.

K: Ich muß so viel reisen, ich bin froh, wenn ich mal daheim bin.

H: Ist ja auch schön. Also besten Dank. Dann ebenfalls einen guten Rutsch. Auf Wiederhören.

K: Auf Wiederhören.

Quelle:[168] *SAPMO - BArch, DY 30/vorl. SED, 41664.*

Dokument 23

Niederschrift über das Treffen Erich Honeckers mit Helmut Kohl am 13. Februar 1984 in Moskau

H. Kohl äußerte zu Beginn seine Freude darüber, E. Honecker persönlich kennenzulernen. Er hoffe sehr, daß E. Honecker in absehbarer Zeit zu seinem vorgesehenen Besuch in die Bundesrepublik kommen werde. Zu diesem Besuch habe er nicht eingeladen, um Propaganda zu machen. Die gegensätzlichen Standpunkte seien ja bekannt. Im Weihnachtstelefonat habe er E. Honeckers kürzliche Rede angesprochen: Es gehe um vernünftige Beziehungen und darum, was man tun könne, um Kontroverses zu vermeiden. Er wolle nicht, daß nach dem Besuch die Beziehungen schlechter seien als vorher.

---

168 Der Wortlaut wurde erstmals veröffentlicht in: Detlef Nakath: Dokumentation von Telefongesprächen Erich Honeckers mit Helmut Schmidt und Helmut Kohl. In: Geächtet oder geachtet? Die DDR in der internationalen Staatengemeinschaft. Berlin 1994, S. 71 ff.

E. Honecker stellte fest, es sei gut, daß man sich zum ersten Mal begegnet. Dem Besuch habe er bereits im Prinzip zugestimmt; doch sei die Frage, unter welchen Umständen er stattfinde. Ausschlaggebend sei die politische Atmosphäre; es müsse dann sein, wenn der Besuch für beide Seiten von Vorteil sei. E. Honecker unterstrich die Bedeutung der Weiterführung des politischen Dialogs in der heutigen Zeit. Beim seinerzeitigen Treffen mit K. Carstens und H.-D. Genscher in Moskau habe er darauf hingewiesen, daß mit der Raketenstationierung in Westeuropa eine Verschärfung der internationalen Situation eintreten werde, wozu es auch gekommen sei.[169] Von vornherein sei die DDR von der gegebenen Lage ausgegangen, die nicht der politischen Notwendigkeit enthebe, den Dialog weiterzuführen.

Grundlage dafür sei die reale Existenz zweier deutscher Staaten, die voneinander unabhängig sind und über ihre inneren und äußeren Angelegenheiten selbst bestimmen. Eine dementsprechende Zusammenarbeit beider deutscher Staaten wirke sich auf Europa günstig aus. Wenn die Lage gegeben sei, könne man sich über den Besuch schnell einigen. Die DDR sei entschlossen, den Dialog weiterzuführen, was bei ihren Verbündeten die entsprechende Aufnahme finde.

Unter Hinweis auf die notwendige Entwicklung der Großwetterlage sagte H. Kohl, seine Politik sei entschieden darauf gerichtet, die USA und die Sowjetunion an einen Tisch zu bringen. Er sei stark in der Vermutung, daß Bush morgen den neuen Generalsekretär daraufhin ansprechen werde.[170] Gehen Sie bitte davon aus: Gerade weil wir stationiert und unser gegebenes Wort in der NATO eingehalten haben, haben wir große moralische Autorität und sind überzeugt, daß vernünftige Gespräche vorankommen. Mit Mitterand, Craxi und sogar Thatcher sei er einer Meinung, daß man sich zusammensetzen müsse. Wichtig sei das Zustandekommen der Stockholmer Konferenz, in der Raketenfrage müsse man, wo auch immer, weiterverhandeln. Wenn er die DDR, Bulgarien und Ungarn höre, dann gebe es trotz der Unterschiedlichkeit der Standpunkte schon eine europäische Stimme, die sich entwickle. E. Honecker stellte fest, daß es zu den Ursachen der Zuspitzung der internationalen Situation sehr unterschiedliche Standpunkte gebe. Durch die Stationierung von Pershing II und Cruise Missiles sei die internationale Lage nicht sicherer, sondern unsicherer geworden. Man müsse die Situation entkrampfen und wieder in gro-

---

169 Vgl. Dok. 10.

170 Die Begegnung Honeckers mit Kohl fand am Rande der Trauerfeierlichkeiten in Moskau für den 9. Februar 1984 verstorbenen KPdSU-Generalsekretär Juri Andropow statt. Am 14. Februar 1984 trafen der neue Kremlführer Konstantin Tschernenko und USA-Vizepräsident George Bush offiziell zusammen.

ßem Maße miteinander sprechen. Sowohl die Stockholmer Konferenz als auch die Wiener Truppenabbaugespräche seien von größter Bedeutung und müßten genutzt werden, um wieder vernünftig miteinander zu reden. In der BRD werde stationiert, in der DDR werde stationiert. Am besten wäre eine Initiative, auf beiden Seiten abzubauen. Die Sowjetunion und die USA müßten zueinanderfinden.

Die Rede des neuen Generalsekretärs des ZK der KPdSU zeuge davon, und auch sein Gespräch mit A. Gromyko habe es deutlich gemacht, daß die Sowjetunion eine Politik für ein atomwaffenfreies Europa, eine Politik des Aufeinanderzugehens verfolge.[171] Dabei finde sie jegliche Unterstützung der DDR. Die Weltpolitik müsse wieder berechenbar gemacht werden.

Auf die Frage H. Kohls, wie der neue Generalsekretär sei, er kenne ihn nicht, antwortete E. Honecker, er kenne ihn schon lange, und er sei ausgezeichnet.

E. Honecker unterstrich, es sei notwendig, ernsthaft zu verhandeln, um zu realen Ergebnissen zu kommen - sowohl im Mittelstrecken- als auch im strategischen Bereich. Mit der Theorie vom „Krieg der Sterne" müsse aufgehört werden. Entscheidend für beide deutsche Staaten sei, zu erkennen, daß ein atomarer Krieg am meisten Europa schade. H. Kohl bemerkte, er gehe weiter; jeder Krieg sei beim heutigen Zustand der konventionellen Rüstungen eine Katastrophe. Aber ein atomares Inferno, entgegnete E. Honecker, wäre das Ende der Menschheit. Danach würden selbst diejenigen, die aus den Bunkern stiegen, keine Lebensbedingungen mehr vorfinden. Wir sind für die Befreiung der Völker vom Krieg überhaupt.

E. Honecker erinnerte an H. Kohls Worte vom besonderen Gewicht der BRD nach der Stationierung. Jetzt bestehe die Verantwortung darin, dafür zu sorgen, daß die Dinger wieder verschwinden. Hierüber habe er in letzter Zeit Gespräche mit vielen Politikern geführt, auch mit kirchlichen Würdenträgern, insbesondere im Zusammenhang mit dem Luther-Jahr. Frieden schaffen mit immer weniger Waffen - das sei richtig, aber bisher seien es immer mehr geworden, und die Gefahren hätten sich vergrößert. Man spreche von der Führ- und Gewinnbarkeit eines Atomkrieges, sogar vom Krieg im Kosmos. Man solle für die Rückkehr zu dem Zustand sorgen, der Verhandlungen erlaubt. H. Kohl sagte, hier sei man gar nicht weit auseinander. Man müsse die Tische zusammenbringen, vernünftig verhandeln und

---

171 Der neue Generalsekretär hatte seine Antrittsrede auf dem außerordentlichen ZK-Plenum der KPdSU am 13. Februar 1983 gehalten. Den Wortlaut vgl. in: Konstantin Tschernenko: Ausgewählte Reden und Aufsätze 1981 - 1984. Berlin 1985, S. 238 ff.

zur Reduzierung kommen. Darin befinde er sich in weitgehender Übereinstimmung mit seinen europäischen Freunden. E. Honecker stellte fest, er habe darüber mit Trudeau, Cheysson und anderen gesprochen und sei optimistisch.[172] Das werde eintreten; denn die Menschheit habe keine andere Wahl.

H. Kohl äußerte die Überzeugung, daß R. Reagan in diesem Jahr wiedergewählt werde. Er kenne seine Struktur, auch seine Frau, habe intensive Gespräche mit ihm geführt. Jeder Politiker habe eine Vorstellung von der Geschichte, von dem, was er einmal hinterlasse. Auf dem Tisch R. Reagans stünden Fotos von allen bisherigen USA-Präsidenten, und in dieser Reihe wolle er kein Bild eines Kriegsfürsten hinterlassen.[173]

E. Honecker bezeichnete einen Kurs des Aufeinanderzugehens als einen großen Gewinn. Dem stimmte H. Kohl zu. H.-D. Genscher bemerkte, in Stockholm sei es gut gegangen; das habe sein Gespräch mit O. Fischer und mit A. Gromyko gezeigt.[174] Auch das Gespräch zwischen Gromyko und Shultz sei gut gegangen, es sei ein sehr vertieftes Gespräch gewesen.[175] Das gebe gute Voraussetzungen für die weitere Vertiefung der Kontakte zwischen der Sowjetunion und den USA. Ohne die BRD, so sagte H. Kohl, wäre Madrid nicht zum Ergebnis gekommen. Die USA seien erst auf einem ganz anderen Dampfer gewesen. Das sei typisch; er habe Reagan beschworen, ihm die europäischen Motive gesagt, warum die USA diesen Schritt in Richtung Stockholm tun sollten.

Die BRD habe gute, vertrauensvolle Beziehungen zu Reagan, auch zum französischen Präsidenten. Wenn E. Honecker mit dem neuen Generalsekretär des ZK der KPdSU spreche, dann wäre es gut, ließe sich arrangieren, daß er Präsident Reagan treffe. Auch der erste Mann der Sowjetunion müsse die Leute hier persönlich kennenlernen.

E. Honecker stellte fest, seit dem Amtsantritt Reagans habe sich die internationale Situation verschärft. Wenn Reagan die bisherige Position wechsele und zu einer Position übergehe, die den europäischen Interessen mehr entspreche, dann könne das nur gut sein. Werde die Sowjetunion als „Reich des Bösen" bezeichnet, gegen sie der „Enthauptungsschlag" verkündet, so sei die Rochade schwer vor-

---

172 Honecker war z. B. zwischen dem 30. Januar und dem 1. Februar 1984 mehrfach mit dem kanadischen Ministerpräsidenten Pierre Elliot Trudeau in Berlin zusammengetroffen.

173 Ronald Reagan hatte die USA-Präsidentenwahlen Ende 1984 erneut gewonnen.

174 Vgl. Anm. 167.

175 Am 18. Januar 1984 war es in Stockholm zu einem Treffen zwischen den Außenministern der UdSSR und der USA, Gromyko und Shultz, gekommen.

stellbar. Notwendig sei, aufeinanderzuzugehen; Vertrauen und Berechenbarkeit seien entscheidend.

H.-D. Genscher warf ein, die Rede Reagans vor Stockholm über die gemeinsame Verantwortung der USA und der Sowjetunion sollte nicht unterschätzt werden; auch die Brüsseler Erklärung der NATO sei von Gewicht.[176] Schließlich sei der Doppelbeschluß nicht von der Regierung Reagan, sondern anderswo erfunden worden. H. Kohl: Das ist eine Erfindung der Europäer. H.-D. Genscher meinte, Reagan sei keine lahme Ente im Wahlkampf. Gewinne er, werde er freier.

Wie E. Honecker sagte, habe er über den Doppelbeschluß 15 $^1/_2$ Stunden mit H. Schmidt gesprochen. Es wäre nur zu begrüßen, wenn der USA-Präsident die Bewegungsfreiheit bekomme, Schritte in die vernünftige Richtung zu tun. Auch er gehe davon aus, daß Reagan wiedergewählt werde.

Im Zusammenhang mit Wirtschaftsproblemen der kapitalistischen Welt und den Ergebnissen von Williamsburg verwies E. Honecker auf die Hochzinspolitik der USA, die sich nicht zuletzt gegen die Interessen ihrer europäischen Verbündeten richte.

H. Kohl erklärte, er sei gegen diese Hochzinspolitik, aber die BRD habe dadurch auch 11 Milliarden DM blank verdient. Ihre Exportfähigkeit sei nicht schlechter geworden. Die BRD sei noch lange nicht über den Berg, aber komme gut voran, was keine Eintagsfliege bleiben dürfe, sondern verstetigt werden müsse. Probleme gebe es mit der Forschung, doch hier sei Land in Sicht, allerdings seien noch viele Investitionen nötig. Die Koalition verfüge über eine breite Wählerbasis, womit er sehr zufrieden sei. Die SPD sei nur noch bedingt einsatzfähig.

Daß die USA zuverlässig seien, habe die Sowjetunion 1941 ausprobiert, sagte H. Kohl. Die Deutschen müßten begreifen, daß die Weltmächte nichts von Psychologie verstünden.

In den USA bestehe eine schwierige Wirtschaftslage, die auch auf die Bundesrepublik durchschlage. Im Umgang mit Weltmächten brauche die BRD keinen Nachhilfeunterricht.

E. Honecker meinte dazu, er sei seit seinem 18. Lebensjahr mit einer Weltmacht, der Sowjetunion, verbunden und habe als Deutscher schon damals begriffen, daß dieses Land den Frieden will. Entscheidend sei, daß mehr Waffen nicht mehr Vertrauen schaffen. E. Honecker bekräftigte nochmals seinen Vorschlag für eine Initiative, in der BRD und in der DDR die stationierten Raketen abzubauen. Die Sowjetunion wolle den Frieden. Das wisse man auch in den USA. Beide Länder müßten zusammengehen, um Probleme zu lösen, und die DDR und die BRD müßten vermeiden, neue Probleme zu schaffen.

---

176 Vgl. Anm. 163.

Meine Rede auf dem 7. Plenum des Zentralkomitees kennen Sie ja, sagte E. Honecker.[177] Unser Hauptanliegen ist, nie wieder darf von deutschem Boden ein Krieg ausgehen. Dazu können wir beide viel tun, indem wir prüfen, was machbar ist, und weitere Schritte festlegen.

Quelle: SAPMO - BArch, DY 30/J IV 2/2A/2683.

Dokument 24

Schreiben Erich Honeckers an Helmut Kohl vom 17. Februar 1984

Sehr geehrter Herr Bundeskanzler!
Ich danke Ihnen für Ihr Schreiben vom 14. Dezember 1983. Ich stimme mit Ihnen darin überein, wie ich das in dem Telefongespräch zwischen uns am 19. Dezember bereits betont habe, daß die nächste Zeit von großer Bedeutung für Frieden, Sicherheit und Zusammenarbeit in Europa, aber auch für die Beziehungen zwischen beiden deutschen Staaten sein wird.[178] Die Deutsche Demokratische Republik geht angesichts der zugespitzten internationalen Lage mehr denn je davon aus, daß die Sicherung und Festigung des Friedens die alles überragende Frage ist. Das gilt besonders für die beiden deutschen Staaten und ihr Verhältnis zueinander. Verantwortungsgemeinschaft, um ihren Begriff aufzunehmen, oder besser Sicherheitspartnerschaft bedeutet aus unserer Sicht gegenwärtig zu allererst, was beide Staaten aktiv dafür tun, um die durch den Beginn der Stationierung nuklearer Mittelstreckenraketen der USA in Westeuropa, vor allem in der Bundesrepublik Deutschland, veränderte Lage wieder zum Besseren zu wenden. Es bedeutet für uns, auf einen Zustand des Friedens in Europa hinzuarbeiten, in dem sich die Zusammenarbeit zwischen den Staaten zum Wohle der Völker entwickeln kann.

Ich verhehle nicht, daß ich Ihrer Bewertung der Situation nicht folgen kann. Die durch keinerlei Rechtfertigung, auch nicht durch eine angebliche sowjetische Vorrüstung zu begründende Stationierung der nuklearen amerikanischen Mittelstreckenraketen in Westeuropa verschärft und kompliziert die internationale Lage wesentlich, erhöht die Gefahr eines nuklearen Krieges und schafft eine der schwersten Bela-

---

177 Vgl. Anm. 160.

178 Vgl. das Schreiben und das Telefonat in Dok. 21 bzw. Dok. 22.

stungsproben der Nachkriegszeit. Sie muß zwangsläufig die Spirale des atomaren Wettrüstens neu andrehen. Es wird also, wenn die Stationierungspläne weiter verwirklicht werden, gerade das Gegenteil dessen eintreten, was Sie unter dem Motto „Frieden schaffen mit weniger Waffen" wiederholt als Ziel der Regierung der Bundesrepublik Deutschland erklärt haben.

Die Stationierung der amerikanischen Nuklearraketen fügt dem europäischen Vertragswerk - einschließlich des Grundlagenvertrages -, das in den 70er Jahren unter großen Anstrengungen und mit gutem Willen aller Beteiligten geschaffen wurde und das ihnen in Ost und West bedeutsame Vorteile gebracht hat, ernsten Schaden zu. Bekanntlich wird die Sicherung des Friedens in den Verträgen zum Kernanliegen erklärt. Als besonders alarmierend empfinden wir die Tatsache, daß nun seit dem zweiten Weltkrieg erstmals wieder die Gefahr eines Krieges von deutschem Boden, nämlichh vom Boden der Bundesrepublik Deutschland ausgeht, obwohl sich die verantwortlichen Politiker beider deutscher Staaten seit langem einig waren, daß dies nie mehr der Fall sein darf.

Niemand bedroht Westeuropa und die Bundesrepublik Deutschland. Die Stationierung neuer amerikanischer Raketen vermindert die Sicherheit für die Bundesrepublik Deutschland und ihre Bürger. Mit ihrer Zustimmung zur Stationierung hat die Regierung der Bundesrepublik Deutschland eine schwerwiegende Verantwortung übernommen. Das bislang bestehende annähernde militärstrategische Gleichgewicht war eine entscheidende Voraussetzung für die Erhaltung des Friedens. Der Versuch seiner Veränderung kann nur zu einer instabilen Entwicklung führen. Europa darf nicht zur Geisel einer Politik werden, die unter der Losung eines „Kreuzzuges gegen das Böse" letztlich sogar bereit ist, jene Grenzen zu überschreiten, nach denen es im Nuklearzeitalter kein zurück mehr gibt. Jeder verantwortungsbewußte Politiker sollte davor haltmachen.

Die Deutsche Demokratische Republik hat in den letzten Monaten viel getan, um einen verhängnisvollen Verlauf der Dinge zu verhindern und beruhigend auf die Lage einzuwirken. Sie hat dabei dem Dialog mit den verantwortlichen politischen Kräften in der Bundesrepublik große Bedeutung beigemessen. Durch wichtige Aktivitäten in den bilateralen Beziehungen hat sie ihren guten Willen demonstriert und deutlich gemacht, daß sie es ernst mit ihrer Friedenspflicht meint, daß sie für den Frieden und die Sicherheit auf unserem Kontinent dem Verhältnis zwischen beiden deutschen Staaten hohes Gewicht beimißt.

Die Sowjetunion, die Deutsche Demokratische Republik und andere sozialistische Staaten haben immer wieder vor den Folgen der Raketenstationierung gewarnt. Niemand kann also überrascht darüber sein, wenn jetzt die notwendigen Schlußfolgerungen auf unserer Seite gezogen werden.

Die Regierung der USA trägt durch ihre allein auf militärische Überlegenheit ausgerichtete destruktive Haltung die Verantwortung dafür, daß den Verhandlungen in Genf die Grundlage entzogen wurde. Unverrückbares Grundprinzip jeder Regelung kann nur die strikte Beachtung der Gleichheit und gleichen Sicherheit aller Beteiligten sein.

Ich habe Ihnen bereits telefonisch gesagt und möchte es nochmals bekräftigen, daß die Deutsche Demokratische Republik ihren Bündnis- verpflichtungen im Warschauer Vertrag konsequent nachkommen wird, um ihren Beitrag zur Wahrung des militärstrategischen Gleich- gewichts zu leisten. Die notwendigen Gegenmaßnahmen werden sich dabei strikt in dem Rahmen bewegen, der durch das Vorgehen der USA und der NATO erforderlich wird. Wir haben eine solche Ent- wicklung nicht angestrebt.

Die Deutsche Demokratische Republik ist der Meinung, daß nun alles getan werden muß, um die Anstrengungen zur Abwendung eines nuklearen Weltkrieges, zur Beendigung des Wettrüstens zu erhöhen. Als wichtigste Schritte erachten wir den Stopp der weiteren Raketen- stationierung und den Abbau der bereits bestehenden Systeme. Eine Rückkehr zur Situation, wie sie vor Beginn der Raketenstationierung bestand, würde die Tür für Verhandlungen öffnen. Eine Ablehnung dieses Vorschlages und die weitere Stationierung amerikanischer Erst- schlagwaffen in der Bundesrepublik Deutschland und anderen west- europäischen Staaten müßte die neue Runde des Wettrüstens bedeu- tend ankurbeln. Der Stopp des Wettrüstens ist jedoch gegenwärtig die wichtigste Aufgabe.

Der Abschluß eines Vertrages über den Verzicht auf die Anwen- dung militärischer Gewalt und die Aufrechterhaltung friedlicher Bezie- hungen zwischen NATO und Warschauer Vertrag erlangt erhöhte Be- deutung. Auch solche Maßnahmen wie das Einfrieren aller nuklearen Rüstungen, der vertraglich vereinbarte Verzicht auf die Erstanwen- dung von Kernwaffen, das Verbot der chemischen und bakteriologi- schen Waffen, das Verbot der Militarisierung des Weltraums wären geeignete Schritte, um Abrüstung und Entspannung zu fördern und das Vertrauen zwischen den Staaten zu festigen.

Ich teile Ihre Einschätzung, Herr Bundeskanzler, zur Bedeutung der Stockholmer Konferenz über vertrauens- und sicherheitsbildende Maßnahmen und Abrüstung in Europa. Sie sollte von allen Beteiligten aktiv genutzt werden, um die militärische Konfrontation zu verringern.

Der Minister für Auswärtige Angelegenheiten der Deutschen De- mokratischen Republik hat während der Eröffnungsphase der Konfe- renz essentielle und inhaltsreiche Vorschläge gemacht und dabei auch die Aktualität des schwedischen Vorschlages über die Schaffung einer von nuklearen Gefechtsfeldwaffen freien Zone in Mitteleuropa unterstrichen.[179] Sie könnte ein hoffnungsvoller Schritt auf dem Wege zu einem kernwaffenfreien Europa sein.

Die Verschärfung der internationalen Lage gebietet, das Streben nach friedlicher Koexistenz zu verstärken. Es gibt dazu keine vernünftige Alternative. Es ist besser, zehnmal zu verhandeln als einmal zu schießen.

Ich glaube, wir stimmen überein, daß die Beziehungen zwischen der Deutschen Demokratischen Republik und der Bundesrepublik Deutschland für die europäische Sicherheit und das internationale Klima großes Gewicht haben. Beide deutsche Staaten können durch die Gestaltung ihrer Beziehungen wohltuend auf das Klima in Europa einwirken, aber auch die internationalen Spannungen erhöhen. Das bestehende Vertragssystem ist und bleibt die Grundlage für die Entwicklung friedlicher Beziehungen. Die Deutsche Demokratische Republik ist bestrebt, den durch die Raketenstationierung entstandenen Schaden möglichst zu begrenzen.

In Ihrem Schreiben bekennen Sie sich ebenfalls zu den bewährten vertraglichen Grundlagen der Bezeihungen zwischen beiden deutschen Staaten. Das Wichtigste dabei ist der Vertrag über die Grundlagen der Beziehungen. In diesem Zusammenhang verweise ich insbesondere auf einen Kerngedanken des Vertrages, wonach sich beide Seiten verpflichten, die Unabhängigkeit und Selbständigkeit jedes der beiden Staaten in seinen inneren und äußeren Angelegenheiten zu respektieren. Die Deutsche Demokratische Republik erwartet, daß diese Bestimmung beiderseits strikt eingehalten wird. Dann bestehen auch jetzt noch Möglichkeiten einer nützlichen Entwicklung der Beziehungen, wenngleich die Chancen dafür ohne die amerikanischen Mittelstreckenraketen auf dem Boden der Bundesrepublik Deutschland wesentlich besser wären. Es geht darum, trotz der angespannten Lage das Erreichte zu bewahren und wenn möglich auszubauen, das betrifft nicht zuletzt auch die ökonomischen Beziehungen.

Ich verhehle nicht, daß für die Deutsche Demokratische Republik wichtige Fragen in den Beziehungen offen sind. Sie sind Ihnen wohlbekannt. Dazu gehören die Regelung der Elbgrenze, die uneingeschränkte Respektierung der Staatsbürgerschaft der Deutschen Demokratischen Republik, die Beendigung der gegen die Deutsche Demokratische Republik gerichteten Tätigkeit der „Erfassungsstelle" Salzgitter, die Umwandlung der Ständigen Vertretungen in Botschaften.

Was die Entsendung von Beauftragten betrifft, so könnte man zu gegebener Zeit darauf zurückkommen.

---

179 Vgl. Dok. 14 und 15 sowie Anm. 167.

Die Deutsche Demokratische Republik wird auch künftig den Dialog mit den politisch Verantwortlichen in der Bundesrepublik Deutschland fortsetzen und mit allen zusammenarbeiten, die den Realitäten Rechnung tragen und sich von Vernunft und gutem Willen leiten lassen.

Berlin, den 17. Februar 1984

Mit vorzüglicher Hochachtung
gez. E. Honecker

Quelle: SAPMO - BArch, DY 30/IV 2/2035/87.

Dokument 25

Niederschrift über das Gespräch Günter Mittags mit Helmut Kohl in Bonn am 6. April 1984[180]

H. Kohl hieß G. Mittag willkommen und machte in bezug auf den bereits im Vorjahr geplanten Besuch die Bemerkung, daß er damals leider nicht zustande gekommen sei, aber „was lange währt, wird gut".[181]
Er sei sehr erfreut darüber, daß es auf dem Gebiet der Handels- und Wirtschaftsbeziehungen zwischen der BRD und der DDR so positiv laufe. Er wisse gut, welche kontinuierliche Arbeit hierzu von seiten der BRD durch O. Lambsdorff und von seiten der DDR durch G. Mittag geleistet werden würde. E. Honecker hätte während des Treffens in Moskau seine hohe Wertschätzung für die Haltung O. Lambsdorffs in den Ost-West-Handelsbeziehungen zum Ausdruck gebracht, und er, H. Kohl, möchte diese von E. Honecker gegebene Einschätzung hier offiziell wiederholen.[182] Er bat dann G. Mittag als Gast, aus seiner Sicht den Standpunkt der DDR zu den Wirtschaftsbeziehungen darzulegen.

G. Mittag übermittelte die Grüße E. Honeckers an H. Kohl, die dieser erwiderte. Von seiten der DDR werde, so G. Mittag weiter, das in Moskau zwischen E. Honecker und H. Kohl geführte Gespräch als wichtig für die positive Entwicklung der Beziehungen zwischen der DDR und der BRD angesehen. Dieses persönliche Kennenlernen sei

---

180 Günter Mittag hatte am 5. April 1984 die Hannover-Messe besucht. Einen Tag später führte er politische Gespräche in Bonn.

181 Vgl. Dok. 16.

182 Vgl. Dok. 23.

gut und vor allem auch im Interesse besseren gegenseitigen Verständnisses. E. Honecker hätte sowohl während der Begegnung in Moskau und im Brief vom 17. Februar 1984 den grundsätzlichen Standpunkt der DDR sowohl zur Beurteilung der internationalen Situation als auch zu den Beziehungen zwischen der DDR und der BRD dargelegt.[183] Betont wurde, daß die nächste Zeit von großer Bedeutung für Frieden, Sicherheit und Zusammenarbeit in Europa, aber auch für die Beziehungen zwischen beiden deutschen Staaten sein wird. Die DDR gehe angesichts der zugespitzten internationalen Lage mehr denn je davon aus, daß die Sicherung und Festigung des Friedens die alles überragende Frage ist.

Von deutschem Boden darf nie wieder ein Krieg ausgehen. Im Brief E. Honeckers seien die grundsätzlichen Fragen dargelegt, die den Standpunkt der DDR zur Stationierung neuer US-Atomraketen auf dem Boden der BRD und die Notwendigkeit zur Rückkehr zur Situation vor der Stationierung betreffen. Das gelte auch für die Grundforderungen der DDR, die hinsichtlich der Entwicklung der Beziehungen zwischen der DDR und der BRD stehen. Es wurde zum Ausdruck gebracht, daß alles getan werden müsse, um ein nukleares Inferno abzuwenden und daß die DDR dafür eingetreten ist, den mit der Stationierung entstandenen Schaden möglichst zu begrenzen. Fortschritte in diesen Beziehungen seien eben in dem Maße möglich, wie sich beide Staaten vom Grundlagenvertrag leiten lassen, insbesondere von dem in ihm enthaltenen Kerngedanken, daß beide Seiten die Unabhängigkeit und Selbständigkeit jedes der beiden Staaten in seinen inneren und äußeren Angelegenheiten respektieren würden.

Von diesen im Brief E. Honeckers vom 17. Februar 1984 an H. Kohl dargelegten grundsätzlichen Positionen gehen wir in unserer gesamten weiteren Arbeit aus, legte G. Mittag weiter dar. Was die Entwicklung der Beziehungen zwischen der DDR und der BRD auf ökonomischem Gebiet anbelange, so sei das Gespräch zwischen E. Honecker und O. Lambsdorff anläßlich der Leipziger Frühjahrsmesse 1984 von nicht geringer Bedeutung gewesen.[184] Davon zeuge nach Ansicht der DDR das, was auf der Frühjahrsmesse erreicht worden ist, nicht zuletzt auch im Ergebnis der weiteren Schritte zur Liberalisierung des Handels von seiten der BRD, und was sich in den ersten Monaten des Jahres 1984 entwickle. Davon zeugen ebenso die Darlegungen O. Lambsdorffs vor dem Bundestag der BRD, der damit in der Öffentlichkeit die Handels- und Wirtschaftsbeziehungen zwischen beiden deutschen Staaten als verläßlich und zum gegenseitigen Vorteil

---

183 Vgl. Dok. 23 und 24.

184 Honecker und Lambsdorff führten am 11. März 1984 in Leipzig ein Gespräch.

charakterisiert hat und bekräftigt habe, diese Handels- und Wirtschaftsbeziehungen weiter auszubauen.

Das Interesse dafür sei auf beiden Seiten vorhanden, die DDR habe dies ihrerseits durch ihre Teilnahme und ihr Auftreten auf der Hannover-Messe 1984 zum Ausdruck gebracht. Dazu gehörten zugleich konkrete Schritte, insbesondere in Richtung auf die verstärkte Einbeziehung kleiner und mittlerer Betriebe der BRD in diesen Handel, und natürlich die Weiterführung bewährter und solider Formen langfristiger Geschäftsbeziehungen, wie gegenüber solchen Firmen wie Krupp und Salzgitter. Das habe er, G. Mittag, in seinen Gesprächen mit B. Beitz, O. Wolff von Amerongen sowie E. Pieper zum Ausdruck gebracht. Ein positives Echo sei in vielfältiger Weise zu verspüren, so auch auf der Hannover-Messe, und was die Aufträge der DDR für die BRD-Stahlindustrie in Salzgitter anbelangt, so habe der Vertreter des Gesamtbetriebsrates in diesem Unternehmen ihm klar seinen Dank zum Ausdruck gebracht.

G. Mittag verwies weiter darauf, daß auch, wie er in seinem Gespräch mit E. Albrecht betont habe, nicht wenige Unternehmen des Landes Niedersachsen an den Handels- und Wirtschaftsbeziehungen mit der DDR zum gegenseitigen Vorteil beteiligt seien, worauf H. Kohl einwarf, daß der Vertrag mit dem Volkswagenwerk ein wichtiges Beispiel dafür sei.[135] Ja, so sagte G. Mittag dazu, das wäre richtig, und die DDR habe das ihre getan für den normalen Fortgang der Verhandlungen, die ja durch bestimmte Kanäle in der BRD an die Öffentlichkeit gebracht worden seien. Die DDR werde darauf hinwirken, diese Verhandlungen in den nächsten Wochen abzuschließen.

Auf weitere Eindrücke während der Hannover-Messe 1984 eingehend, sagte G. Mittag, daß auf dieser Messe viele technologisch interessante und teilweise auch neue Ergebnisse, die vielleicht noch nicht alle immer ausgereift seien, in der Umwelttechnologie vorgestellt worden sind.

Das betreffe die DDR, die BRD und andere Länder. Solche Technologien und ihre Anwendung seien von großer Bedeutung - sowohl für den Umweltschutz als auch für die Wirtschaftlichkeit. In der Öffentlichkeit würden die Aufwendungen für den Umweltschutz stets nur als eine Ausgabe dargestellt, aber immer mehr zeige es sich, daß damit auch ein ökonomischer Gewinn oder besser ein ökonomischer Effekt erzielt werden könne. Dies sei deutlich geworden anhand ver-

---

185 Am 12. November 1984 schlossen das IFA-Kombinat der DDR und die Volkswagen AG (VW) einen Lizenzvertrag über die Produktion von Viertakt-Ottomotoren in Karl-Marx-Stadt (Chemnitz) sowie über die Lieferung von Erzeugnissen an VW im Wert von 500 Mio. DM.

schiedener Verfahren, die jetzt erkennbar werden. Das betrifft auch eine solche Möglichkeit, daß man neue Rohstoffe gewinnt, wie beispielsweise Schwefel. H. Kohl stimme dieser Auffassung und Einschätzung zu. G. Mittag führte in dem Zusammenhang weiter aus, daß Umwelttechnologien und ihre Einführung zweifellos auch bedeutsam seien für die Schaffung von Arbeitsplätzen und daß sie sich in vielen Fällen auch in zunehmendem Maße amortisieren würden. Er sagte weiter, daß er im Gespräch mit E. Albrecht auf die beabsichtigte Inbetriebnahme des Kraftwerkes „Buschhaus" hingewiesen habe, das man als „die größte Dreckschleuder Europas" bezeichne. Auch E. Diepgen habe seine Besorgnisse in dem Zusammenhang zum Ausdruck gebracht, da auch Westberlin betroffen sei, aber der „Dreck" müsse ja erst über die DDR. Worauf O. Lambsdorff einwarf, „auch eine Art Transit!"

G. Mittag sagte in dem Zusammenhang weiter, daß man die Lösung der Umweltfragen sehr ernst nehmen müsse; daß man an die Verwirklichung der Maßnahmen realistisch herangehen sollte und daß man sie vor allem nicht gegen das wirtschaftliche Wachstum, sondern nur mit dem wirtschaftlichen Wachstum lösen könne. Darauf bemerkte H. Kohl, daß man in der BRD mit den „Grünen" natürlich diese Fragen nicht lösen könne. Sie hätten keine konstruktive Position und seien ein Potential, von dem die SPD profitiere. Es wurde dann in dem Zusammenhang von G. Mittag an eine Äußerung von O. Lambsdorff erinnert, der in der Öffentlichkeit kürzlich zum Ausdruck brachte, daß Wachstum nicht alles sei, aber ohne Wachstum gehe alles nicht. G. Mittag erläuterte dann die Ergebnisse, die den weiteren wirtschaftlichen Aufschwung der DDR mit dem Stand von März 1984 charakterisieren, die Steigerung der Industrieproduktion um 4,3 %, der Nettoproduktion um 7,3 % und der Arbeitsproduktivität um 6,3 %. Er hob hervor, daß die DDR diesen Weg des Wachstums zum Wohle der Menschen weiter fortsetzen würde und daß sich daraus zugleich auch günstige Möglichkeiten für die Handels- und Wirtschaftsbeziehungen ergeben würden.

H. Kohl sagte dann, er möchte ebenfalls zu ein paar grundsätzlichen Bemerkungen übergehen. Zunächst möchte er nochmals zum Ausdruck bringen, daß er den Besuch von G. Mittag in der BRD mit Interesse sehe. G. Mittag käme jetzt erneut nach Bonn, und über das Vorjahr möchte er nicht mehr reden. Die DDR, so führte H. Kohl dann weiter aus, würde sich beim Regierungswechsel in Bonn sicherlich die Frage gestellt haben, wie es mit der Politik der BRD weitergehen würde. Deshalb wolle er etwas zur Position der von ihm geführten Bundesregierung sagen, die, wie er sich ausdrückte, von „außerordentlicher Konsistenz" sei. Diese Regierung würde von den Hauptkräften der CDU/CSU-FDP-Koalition getragen, die diese Regierung wollen.

Die Existenz einer solch stabilen Bundesregierung sei auch wichtig im Interesse des Friedens. Sie hätte eine breite Basis in der Bevölkerung. Ihr wären große Probleme hinterlassen worden, und man sei noch lange nicht über den Berg. Aber wie die Knospen im Frühjahr, auch wenn man dieses Jahr spät dran sei, aufbrechen, so wäre auch die jetzige Situation für die weitere Entwicklung der BRD seiner Meinung nach einzuschätzen.

Er, H. Kohl, möchte auch ausdrücklich sagen, daß dies keine Regierung der Experimente sei. Im Gegenteil, sie wolle auf dem Kurs der Konsolidierung und der Vernunft vorankommen. Natürlich wisse auch er, daß vieles von der politischen Großwetterlage abhänge. Anhand seiner persönlichen Erlebnisse wolle er versichern, daß er wisse, was Krieg bedeute, und er tue deshalb alles, um ihn zu verhindern. Wie er, so sei er der Meinung, wisse auch die Führung der DDR und sein Gesprächspartner, G. Mittag, um ihre Verantwortung für die Sicherung des Friedens. Er, H. Kohl, unterstelle, daß beide Seiten um diese Verantwortung wissen.

Es gäbe grundsätzliche unterschiedliche ideologische Positionen - zum Teil sich schroff voneinander abhebend. Aber es habe wenig Sinn, sie dauernd zwischen beiden Seiten zu diskutieren. G. Mittag würde niemals ein Mitglied der CDU werden und ihn, H. Kohl, würde man mit Sicherheit nicht ins ZK der SED wählen, worauf G. Mittag einwarf: sehr richtig! Deshalb wäre es nach Ansicht H. Kohls wenig nützlich, fortdauernd über diese existierenden grundsätzlichen unterschiedlichen Positionen zu reden. Wichtig sei, die Wahrnehmung der gemeinsamen Verantwortung, die bereits W. Brandt in den Satz gekleidet hätte, daß von deutschem Boden nie wieder ein Krieg ausgehen dürfe. Oder wie er, H. Kohl, es ausdrücken möchte, daß von deutschem Boden Frieden ausgehen solle. Gewalt, das möchte er ausdrücklich erklären, sei für die Bundesregierung kein Mittel der Politik.

Er gehe davon aus, daß die Kernfragen der deutschen Politik, daß die „deutsche Frage" gegenwärtig nicht den Mittelpunkt der Welt bilden würde, und daß das auch auf absehbare Zeit künftig nicht so sei. Deshalb stelle sich die Frage, ob wir als vernünftige Leute fähig seien, unter Wahrung der jeweils unterschiedlichen grundsätzlichen Positionen miteinander zu reden. Dabei solle man berücksichtigen, was man dem anderen zumuten kann in der gesamten politischen Landschaft. In diesem Sinne begrüße er die Bemerkungen von G. Mittag über das, was die DDR beispielsweise bei der Vergabe von Aufträgen an die Stahlindustrie der BRD getan habe.

Er, H. Kohl, habe sowohl damals J. Andropow wie auch in diesem Jahr K. Tschernenko und auch A. Gromyko gesagt, worin diese grundsätzliche Position der BRD bestehe. Er habe auch darauf hingewiesen, daß man die Politik der BRD-Regierung nicht voll erkennen könne, wenn man nur einige bestimmte Druckerzeugnisse (er nannte „Spiegel" und „Stern") lesen würde, um daraus zu erfahren, was die Haltung der BRD sei. Die unterschiedliche Meinung der Presse in der BRD sei eine Situation, mit der man leben müsse, und deshalb dürfe man nicht alles, was man liest, als bare Münze nehmen bzw. glauben, daß es bewußt lanciert sei. Er sei dafür, wenn bestimmte Streitfragen auftauchen, sie nicht öffentlich über die Presse auszutragen, sondern Mittel und Wege zu finden, um sich gegenseitig zu informieren und sie nach Möglichkeit zu lösen.

Es gehe ihm darum, wo es möglich ist unter vernünftigen Bedingungen ein „Miteinander" zu schaffen. Nach allen bisher vorliegenden Erfahrungen komme man dabei auf dem Gebiet der Wirtschaft und des Handels am besten voran. Heute komme jedoch ein neues Gebiet hinzu, und dies seien die Fragen des Umweltschutzes. Über diese Probleme könne man nicht mehr hinwegsehen. So möchte er auf den Wald hinweisen, der doch, wie H. Kohl sich ausdrückte, unser gemeinsamer Schatz sei. Ganze Wälder seien jedoch in der BRD schon verschwunden, und man wisse auch, daß die Wiederaufforstung Probleme bereiten würde. Bei der Lösung dieser Fragen solle man Gemeinsamkeit demonstrieren. Diese Probleme würden die DDR betreffen, und sie würden genauso die BRD betreffen. Dabei müsse man das realistisch einschätzen, denn wer seinen Arbeitsplatz bei der BASF in Ludwigshafen habe, der kann dort nicht erwarten, daß er gleichzeitig in der reinen Luft des Hochschwarzwaldes leben würde. Hier könne man eine Menge tun, wie auch das Gespräch zwischen E. Honecker und O. Lambsdorff bewiesen hätte.[186]

Er habe, so sagte H. Kohl weiter, diese Fragen als ein Beispiel genannt, um nochmals zu verdeutlichen, was das Ziel sei, nämlich ein verläßlicher Partner zu sein. Darüber habe er auch mit E. Honecker in Moskau gesprochen. Und in diesem Sinne sei er auch der Meinung, wenn man über seine Sache redet und wenn sie dann nicht läuft, daß man sich darüber verständigen solle, und zwar auf der Basis eines seriösen Gespräches. Er sehe reelle Chancen für ein vernünftiges Miteinander. Deshalb lege er auch großen Wert auf die weitere kontinuierliche Fortsetzung der Kontakte mit O. Lambsdorff in der Frage der Gestaltung der Handels- und Wirtschaftsbeziehungen.

G. Mittag sagte dann, eingehend auf die von H. Kohl dargelegte Position der Bundesregierung, der CDU/CSU-FDP-Koalition, daß sich beim damaligen Regierungswechsel natürlich für die DDR Fragen stellten - wo die Reise hingehen wird. Die Signale über den Weg der

---

186 Vgl. Anm. 184.

BRD, bei klarer Herausstellung aller unterschiedlicher grundsätzlicher Positionen, in den Beziehungen zur DDR Möglichkeiten einer vernünftigen Zusammenarbeit zu suchen, wurden verstanden. Sie betrafen sowohl die Entwicklung der Handelsbeziehungen wie auch die Begegnung von Ministern beider Staaten in der DDR wie in der BRD. Aber, so möchte er auch sagen, haben bestimmte Kräfte in der BRD bis heute diese Entwicklung noch nicht verdaut, und deshalb gäbe es immer wieder Versuche von Schlägen unter die Gürtellinie. Daß sich trotzdem die Entwicklung so vollzogen hat, wie wir sie gegenwärtig vorfinden, ist nicht nur für die beiden unmittelbar beteiligten Seiten günstig. Eine große Zahl von Gesprächspartnern sowohl aus der BRD wie auch aus vielen anderen Ländern der Welt habe gerade in der jüngsten Zeit zum Ausdruck gebracht, daß es für das internationale Klima gut ist, daß sich beide deutsche Staaten ihrer hohen Verantwortung in Europa für die Sicherung des Friedens bewußt sind. Natürlich werden Reibungen nicht auszuschließen sein. Aber es sei notwendig, daß eine bestimmte Ebene aus diesen Dingen herausgehalten werden muß. Er denke hierbei insbesondere an den möglichen Besuch E. Honeckers in der BRD und über die Art und Weise, wie es dazu bestimmte Meldungen in den Medien u. a. Äußerungen gibt. Hier sei, so sagte G. Mittag, eine bestimmte saubere Atmosphäre ohne persönliche Angriffe erforderlich. Das möchte er offen sagen.

Wie für die DDR, so stellten sich sicher auch für die BRD Fragen, wie es weiter geht. Wenn zwischen Warschauer Pakt und NATO ein Vertrag über den Verzicht auf die Anwendung militärischer Gewalt und über die Aufrechterhaltung friedlicher Beziehungen abgeschlossen würde, dann wäre dies ein wesentlicher Schritt zur Lösung der brennendsten Fragen, vor denen die Völker gegenwärtig stehen würden.

Von großer Bedeutung wäre es, den Vorschlag des Generalsekretärs des ZK der KPdSU, Konstantin Tschernenko, aufzugreifen, daß sich die Beziehungen zwischen den kernwaffenbesitzenden Mächten bestimmten Normen unterzuordnen hätten. Die Sowjetunion habe erklärt, daß sie bereit sei, sich mit anderen Kernwaffenmächten darüber zu einigen, daß derartige Normen gegenseitig anerkannt werden und verbindlichen Charakter erhalten würden.[187]

Dies entspreche grundlegenden Interessen nicht nur der Teilnehmerstaaten, sondern der Völker der ganzen Welt. Auch die Initiativen zum Verbot der Produktion, Lagerung und Anwendung chemischer Waffen können von großem Nutzen sein. Es ist nicht ausgeschlossen,

---

187 Den diesbezüglichen Wortlaut einer Rede des KPdSU-Generalsekretärs am 2. März 1984 in Moskau vgl. in: Konstantin Tschernenko: Ausgewählte Reden und Aufsätze 1981 - 1984. S. 248 ff.

daß eine Vereinbarung über die genannten Fragen zu einer echten Wende in den sowjetisch-amerikanischen Beziehungen und darüber hinaus in der internationalen Situation führen könnte.

Manch einer, so führte G. Mittag weiter aus, in der BRD habe nicht geglaubt, daß nach dem Beginn der Stationierung neuer US-Raketen und den dazu notwendig werdenden Gegenmaßnahmen eine solche Entwicklung in den Beziehungen zwischen der DDR und der BRD möglich sei. Er möchte jedoch in diesem Zusammenhang nochmals verweisen, daß bereits im November E. Honecker auf die Notwendigkeit der Begrenzung des entstandenen Schadens hingewiesen hat. Sie ergibt sich aus den Erfordernissen, alles zu tun, um ein nukleares Inferno zu verhindern und durch konstruktive Maßnahmen des Rüstungsstopps, der Rüstungsreduzierung und Rüstungsbegrenzung einen Beitrag zur Friedenssicherung zu leisten.[188]

Die DDR habe große Anstrengungen unternommen, um den Dialog zu führen und unternimmt sie weiterhin. Auch das hat sich bereits positiv ausgewirkt. Dies zeigte sich auch während der intensiven und vielfältigen Gespräche auf der diesjährigen Leipziger Frühjahrsmesse, deren Wirkung in der internationalen Öffentlichkeit eine große Beachtung gefunden hätte.[189] Er möchte auch hier noch einmal den von E. Honecker zum Ausdruck gebrachten Standpunkt bekräftigen, daß es immer noch besser ist, zehnmal zu verhandeln, als einmal zu schießen. Worauf H. Kohl bemerkte, das sei „vollkommen klar".

Die Fragen der Friedenssicherung, so führte G. Mittag weiter aus, bewegen heute breiteste Bevölkerungskreise und insbesondere auch die Jugend, und unsere Verantwortung muß es sein, ihr den Weg einer friedlichen Perspektive zu bahnen. Wenn es zu einer atomaren Auseinandersetzung kommen sollte, dann, so sagte G. Mittag, dürften keinerlei Illusionen darüber bestehen, daß auch derjenige, der dann den Bunker verläßt, niemanden mehr hat, den er weiter regieren kann.

Hinsichtlich der Fragen des Umweltschutzes, so sagte G. Mittag, ist es natürlich notwendig, neben der prinzipiellen Übereinstimmung in der Einschätzung der Bedeutung dieser Frage konkrete Schritte zu gehen. Die Positionen, die hier offen sind - und er besitze dazu eine genaue Übersicht -, seien nicht wenig, und es sind solche Positionen, wo man praktisch etwas tun könne. Er schlage vor, daß die Arbeits-

---

188 Vgl. Anm. 160.

189 SED-Generalsekretär Erich Honecker traf am 11. März 1984 in Leipzig mit den westdeutschen Politikern Otto Graf Lambsdorff (FDP), Franz Josef Strauß (CSU), Werner Zeyer (CDU) und Oskar Lafontaine (SPD) zusammen. Den Wortlaut der Gesprächsniederschriften vgl. in. Heinrich Potthoff: Die „Koalition der Vernunft". S. 255 ff.

abläufe oder auch die Zwischenetappen in den nächsten Wochen in einer Niederschrift zwischen beiden Seiten vereinbart werden. H. Kohl sagte darauf, ja, es ist notwendig, die einzelnen Fälle zu erfassen. G. Mittag nannte dann als Beispiel die mit der Werra verbundenen Umweltprobleme. Hier gibt es sowohl Möglichkeiten für realistische, gangbare Schritte. Und genauso gibt es Vorstellungen von Ideallösungen, die Milliarden kosten würden und die dann nicht lösbar sind. Notwendig sei jedoch, daß etwas getan wird, und zwar insbesondere dort, wo die Umweltfragen beide Staaten berühren.

Das betreffe auch die Fragen zwischen der DDR und Westberlin. Daß Lösungen möglich sind, wo vorher mancheiner glaubte, daß es unter keinen Umständen ginge, beweist die Vereinbarung über die S-Bahn.[190] Hier wurden wichtige Fragen in konzentrierter Weise in wenigen Monaten im Interesse beider Seiten gelöst. Man kommt dann am besten zu Ergebnissen, wenn man das anhand einzelner Projekte durchführt. Worauf Kohl Zustimmung äußerte. Auf einen Einwurf von Ph. Jenninger, daß sicher nicht nur eine Bestandsaufnahme gemeint sei, sondern daß man auch festlegen müsse, worin die weiteren Schritte bestünden, äußerte H. Kohl: ja, im Sinne einer Prioritätenliste. G. Mittag erwähnte in dem Zusammenhang, daß als ein Modellfall für solche Lösungen das dienen könnte, was hinsichtlich der Röden im vergangenen Jahr vereinbart wurde, und das hätte auch bei uns in der DDR große Zustimmung gefunden. Generell handele es sich bei den konkreten Objekten auf dem Gebiet des Umweltschutzes um ganz wichtige Fragen, deren Auswirkungen sichtbar sind für alle, und es wäre eben gut, wenn man Projekt für Projekt besprechen würde.

H. Kohl sagte daraufhin: Ja, das sollten wir sofort und in vernünftiger Weise tun. Und wenn wir hier übereinstimmen, dann sollten wir gleich versuchen, das im Sinne einer gemeinsamen Pressemitteilung für die Öffentlichkeit festzuhalten. Dem stimmte G. Mittag zu.

H. Kohl äußerte sich dann zu den von G. Mittag aufgeworfenen Fragen. Wenn es so sei, wie G. Mittag sagte, daß durch einen Teil der Zeitungen die Atmosphäre hinsichtlich des Besuchs von E. Honecker in der BRD versucht wird zu vergiften, dann möchte er eindeutig sagen, daß sich er, H. Kohl, mit seiner ganzen Person dafür einsetzen wolle, daß der Besuch E. Honeckers in der BRD von Gastfreundschaft bestimmt wird. Er wolle alles, was in seinen Kräften steht, tun, damit er so durchgeführt wird. Dieser Besuch, so sagte er weiter, wird ein

---

190 Angesprochen wurden hier die umfassenden Vereinbarungen zwischen der DDR und dem Westberliner Senat über die künftige Durchführung des Berliner S-Bahn-Verkehrs vom 30. Dezember 1983. Vgl. Innerdeutsche Beziehungen. S. 165 ff.

Besuch sein, der des Staatsoberhauptes der DDR würdig ist und der ohne harte Töne verlaufen wird.

Er möchte auch zum Ausdruck bringen, daß die Informationen, die G. Mittag über seinen Besuch auf der Hannover-Messe 1984 gegeben hat, für ihn sehr wichtig seien. Er möchte in dem Zusammenhang noch einmal wiederholen, daß er die Arbeit zwischen der BRD und der DDR auf dem Gebiet der Handels- und Wirtschaftsbeziehungen außerordentlich hochschätze. Er sei auch froh, daß es möglich gewesen sei, die gemeinsame Formulierung über die Lösung von Fragen des Umweltschutzes in Zusammenhang mit konkreten Objekten zu treffen. Er möchte in dem Zusammenhang bekräftigen, daß die BRD ein verläßlicher Partner sein will. Wenn einmal etwas schieflaufe, so solle man nicht davon ausgehen, daß es bösartig ist, sondern einen Weg finden, das zu besprechen. Das betreffe politische Fragen, das betreffe ebenso wirtschaftliche Fragen.

Er sei dafür, bei Wahrung der prinzipiell unterschiedlichen Positionen und Beachtung der bestehenden Gegensätze, Möglichkeiten der Zusammenarbeit zu finden, die für beide Seiten von Bedeutung sind. Jawohl, so sagte G. Mittag daraufhin, wir leben in zwei voneinander unabhängigen Staaten, die unterschiedlichen gesellschaftlichen Systemen und Bündnissen angehören, und wenn sich beide Seiten gegenseitig in ihrer Unabhängigkeit respektieren und nicht in die inneren Angelegenheiten einmischen, so wie es im Grundlagenvertrag vereinbart worden ist, dann kann man auch vorwärts kommen.

H. Kohl brachte des weiteren zum Ausdruck, daß er die von G. Mittag dargelegte Position der DDR zur Friedenssicherung und zur Verhinderung eines nuklearen Infernos in vieler Hinsicht teile. Er nehme die Verantwortung beider Staaten für die Friedenssicherung ernst und möchte nochmals bekräftigen, daß von deutschem Boden kein Krieg ausgehen solle. H. Kohl erwähnte in diesem Zusammenhang, daß er während seiner Gespräche in den USA Präsident Reagan gedrängt habe, auf die Initiative der UdSSR über das Verbot von chemischen Waffen einzugehen und eine konstruktive Antwort zu geben.[191] Das sei ihm, H. Kohl, ein sehr wichtiges Anliegen. Er habe den Eindruck, daß R. Reagan ein sehr emotional handelnder Mensch sei.

G. Mittag verwies in dem Zusammenhang auf die jüngsten Veröffentlichungen des ehemaligen US-Außenministers Haig.[192] Daraus gehe doch ziemlich eindeutig hervor, daß der Prozeß der Entscheidungs-

---

191 Offenbar erwähnte Kohl an dieser Stelle seine Gespräche, die er anläßlich eines G 7-Gipfels in Williamsburg (USA) vom 28. bis 30. Mai 1983 geführt hatte.

192 Vgl. die Vorabdrucke von Alexander Haigs Erinnerungen an seine Amtszeit als USA-Außenminister in: Der Spiegel, Hamburg, H. 13 sowie 14/1984.

findung über wichtige außenpolitische Fragen in den USA nicht einmal für den Außenminister selbst durchschaubar ist. Haig habe doch beschrieben, daß R. Reagan kaum Entscheidungen trifft und daß dort in undurchsichtiger Weise eine Gruppe von Beratern viele Dinge an sich reißt. Wenn so die Verantwortung einer Weltmacht, einer Atommacht wahrgenommen wird, dann gibt das natürlich zu großer Besorgnis Anlaß. So würde sich die Frage stellen, wie es denn überhaupt um die Berechenbarkeit der Politik der USA-Administration bestellt sei.

Diese Besorgnis spiegelt sich auch zunehmend in Stellungnahmen maßgeblicher USA-Politiker wie auch Vertretern aus Wirtschaftskreisen wider, wie dies jüngst in einer Anzeige der New York Times vom 22. Februar 1984 geschah. Offen wird die Erkenntnis ausgesprochen, daß, selbst wenn nur eine Seite einen atomaren Schlag führen würde, auch die andere nicht überleben könnte und der „atomare Winter" jede menschliche Zivilisation zunichte machen würde. Hinsichtlich dieser Folgen einer atomaren Auseinandersetzung sagte H. Kohl, daß er das ganz genauso sehe.

H. Kohl äußerte sich dann über seine Begegnungen mit führenden Persönlichkeiten der UdSSR.[193] Er möchte eindeutig sagen, daß seine Meinung ist, daß in Moskau keine Abenteurer die Macht ausüben, sondern daß dort danach gesucht wird, realistische und gangbare Wege zu finden, wie dies eben sich in dem Angebot Tschernenkos hinsichtlich des Verbots der C-Waffen zeigte. Er persönlich sei der Meinung, daß die Sowjetunion nichts aufs Spiel setzen würde, wobei es jedoch notwendig sei, daß die Sowjetunion und die USA zu Gesprächen miteinander kommen müssen. G. Mittag sagte daraufhin, daß K. Tschernenko eine außerordentlich verantwortungsbewußte und erfahrene politische Persönlichkeit sei, die sich ihrer Pflichten gegenüber dem Sowjetvolk und dem Schicksal der gesamten Menschheit an der Spitze der Partei und des Sowjetstaates mit großem Ernst bewußt ist.

E. Honecker kenne K. Tschernenko schon lange, und auch er, G. Mittag, hatte Gelegenheit, K. Tschernenko in Gesprächen kennenzulernen, und er kann diesen Eindruck aus persönlichen Begegnungen nur bestätigen.

H. Kohl ging dann noch mal auf sein Treffen mit E. Honecker in Moskau ein und betonte die Bedeutung des persönlichen gegenseitigen Kennenlernens. Dieses Treffen habe auf ihn einen großen Eindruck gemacht, und seine Ergebnisse haben ihn in seiner Auffassung bekräftigt, diese Gespräche zu führen. Das betreffe auch das Gespräch, das er jetzt hier mit G. Mittag in Bonn im Bundeskanzleramt hatte,

---

193 Kohl hielt sich anläßlich der Trauerfeierlichkeiten für den verstorbenen KPdSU-Generalsekretär Andropow Mitte Februar 1984 in Moskau auf.

und er möchte sich in seinem Ergebnis nochmals entschuldigen, daß es beim vorangegangenen Aufenthalt G. Mittags in Bonn nicht möglich gewesen sei. H. Kohl bat G. Mittag nochmals, E. Honecker seine Grüße zu übermitteln.

Quelle: SAPMO - BArch, DY 30/J IV 2/2A/2644.

Dokument 26

Niederschrift über das Gespräch Günter Mittags mit Franz Josef Strauß am 6. April 1984 in Bonn

G. Mittag dankte F. J. Strauß für die Möglichkeit des heutigen Gesprächs und übermittelte ihm die Grüße E. Honeckers.[194] G. Mittag legte dann seine Eindrücke während des Besuchs der Hannover-Messe '84 dar. Er hob die bedeutsame Entwicklung des Handels zwischen der DDR und der BRD hervor und erläuterte den Standpunkt der DDR zum weiteren Ausbau dieser Handels- und Wirtschaftsbeziehungen. Dies sei, so betonte G. Mittag, ein wichtiger Beitrag zur Gestaltung der Beziehungen zwischen beiden deutschen Staaten insgesamt, die von Bedeutung für die Menschen in beiden Staaten seien und darüber hinaus Gewicht hätten für das internationale Klima im Sinne der Friedenssicherung.

F. J. Strauß erwiderte die Grüße E. Honeckers. Er nahm Bezug auf das Gespräch in Leipzig, das sehr wichtig gewesen sei.[195]

F. J. Strauß bekräftigte seine positiven Eindrücke von der Leipziger Messe und von dem Bild, das er dort über die Leistungsfähigkeit der DDR-Industrie gewonnen hat.

Hinsichtlich der weiteren Gestaltung der Beziehungen zwischen der DDR und der BRD sehe er Vereinbarungen auf dem Gebiet des Umweltschutzes nach dem Beispiel der Röden als ein sehr wesentliches Feld ihrer weiteren Ausgestaltung an. Er wies dabei auf die Frage der Papierfabrik Blankenburg hin, wo ebenfalls Aufgaben zu lösen seien. Zugleich nahm er auf den vereinbarten Besuch des bayerischen

---

194 Vgl. Anm. 180.

195 Franz Josef Strauß und Erich Honecker waren am Rande der Leipziger Herbstmesse am 1. September 1983 zusammengetroffen. Die darüber angefertigte Gesprächsniederschrift vgl. in: Heinrich Potthoff: Die „Koalition der Vernunft". S. 330 ff.

Ministers für Umweltschutz beim Minister für Umweltschutz der DDR, Reichelt, Bezug.[196]

G. Mittag legte in dem Zusammenhang dar, daß es - wie jetzt mit der Bundesregierung vereinbart - darum gehe, Projekt für Projekt durchzuarbeiten und diese Dinge mit realistischen Schritten, aber zügig zu lösen, so wie das am bereits genannten Beispiel der Röden begonnen worden ist, womit F. J. Strauß sein Einverständnis erklärte.

F. J. Strauß machte daraufhin noch die Bemerkung, daß gerade die zügige Lösung in der Frage der Röden zeige, daß - wenn man „unten" weiß, was die „Spitze" will -, dann ist es auch möglich, bestimmte Fragen zu lösen, und in diesem Sinne sei eben die Vereinbarung über die Röden das Modell.

F. J. Strauß meinte dann, daß die Umweltfragen einen sehr sensiblen Bereich darstellen würden und an Bedeutung zunehmen. Zunehmend würden sich die Menschen darüber Sorgen machen, in der BRD wie in der DDR, und manche hätten schon die Furcht geäußert, daß große Gebiete zu Karst werden würden.

F. J. Strauß meinte, daß gerade der Wald für die Deutschen eine besonders große Bedeutung hätte, nicht nur als Wirtschaftsfaktor, sondern auch gefühlsmäßig.

G. Mittag sagte, daß die DDR davon ausgehe, daß wirtschaftliches Wachstum und Lösung der Aufgaben des Umweltschutzes einander bedingen würden. Er betonte die ökonomische Bedeutung der Einführung von Umweltschutztechnologien, um alle anfallenden Stoffe effektiv zu verwerten.

F. J. Strauß bejahte diesen Standpunkt zum Wachstum und zur Anwendung moderner Technologien; denn, so meinte er, diejenigen, die danach rufen würden, zum einfachen Leben zurückzukehren, sie würden selbst für sich das Gegenteil tun. Und diejenigen, die danach rufen würden, wenig zu verbrauchen, würden selbst am meisten für sich verbrauchen. Aber es zeige sich gleichzeitig, daß sowohl die BRD als modernes Industrieland wie die DDR als modernes Industrieland bestimmten - wie er sich ausdrückte - Sachzwängen unterliegen würden, um die Auswirkungen der modernen Technologien zu beherrschen bzw. sie zu nutzen.

F. J. Strauß legte dann anhand der geplanten Einführung von bleifreiem Benzin und der dazu erforderlichen Verwendung von Abgaskatalysatoren in Kraftfahrzeugen dar, daß solche Aufgaben des Umweltschutzes nur durch alle beteiligten Länder gelöst werden könnten. Gegenwärtig seien Frankreich und Italien dagegen wegen ihrer schlechten Lage in der Automobilindustrie. Wenn aber nicht alle bleifreies

---

196 Vgl. auch Dok. 19.

Benzin einführen und verkaufen, dann haben diejenigen den Schaden, die sich für mehrere tausend Mark einen Abgaskatalysator einbauen.

Auf die eingangs gemachten Ausführungen von G. Mittag zur Frage der Verantwortung der DDR wie der BRD für die Friedenssicherung und der Gestaltung ihrer gegenseitigen Beziehungen in diesem Sinne sagte F. J. Strauß Bezug nehmend auf die Gespräche mit E. Honecker am Werbellinsee und in Leipzig, daß die DDR immer damit rechnen könne, daß „wir" stets ein fairer Partner sein würden. E. Honecker hätte von der „Schadensbegrenzung" gesprochen, und das sei von ihm richtig verstanden worden. Nichts sei wichtiger als die Sicherung des Friedens. Und er möchte das wiederholen, was E. Honecker hinsichtlich der Raketen sagte, daß man alles tun müßte, damit das „Zeug nicht losgeht". Im Unterschied zu einigen Generälen der NATO sei er, F. J. Strauß, der Meinung, daß heutzutage niemand einen Krieg gewinnen könne. Die Geschichte siegreicher Kriege sei mit dem zweiten Weltkrieg abgeschlossen, endgültig abgeschlossen. Das Vorhandensein von Atomwaffen machte jede militärische Lösung unmöglich, und es gäbe ja die bekannte Satire, wonach auf die Frage nach den Waffen im vierten Weltkrieg geantwortet wird, „Pfeil und Bogen und Steinaxt".

Zur wirtschaftlichen Perspektive der BRD meinte F. J. Strauß, daß jetzt ein Anstoß zu einer schnelleren Entwicklung der Mikroelektronik erforderlich sei. Die BRD sei auf diesem Gebiet drei bis vier Jahre international zurück, und damit müsse man Schluß machen. Die bayerische Landesregierung hätte die Errichtung von zwei neuen Hochschulinstituten auf dem Gebiet der Mikroelektronik beschlossen, der Siemenskonzern würde für 600 Mio. Mark ein neues großes Forschungsinstitut in Bayern errichten. Auch der Zusammenschluß von Grundig und Philipps diene der Beschleunigung auf dem Gebiet der Anwendung der Mikroelektronik. Auf seine Frage, wann er in einem Volkswagen fahren könnte mit einem Motor aus der DDR, sagte G. Mittag, daß in den nächsten Wochen der Vertrag unterschriftsreif sei.[197]

F. J. Strauß bemerkte daraufhin, daß es wirklich eine sinnlose Propaganda gewesen wäre, die von einem Teil der Medien damals mit der Lieferung von 10.000 Golf an die DDR betrieben worden wäre. Das betreffe genauso auch das „Schmierentheater", das in Berichten über Asylanten in einigen Botschaften getrieben werden würde, was auch die Darstellungen über die Stoph-Nichte betreffen würde.[198]

---

197 Vgl. Anm. 185.

198 Am 29. Februar 1984 druckten die DDR-Zeitungen einen ADN-Bericht ab, wonach die Meldungen in BRD-Medien über die Flucht einer Nichte des Ministerratsvorsitzenden Stoph in die Prager Botschaft der Bundesrepublik „inszeniert" seien. Stoph habe mit der genannten Person „nichts zu tun".

Die Veröffentlichung der Verordnung über Familienzusammenführung entsprechend der Madrider Folgekonferenz im Gesetzblatt der DDR am 15. 9. 1983 habe gezeigt, wie man an die Dinge auf solider Basis herangehe.[199] Dieselben, die bisher in der BRD von einem „zu wenig" an Übersiedlern aus der DDR reden würden, die reden jetzt von einem „zu viel". Er hätte sich bereits mit den „Vertriebenenverbänden" der BRD angelegt, mit ihrer Propaganda zur Einreise von deutschstämmigen Bürgern aus Polen und aus Rumänien Schluß zu machen, sie sollten darauf hinwirken, daß diese lieber „zu Hause" bleiben und nicht alle in die BRD kommen sollten. So habe er das auch damals während der Pressekonferenz in Bukarest zum Ausdruck gebracht.

Was die gegenwärtige Praxis der DDR hinsichtlich der Ausreise von Bürgern anbelange, so hätte er den Eindruck, daß dies geschehe, um „mehr Luft" in dieser Frage zu erhalten, um sich von ständigen Vorwürfen zu befreien. Die Erläuterungen, die ihm in Gesprächen hierzu gegeben worden seien, hätten in einem sachlichen Ton stattgefunden, der beim Vorgänger Erich Honeckers nicht in dieser Weise zu verspüren gewesen wäre.

Er, F. J. Strauß, meine aber, daß die DDR den „Druck" nicht loswerden würde, wenn sie nicht zwei Dinge lösen würde. Die eine Sache, die DDR-Bürger sollten die Möglichkeit haben, einmal im Jahr einen Urlaub in der BRD zu verbringen. Eine Furcht, daß sie nicht wieder zurückkehren würden, sei nicht zu begründen; denn jetzt wäre es nur 1 Prozent derjenigen, die auf Besuch in der BRD weilten, die nicht wieder in die DDR zurückkehren würden.

Eine weitere Frage, so F. J. Strauß, würde in folgendem bestehen: „Können Sie nicht dem Schwarzen Markt mit Ihrer Währung den Garaus machen?" Er sei der eigentliche Hintergrund für den Mindestumtausch, der, so F. J. Strauß, dem ökonomischen Schutz der DDR diene und nicht dazu, die Besucherzahlen zu reduzieren. Am Beispiel modischer Bekleidung der DDR sowie der Produktion und dem Verkauf von Salamander-Schuhen führte er an, daß es für viele ausländische Besucher faszinierend sei, auf billige Art und Weise Produkte in der DDR zu kaufen, für die sie einen gleichen oder höheren Preis in der BRD zahlen müßten. Ja, bei Salamander-Schuhen hätte es sogar Erscheinungen gegeben, daß von seiten von Botschaftspersonal aus dritten Ländern diese Schuhe massenweise aus der DDR wieder nach Westberlin und in die BRD verbracht worden sind, um sie dort gewinnbringend abzusetzen. Das Preisniveau der DDR würde sich so-

---

199 Am 15. September 1983 erließ die DDR eine Verordnung über die Familienzusammenführung und die Eheschließung von DDR-Bürgern mit Ausländern.

wohl im Verhältnis von 1 : 1 bis zu 1 : 4 bewegen, und darin würde eine Basis für das Ausnutzen zu ökonomischer Spekulation bestehen. Allerdings, so räumte F. J. Strauß ein, würde dies im Durchschnitt auf eine Erhöhung des Preisniveaus hinauslaufen. Worauf G. Mittag sagte, genau darin bestehe das Problem, und es gibt zur Preispolitik der DDR im Interesse ihrer Bürger eine klare Aussage.

F. J. Strauß interessierte sich dann nach der Ansicht von G. Mittag über die ökonomische Lage in Polen, worauf G. Mittag ausführte, daß es 1983 bereits ein bedeutendes Wachstum gegeben hätte, aber das Niveau von vor drei Jahren noch nicht erreicht worden wäre. Die Produktion und Förderung von Steinkohle erhöht sich, die Arbeitsdisziplin in den Betrieben verbessere sich, aber natürlich gebe es noch manche Schwierigkeiten in der Versorgung mit Rohstoffen und Material. Man könne realistisch sagen, daß unter Führung von General Jaruzelski die Sache in Polen gut vorangehe.

G. Mittag dankte abschließend F. J. Strauß für die Möglichkeit des Gesprächs.

Bezüglich des Besuches Erich Honeckers in der BRD sagte Strauß, daß, wenn im Rahmen des Besuches Zeit und Interesse von seiten E. Honeckers vorhanden wäre, er gern für ihn in München ein Programm gestalten würde.

Des weiteren lud F. J. Strauß G. Mittag zu einem Besuch der in diesem Jahr stattfindenden Handwerksmesse in München ein, die, so F. J. Strauß, die größte der Welt wäre.

Quelle: SAPMO - BArch/DY 30/J IV 2/2A/2644.

Dokument 27

SED-Politbüro zu den DDR-BRD-Beziehungen am 17. August 1984[200]

Immer sind wir davon ausgegangen, daß es sich um zwei Staaten gegensätzlicher gesellschaftlicher Systeme handelt, die unterschiedlichen

---

200 Das SED-Politbüro bestätigte dieses Material mit dem Titel „Nunmehr zu den Beziehungen der DDR zur BRD" als „Ergänzung der Gesprächskonzeption" für eine SED-Delegation in Moskau in seiner Sitzung am 17. August 1984. Erich Honecker, Hermann Axen, Kurt Hager, Erich Mielke und Günter Sieber waren inzwischen bereits zu den Geheimgesprächen nach Moskau abgereist. Honecker trug dort das Material wörtlich vor. Die KPdSU-Führung setzte dennoch die Absage des geplanten Bonn-Besuchs Honeckers durch.

Bündnissen, dem Warschauer Pakt und der NATO, angehören. Die 35jährige Geschichte der DDR war die Geschichte des Kampfes um die Durchsetzung der Positionen des sozialistischen deutschen Staates gegen die revanchistischen Ziele der Imperialisten der BRD. Niemals gab es bei uns Illusionen über den Charakter der BRD, über das Wesen und die Ziele ihrer Politik. Das war so in der Zeit der Adenauer-Regierung, das war so in der Zeit der von der SPD geführten Bundesregierung, und das ist jetzt so.

Zieht man die Bilanz der mehr als drei Jahrzehnte, so zeigt sich: Dank der gemeinsamen Politik haben sich die Positionen des sozialistischen deutschen Arbeiter-und-Bauern-Staates von Jahr zu Jahr gestärkt, und die Kräfte des Revanchismus mußten schwere Niederlagen hinnehmen. Der 35. Jahrestag unserer Republik ist dafür ein unübersehbarer Beweis.

Angesichts der Notwendigkeit, alles zu tun, um die Welt vor einer nuklearen Katastrophe zu bewahren und die von den USA betriebene Politik der Konfrontation zu durchkreuzen, gehen wir in unserer konkreten Situation davon aus, gegenüber der BRD eine Politik zu entwickeln,

- die in unserem Lande von den Volksmassen verstanden und unterstützt wird;
- die von einer möglichst großen Zahl der Bürger der BRD verstanden und mehr und mehr akzeptiert wird;
- die Kräfte des Friedens und der Opposition in der BRD nicht in Resignation verfallen läßt, sondern zum Kampf mobilisiert;
- die es der Kohl-Regierung erschwert, ein guter und aktiver Verbündeter der Reagan-Regierung zu sein.

Wir dürfen die Regierung der BRD nicht aus ihren vertraglichen Verpflichtungen entlassen, sondern müssen sie unseres Erachtens trotz aller Erschwernisse so fest wie möglich an die Verträge binden.

Wir meinen, daß es darauf ankommt, die durch die Raketenstationierung in der BRD entstandene neue Lage nicht nur zu beschreiben und anzuprangern. Das ist notwendig. Aber es gilt zugleich, ständig neue Initiativen zu ergreifen, um mit mobilisierenden Lösungen den Kampf gegen diese gefahrvolle Entwicklung weiter zu entfalten.

Unseres Erachtens dürfen jene nicht zum Zuge kommen, die der Bevölkerung der BRD einreden wollen, die USA wollen verhandeln und seien friedfertig.

Wir dürfen die besorgten und schwankenden Kräfte in der BRD nicht dem Einfluß der Ultras überlassen. Wir müssen mit ihnen reden, um sie als Verbündete im Kampf um die Sicherung des Friedens zu gewinnen, wie groß auch die Meinungsunterschiede und Differenzen in anderen Fragen sein mögen.

Die Erfahrungen der beiden zurückliegenden Jahre haben bewiesen: Es ist durchaus möglich, mit der offensiven Friedenspolitik der sozialistischen Staaten auf breite Schichten der Bevölkerung der BRD Wirkung auszuüben. Sonst wäre es nicht zu einer Massenbewegung gegen die Raketenpolitik der USA in dem bekanntem Ausmaß gekommen, wie wir das vorher selbst kaum geglaubt hätten.

Sonst wäre es nicht möglich gewesen zu erreichen, daß die SPD nach ihrem von Helmut Schmidt erzwungenen Ja zur Raketenstationierung zu einem Nein, zu einer Ablehnung der USA-Raketenpolitik gekommen ist.

Auch wäre nicht erreicht worden, daß über 70 Prozent der Bevölkerung sich gegen die Fortsetzung der Raketenstationierung aussprachen. Das reicht bis weit in die Reihen der Anhängerschaft der CDU/CSU hinein, zu denen vor allem auch christliche Menschen gehören, die für die Verständigung mit den sozialistischen Staaten sind und die Reagan-Politik ablehnen.

Auch in bezug auf das Verhältnis zur DDR hat sich in der Bevölkerung der BRD in den zurückliegenden Jahren eine Entwicklung vollzogen. Gewiß ist ein Teil der BRD-Bürger noch immer von revanchistischen Illusionen erfaßt, die von den entsprechenden Organisationen, von den Medien des Springer-Konzerns und auch von Politikern aller systemtragenden Parteien immer wieder geschürt werden.

Es gibt aber einen anderen Teil der Bevölkerung der BRD, der die DDR als selbständigen deutschen Staat sieht, mit dem man normal auskommen muß. Dieser Teil ist im Wachsen begriffen, und vor allem viele Jugendliche denken so. Das ist ein wichtiger Fortschritt.

Es gibt einen dritten Teil der BRD-Bevölkerung: Das sind die Freunde der DDR. Dazu zählen neben den Kommunisten in wachsendem Maße auch Gewerkschafter, Mitglieder und Wähler der SPD, viele Anhänger der Friedensbewegung.

Damit ist, ohne es zu überschätzen, ein politisches Kapital entstanden, das wir nicht verschenken oder gar jetzt dem Einfluß des Feindes überlassen dürfen. Wir müssen es vergrößern.

Die innere Lage der BRD ist von tiefen Widersprüchen geprägt. Die Kohl-Regierung ist 1982 von maßgeblichen Kreisen des Monopolkapitals ins Amt gebracht worden, um auf allen Gebieten eine Wende nach rechts durchzusetzen. Die ökonomische Situation ist aber trotz geringfügiger Verbesserungen weiter von tiefen Krisenerscheinungen geprägt. Der versprochene große Aufschwung kommt nicht. Die Massenarbeitslosigkeit geht nicht zurück, sondern wächst weiter an. Die Politik des Abbaus sozialer Leistungen durch die Regierung und die Unternehmer ist gerade in den vergangenen Wochen durch machtvolle Streiks der Arbeiter und ihrer Gewerkschaften beantwortet worden. Die sozialen Spannungen werden weiter zunehmen. Die Kohl-Regierung sollte eine Regierung der festen Hand sein. Wie die Tatsachen zeigen, ist aber ihre Situation durch verstärkte Labilität gekennzeichnet. Schon zeigt sich die Angst vor den nächsten Wahlen.

Schwer ist die Verantwortung, die diese Regierung mit ihrer Zustimmung zur Stationierung der USA-Erstschlagswaffen übernommen hat.

Wir können jedoch nicht aus dem Auge lassen, daß dafür der vorhergehende Bundeskanzler Helmut Schmidt die Vorbereitungen getroffen und damit der Regierung Kohl das Handeln erleichtert hat. Seit der Regierung Schmidt ist die BRD militärisch zur zweitstärksten NATO-Macht geworden.

In der Ost- Politik hat Kohl Kontinuität verkündet. In zwei Briefen und in Telefongesprächen hat er mir das erklärt.[201] Er muß auf die Stimmung der Bevölkerung Rücksicht nehmen. Außerdem gibt es handfeste Wirtschaftsinteressen der Großbourgeoisie, die sich nicht von Washington alles vorschreiben lassen wollen. Diese Interessenkonflikte mit den USA in den Fragen der Hochzinspolitik und der Technologieexports haben sich sogar noch verstärkt.

Jetzt muß unser ganzes Trachten darauf gerichtet sein, alle Kräfte weiter zu ermuntern, die sich für den Stopp der Raketenstationierung und den Abzug der bereits aufgestellten Systeme einsetzen.

Dabei gilt es, auch jene anzusprechen, die zwar für die Stationierung waren, jetzt aber allmählich begreifen, daß damit für die BRD keine größere Sicherheit entsteht, sondern Todesgefahr. Die gibt es in der SPD, aber auch in der CDU/CSU. Dazu bedarf es des politischen Dialogs.

Von dieser unausweichlichen Aufgabe der Mobilisierung aller Kräfte für den Frieden und gegen den USA-Kurs der Konfrontation, gegen die Zerstörung des europäischen Vertragswerkes lassen wir uns auch in der Frage meines Besuches in der BRD leiten.

Welche Ziele könnten mit dem Besuch erreicht werden?

- Der Besuch in der BRD könnte dazu dienen, vor der Öffentlichkeit dieses Landes und mit weltweiter Auswirkung die konstruktiven Vorschläge der UdSSR und der anderen sozialistischen Staaten zur Verhinderung eines Atomkrieges, zum Stopp der Raketenrüstung und dem Abbau der bereits stationierten Systeme, gegen die Militarisierung des Weltraums, für die Gesundung der Weltlage darzustellen. Der Ablauf des Besuches würde das in vielfältiger Weise ermöglichen; durch eine Erklärung bei der Ankunft in der Bundesrepublik, in den Gesprächen, bei den Treffen mit den Vertretern der Parteien und in einer Pressekonferenz usw.

---

201 Vgl. Dok. 11, 13, 21 und 22.

Ich habe bereits in einem Interview mit einer italienischen Zeitung öffentlich erklärt, daß ich mit Bundeskanzler Kohl über den Stopp der Aufstellung der NATO-Raketen sprechen werde.[202] Die Regierung der BRD war dadurch gezwungen, öffentlich ihr Einverständnis mit der vorrangigen Behandlung dieser Frage zu bekunden.

- Mein Besuch als Staatsmann der DDR in der BRD würde vor aller Welt in einer bisher nicht gekannten Weise deutlich machen, daß der sozialistische deutsche Arbeiter-und-Bauern-Staat ein souveräner und selbständiger Staat ist, mit dem die BRD in völkerrechtlichen Beziehungen steht. Das würde vor allem unterstrichen durch das erstmalige Treffen des Staatsoberhauptes des sozialistischen Staates mit dem Bundespräsidenten der BRD.

Praktisch wäre das ein schwerer Schlag gegen alle revanchistischen Tendenzen und Illusionen. Das ist auch einer der Gründe, warum gerade die ultrarechten Kräfte in der BRD gegen das Stattfinden dieses Besuches hetzen.

- In den zurückliegenden Monaten bin ich mit den Regierungschefs von Schweden, Griechenland und Italien zusammengetroffen. Demnächst werde ich nach Finnland reisen und im Spätherbst den französischen Ministerpräsidenten und den Bundeskanzler Österreichs erwarten. Vom Staatspräsidenten Frankreichs, Mitterand, habe ich über unseren Außenminister eine mündliche Botschaft erhalten.[203]

So würde sich der Besuch in der BRD in diese Reihe einordnen. Auch damit würde unterstrichen, daß die Beziehungen der DDR zur BRD die gleiche völkerrechtliche Qualität besitzen wie zu anderen kapitalistischen Ländern. De facto würde damit deutlich, daß die BRD für die DDR Ausland ist.

- Kürzlich weilte der Bundeskanzler der BRD, Kohl, in Budapest. Jetzt ist bekannt geworden, daß Mitte September Genosse Todor Shiwkow nach Bonn reisen wird. Der Außenminister der CSSR, Genosse Chnoupek, hat bei seinem jetzigen Besuch in der BRD an Kohl eine Einladung zum Besuch in Prag überbracht. Weitere Begeg-

---

202 Den Wortlaut des Honecker-Interviews für die italienische Tageszeitung „Il Messaggero" vom Juli 1984 vgl. in: Erich Honecker: Reden und Aufsätze. Bd. 10. S. 199 ff.

203 Honecker traf Ende Juni 1984 den schwedischen Ministerpräsidenten Olof Palme, Anfang Juli den griechischen Ministerpräsidenten Andreas Papandreou und den italienischen Regierungschef Bettino Craxi, jeweils in Berlin, zu Gesprächen. Vom 16. bis 19. Oktober 1984 hielt sich der SED-Generalsekretär dann zu einem Staatsbesuch in Finnland auf. Anfang November 1984 kam der österreichische Ministerpräsident Fred Sinowatz in die DDR. Der Besuch des französischen Premierministers Laurent Fabius fand schließlich im Juni 1985 statt.

nungen zwischen sozialistischen Staaten und der BRD sind in Vorbereitung, so zwischen den rumänischen Genossen und Bonn.

In dieser Verbindung wäre meine Reise in die BRD ein normaler Vorgang, wohingegen ein Nichtstattfinden dieses Besuches als außergewöhnlich wirken müßte.

Wie steht es um die Haltung der politischen Kräfte in der BRD zur Frage des Besuches?

- Die Einladung war bekanntlich bereits vor 3 Jahren von Bundeskanzler Helmut Schmidt ausgesprochen worden. Auch liegt eine entsprechende Einladung des Bundespräsidenten der BRD, Weizsäcker, vor.

In der CDU/CSU sind die Auffassungen geteilt. Gegen den Besuch sind bestimmte ultrarechte Kreise, vor allem in der Bundestagsfraktion der CDU/CSU unter Führung des CDU-Politiker Dregger. Sie versuchen, durch Erklärungen das Klima zu belasten und haben sich mit den Scharfmachern des Springerkonzerns verbündet.[204]

Andererseits sind jene Kreise der CDU/CSU für den Besuch, die vor allem mit wichtigen Gruppen der westdeutschen Wirtschaft verbunden sind, denen die Fortsetzung der Handelsbeziehungen zur UdSSR, zur DDR sowie zu den anderen sozialistischen Saaten am Herzen liegen. Mir selbst sind von maßgeblichen Persönlichkeiten der Wirtschaft der BRD, wie von Berthold Beitz, entsprechende Nachrichten zugegangen.

Dabei ist zu bedenken, daß Helmut Kohl vor seiner politischen Karriere Geschäftsführer des Verbandes der chemischen Industrie war. Der CDU-Politiker Stoltenberg, jetzt Finanzminister, war früher unter der Leitung von Beitz Direktor bei Krupp. Der CDU-Politiker Kiep, Mitglied des Präsidiums und Schatzmeister, ist Aktionär bei der Hoechst AG. Er gehört zu jenen, die 1970 den Abschluß des Moskauer Vertrages, des Warschauer Vertrages und des Grundlagenvertrages unterstützt haben.

- Die FDP tritt für das Stattfinden des Besuches ein. Sie verspricht sich davon eine Aufwertung ihrer Rolle, da sie in den zurückliegenden Jahren gemeinsam mit der SPD am Zustandekommen der Verträge mit den sozialistischen Ländern aktiv beteiligt war. Durch die betonte Befürwortung verbesserter Beziehungen zu den sozialistischen Län-

---

204 Die am 4. September 1984 vom Ständigen DDR-Vertreter Ewald Moldt in Bonn verkündete Absage des Honecker-Besuchs in der Bundesrepublik wurde mit einem unwürdigen und abträglichen Stil der Auseinandersetzungen um das Stattfinden der Visite begründet. Die DDR-Medien nahmen auf ein Interview von Alfred Dregger in „Die Welt" vom 23. August 1984 bezug, in dem der CDU-Politiker gesagt hatte: „Unsere Zukunft hängt nicht davon ab, daß Herr Honecker uns die Ehre seines Besuchs erweist."

dern versucht sich die FDP von der CDU/CSU, mit der sie zusammen regiert, abzuheben und Wähler zu gewinnen.

- Führende Politiker der SPD haben uns wissen lassen, daß sie auf das Stattfinden des Besuches in den kommenden Wochen großen Wert legen. Der Vorsitzende der SPD, Willy Brandt, hat sich in diesen Tagen noch einmal direkt an mich gewandt und die Hoffnung geäußert, daß er mich treffen wird. Ebensolche Stellungnahmen gibt es von Vogel, Bahr, Ehmke u. a.

Vogel hat Anfang August mitgeteilt, die SPD habe ein besonderes Interesse an dem Besuch, weil sie sich damit eine Stärkung ihrer Position im Hinblick auf die kommenden Wahlen verspricht.

So hat sich auch der SPD-Ministerpräsident von Nordrhein-Westfalen, Rau, und der Landesvorsitzende der SPD des Saarlandes, Lafontaine, geäußert. In beiden Ländern finden im Frühjahr Wahlen statt. Wenn die SPD sie gewinnt, würde das das Kräfteverhältnis im BRD-Bundesrat verändern.[205]

Insgesamt erwartet die Führung der SPD durch meinen Besuch und die Darlegung unserer Politik eine Hilfestellung, um in der BRD eine neuen Mehrheit gegen die CDU/CSU zu schaffen. Wie mir mitgeteilt wurde, trage sich Willy Brandt mit dem Gedanken, noch einmal für das Amt des Bundeskanzlers zu kandidieren.

- Die Partei der Grünen hat in mehreren Briefen an mich den geplanten Besuch begrüßt und darum ersucht, mit mir zusammentreffen zu können. Natürlich wissen wir, wie widersprüchlich die Lage in dieser Partei ist. Sie repräsentiert aber einen beachtlichen Teil der oppositionellen Kräfte, vor allem unter der Jugend. Von den Grünen hat es bereits wichtige Initiativen zur völligen Respektierung der Staatsbürgerschaft der DDR gegeben. Sie haben sich öffentlich gegen die Thesen des Revanchismus ausgesprochen. Es gilt, jene Kräfte dort zu bestärken, die auf vernünftigen, ja, man kann sagen, auf linken Positionen stehen.

- Ich möchte noch bemerken, daß mir auch ein Schreiben des Koordinierungsausschusses der BRD-Friedensbewegung vorliegt. Der Vorsitzende dieses Ausschusses, Josef Leinen (SPD), unterstrich darin die Wichtigkeit eines Besuches für die gesamte Friedensbewegung und bittet um eine Begegnung.

Alles in allem: Unter Abwägung aller Faktoren kommen wir zu der Schlußfolgerung, daß der Besuch in der BRD richtig wäre und für

---

205 Bei den Landtagswahlen in Nordrhein-Westfalen am 12. Mai 1985 erreichten die SPD 52,1 %, die CDU 36,5 % und die FDP 6,0 % der Stimmen. Im Saarland kamen am 10. März 1985 die SPD auf 49,2 %, die CDU auf 37,3 % und die FDP auf 10 %. In beiden Ländern bildeten die Sozialdemokraten die Regierungen.

unsere gemeinsame Politik des Kampfes zur Verminderung der Kriegs-
gefahr, gegen die Hochrüstungspolitik der USA und der NATO von
Nutzen wäre.
In dieser Beurteilung stimmen wir mit der DKP und auch der SEW
überein.
Eine Absage, sofern sie nicht mit sehr gewichtigen Gründen sowohl für die Bevölkerung der DDR als auch für die Friedenskräfte der
BRD und für die internationale Öffentlichkeit verbunden wäre, könnte
eigentlich nur die Ultras in der BRD und in den USA freuen, die den
Besuch zu verhindern trachten.
Selbstverständlich bedarf es noch entsprechender Schritte der Vor-
bereitung. Selbstverständlich stellen wir in Rechnung, daß es eines
kämpferischen Herangehens bedarf, um die politischen Ziele zu
erreichen. Aber wo wird uns heute Kampf erspart?
Wichtig ist, daß die Initiative in unseren Händen bleibt.

Quelle: SAPMO - BArch, DY30/J IV 2/2A/2677.

Dokument 28

**Nachricht von Helmut Kohl für Erich Honecker, übermittelt von
Philipp Jenninger an Alexander Schalck am 23. August 1984**[206]

1. Der Bundeskanzler begrüßt die wiederholten Erklärungen des Generalsekretärs und Vorsitzenden des Staatsrates der DDR, Genossen Erich
Honecker, zur Sicherung des Friedens in Europa, trotz der schwierigen
weltpolitischen Lage den Dialog und die Zusammenarbeit zwischen
den Staaten zwischen Ost und West fortsetzen zu wollen.
   2. Der Bundeskanzler hofft in diesem Sinne, daß das zwischen ihm
und dem Generalsekretär geplante Gespräch im Rahmen des vorgesehenen Besuches auch ein wichtiger Beitrag zur Friedenssicherung in
Europa sein kann.
   3. Unsere Seite würde es begrüßen, wenn die Vorbereitungen alsbald in diskreter Weise fortgesetzt werden könnten und in Kürze eine
Verständigung über die Eckpunkte herbeigeführt werden könnte, weil
gewisse organisatorische Zwänge das erforderlich machen, um einen
guten Ablauf zu sichern.

---

206 Diese Information wurde am 23. August 1984 um 13.50 Uhr telefonisch
   übermittelt. Die Nachricht zeichneten Erich Honecker und Günter Mittag ab.

4. Der Bundeskanzler steht zu seinem Wort, die Operation zu gegebener Zeit fortzusetzen. Er bittet um Verständnis, daß er eine derartige Entscheidung im Lichte der Diskussionen in Ost und West im wohlverstandenen Interesse beider Seiten und um den geplanten Besuch nicht zu belasten, jetzt nicht für opportun hält. Er würde daher seine Entscheidung erst nach Ablauf des Besuchs treffen.

Quelle: SAPMO - BArch/DY 30, vorl. SED, 42171.

Dokument 29

Entwurf der „Gemeinsamen Erklärung" über den geplanten Besuch Erich Honeckers in der Bundesrepublik Deutschland, 28. August 1984[207]

1. Auf Einladung des Bundeskanzlers der Bundesrepublik Deutschland, Helmut Kohl, weilte der Generalsekretär des Zentralkomitees der Sozialistischen Einheitspartei Deutschlands und Vorsitzende des Staatsrates der Deutschen Demokratischen Republik, Erich Honecker, vom ... bis ... 1984 zu einem Besuch in der Bundesrepublik Deutschland.
Besuchsablauf:
- Begegnung Erich Honecker - Helmut Kohl
- Gespräch mit Bundespräsidenten und weiteren Persönlichkeiten
- Besuch Trier, Saarland, Essen, Dachau, München.
2. Während des Besuches wurden folgende Abkommen und Vereinbarungen unterzeichnet: [...][208]
3. Der Generalsekretär des Zentralkomitees der Sozialistischen Einheitspartei Deutschlands und Vorsitzende des Staatsrates der Deutschen Demokratischen Republik und der Bundeskanzler der Bundes-

---

207 Am 28. August 1984 wurde über die Vorbereitung des Honecker-Besuchs in Bonn im SED-Politbüro beraten. Der Ständige Vertreter der DDR in der Bundesrepublik, Ewald Moldt, wurde beauftragt, auf der Grundlage der vorliegenden Materialien weiter zu verhandeln. Offenbar war man mit dem Entwurf der „Gemeinsamen Erklärung" einverstanden. - Den Text des am 8. September 1987 veröffentlichten „Gemeinsamen Kommuniqués über den offiziellen Besuch des Generalsekretärs des ZK der SED und Vorsitzenden des Staatsrates der Deutschen Demokratischen Republik, Erich Honecker, in der Bundesrepublik Deutschland" vgl. in: Beziehungen der Deutschen Demokratischen Republik zur Bundesrepublik Deutschland und zu Berlin (West), S. 149 ff.

208 Hier war Platz für Eintragungen noch offengelassen worden.

republik Deutschlands führten in sachlicher und aufgeschlossener Atmosphäre einen umfassenden Meinungsaustausch über Stand und Entwicklungsmöglichkeiten der Beziehungen zwischen der Deutschen Demokratischen Republik und der Bundesrepublik Deutschland sowie über aktuelle Fragen der internationalen Beziehungen.

An den Gesprächen nahmen teil:

Von seiten der Deutschen Demokratischen Republik: [...]

Von seiten der Bundesrepublik Deutschland: [...][209]

4. Erich Honecker und Helmut Kohl stimmten darin überein, daß die Deutsche Demokratische Republik und die Bundesrepublik Deutschland eine große Verantwortung für den Frieden in Europa und die Menschen tragen. Dem entspricht es, wenn auch in Zukunft das Handeln beider Staaten von dem Grundsatz bestimmt wird, daß von deutschem Boden nie wieder Krieg ausgehen darf.

Beide Seiten betonen, daß aus dieser Verantwortung heraus alle Anstrengungen der Sicherung und Festigung des Friedens in Europa und der Welt gelten müssen. Sie stimmen überein, daß das Verhältnis der beiden Staaten zueinander auf der Basis der Gleichheit und gleichen Sicherheit und den internationalen Normen beruht und ein stabilisierender Faktor ist. Von ihm sollten positive Impulse für die Lage in Europa ausgehen.

5. Im Bewußtsein, daß in den beiden Staaten unterschiedliche gesellschaftliche Ordnungen bestehen und sie verschiedenen Bündnissen angehören, erörterten Erich Honecker und Helmut Kohl aktuelle Fragen der internationalen Entwicklung. Sie stimmten überein, daß es die wichtigste Aufgabe aller Staaten ist, den Frieden zu sichern und alle Anstrengungen zu unternehmen, die zum Abbau von Spannungen beitragen. Sie bekannten sich zum uneingeschränkten Verzicht auf die Anwendung militärischer Gewalt und zur Aufrechterhaltung friedlicher Beziehungen und betonten die Übereinstimmung, daß strittige Fragen ausschließlich auf dem Verhandlungswege gelöst werden müssen.

Sie werden ihre Außenminister beauftragen, das auf der Konferenz in Stockholm über vertrauens- und sicherheitsbildende Maßnahmen und Abrüstung in Europa von den Warschauer Paktstaaten vorgeschlagene Material ernsthaft zu prüfen.[210]

6. Beide Staaten hoben die große Bedeutung hervor, die wirksamen Vereinbarungen über Maßnahmen zur Rüstungsbegrenzung und Abrüstung für die Bewahrung und Sicherung des Friedens beizumessen ist. Sie erklärten, daß es keine Sicherheit der einen Seite auf Kosten der anderen geben kann, und erachten es als wichtig, daß niemand

---

209 Auch hier war zweimal Platz für Eintragungen offengelassen worden.

210 Vgl. Anm. 165.

militärische Überlegenheit anstrebt. Sie sind der Auffassung, daß es notwendig ist, durch militärisch behutsame Schritte der Rüstungsbegrenzung und Abrüstung unter adäquater Kontrolle, die auf dem Prinzip der Gleichheit und gleicher Sicherheit beruhen, ein stabiles Gleichgewicht der Kräfte auf möglichst niedrigem Niveau anzustreben. Fortschritte in dieser Hinsicht sind in hohem Maße geeignet, zur Verbesserung des politischen Klimas und zur Wiederherstellung des Vertrauens in den internationalen Beziehungen beizutragen.

Beide Seiten sind entschlossen, ihre Bemühungen um konkrete positive Vereinbarungen in den Gremien, in denen diese Probleme behandelt werden, fortzusetzen und zu intensivieren. Beide Seiten begrüßten die Konsultationen zwischen den Abrüstungsbeauftragten ihrer Regierungen und sprachen sich für deren Fortsetzung aus.

7. Erich Honecker und Helmut Kohl legten ihre jeweiligen Standpunkte zu Fragen der Begrenzung und Verminderung von Nuklearwaffen sowie zur Schaffung kernwaffenfreier Zonen mit dem Ziel der Befreiung Europas von Kernwaffen dar.

Es bestanden unterschiedliche Auffassungen darüber, welche Voraussetzungen geschaffen werden müßten, um die Verhandlungen zum Abbau nukleaer Waffen wieder aufzunehmen.

8. Beide Seiten begrüßten die Stockholmer Konferenz über vertrauens- und sicherheitsbildende Maßnahmen und Abrüstung in Europa, um neue wirksame Schritte zu vereinbaren, die Fortschritte bei der Festigung des Vertrauens und der Sicherheit und bei der Verwirklichung der Abrüstung ermöglichen.

Erich Honecker und Helmut Kohl sprachen sich für die zügige Ausarbeitung einander ergänzender vertrauens- und sicherheitsbildender Maßnahmen aus, die militärische Konfrontation verringern.

Sie betonten die Notwendigkeit der Bekräftigung und weiteren Ausgestaltung des völkerrechtlichen Gewaltverbots, wie es in der Charta der Vereinten Nationen und der Schlußakte von Helsinki bereits niedergelegt ist.

9. Beide Seiten bekräftigten ihren Willen, aktiv zum Erfolg der Wiener Verhandlungen über die gegenseitige Verminderung von Streitkräften und Rüstungen und damit zusammenhängenden Maßnahmen in Mitteleuropa beizutragen. Sie unterstrichen die Bedeutung konkreter Fortschritte und positiver Resultate dieser Verhandlungen für Sicherheit und Stabilität in Europa.

10. Beide Seiten sprachen sich für ein vertragliches weltweites Verbot der Herstellung, Lagerung und des Einsatzes chemischer Waffen aus und legten ihre jeweiligen Standpunkte zu Fragen regionaler Vereinbarungen dar.

11. Erich Honecker und Helmut Kohl sprachen sich für wirksame

internationale Vereinbarungen zur Verhinderung des Mißbrauchs des Weltraumes für militärische Zwecke aus.

12. Erich Honecker und Helmut Kohl würdigten den erfolgreichen Abschluß des Madrider KSZE-Folgetreffens mit einem ausgewogenen und substantiellen Abschlußdokument und sprachen sich dafür aus, der Schlußakte von Helsinki und dem darauf beruhenden Madrider Abschlußdokument im Interesse friedlicher Zusammenarbeit der Teilnehmerstaaten und zum Wohle der Menschen volle Wirksamkeit zu verleihen.

Sie bekräftigten den Willen, für die Weiterführung und Vertiefung des Prozesses der Sicherheit und Zusammenarbeit in Europa zu wirken.

13. Erich Honecker und Helmut Kohl erörterten eine Reihe anderer internationaler Fragen, insbesondere Konfliktsituationen in verschiedenen Regionen der Welt, die Anlaß zur Sorge geben. Sie betonten die Notwendigkeit, zuverlässige politische Regelungen durch Verhandlungen zu finden, bei denen die Interessen aller Beteiligten gebührend berücksichtigt werden.

14. Beide Seiten stimmten darin überein, zur Stärkung der Organisation der Vereinten Nationen als das universale Forum zur friedlichen Gestaltung der internationalen Beziehungen und zur Lösung der dringlichsten weltpolitischen Probleme beizutragen. Sie unterstützten die Erhöhung der Effektivität der Vereinten Nationen auf der Grundlage ihrer Charta. Sie treten dafür ein, die Bemühungen der Vereinten Nationen zur Gestaltung gleichberechtigter, gegenseitig vorteilhafter internationaler Wirtschaftsbeziehungen zu erhöhen.

15. Erich Honecker und Helmut Kohl würdigten die Bewegung der nichtpaktgebundenen Staaten als einen Faktor von internationaler Bedeutung. Angesichts der ernsten wirtschaftlichen Probleme, vor denen die Entwicklungsländer stehen, erachten sie es als wichtig, alle erforderlichen Bemühungen zu ihrer Bewältigung zu unterstützen.

16. Erich Honecker und Helmut Kohl würdigten die Entwicklung des Verhältnisses zwischen beiden Staaten seit dem Abschluß des Vertrages über die Grundlagen der Beziehungen zwischen der Deutschen Demokratischen Republik und der Bundesrepublik Deutschland vom 31. Dezember 1972. Sie betonten, daß dieser Vertrag und die seither getroffenen Vereinbarungen Grundlage und Rahmen für die Beziehungen zwischen beiden deutschen Staaten bilden.

Ausgehend von den historischen Gegebenheiten geht es darum, im Sinne der Ziele des Grundlagenvertrages normale gutnachbarliche Beziehungen zueinander auf der Grundlage der Gleichberechtigung zu entwickeln, die Möglichkeiten des Vertrages weiter auszuschöpfen und die Beziehungen weiter auszugestalten und zu vertiefen, um das Erreichte zu bewahren und auszubauen unter Beachtung des Grundsatzes, daß beide Staaten die Unabhängigkeit und Selbständigkeit jedes der beiden Seiten in seinen inneren und äußeren Angelegenheiten respektieren.

17. Beide Seiten würdigten die anhaltend positive Wirkung des Vierseitigen Abkommens vom 3. September 1971 auf die Lage in Europa und die Ost-West-Beziehungen und bekräftigten die Notwendigkeit seiner strikten Einhaltung und vollen Anwendung.

18. Beide Seiten führten einen offenen Meinungsaustausch zu Fragen des Reise- und Besucherverkehrs einschließlich der Reisen in dringenden Familienangelegenheiten sowie des Tourismus. Sie bekräftigten ihre Absicht, den Jugendaustausch durch die Beseitigung der Hindernisse wieder in Gang zu bringen.

Erich Honecker und Helmut Kohl erörterten humanitäre Fragen einschließlich der Familienzusammenführung und der Lösung von Härtefällen. Sie würdigten positive Ergebnisse und stimmten darin überein, entsprechende Bemühungen konstruktiv fortzusetzen.

19. Beide Seiten würdigten die Arbeit der Grenzkommission. Sie bekundeten ihre Absicht, im Sinne des Regierungsprotokolls vom 29. November 1978, Aufgaben der Grenzkommission, soweit sie noch nicht gelöst sind, zum positiven Abschluß zu bringen.

Erich Honecker wies auf die Bedeutung einer einvernehmlichen Feststellung des Grenzverlaufes auf der Elbe entsprechend internationaler Praxis hin und betonte, daß eine baldige Regelung dieser Frage den Weg für die Regelung anderer mit der Elbe zusammenhängender Fragen freimachen würde.

20. Beide Seiten brachten zum Ausdruck, daß sie den Fragen des Schutzes der natürlichen Lebensgrundlagen der Menschen große Bedeutung beimessen. Sie begrüßten die Ergebnisse der multilateralen Konferenz über Wald-, Gewässer- und Bautenschäden durch Luftverschmutzung im Juni 1984 in München. Sie bekräftigten ihren Willen, die Zusammenarbeit auf dem Gebiet des Umweltschutzes zu vertiefen und betonten, daß wirksame Maßnahmen zum Rüstungsabbau zur Freisetzung geistiger und materieller Ressourcen, die teilweise für die Ziele des Schutzes und der Verbesserung der natürlichen Umwelt genutzt werden könnten, beitragen würden.

Beide Seiten brachten die Erwartung zum Ausdruck, daß die Vereinbarung über den grenzüberschreitenden Kaliabbau baldmöglichst unterzeichnet werden kann. Sie kamen überein, die Verhandlungen zu Fragen der Reduzierung der Salzbelastung der Werra wieder aufzunehmen und zügig fortzuführen.

21. Beide Seiten traten dafür ein, die Zusammenarbeit im Bereich von Wissenschaft und Technik zu fördern und die Bemühungen fortzuführen, auch auf diesem Gebiet zu vertraglichen Regelungen zu gelangen.

22. Beide Seiten sprachen sich für den Abschluß eines Abkommens über kulturelle Zusammenarbeit aus. Sie stimmten darin überein, die kulturellen Beziehungen fortzuentwickeln, um das gegenseitige Verständnis zu fördern.

23. Erich Honecker und Helmut Kohl stellten mit Befriedigung fest, daß sich der Handel zwischen beiden deutschen Staaten in den letzten Jahren positiv entwickelt hat. Sie betrachten ihn als wichtiges stabilisierendes Element der Gesamtbeziehungen und erklärten ihr Interesse, die wirtschaftliche Zusammenarbeit auf der Grundlage der Gleichberechtigung und des gegenseitigen Vorteils zu intensivieren. Beide Seiten unterstrichen die Bedeutung der Zusammenarbeit auf dritten Märkten, insbesondere bei Großprojekten. Sie bekräftigten die Absicht, die regelmäßigen Kontakte im Bereich des Handels und der Wirtschaft fortzusetzen.

24. Erich Honecker und Helmut Kohl bezeichneten ihren Meinungsaustausch als nützlich und förderlich. Sie sprachen sich in Übereinstimmung mit dem Vertrag über die Grundlagen ihrer Beziehungen für die Fortsetzung und Intensivierung der Kontakte auf hoher politischer und auf anderen Ebenen aus.

25. Der Generalsekretär des Zentralkomitees der Sozialistischen Einheitspartei Deutschlands und Vorsitzende des Staatsrates der Deutschen Demokratischen Republik lud den Bundeskanzler der Bundesrepublik Deutschland zu einem Besuch in der Deutschen Demokratischen Republik ein. Die Einladung wurde mit Dank angenommen. Der Termin wird später vereinbart werde.

Quelle: SAPMO - BArch, DY 30/J IV 2/2A/2679.

Kapitel 3

1985 - 1986: Erweiterung der Spielräume
Die Profilierung der Deutschlandpolitik in Ost-Berlin und Bonn

---

Im März 1985 war binnen drei Jahren der dritte sowjetische General-
sekretär gestorben. Ein genereller Wechsel des Führungspersonals der
KPdSU stand bevor und stellte auch eine Erneuerung der unter
Tschernenko wiederum verkrusteten sowjetischen Politik in Aussicht.
Honecker und Kohl gratulierten am 12. März 1985 nicht nur Michail
Gorbatschow zu seinem Amt als neuer sowjetischer Parteiführer,
sondern trafen in Moskau zu einer wichtigen politischen Unterredung
zusammen.

Vom Moskauer Zusammentreffen des SED-Generalsekretärs mit
dem Bundeskanzler ging eine vorsichtige eigenständige Profilierung
beider deutscher Regierungen aus. Insbesondere im wirtschaftlichen
Bereich gab es auf der Suche nach neuen Ansätzen zur Zusammenarbeit erste Erfolge. Die Messen in Leipzig und Hannover wurden von
Spitzenpolitikern beider deutscher Staaten zum Zweck des wirtschaftlichen und politischen Dialogs besucht; Minister aus der DDR und der
BRD reisten immer häufiger nach Bonn bzw. Ost-Berlin. Hinzu trat
der seit der Berliner „Karl-Marx-Konferenz" 1983 intensivierte Dialog
zwischen der SED und der SPD.

Die Tatsache, daß auch aus dem Kreml ein neuer politischer Wind
zu wehen begann, wirkte sich auf das deutsch-deutsche Verhältnis
positiv aus. Dennoch blieb die Auflage für die handelnden Deutschlandpolitiker der DDR bestehen, über jeden ihrer Schritte die sowjetische Botschaft, die Deutschlandexperten im Moskauer Außenmini-
sterium oder im KPdSU-Zentralkomitee zu informieren. Bei wichtigen
Entscheidungen waren auch unter Gorbatschow Konsultationen und
die Zustimmung der sowjetischen Führung notwendig.

1985 und 1986 kam es, abgesehen von der Moskauer Begegnung
zwischen Kohl und Honecker, zu keinem weiteren Gipfeltreffen. Dafür
war wesentlich verantwortlich, daß man in Moskau die Abrüstungsgespräche mit der westlichen Führungsmacht USA nicht durch deutsch-
deutsche Sonderinteressen belastet sehen wollte.

In der zweiten Hälfte des Jahres 1984 war eine gewisse Normalität in die Gestaltung der deutsch-deutschen Beziehungen eingetreten. Daran änderte auch die zeitweilige Besetzung der Prager BRD-Botschaft durch ausreisewillige DDR-Bürger wenig. Die Verhandlungen zum Kulturabkommen wurden ebenso fortgesetzt wie die ständigen Unterredungen über Fragen der Gestaltung des innerdeutschen Handels. Am 11. März 1985 traf Bundeswirtschaftsminister Martin Bangemann zu Gesprächen mit Günter Mittag und DDR-Außenhandelsminister Gerhard Beil in Berlin ein und bekundete die Absicht der BRD, den Handel mit der DDR auszubauen.[211] Am gleichen Tage sprach Bangemann mit Erich Honecker, der danach zur Teilnahme an den Trauerfeierlichkeiten für den verstorbenen KPdSU-Generalsekretär Tschernenko nach Moskau reiste.

Das Gespräch mit Bangemann fand also unmittelbar vor dem in Moskau arrangierten zweiten Treffen zwischen Erich Honecker und Helmut Kohl statt. Beide Politiker waren vor Jahresfrist am 14. Februar 1984 in Moskau zu einer ersten persönlichen Begegnung zusammengetroffen. Bei ihrem zweiten Treffen standen erneut Abrüstungsfragen sowie Probleme der bilateralen Beziehungen im Mittelpunkt (*Dokument 30*). In einer „Gemeinsamen Erklärung" hoben Honecker und Kohl hervor, daß dem politischen Dialog und der Zusammenarbeit zwischen Ost und West „gerade jetzt großes Gewicht" zukomme. Sie betonten, „daß Fortschritte zum Wohle der Menschen im beiderseitigen Verhältnis in hohem Maße geeignet seien, zur Verbesserung des politischen Klimas und zur Vertrauensbildung in den Ost-West-Beziehungen beizutragen".[212] Obwohl weltpolitische Fragen das Gespräch dominierten, kamen beide Partner auch überein, durch Experten einen Vertrag zu Fragen des Umweltschutzes vorbereiten zu lassen[213] und die Verhandlungen über ein deutsch-deutsches Kulturabkommen, „orientiert auf ein positives Ergebnis", weiterzuführen. Außerdem sollten die Wirtschaftsbeziehungen entwickelt werden.

---

211 Vgl. ND, 12. März 1985.

212 Gemeinsame Erklärung des Generalsekretärs des ZK der SED und Vorsitzenden des Staatsrates der Deutschen Demokratischen Republik, Erich Honecker, und des Bundeskanzlers der Bundesrepublik Deutschland, Dr. Helmut Kohl, 12. März 1985. In: Beziehungen der Deutschen Demokratischen Republik zur Bundesrepublik Deutschland und zu Berlin (West). S. 127 f.

213 Die Verhandlungen über ein Umweltschutzabkommen zwischen der DDR und der BRD begannen am 5. Juni 1985 in Ost-Berlin. Sie konnten mit der Unterzeichnung der Vereinbarung über die weitere Gestaltung der Beziehungen auf dem Gebiet des Umweltschutzes am 8. September 1987, während des Honecker-Besuches in Bonn, abgeschlossen werden. Vgl. den Text der Vereinbarung und der Protokollerklärungen in: Ebenda, S. 145 ff.

Bei der weiteren Gestaltung der Handelsbeziehungen stand eine neue Swingregelung für die Jahre 1986 bis 1990 aus. Nachdem Bangemann und Mittag darüber konferiert, Kohl und Honecker sich positiv geäußert und Strauß mit Schalck am 10. Juni 1985 das Thema erneut diskutiert hatten (*Dokument 33*), konnte am 5. Juli 1985 eine Vereinbarung über die Erhöhung des zinslosen Überziehungskredits im innerdeutschen Handel (Swing) auf 850 Mio. VE erzielt werden. Gleichzeitig vereinbarten beide Seiten für die Jahre 1986 bis 1990 die Aufstockung des Verrechnungskontos im nichtkommerziellen Zahlungsverkehr auf 70 Mio. DM.[214]

Dazwischen lag ein erneuter Briefwechsel zwischen Honecker und Kohl vom 11. April bzw. 15. Mai 1985, in dem der Vorschlag des neuen KPdSU-Generalsekretärs Michail Gorbatschows, ein weitreichendes Moratorium für atomare und kosmische Angriffswaffen zu vereinbaren, erörtert wurde (*Dokumente 31* und *32*). Diesen brieflichen Dialog setzten Kohl und Honecker im Juni und September 1985 fort. Erneut erklärte Honecker seine Unterstützung für die Absicht der Sowjetunion, ein Moratorium zu vereinbaren. Honecker erneuerte in seinem Brief vom 25. Juni 1985 (*Dokument 34*) seine Geraer Forderungen vom 13. Oktober 1980. Weiter forderte der SED-Generalsekretär den Ausbau der Wirtschaftsbeziehungen sowie die „Schaffung von Voraussetzungen" auf westdeutscher Seite zum baldigen Abschluß eines Kulturabkommens, einer Vereinbarung über den Umweltschutz sowie Regelungen in noch zu klärenden Fragen beim Kaliabbau im Grenzgebiet. Knapp drei Monate später, am 12. September 1985, informierte Honecker den Bundeskanzler über eine gemeinsame Initiative von DDR und CSSR für die Bildung einer von chemischen Waffen freien Zone in Mitteleuropa (*Dokument 35*).

Der Bundeskanzler antwortete dem SED-Generalsekretär in zwei Briefen vom 26. September (*Dokument 39*) bzw. 27. September 1985 (*Dokument 40*). In seinem ersten Brief würdigte Kohl die wirtschaftlichen Vereinbarungen vom 5. Juli 1985. Zugleich hob er hervor, daß die Regelungen „zur Unterbindung der illegalen Einreise von Staatsbürgern aus Sri Lanka"[215] sowie die Wiederaufnahme des Jugendaustausches die „Beziehungen insgesamt günstig beeinflußt und

---

214 Vgl. die Verlautbarung des Sprechers der Bundesregierung, Friedhelm Ost, vor der Bundespressekonferenz am 5. Juli 1985 in Bonn. In: Bulletin des Presse- und Informationsamtes der Bundesregierung, Bonn, 9. Juli 1985.

215 In diese Verhandlungen waren zeitweilig auch die SPD-Politiker Egon Bahr und Johannes Rau eingeschaltet. Die Tatsache, daß Rau die DDR-Regelung als erster bundesdeutscher Politiker bekanntgab, ist später als Wahlhilfe der DDR für den Ministerpräsidenten Nordrhein-Westfalens ausgelegt worden.

vorangebracht" hätten. Zugleich wertete Kohl die inzwischen erfolgte Begegnung Honeckers mit Strauß auf der Leipziger Herbstmesse 1983 als „einen wichtigen Beitrag zur Intensivierung des Dialogs zwischen den politisch Verantwortlichen Ihrer Seite und der Bundesregierung sowie Politikern der sie tragenden Parteien".[216]

Zum Vorschlag einer chemiewaffenfreien Zone in Mitteleuropa plädierte der Bundeskanzler für eine weltweite Ächtung dieser Waffen und unterbreitete den Vorschlag, daß die beiden deutschen Delegationen im Rahmen der Genfer Abrüstungskonferenz Gespräche zum Gegenstand aufnehmen. Es entspreche der besonderen Verantwortung der beiden Staaten in Deutschland, „in dieser Weise eine besondere Anstrengung zu unternehmen, um zu einer echten und zuverlässigen Lösung des Problems der chemischen Waffen zu kommen".

Am 19. September 1985 fand in Berlin ein gleichermaßen wichtiges wie kompliziertes politisches Gespräch statt. Erich Honecker empfing erstmals den SPD-Vorsitzenden Willy Brandt zu einer mehrstündigen Unterredung. Brandt war seit seinem Besuch als Bundeskanzler am 19. März 1970 in Erfurt und auch nach dem von der Guillaume-Affäre beeinflußten Rücktritt als Regierungschef am 6. Mai 1974 nicht mehr in die DDR gekommen. Insbesondere der Anteil Ost-Berlins an den Umständen, die zu seinem Ausscheiden als Bundeskanzler führten, hatte das Verhältnis des SPD-Vorsitzenden zur SED-Führung für lange Zeit erheblich belastet. In diesem Band werden die umfangreiche „Niederschrift über das offizielle Gespräch" zwischen Honecker und Brandt (*Dokument 36*) sowie eine kurze Notiz über ein „Gespräch unter vier Augen" zwischen beiden Politikern vollständig abgedruckt (*Dokument 37*)

Im offiziellen Gespräch wandte sich Honecker in aller Schärfe gegen die geplante amerikanische Weltraumrüstung. Das SDI-Programm würde dazu führen, „daß Europa geopfert werde". Zugleich würdigte der SED-Chef die Tätigkeit der gemeinsamen Arbeitsgruppe von SPD und SED zur Schaffung einer chemiewaffenfreien Zone in Mitteleuropa und dankte Willy Brandt und Egon Bahr für ihren Anteil bzw. die Unterstützung beim Zustandekommen des gemeinsamen Dokuments. Auf Fragen der deutsch-deutschen Beziehungen eingehend, kam Honecker erneut auf seine Geraer Forderungen zurück. Zur Entwicklung des Reiseverkehrs sagte er: „Als seinerzeit mit E. Bahr verhandelt wurde, sei das Ausmaß ... nicht vorstellbar gewesen. Diese Entwicklung habe sich als stabilisierendes Element bewährt."

---

216 Eine von SED-Seite gefertigte Gesprächsniederschrift des Treffens von Honecker mit Strauß am 1. September 1985 in Leipzig vgl. in: Heinrich Potthoff Die „Koalition der Vernunft". S. 330 ff.

Willy Brandt stellte Übereinstimmung in der Frage der Notwendigkeit fest, die Militarisierung des Weltraumes zu verhindern. Zum Problem der Stationierung der amerikanischen Mittelstreckenraketen bemerkte er nach Angaben der DDR-Niederschrift: „Seinerzeit habe sich H. Schmidt verkalkuliert. Er habe geglaubt, etwas in Bewegung zu setzen, das eher zu Verhandlungen führen würde. Das habe sich als Fehleinschätzung erwiesen. Eine sozialdemokratische Bundesregierung werde alles daran setzen, um die stationierten Raketen wieder wegzuverhandeln." Auf die Geraer Forderung nach Auflösung der Zentralen Erfassungsstelle Salzgitter eingehend, sagte der SPD-Vorsitzende laut Protokoll: „Wenn Schröder Ministerpräsident werde, mache er den Laden dicht." Mit der Elbegrenze wäre man laut Brandt „längst fertig, wenn man das auf Regierungsebene besprechen könnte". Den Stand der Parteibeziehungen zwischen SPD und SED schätzte Brandt positiv ein. Einen speziellen Vertrag wollte er darüber allerdings nicht abschließen. Brandt hob die Zusammenarbeit z. B. für die Grundwertekommission als „hilfreich" hervor."[217]

Die Zentrale Auswertungs- und Informationsgruppe des MfS hatte die Reaktionen der DDR-Bevölkerung auf das Treffen zwischen Honecker und Brandt in einem Papier vom 23. September 1985 zusammengefaßt. Darin hieß es u. a.: „Die beim Treffen von Gen. Honecker und Willy Brandt erörterten humanitären Fragen, wie zum Reise- und Besucherverkehr sowie zur Milderung von Härtefällen, haben vielfältige Spekulationen und Erwartungshaltungen ausgelöst. Insbesondere Personen mit verwandtschaftlichen Verbindungen in die BRD erhoffen sich weitere Reiseerleichterungen durch eine Herabsetzung des Reisealters bzw. eine Erweiterung der Reisemöglichkeiten auf Verwandte 2. Grades." (*Dokument 38*)

Während Brandt gegenüber Honecker der gemeinsamen Initiative zur Schaffung einer chemiewaffenfreie Zone in Mitteleuropa ausdrücklich zustimmte, vertrat Altbundeskanzler Helmut Schmidt ein Jahr später im Gespräch mit Politbüromitglied Werner Jarowinsky in dieser Frage eine gegenteilige Ansicht. „Die SPD sei in der Opposition und könne nicht für die Regierung sprechen", äußerte Schmidt am 24. Oktober 1986 in Leipzig (*Dokument 44*).

---

217 In den Gesprächen zwischen Vertretern der Akademie für Gesellschaftswissenschaften beim ZK der SED und der SPD-Grundwertekommission diskutierten unter der Leitung von Rolf Reißig (SED) und Erhard Eppler (SPD) seit 1984 Wissenschaftler und Politiker beider Parteien über gesellschaftspolitische, historische und theoretische Probleme. Als Ergebnis veröffentlichten beide Parteien am 27. August 1987, zwei Wochen vor dem Honecker-Besuch in Bonn, das sogenannte Gemeinsame Papier mit dem Titel „Der Streit der Ideologien und die gemeinsame Sicherheit". Vgl. Anm. 42.

Konkrete Ergebnisse bei der Entwicklung der deutsch-deutschen Beziehungen wurden bis Ende 1985 nicht mehr erreicht. Honecker würdigte in einem Interview für „Die Zeit" im Januar 1986, daß die Kohl-Regierung kontinuierlich an die Deutschlandpolitik der sozial-liberalen Koalition angeknüpft habe. Zu den Möglichkeiten der Verbesserung des Verhältnisses zwischen beiden deutschen Staaten sagte er: „Eine besondere Bedeutung messen wir dem Ausbau der politischen Beziehungen bei ... Überhaupt sind wir der Auffassung, daß noch viele ungenutzte Möglichkeiten bestehen, die politischen Beziehungen in dem Sinne zu entwickeln, daß sie dazu beitragen, im Herzen Europas eine Zone stabiler Sicherheit zu schaffen und das Risiko einer nuklearen Katastrophe zu vermindern. Möglichkeiten für den Ausbau der Beziehungen gibt es zum Beispiel auch auf den Gebieten des Umweltschutzes, der Kultur, des Verkehrs, der Wirtschaft."[218] Zum bevorstehenden Abschluß des Kulturabkommens zwischen der DDR und der BRD bestätigte Honecker, daß die Einbeziehung Westberlins in diese Vereinbarung auf der Grundlage des Vierseitigen Abkommens vom 3. September 1971 erfolgen würde.[219]

Noch bevor das Kulturabkommen am 6. Mai 1986 im Hause des DDR-Außenministeriums in Berlin unterzeichnet wurde, kam Volkskammerpräsident Horst Sindermann am 19. Februar 1986 zu einem viertägigen Besuch in die Bundesrepublik. Er traf noch am gleichen Tage zu einem fast zweistündigen Gespräch mit Bundeskanzler Helmut Kohl zusammen. In einem Blitztelegramm aus der Bonner DDR-Vertretung zum Sindermann-Gespräch mit Kohl, das am 20. Februar 1986 nach Berlin übermittelt worden ist, hieß es: „H. Kohl betonte, daß er das 'Zeit'-Interview E. Honeckers als einen Ausdruck dafür betrachtet, daß die DDR die Beziehungen auf verschiedenen Gebieten entwickeln wird. Er schätzt ein, daß auf dem Gebiete der Entwicklung der Beziehungen bereits Beachtliches zustande gebracht wurde. Die jetzige Regierung der BRD kann dafür mehr tun, als jede andere BRD-Regierung. Wenn der Eindruck, egal auf welcher Seite, entsteht, daß es gut wäre, sich kurz zu schließen, sollte man das tun."[220]

Der Bundeskanzler vertrat offenbar die Ansicht, daß sich nach dem Amtsantritt Gorbatschows als KPdSU-Generalsekretär am 12. März 1985 der deutschlandpolitische Spielraum der DDR erheblich erweitert hätte. Dies war jedoch zumindest bis Mitte 1986 nur eingeschränkt der Fall. Politische Akzente in Bonn und Berlin konnten jedoch bereits zu neuen Perspektiven und Konstellationen führen.

---

218 Die Zeit, Hamburg, 30. Januar 1986.

219 Vgl. Ebenda.

220 SAPMO - BArch, DY 30/J IV J/114.

In zwei Gesprächen zwischen Honecker und Gorbatschow am Rande des XI. SED-Parteitages am 20. und 22. April 1986 in Berlin blieben im wesentlichen die alten Positionen bestehen.[221]

Die tradierten Gesprächsformen wurden auch konsequent weitergeführt. Am 17. März 1986 traf Bundeswirtschaftsminister Martin Bangemann in Berlin zu einem Gespräch mit Erich Honecker zusammen. Beide bewerteten den „Handel zwischen der DDR und der BRD als einen wichtigen stabilisierenden Faktor der Gesamtbeziehungen".[222]

Auf der gleichen Grundlage bewegte sich Günter Mittag, als er im Anschluß sein Besuch der Hannover-Messe am 10. April 1986 in Bonn mit Helmut Kohl, Martin Bangemann und Wolfgang Schäuble zusammentraf.

Auch der briefliche Kontakt zwischen Honecker und Kohl ging weiter. In zwei Schreiben vom 14. Juli 1986 (*Dokument 42*) und vom 29. Oktober 1986 (*Dokument 45*) nahm der Bundeskanzler zu zwei- bzw. mehrseitigen Sicherheits- und Abrüstungsfragen Stellung. Über derartige Fragen sowie über Probleme der weiteren Beziehungen zwischen der DDR und der BRD sprach inoffiziell auch Bundesaußenminister Hans-Dietrich Genscher mit dem Rektor der Akademie für Gesellschaftswissenschaften, dem ZK-Mitglied Otto Reinhold. Über die beiden Gespräche am 23. Juni und 8. Juli 1986 liegen schriftliche Informationen vor. (*Dokumente 41* und *43*)

Wenn auch in den Jahren 1985/86 der Honecker-Besuch in Bonn noch nicht zustande kam, so wurden die Beziehungen der DDR zur Bundesrepublik breiter. Ein Ausdruck dafür war der Abschluß der ersten deutsch-deutschen Städtepartnerschaft im April 1986.

Neben der offiziellen Gesprächsebene Honeckers und Kohls mit Ministern bzw. Politbüromitgliedern der anderen Seite, intensivierten vor allem SPD und SED ihre Parteikontakte, auch wenn diese von Anfang an als „Nebenaußenpolitik" herabgewürdigt wurden. Inoffizielle Aktivitäten der DDR-„Kontaktpersonen" (Alexander Schalck-Golodkowski, Wolfgang Vogel, Otto Reinhold, Jürgen Nitz) nahmen zu. Es ging beiden Seiten Ende 1986 vor allem darum, die für 1987 anstehende Honecker-Reise erfolgreich vorzubereiten.

221 Vgl. Daniel Küchenmeister (Hrsg.): Honecker - Gorbatschow. Vieraugengespräche. Berlin 1993, S. 78 ff sowie S. 106 ff.

222 Vgl. ND, 18. März 1986. Die hier verwendete Formulierung fand später auch Eingang in das Gemeinsame Kommuniqué zum Honecker-Besuch in Bonn vom 10. September 1987. Vgl. Der Besuch von Generalsekretär Honecker in der Bundesrepublik Deutschland. Dokumentation. Bonn 1988, S. 40.

Niederschrift über das Gespräch zwischen Erich Honecker und Helmut Kohl am 12. März 1985 in Moskau

E. Honecker begrüßte H. Kohl und wertete die Begegnung als eine gute Möglichkeit, über aktuelle politische Probleme zu sprechen. Mit großer Aufmerksamkeit habe er die Rede des neuen Generalsekretärs des ZK der KPdSU, M. Gorbatschow, zur Kenntnis genommen, deren internationaler Teil die Welt zu einem neuen Ansatz in den Fragen von Krieg und Frieden ermuntere, die auf der Tagesordnung der Weltpolitik stehen.[223] Die DDR begrüße es, daß die im Kontakt Gromyko/ Shultz vereinbarten neuen Verhandlungen in Genf über den Gesamtkomplex der Nuklear- und Weltraumwaffen begonnen haben.[224] Durch A. Gromyko sei er seinerzeit über das Zustandekommen dieser Verhandlungen informiert worden, auch von amerikanischer Seite habe er entsprechende Hinweise erhalten. Wenn man nach der Begleitmusik in einigen westlichen Massenmedien gehe, so müßte man pessimistisch sein, aber es sei zu begrüßen, daß der Dialog zustandegekommen ist. Die Genfer Verhandlungen eröffneten die Möglichkeit, die Abrüstung nach dem Prinzip der Gleichheit und gleichen Sicherheit zu erörtern, wobei es um drei komplexe Probleme gehe - Weltraumwaffen, Interkontinentalraketen, Mittelstreckenraketen -, mit dem Endziel der Beseitigung aller nuklearen Waffen. Es wäre zu begrüßen, wenn auch die BRD eine so konsequente Haltung dazu einnehmen würde wie die DDR, sagte E. Honecker. Nur durch effektive Verhandlungen könne es zum Entspannungsprozeß kommen, der für beide Seiten und die ganze Welt vorteilhaft ist.

H. Kohl hieß es ausdrücklich gut, daß nicht die deutsch-deutschen Fragen, sondern die Weltpolitik zum Hauptthema des heutigen Gesprächs gemacht werden solle, denn sie sei tatsächlich das Hauptthema.

Die Beziehungen zwischen der BRD und der DDR würden sich nie in wünschenswerter Weise entwickeln, wenn sich das Weltklima verhärtet. Die Position der BRD zu den Genfer Verhandlungen sei eindeutig, er habe das seinerzeit schon J. Andropow klar gesagt. Nochmals wolle er ganz klar betonen, daß er in keiner Form raketensüchtig

---

223 KPdSU-Generalsekretär Tschernenko war am 10. März 1985 verstorben. Einen Tag später wählte ein außerordentliches Plenum des ZK der KPdSU Gorbatschow zum Nachfolger. Dessen Rede auf dem Plenum vgl. in: Michail Gorbatschow: Ausgewählte Reden und Aufsätze. Bd. 2. Berlin 1987, S. 130 ff.

224 Am 12. März 1985 wurden die Genfer Verhandlungen über Nukearwaffen zwischen der Sowjetunion und den USA wieder aufgenommen.

sei. Wo man auch immer politisch stehe, ein Deutscher, der nicht den Verstand verloren habe, müsse nahe dem Ende dieses Jahrhunderts die Lektion der Geschichte begriffen haben. Zu wirklichen Verhandlungen gebe es keine Alternative, die einzige sei die Apokalypse. Die Frage sei, wie man sich unter verschiedenen ideologischen Verhältnissen, bei Respektierung des Standpunktes des anderen einrichten könne, um in einer menschlich vernünftigen Weise miteinander umzugehen.

Nach der Stationierung sei die Position der BRD im Bündnis ungleich stärker als vorher. Im Verhältnis zu den USA und den anderen EG-Staaten gelte die BRD als ein zuverlässiger Freund und Partner. Das erhöhe ihre Verantwortung und ihre Chance. Die CDU werde im Juni 40 Jahre alt. Unter ihren 34 Gründern seien 17 aus Gefängnissen und KZ gekommen. Es sei wichtig, wo man geschichtlich herkommt. Auf einer Kundgebung in Saarbrücken habe er z. B. an Willi Graf erinnert. Die Verantwortung sei geradezu physisch spürbar, mit Händen greifbar.

Mit R. Reagan habe er am 30. November 1984 in einem Kommuniqué erklärt, es gehe nicht nur um militärische Abrüstungsgespräche, sondern wünschenswert seien auf breiter Front auch wirtschaftliche und kulturelle Verbesserungen der Beziehungen.[225] Dies sei ganz klar sein Ziel, daran halte er fest. Die Verhandlungen in Genf könnten erfolgreich sein, man müsse nur auf beiden Seiten einige Dinge bedenken. Man dürfe sich von niemandem unter Zeitdruck setzen lassen, das wäre tödlich angesichts der Schwierigkeit der Probleme wie des Aufbaus von Kontrollmechanismen usw. Man müsse Geduld haben. Nicht nur die Verhandlungspartner, sondern auch wir müßten Einfluß ausüben. Jede Seite müsse auch für das Sicherheitsverständnis der anderen Verständnis haben.

Auf dem Wege vom Flugplatz habe er die symbolische Panzersperre vor Moskau gesehen. In 130 Jahren habe das russische Volk zwei Invasionen aus Europa erlebt, das sei ein Alptraum. Er sage es bei jeder Gelegenheit, auch dem USA-Partner.

Beim Zeitfaktor müsse man bedenken, und es könnte hilfreich sein, wenn E. Honecker dies bei seinen sowjetischen Partnern verdeutliche, daß der USA-Präsident jetzt auf dem Höhepunkt seines Ansehens stehe. Schon werde diskutiert, wer 1988 USA-Präsident werde. Wenn Reagan in der alle bewegenden Sache etwas bewegen wolle, so sei seine Zeit nicht unbegrenzt. Mache jeder seinen Teil an Einfluß geltend, so bestehe eine reelle Chance. Auf Feldern, wo man etwas machen könne, solle man Bewegung hineinbringen. Darin stimme er mit Mitterand, Thatcher, Craxi und den Regierungschefs der Benelux-

---

225   Bundeskanzler Kohl hielt sich am 29./30. November 1984 in den USA auf.

Länder überein. Reagan sei nach seinem intellektuellen Niveau ein Mann, der keine großen Ausflüge intellektueller Art mache, hier befinde er sich sicher in der Nähe von Truman, von dem man sage, er habe vieles Unwesentliche ganz falsch gemacht, aber wesentliche Dinge richtig entschieden. Ins Buch der Geschichte wolle er als Friedensfürst, nicht aber als das Gegenteil eingehen. Man müsse ihn als Amerikaner verstehen, was für Europäer nicht immer leicht sei.

Gute Chancen seien in der Sache gegeben. M. Gorbatschow sei der jüngere, sei dynamisch. Wenn sie aufeinander zugingen, gäbe es seit über einem Jahrzehnt zum ersten Mal wieder eine echte Chance. Die USA-Haushaltsentwicklung zwinge wegen der hohen Staatsverschuldung zu Umschichtungen. Dazu brauche Reagan den Kongreß, und das werde zu einer gewissen überparteilichen Zusammenarbeit führen, was sich auch auf die Verhandlungsbereitschaft auswirken könne. Entscheidungen in Moskau könnten dazu beitragen, die Dinge voranzutreiben. Von ganz entscheidender Bedeutung für Genf sei G. Shultz.

BRD und DDR hätten eine besondere Pflicht, wenn man an den Satz denke, von deutschem Boden soll nie wieder Krieg, sondern Frieden ausgehen. Diesen Satz sollte man ernst nehmen. Ich glaube, sagte H. Kohl, wir beide tun das. E. Honecker sagte, der Meinungsaustausch trotz unterschiedlicher Gesellschaftsordnungen und Positionen sei notwendig und nützlich. Die BRD gehöre der NATO, die DDR dem Warschauer Vertrag an, das müsse man in Rechnung stellen. Wenn es zur Entspannung komme, profitierten beide, wenn nicht, könne die ganze Welt zugrunde gehen. Gegenwärtig bestehe die große Chance zu einer Wende in der Welt von der Konfrontation zur Zusammenarbeit auf entscheidenden Gebieten, wo es um die Zukunft der Menschheit gehe. Die Rede M. Gorbatschows mache deutlich, daß die Sowjetunion die Politik fortsetzt, die wir aktiv unterstützen und seit langem verfolgen. Darüber habe er schon heute mit M. Gorbatschow gesprochen, morgen werde er ein längeres Gespräch mit ihm haben. Für die Rüstungsbegrenzung und Abrüstung sei der ernsthafte Wille beider Seiten wichtig, zu einem Ergebnis zu gelangen. Dies sei eine Frage des Willens, nicht die des Zeitdrucks. Könne man diesen Willen auf USA-Seite voraussetzen, auf unserer Seite sei er in jedem Fall vorhanden. In der Rede M. Gorbatschows werde H. Kohl die Feststellung finden, daß die Sowjetunion die Interessen der anderen Seite berücksichtigt und niemanden übervorteilen will. Es gehe um den ganzen Komplex der Weltraum- und Nuklearwaffen, und er halte es für goldrichtig, diese Fragen im Zusammenhang zu behandeln. Das sei auch das Ergebnis der Gespräche Gromyko/Shultz gewesen, das bekanntlich noch unter K. Tschernenko zustande gekommen sei. Vor allem müsse man verhindern, daß Waffen dorthin gelangen, wo sie noch nicht sind, man müsse also die Militarisierung des Weltraums ausschließen [226]

Jetzt sei vom „Krieg der Sterne" die Rede, von einem strategischen Verteidigungsprogramm, das die Atomwaffen überflüssig machen solle. Aber während man in den USA von Frieden spreche, sei dort eine Aufrüstung ungeheuren Ausmaßes im Gange, der gegenüber sich die Sowjetunion nicht gleichgültig verhalten könne. Nützlich wäre ein Einfrieren der Atomwaffen. Das ermögliche, ohne Zeitdruck weitere Regelungen hinsichtlich des Weltraums zu treffen. Sehr günstig und richtig wäre es, mit einem Stopp der Produktion von Waffen aller Art zu beginnen. Wenn Reagan nicht als Mann des Krieges, sondern als Friedenswahrer in die Geschichte eingehen möchte, dann habe er die Möglichkeit, seine Worte im Wahlkampf über Rüstungskontrolle und Abrüstung jetzt zu realisieren. Man müsse dahin wirken, stellte E. Honecker fest, daß keine neuen Waffensysteme in den Weltraum gebracht werden. Hinter dem Schirm von Forschungsaufgaben werde die Stationierung vorbereitet. Kein Wissenschaftler könne garantieren, daß die Welt nicht vom Kosmos aus zerstört wird. Auch außerhalb der Verhandlungen der Großmächte bestünden Möglichkeiten zur Lösung weiterer Probleme, z. B. Verbot der chemischen Waffen. Es bestehe die reale Chance, die negative Entwicklung in der Welt umzukehren. Auf der Stockholmer Konferenz, bei den Wiener Truppenabbauverhandlungen sollten entsprechende Zeichen gesetzt werden. Die Konfrontation bringe niemandem etwas Gutes, belaste die internationalen Beziehungen und treibe die Welt an den Rand des Abgrunds. Die DDR begrüße das Zustandekommen der Genfer Verhandlungen und gehe davon aus, daß beide Seiten den Willen haben, zu Ergebnissen zu gelangen. Im Rahmen der gesteckten Ziele sei abzuwägen, was man unterstützend tun könne.

H. Kohl sagte, er gehe nicht auseinander in diesem Punkt. Bei einem Gespräch mit E. Teller, dem „Vater" der USA-Wasserstoffbombe, sei deutlich geworden, daß der Forschungsrahmen technologisch ungeheure Probleme bedinge. Das Programm könne 80 Milliarden DM und mehr kosten. Es führe bis ins nächste Jahrhundert. Dies alles sei von großen Auswirkungen, nicht zuletzt auf den Nord-Süd-Konflikt, ob es einem nun passe oder nicht. Die BRD sei voll integriert in die Genfer Verhandlungen, was sich schon aus dem Charakter der Sache ergebe, und könne Einfluß nehmen. Wegen ihrer geopolitischen Lage sei sie besonders gefordert, er sehe eine besondere Verantwortung und eine besondere Chance.

---

226 Am 7./8. Januar 1985 hatten die Außenminister der UdSSR und der USA, Gromyko und Schultz, in Genf die Wiederaufnahme der Abrüstungsverhandlungen vereinbart. Vgl. Anm. 224.

E. Honecker stellte fest, eben sie müsse man nutzen. Es müsse Abstand genommen werden von dem gesamten Projekt der Weltraumwaffen. Seitens der Sowjetunion bestehe der ernsthafte Wille zu einer Übereinkunft, die gewährleistet, daß Waffen gar nicht erst in den Weltraum gebracht werden und das Gleichgewicht auf einem niedrigen Niveau der Waffen aufrechterhalten wird. Wie seine Gespräche mit Fachleuten über die Laser-Technik und ähnliche Probleme bestätigt hätten, existieren keine Erkenntnisse, die irgendwem garantierten, daß beim Zustandekommen eines Abwehrschildes kein Gegenschlag erfolgen kann. Der Traum, durch die Militarisierung des Weltraumes über Generationen hinweg ein solches System zu schaffen, mit dem die Völker ohne Sorge leben könnten, sei völlig unsinnig. Der Verzicht auf Waffen im Weltraum wäre eine Grundlage für die Reduzierung der Waffen auf der Erde. Die Forschung solle friedlichen Zwecken dienen. In jedem Falle sei die friedliche Zusammenarbeit besser als die Konfrontation.

M. Gorbatschow werde genau die Linie der Rüstungsbegrenzung und Abrüstung, des Gleichgewichts auf einem niedrigerem Niveau der Waffen fortsetzen, wie sie auch von J. Andropow und K. Tschernenko verfolgt worden sei. So habe die Sowjetunion ihre Genfer Verhandlungsdelegation instruiert, in jeder Begegnung nach effektiven Ergebnissen zu streben. Ähnliches sei von amerikanischer Seite zu hören Das berechtige zu Hoffnung. H. Kohl bemerkte hierzu, er sei gedämpft optimistisch. Im Zusammenhang mit der gewaltigen Aufrüstung der USA und ihrer hohen Staatsverschuldung stellte E. Honecker fest, daß die sozialen Fragen im Kapitalismus um so weniger gelöst werden können. Druck ergäbe sich auch auf die sozialistischen Länder. Was das Nord-Süd-Problem betreffe, so wäre es besser, die für die Aufrüstung ausgeworfenen Milliarden zu nutzen, um eine demokratische Wirtschaftsordnung zu schaffen.

H. Kohl bemerkte, er sehe eine Chance auch für die Weiterentwicklung der Beziehungen zwischen der BRD und der DDR. Seit seinem Amtsantritt habe er eine Reihe von Schritten getan, an die seine Vorgänger nicht zu denken gewagt, geschweige denn unternommen hätten. Diese Entwicklung habe ihm nicht geschadet, im Gegenteil. Er habe E. Honecker als einen Partner kennengelernt, auf den Verlaß sei.

E. Honecker stellte fest, er habe mit großem Interesse die Erklärung H. Kohls vor dem Bundestag zur Kenntnis genommen, daß die Unverletzlichkeit der Grenzen und die Achtung der territorialen Integrität und der Souveränität aller Staaten in Europa in ihren gegenwärtigen Grenzen eine grundlegende Bedingung für den Frieden sind.[227]

---

227 Vgl. das Auftreten Kohls im Bundestag am 27. Februar 1985 in: Bulletin des Presse- und Informationsamtes der Bundesregierung, Bonn, 28. Februar 1985

Auf der Leipziger Messe habe er dies voll unterstrichen. H. Kohls Feststellung sei notwendig gewesen, da es wegen verschiedenster Äußerungen in der BRD Irritationen in Ost und West gegeben habe. Bei der Grenzfrage handle es sich um eine Frage von Krieg oder Frieden. Eine Änderung der bestehenden europäischen Grenzen sei sowieso nicht zu erreichen und Versuche dazu könnten höchstens dazu führen, daß die Staaten in Trümmer gehen. H. Kohls Erklärung, mit der er sich bekanntlich im Widerspruch zu einigen Unionsabgeordneten befunden habe, sei von großer Tragweite und diene auch der Verbesserung der Bedingungen für die Entwicklung der Beziehungen zwischen der DDR und der BRD.

Im Verlauf des Gesprächs wurde ins Auge gefaßt, auf dem Gebiet des Umweltschutzes durch Experten einen Vertrag oder eine Vereinbarung vorbereiten zu lassen, die Verhandlungen über den Abschluß eines Kulturabkommens, orientiert auf ein positives Ergebnis, weiterzuführen und die Wirtschaftsbeziehungen fortzuentwickeln. Beide Seiten bekräftigten, daß der Grundlagenvertrag die solide Basis für die Gestaltung und den Ausbau der Beziehungen zwischen der DDR und der BRD darstellt.

Quelle: SAPMO-BArch, DY 30/J IV 2/2A/2739.

Dokument 31

Schreiben Erich Honeckers an Helmut Kohl vom 11. April 1985[228]

Sehr geehrter Herr Bundeskanzler!
Wie Sie wohl wissen, hat die gemeinsame Erklärung, die wir im Anschluß an unsere Begegnung am 12. März 1985 veröffentlicht hatten, sowohl in Ost als auch in West, insbesondere bei den Bürgern der Deutschen Demokratischen Republik und der Bundesrepublik Deutschland, ein positives Echo gefunden.[229] Darin brachten wir zum Ausdruck, daß im Verlauf des Gesprächs in Moskau in einer sachlichen und aufgeschlossenen Atmosphäre Stand und Entwicklungsmöglichkei-

---

228 Honecker gab laut Abzeichnung vom 11. April 1985 das Schreiben allen Mitgliedern und Kandidaten des SED-Politbüros zur Information. Kohl antwortete am 15. Mai 1985. Vgl. Dok. 32.

229 Vgl. ND, 13. März 1985; Bulletin des Presse- und Informationsamtes der Bundesregierung, Bonn, 14. März 1985.

ten in den Beziehungen zwischen der Bundesrepublik Deutschland und der Deutschen Demokratischen Republik sowie aktuelle internationale Fragen erörtert wurden. Übereinstimmend begrüßten wir die Wiederaufnahme der Rüstungskontrollverhandlungen zwischen der Sowjetunion und den USA, wodurch eine neue Phase in den Ost-West-Beziehungen eingeleitet werden könne. Auch stimmten wir überein, daß die Aufnahme der sowjetisch-amerikanischen Rüstungskontrollgespräche über den Gesamtkomplex der Nuklear- und Weltraumwaffen generell der Verbesserung des Ost-West-Verhältnisses neue Impulse verleihen könne.

Wie Ihnen bekannt ist, hat vor wenigen Tagen der Generalsekretär des Zentralkomitees der KPdSU, Michail Gorbatschow, in einem Interview für die „Prawda" Gedanken dargelegt, die geeignet sind, nicht nur zu einer Verbesserung der Beziehungen zwischen der Sowjetunion und den USA, sondern des gesamten Ost-West-Verhältnisses zu führen. Ich möchte Ihnen sagen, daß wir die Initiative Michail Gorbatschows als eine große Chance für alle Völker begrüßt und unterstützt haben.[230]

Um eine Reduzierung der Rüstungen zu vereinbaren, ist es von zwingender Logik, diese Rüstungen nicht weiter aufzustocken. In diesem Sinne hat Michail Gorbatschow den Vorschlag unterbreitet, daß die UdSSR und die USA für die gesamte Zeit der Verhandlungen ein Moratorium für die Schaffung kosmischer Angriffswaffen einschließlich der Forschungs- und Entwicklungsarbeiten, für deren Erprobung und Stationierung einführen und ihre strategischen Offensivwaffen einfrieren. Gleichzeitig soll die Stationierung amerikanischer Mittelstreckenraketen in Europa und dementsprechend die Erweiterung unserer Gegenmaßnahmen eingestellt werden. Einseitig hat die Sowjetunion ein Moratorium für die Stationierung ihrer Mittelstreckenraketen eingeführt und die Realisierung anderer Gegenmaßnahmen in Europa bis November dieses Jahres ausgesetzt. Es ist zu wünschen, daß der mit alledem demonstrierte gute Wille ein der Friedenssicherung zuträgliches Echo findet.

Gerade jetzt ist es nach unserer Ansicht um so dringender erforderlich, auf dem Wege der internationalen Zusammenarbeit und des Dialogs realistische Lösungen zu suchen, um die Spannungen zu verringern und die Beendigung des Wettrüstens zu erreichen. In diesem Lichte sehen wir die Bedeutung der Genfer Verhandlungen zwischen der UdSSR und den USA und gehen zugleich von der Notwendigkeit aus, daß alle Staaten, die großen wie die kleinen, auch die Deutsche

---

230 Das Interview für die Zeitung „Prawda" vom 7. April 1985 vgl. in: Michail Gorbatschow: Ausgewählte Reden und Aufsätze. Bd. 2. S. 149 ff.

Demokratische Republik und die Bundesrepublik Deutschland, ihren Beitrag leisten, damit es erst gar nicht zu einer Militarisierung des Weltraums kommt.

In der Tat lautet die Entscheidungsfrage, ob ein Wettrüsten in allen Richtungen und das Anwachsen der Kriegsgefahr forciert oder die allgemeine Sicherheit gefestigt und ein stabilerer Frieden für alle gewährleistet werden kann. Die Deutsche Demokratische Republik setzt ihre ganze Kraft dafür ein, daß die Menschheit vor einem nuklearen Inferno bewahrt wird und sich ihr friedliche Perspektiven eröffnen.

Von der Beschleunigung des Wettrüstens auf der Erde, gar seiner Ausdehnung in die kosmische Dimension, hätte kein Volk dieser Erde den geringsten Vorteil. Gerade die Völker Europas, die mit der Zerschlagung des Hitlerfaschismus vor 40 Jahren durch die Antihitlerkoalition das Ende des bisher schrecklichsten Krieges in der Menschheitsgeschichte erlebten, brauchen und wollen Frieden. Rüstungsstopp, Abrüstung nach dem Grundsatz der Gleichheit und der gleichen Sicherheit, Zusammenarbeit zum gegenseitigen Vorteil, aber nicht immer neue Massenvernichtungsmittel, weder auf der Erde noch im Kosmos, sind für sie lebenswichtig.

Mit diesem Schreiben übermittle ich Ihnen einen Artikel von Prof. Manfred von Ardenne und nehme an, daß er Ihr Interesse finden wird.[231] Da die Frage der Weltraumwaffen gegenwärtig in der internationalen Arena eine besondere Rolle hinsichtlich der Friedenssicherung spielt, hielten wir es für richtig, nochmals öffentlich darzulegen, daß das USA-Programm für einen sogenannten kosmischen Schild, für einen „Krieg der Sterne" den Erdball keineswegs sicherer, sondern unsicherer macht. Die Schaffung von Weltraumwaffen kann nur zu einer Intensivierung des Wettrüstens und seiner Ausdehnung auf neue Sphären führen. Darin liegt eine existentielle Gefahr für die Menschheit.

Von deutschem Boden darf niemals wieder Krieg, sondern muß Frieden ausgehen. Ich appelliere an Sie, Herr Bundeskanzler, Ihren ganzen Einfluß für das Ziel zu verwenden, dem die Genfer Verhandlungen aufgrund der sowjetisch-amerikanischen Vereinbarung vom 8. Januar 1985 gewidmet sind, einen Rüstungswettlauf im Weltraum zu verhindern, ihn auf der Erde zu beenden und die nuklearen Rüstungen zu reduzieren mit dem Endziel, sie völlig zu beseitigen.

Ich benutze die Gelegenheit, um Ihnen für Ihr letztes Schreiben und die Übersendung der Briefsammlung aus dem Nachlaß von Willi Graf zu danken. Auch mich hat insbesondere der Abschiedsbrief vor der Hinrichtung tief bewegt. Erneut habe ich mir den Film „Die weiße

---

231 Vgl. Manfred von Ardenne: „Sternenkriege" - Himmelfahrtskommando, das gestoppt werden sollte. In: ND, 9. April 1985.

Rose" angesehen. Frau Anneliese Knoop-Graf habe ich für ihre Arbeit gedankt, mit der sie dazu beiträgt, das Andenken an die antifaschistischen Widerstandskämpfer wachzuhalten und ihren Heroismus der Nachwelt zu vermitteln.

Mit vorzüglicher Hochachtung
gez. E. Honecker

Quelle: SAPMO - BArch, DY 30/J IV J/83.

Dokument 32

Schreiben Helmut Kohls an Erich Honecker vom 15. Mai 1985[232]

Sehr geehrter Herr Generalsekretär,
für Ihr Schreiben vom 11. April 1985 danke ich Ihnen. Auch ich betrachte unseren Meinungsaustausch am 12. März 1985 in Moskau als sehr nützlich.

Wir haben wichtige Felder der Zusammenarbeit wie Umweltschutz, Kultur, Wirtschaft und daneben auch aktuelle Probleme wie die illegale Einreise von Ausländern erörtert. Auch haben wir über die grundlegende Bedeutung gesprochen, die mehr Freizügigkeit, mehr Kontaktmöglichkeiten über die Grenzen hinweg für die Vertrauensbildung haben. Ich habe es begrüßt, diese Themen mit Herrn Dr. Mittag in Bonn vertiefen zu können. Nach meinem Eindruck ist dadurch eine Bewegung in Gang gekommen, die wir nutzen müssen, um weiterführende Ergebnisse zum Wohle der Menschen zu erzielen.

Alle Staaten in Europa sind aufgerufen und in der Lage, durch Entwicklung ihrer bilateralen Beziehungen zur Vertrauensbildung und damit zur Verbesserung der internationalen Lage beizutragen. Insbesondere - und darin weiß ich mich mit Ihnen einig - sind hier unsere beiden Staaten gefordert. Wir müssen weiterhin alle Anstrengungen unternehmen, um auf der Basis des Grundlagenvertrages unbeschadet der unterschiedlichen Auffassungen zu grundsätzlichen Fragen normale gutnachbarliche Beziehungen zwischen unseren beiden Staaten zu entwickeln und auszubauen. Auf diesem Weg zielstrebig voranzuschreiten, dient der Sicherung des Friedens.

---

232 Laut Abzeichnung wurde das Schreiben am 18. Mai 1985 den Mitgliedern und Kandidaten des SED-Politbüros zugänglich gemacht.

Die Bundesrepublik Deutschland und die Deutsche Demokratische Republik sind Teilnehmerstaaten der Konferenz für Sicherheit und Zusammenarbeit in Europa. Der KSZE-Prozeß muß in seiner ganzen thematischen Breite eine immer größere Rolle im West-Ost-Verhältnis spielen. Die West-Ost-Beziehungen dürfen nicht auf Fragen der Sicherheitspolitik, Abrüstung und Rüstungskontrolle beschränkt bleiben. Aus diesem Grunde mißt die Bundesregierung allen in Madrid vereinbarten KSZE-Veranstaltungen - in diesem Jahr dem KSZE-Expertentreffen für Menschenrechte in Ottawa, dem Kulturforum in Budapest und dem 10. Jahrestag der Unterzeichnung der KSZE-Schlußakte am 01. August in Helsinki - besondere Bedeutung zu.[233] Sie ist der Auffassung, daß diese Treffen dem KSZE-Prozeß neue Impulse geben können.

Wie wir in der gemeinsamen Erklärung von Moskau festgestellt haben, ist mit den zwischen den USA und der Sowjetunion am 12. März 1985 in Genf aufgenommenen Verhandlungen eine neue Phase der West-Ost-Beziehungen eingeleitet worden.[234] Sie bietet Chancen, die es zu nutzen gilt, um das Gespräch mit allen in West und Ost zu intensivieren. Das in der amerikanisch-sowjetischen Vereinbarung vom 08. Januar 1985 angesprochene Ziel der Stärkung der strategischen Stabilität wollen wir in einem sehr umfassenden Sinne verstanden wissen. Über den für die Sicherheitspolitik wichtigen Verzicht beider Seiten auf Überlegenheit hinausgehend, kommt es darauf an, daß eine allgemeine Verbesserung der politischen Verhältnisse eintritt, daß Zurückhaltung geübt und Gewaltanwendung dort beendet wird, wo sie heute noch andauert. Die Bundesregierung strebt nach dauerhaften und grundlegenden Ergebnissen. Ihre Auffassung, Herr Generalsekretär, daß dabei breit angelegte Bemühungen erforderlich sind, entspricht auch unserer Meinung. Auch die Äußerung in dem von Ihnen zitierten Prawda-Interview von Generalsekretär Gorbatschow verstehen wir in diesem Sinne.[235]

Die Bundesregierung unterstützt uneingeschränkt die zwischen den Vereinigten Staaten und der Sowjetunion vereinbarten Verhandlungsziele wie die Stärkung der strategischen Stabilität, die Begrenzung und Reduzierung der Atomwaffen interkontinental-strategischer und mittlerer Reichweite, die Verhinderung eines Wettrüstens im Weltraum und seine Beendigung auf der Erde.

Vorrangiges Ziel muß die drastische Verminderung vorhandener Nuklearwaffen sein, von denen bereits jetzt eine Bedrohung ausgeht,

---

233 Die genannten Veranstaltungen waren vom Madrider KSZE-Folgetreffen am 9. September 1983 beschlossen worden.

234 Vgl. Anm. 224 und 226.

235 Vgl. Anm 230.

und nichts sollte die Verhandlungen von diesem Ziel ablenken. Die Bundesregierung ist der Auffassung, daß Übereinkünfte auch in Teilbereichen der Verhandlungen getroffen werden sollten, wenn dort Lösungen möglich erscheinen. Es darf nicht dazu kommen, daß erfolgversprechende Lösungsansätze in solchen Teilbereichen durch einseitige und sachfremde Junktims blockiert werden.

Die Bundesregierung sieht in den in Genf zu behandelnden Fragen eine Thematik, die in den vor uns liegenden Jahren maßgeblich das West-Ost-Verhältnis beeinflussen wird. Am 18. April 1985 habe ich hierzu die Haltung der Bundesregierung vor dem Deutschen Bundestag ausführlich dargelegt. Nach unserer Überzeugung ist das amerikanische Forschungsprogramm, das nach dem ABM-Vertrag zulässig ist, gerechtfertigt. In diesem Zusammenhang erinnere ich nur an die Tatsache, daß die Sowjetunion seit Jahren im Bereich der strategischen Verteidigung Forschungsanstrengungen unternimmt.

Die Bundesregierung tritt mit Nachdruck dafür ein, die beiderseitigen Forschungen in kooperative Lösungen einmünden zu lassen, die dem Wechselverhältnis zwischen offensiven und defensiven Waffensystemen und den Erfordernissen der strategischen Stabilität Rechnung tragen. Wir wissen, daß die amerikanische Regierung hierzu bereit ist und hoffen, daß die Sowjetunion dieses Angebot in konstruktiver Weise aufgreift.

In meiner Regierungserklärung vor dem Deutschen Bundestag am 18. April 1985 habe ich aber auch davor gewarnt, das West-Ost-Verhältnis auf verteidigungs- und rüstungspolitische Fragen oder gar auf Einzelfragen wie das Für und Wider der strategischen Verteidigungsinitiative zu verengen. Voraussetzung für Fortschritte in der Abrüstung und Rüstungskontrolle sind eine spürbare Verbesserung des Verhältnisses zwischen den USA und der Sowjetunion und eine positive Entwicklung der Beziehungen zwischen den Staaten der NATO und des Warschauer Paktes auf breiter Grundlage.

Umfassend angelegte Verständigung und Ausgleich zu suchen, bedeutet die Lehren der Geschichte in die Tat umsetzen in der gemeinsamen Überzeugung, daß von deutschem Boden Frieden ausgehen muß. Ich stimme mit Ihnen überein, daß dazu auch das Andenken an die Widerstandskämpfer gegen die nationalsozialistische Gewaltherrschaft gehört.

Mit freundlichen Grüßen
gez. H. Kohl

Quelle: SAPMO - BArch, DY 30/J IV 2/2A/2756.

Dokument 33

Vermerk über ein Gespräch zwischen Franz Josef Strauß und Staatssekretär Alexander Schalck am 10. Juni 1985 in München[236]

Strauß brachte seine Befriedigung zum Ausdruck, daß auch von unserer Seite das Gespräch mit ihm fortgesetzt wird, zumal sich in den letzten Monaten eine Reihe von außen- und innenpolitischen Fragen in der Bundesrepublik weiterentwickelt haben.

Nach einer längeren ärztlichen Behandlung fühle er sich wieder in der Lage, aktiv in die politischen Gespräche auch mit der Bundesregierung einzutreten. Gegenwärtig konzentriere er sich auf das bevorstehende Zusammentreffen mit den Vorsitzenden der in der Koalition vertetenen Parteien.

Zur politischen Situation in der BRD schätzte Strauß insbesondere folgendes ein:

Die innenpolitische Lage in der CDU hat sich nach dem Wahlsieg der SPD in Nordrhein-Westfalen zugespitzt.[237] Seine bereits vor einem Jahr auch uns gegenüber getroffenen Feststellung, daß Kohl ernste Führungsschwächen als Bundeskanzler zeigt, hat sich in zunehmenden Maße bestätigt.

Dabei zeigt sich insbesondere, daß Kohl „einen oberflächlichen Arbeitsstil hat, die Probleme nicht gründlich durchdenkt und keine Entscheidungen trifft".

Ein Beispiel dafür sei die mehrmalige Diskussion zur jetzt beschlossenen Steuersenkung. Eine solche Arbeitsweise zieht sich wie ein roter Faden durch seine gesamte Arbeit.

„Wenn der Bundeskanzler nicht in kürzester Zeit - und es verbleiben ihm nur noch Wochen - eine prinzipielle Wende in seinem Arbeitsstil, insbesondere in der ernsthaften Durcharbeitung von Problemen mit den sich daraus ergebenen Konsequenzen für die Arbeit der Bundesregierung, durchsetzt, wird die Fraktion nicht mehr folgen."

Zur Zeit haben er und Späth sich vereinigt. Wenn Albrecht merkt, daß für ihn Gefahr in der kommenden Landtagswahl besteht, wird auch er die mühsam aufrechterhaltene Gefolgschaft für Kohl aufgeben müssen.[238] „Das wäre das Ende des Bundeskanzlers. Es steht schon

---

236 Der Gesprächsvermerk wurde am 11. Juni 1985 in Berlin angefertigt. Er wurde sowohl von Erich Honecker als auch von Günter Mittag zur Kenntnis genommen, wie aus den Abzeichnungen auf einem kurzen Anschreiben hervorgeht.

237 Vgl. Anm. 205.

238 Landtagswahlen in Niedersachsen waren für den 15. Juni 1986 vorgesehen.

einer mit dem Dolch im Gewande - und das ist Lothar Späth. Lothar Späth, der auch mein Freund ist, hat das politische Gespür, daß diese Entwicklung, wenn sie so weiter läuft, das schier unmögliche doch noch auf die Tagesordnung setzen könnte." Strauß habe selber nicht geglaubt, daß vor dem Jahre 2000 die SPD wieder Regierungsansprüche auf die Führung geltend machen könne. Er schließe das heute nicht mehr aus. Voraussetzung ist allerdings, daß „die SPD zur Mitte rückt und ihre doch sehr stark links orientierte Innenpolitik aufgibt".

Eine solche politische Orientierung wäre die einzige Chance für die Partei im Bundestagswahlkampf 1987.

Als akzeptabler Kandidat für den Bundeskanzler kommt nach Einschätzung von Strauß der Ministerpräsident von Nordrhein-Westfalen, Rau, in Frage. Er ist mit Abstand der einzige in der SPD-Führung, der die Chance hätte, als Person die SPD aus ihrer angespannten Lage herauszuführen. Strauß wies darauf hin, daß er vor wenigen Wochen zu dieser Frage ein Gespräch mit Helmut Schmidt hatte. Schmidt habe ihn in München besucht und mit ihm „wie in alten Zeiten sehr ausführlich über diese Fragen gesprochen".

Schmidt werde Brandt, Vogel und Ehmke nie verzeihen, daß sie seinen Sturz als Bundeskanzler herbeigeführt haben. Strauß gab in sehr groben Worten zu allen drei Politikern die Einschätzung von Schmidt wieder. Es hat sich als ein großer Irrtum und Fehler erwiesen, daß Schmidt auf den Posten als Vorsitzender der Partei verzichtet hat. Diesen Fehler hat Bangemann nicht gemacht. „Da dieser Genscher haßt, ist es auch nur eine Frage der Zeit, daß die Ära Genscher zu Ende geht."

Im Grunde genommen sei Kohl mit einer schlechten Mannschaft ausgestattet, die bei wichtigen Personen und Funktionen keine Unterstützung, weder in der FDP, noch bei einflußreichen Fraktionsmitgliedern der CDU/CSU, hat.

Zusammenfassend stellte Strauß fest, daß er trotz dieser Probleme doch glaubt, und auch seine Kräfte dafür einsetzen wird, daß die CDU/CSU/FDP-Koalition die Wahlen 1987 gewinnen wird.

Es war nicht eindeutig herauszuhören, ob Strauß - falls er gebraucht wird - sich für eine künftige Bundesregierung weiterhin zur Verfügung hält, oder ob er in seiner Position als Vorsitzender der CSU Einfluß auf die politische Entwicklung nehmen wird. Das hängt sicherlich von seinem Gesundheitszustand ab.

Ich brachte Strauß gegenüber zum Ausdruck, daß seitens der DDR in der letzten Zeit mit Aufmerksamkeit auch sein Auftreten zum „SDI-Programm" und zum „Offenhalten der deutschen Frage" verfolgt wird. Sein Standpunkt, daß ein Krieg in Europa unvorstellbar ist und daß alles getan werden muß, damit von deutschem Boden kein neuer

Krieg ausgeht, erscheint widersprüchlich zu seiner in der Öffentlichkeit vertretenen Befürwortung zu diesem Aufrüstungsprogramm der USA. Ein bedingungsloses Einschwenken der Bundesregierung auf den Kurs der USA zur Weltraumrüstung für militärische Zwecke würde die Beziehungen nicht nur zur DDR, sondern zu allen sozialistischen Ländern und insbesondere zur UdSSR außerordentlich belasten. Eine praktische Verwirklichung dieser Politik durch die USA und ihrer Verbündeten wäre gleichzeitig das Ende der Genfer Verhandlungen.

Strauß hielt es für notwendig, zu diesen Fragen ausführlich seinen Standpunkt darzustellen. Er betonte dabei, daß das sein persönlicher Standpunkt ist, den er aus persönlichem Kennen und aus Gesprächen mit führenden amerikanischen Militärs und NATO-Offizieren gewonnen habe.

Aus seiner Sicht erscheint es unbestritten, daß gegenwärtig die USA durch die sowjetischen globalen strategischen Raketen außerordentlich verwundbar seien und keine Anzeichen einer militärischen Überlegenheit der USA festzustellen sind.

Ohne auszuschließen, daß evtl. die einen oder anderen Kreise in der Nähe von Reagan unter gewissen Bedingungen einen Atomkrieg zum Vorteil für die USA führen würden, ist das weder der Standpunkt der USA-Regierung, seines Präsidenten noch des amerikanischen Volkes.

Die USA und Strauß selbst verfolgen mit großer Sorge, daß in der militärischen Stärke der UdSSR zu Lande, zu Wasser und in der Luft, einschließlich Mittelstreckenraketen, besonders in Europa, eine starke Überlegenheit besteht. Heute erreichen die taktischen Mittelstreckenraketen ohne jegliche Vorwarnzeit in 1 $^1/_2$ Minuten - soweit dies in der DDR und der CSSR stationierte Raketen sind - das Gebiet der BRD und Westeuropas.

Es ist bekannt, daß die UdSSR eine neue Generation von Mittelstreckenraketen mit einer Reichweite von über 5.000 km auf dem Gebiet der UdSSR stationiert. Bei diesen Raketen würde die Vorwarnzeit maximal 5 - 6 Minuten betragen.

Die USA versuchen jetzt, das ausgeglichene strategische Gleichgewicht durch den Aufbau einer Raketenabwehr im Weltraum wiederherzustellen. Die Angst in den USA, in einen Krieg direkt verwickelt zu werden, was sowohl im Ersten und auch im Zweiten Weltkrieg nicht erfolgte, ist wie ein Trauma.

Das Eintreten von Strauß für das „SDI-Programm" bezieht sich weniger auf die USA. Ihm geht es um den Schutz Westeuropas, weil die militärische Überlegenheit der UdSSR hier besonders spürbar sei.

Strauß glaubt nicht, daß die sowjetische Führung sich in irgendein militärisches Risiko begeben würde. Das hat sie in einer Reihe von internationalen Situationen bewiesen, z. B. im Libanon in der zurückhaltenden Verstärkung ihrer militärischen Präsens in den afrikanischen Ländern.

Er selbst sei fest davon überzeugt, daß die UdSSR für den Frieden eintritt und nur, wenn sie angegriffen werden sollte, ihr militärisches Potential einsetzen wird.

„Im Grunde genommen ist das Mißtrauen zwischen den Großmächten so groß, daß jeder dem anderen nur schlechte Absichten unterstellt. Deshalb werden die Verhandlungen in Genf, wenn sie weiter geführt werden, sehr lange dauern - falls sie überhaupt mit einem Erfolg abschließen sollten."

Die zwiespältige Rolle in dieser Frage werde vor allem am Beispiel Frankreichs deutlich. So trete Mitterand gegen die Unterstützung des amerikanischen Projektes auf, obwohl sich in der Praxis bereits mehrere staatliche Rüstungskonzerne Frankreichs zur Mitarbeit am „SDI-Programm" beworben haben. „Hier geht es um das große Geschäft, viel weniger um die Sicherheit der USA oder Frankreichs."

Sollte Frankreich seiner Vorstellungen einer Raketenabwehr für Europa verwirklichen, würde das vorhandene Atomwaffenpotential der sogenannten „Force de frappe" zur Farce, und ein Potential strategischer Raketen, welches mit ungeheuerlichem Kostenaufwand aufgebaut wurde, würde militärisch an Bedeutung verlieren.

Zusammengefaßt stellte Strauß fest, daß er nicht die Absicht hatte und hat, bedingungslos am Kurs der USA beim Aufbau eines Raketenabwehrsystems für die USA mitzuwirken. Für ihn bleibe die Sicherheit der BRD und Westeuropas das wichtigste Thema. Bei allen unterschiedlichen Positionen, die man in den USA und in der UdSSR hat, wäre es von Wert, wenn man „ohne Dolmetscher auf höchster Ebene ins Gespräch kommen würde". Ein solcher Dialog, wie er zwischen den Regierungen beider deutscher Staaten geführt wird, um den Frieden zu erhalten, muß auch zwischen den Großmächetn geführt werden. Die Verhandlungen sind dazu nur ein Mittel.

Strauß führte weiterhin aus, was die Grundpositionen der BRD zur Deutschlandfrage anbetrifft, so sind sie bekannt und durch das Karlsruher Urteil bestätigt. „Man sollte darüber nicht so viel reden." Die Lage in Europa ist durch Verträge geregelt, und erst vor wenigen Monaten hat der Bundeskanzler die Unantastbarkeit der Grenzen bestätigt.

So verstehe er nicht, daß sich insbesondere die polnische Regierung zu diesem Standpunkt „aufregt", zumal zwischen der Bundesregierung und der VR Polen überhaupt keine gemeinsamen Grenzen bestehen.

Wenn die DDR-Regierung die Grenze zur VR Polen anerkannt hat, so „ist die Frage nicht offen, sondern durch Verträge abgesichert".

Strauß sei davon überzeugt, daß weder er noch seine Kinder und Enkelkinder eine Veränderung der jetzigen politischen Grenzen in Europa erleben werden. Das trifft auch für die Existenz der DDR und der BRD zu. Eine Wiedervereinigung ist nur denkbar, wenn sich in ganz Europa eine neue Situation herausgebildet hat.

Das ist seine feste Überzeugung, und deshalb sollte man „dieses Thema bei allen unterschiedlichen Grundpositionen dort lassen, wo es hingehört, bei den unterschiedlichen Auffassungen zu der Lage in Europa nach dem 2. Weltkrieg".

Die letzten 40 Jahre haben bewiesen, daß trotz mancher Krisensituation am Ende nüchterner Sachverstand gesiegt hat und die Masse der Bürger der BRD und der DDR zu militärischen Auseinandersetzungen nicht bereit sind und einem solchen Kurs nie folgen würden.

Er erinnerte dabei an ein Beispiel aus dem Jahre 1964, wo Erhard Bundeskanzler und er Verteidigungsminister war. Der amerikanische Präsident forderte seinerzeit von der Bundesregierung die Entsendung eines Truppenkontigents nach Vietnam. Er habe diese unsinnige Forderung mit großer Leidenschaft zurückgewiesen, weil „das innerhalb von 48 Stunden das Ende von Erhard gewesen wäre". Und so ist das heute auch.

Bezogen auf die NATO und den Warschauer Pakt könnte man, auch bei Einräumen des einen oder anderen militärischen Vorteils, nur die Frage stellen, welchen „tiefen Sinn hat es, den einen blind zu schlagen, wenn man dabei mindestens ein Auge verliert".

Strauß legte großen Wert darauf, daß dem Generalsekretär des ZK der SED und Vorsitzenden des Staatsrates der DDR, Erich Honecker, mitgeteilt wird, daß die von Strauß ihm gegenüber bekundete Bereitschaft, alles für die Erhaltung des Friedens zu tun, uneingeschränkt gilt.

Strauß teilte mir mit, daß er durch Schäuble über die Standpunkte zu einer Reihe von aktuellen Fragen in den Beziehungen zwischen der DDR und der BRD ausführlich informiert wurde. Deshalb möchte er zu einigen Fragen seinen Standpunkt mitteilen.

Er begrüßt besonders die wieder in Gang gekommenen Verhandlungen zum Umweltschutz. Dabei, und das trifft auch für andere Fragen zu, zählt er sich zu den Politikern, die nicht das Maximum, sondern das „jetzt Machbare" erreichen wollen. Eine Regierungsvereinbarung zu Umweltfragen, die auch Fragen des Naturschutzes einschließen, sind für beide Seiten ein aktueller und realisierbarer Komplex.

Er sprach sich dafür aus, daß die Experten intensiv weiter verhandeln und daß im zweiten Halbjahr 1985 zwischen den dafür verantwortlichen Ministern abschließende Gespräche und der Abschluß einer entsprechenden Regierungsvereinbarung erfolgen.

Strauß nahm besonders positiv zur Kenntnis, daß die DDR-Seite bei entsprechenden Verhandlungsergebnissen eine Möglichkeit für einen Besuch von Zimmermann in der DDR sieht.[239] Zum Stand der Verhandlungen zum Kulturabkommen betonte Strauß, daß er andere Auffassungen als die Bundesregierung habe. Er hält es für falsch, daß die nächsten Verhandlungen von der Bundesregierung erst für September 1985 vorgesehen sind. Er bestätigte, daß bei Neubeginn der Verhandlungen zum Kulturabkommen die „Stiftung Preußischer Kulturbesitz" als Voraussetzung für Ergebnisse ausgeklammert worden ist. Dabei müßte es jetzt bleiben, sonst kommt das Abkommen nicht zustande.

Er wird seinen Einfluß in der Beratung am 13. 06. 1985 mit Kohl und Bangemann diesbezüglich geltend machen.[240]

Zum Abschluß einer Vereinbarung über die Rekonstruktion von Teilabschnitten der Autobahn sieht er keine Probleme für einen kurzfristigen Abschluß.

Zum Standpunkt der Bundesregierung, daß erst mit dem neuen Haushaltsjahr die notwendigen Mittel bereitstehen, stellte er fest, „da geht es der DDR wie dem Lande Bayern, das ist die Sprache von Stoltenberg - was nicht geplant ist, kann man nicht ausgeben".

Er empfahl, dieses Thema als das anzusehen, was es ist, ein technisches Problem, das von der Bundesregierung für die DDR annehmbar gelöst werden muß. Bei grundsätzlicher Einigung sollten auch Lösungen möglich sein, um schon 1985 mit der Projektierung und dem Bau zu beginnen, auch wenn die Zahlung aus haushaltstechnischen Gründen erst Anfang 1986 erfolgen kann.

Der Vorschlag der DDR-Seite zur Bildung einer „Gemischten Wirtschaftskommission" wurde von Strauß sehr begrüßt. Er hält diesen Vorschlag für wertvoll und für die Entwicklung der Wirtschaftsbeziehungen sehr nützlich. Zum Abschluß der neuen langfristigen Vereinbarungen zum Swing und dem Abschluß einer langfristigen Vereinbarung über den erweiterten Transfer aus Guthaben in bestimmten Fällen gibt es aus seiner Sicht keine Probleme.

Er wird dazu am 13. 06. 85 ebenfalls nochmals mit Kohl, Bangemann und Schäuble sprechen, damit dieses Thema unverzüglich „vom Tisch kommt". Das gilt auch für die längerfristigen Vereinbarungen zu Erdöl- und Mineralölerzeugnissen und für die Wünsche der Bundesregierung zur Erhöhung der Lieferung von Erzeugnissen des Maschinenbaus und der Elektrotechnik. Auch er ist gegen den Abschluß von

---

239 Friedrich Zimmermann (CSU) war von 1982 bis 1989 Innenminister.

240 Am 13. Juni 1985 fand ein Gespräch von Helmut Kohl (CDU), Franz Josef Strauß (CSU) und Martin Bangemann (FDP) in Bonn statt.

Jahresvereinbarungen für den Bereich Maschinenbau und das Festschreiben von Prozentsätzen und absoluten Zahlen.

Was die Frage der Elbgrenze anbetrifft, so gibt es offensichtlich unterschiedliche Rechtsstandpunkte zum Grenzverlauf, die nach Auffassung von Strauß gegenwärtig nicht zu klären seien. Er vertrat die Auffassung, daß man bisher ohne Schaden für beide Seiten mit diesen Standpunkten gelebt habe und dies auch weiter möglich sein müßte.

Strauß ging desweiteren auf die sogenannte Asylantenfrage ein und betonte, daß dies auch ein wichtiger Punkt seines Gespräches mit Bundeskanzler Kohl war. Die DDR könne davon ausgehen, daß der Bundeskanzler und die verantwortlichen Minister die Rechtslage gut kennen. Das betrifft auch die Konsequenz, daß die BRD in dieser Frage voll auf den guten Willen der DDR angewiesen ist.

Es geht besonders um die Einreise von Nationalitätengruppen aus afrikanischen Staaten sowie aus dem Fernen Osten, deren Unterbringung in Bayern, aber auch in anderen Bundesländern, auf einen erheblichen Widerstand in der breiten Öffentlichkeit stößt. Diese Leute werden direkt auf die Reise geschickt mit der Aufforderung, „die sie sogar auswendig lernen", um Asyl zu bitten. Strauß habe von Kohl verlangt, daß auch die gegenwärtige Rechtsposition in der BRD zu dieser Frage überprüft wird. Das betrifft auch die Einbeziehung des „Landes Berlin" in die Sichtvermerke der BRD, die Durchführung von Kontrollen bei der Einreise in Westberlin und die Überprüfung des Status' von Asylsuchenden, wie er rechtlich in der BRD besteht. Strauß äußerte die persönliche Bitte an die DDR-Seite zu prüfen, ob nicht wenigstens Möglichkeiten bestehen, für bestimmte Bevölkerungsgruppen die Einreise nach Westberlin über die DDR zu erschweren.

Ich habe Strauß nochmals zu diesem gesamten Komplex den bekannten Standpunkt der DDR erläutert. Dabei wurde besonders auf die widerrechtliche Einbeziehung von Westberlin als Land der BRD hingewiesen. Ich habe betont, daß die DDR nicht bereit ist, das Prinzip der Transitfreiheit aufzugeben und entsprechende Maßnahmen Sache der BRD bzw. des Westberliner Senats sind. Ich habe erklärt, daß die DDR nach wie vor bereit ist, Vorschläge der BRD, die dem völkerrechtlichen Prinzip der Transitfreiheit Rechnung tragen, sachlich zu prüfen.

Abschließend zu diesen Komplexen betonte Strauß nochmals, daß sie auch Gegenstand des Treffens mit Kohl und Bangemann sein werden. Er informierte in diesem Zusammenhang darüber, daß auch zu den innenpolitisch strittigen Fragen der Rechtspolitik sich eine Einigung mit der FDP abzeichne und wahrscheinlich entsprechende Vereinbarungen am 13. 06. 1985 getroffen würden.

Ich bedankte mich abschließend für das freimütige und ausführliche Gespräch und teilte Strauß mit, daß die Einladung zur Leipziger Messe, die er im Frühjahr nicht wahrnehmen konnte, entsprechend seinem Wunsch aufrechterhalten bleibt.[241]

Dabei würde am 1. September 1985 aus heutiger Sicht auch die Gelegenheit bestehen, anläßlich des Besuchs der Herbstmesse mit dem Generalsekretär des ZK der SED und Vorsitzenden des Staatsrates der DDR zusammenzutreffen. Strauß nahm das sehr positiv auf und sagte, „er wird das sicherlich gerade noch schaffen", weil er kurz danach am 6. September 1985 seinen 70. Geburtstag feiert.

Er bittet um Verständnis, da er erst vor wenigen Tagen seine Arbeit aufgenommen hat, daß er spätestens in 14 Tagen endgültig mitteilen wird, ob es ihm möglich ist, seinen Wunsch, die Leipziger Herbstmesse zu besuchen, zu realisieren.

Am Schluß stellte er fest: „Eigentlich darf ich Ihnen dies gar nicht sagen, Herr Schalck, aber nehmen Sie das mal mit, ich und meine politischen Freunde sind froh darüber, daß Erich Honecker als Staatsratsvorsitzender und Generalsekretär der Partei die Geschicke der DDR leitet. Wir hoffen, daß das noch viele Jahre der Fall ist."

gez. Alexander Schalck

Quelle: SAPMO - BArch, DY 30/vorl. SED, 42181.

Dokument 34

Schreiben Erich Honeckers an Helmut Kohl vom 25. Juni 1985[242]

Sehr geehrter Herr Bundeskanzler!
Für Ihr Schreiben vom 15. Mai 1985 bedanke ich mich. In Erwiderung gestatte ich mir, ausgehend von unserem Gespräch in Moskau am 12. März, einige Gedanken zur internationalen Lage und zum Verhält-

---

241 Das Treffen zwischen Erich Honecker und Franz Josef Strauß fand dann am 1. September 1985 in Leipzig statt. Vgl. Heinrich Potthoff: Die „Koalition der Vernunft". S. 330 ff.

242 Der Wortlaut dieses Schreibens wurde am 27. Juni 1985 vom Büro des Politbüros an die 1. SED-Bezirkssekretäre, die ZK-Abteilungsleiter und die Minister, die Mitglieder des ZK waren, zur „Information" weitergeleitet.

nis zwischen der Deutschen Demokratischen Republik und der Bundesrepublik Deutschland darzulegen.

Es ist meine feste Überzeugung, daß die sowjetisch-amerikanischen Verhandlungen eine große Chance bieten, um die verhängnisvolle Entwicklung zu immer mehr Waffen aufzuhalten und Maßnahmen zur Rüstungsbegrenzung zu vereinbaren.

Von substanzieller Bedeutung für den Erfolg dieser Verhandlungen ist, daß beide Seiten konsequent die in der gemeinsamen Erklärung vom 8. Januar vereinbarten Ziele anstreben, nämlich die Militarisierung des Weltraums zu verhindern, das Wettrüsten auf der Erde zu beenden und die nukleare Rüstung radikal zu reduzieren, wobei das Endziel deren völlige Beseitigung ist.

Auf diesem komplexen Weg sind Ergebnisse möglich, wenn alle drei Ebenen, die Gegenstand der Gespräche sind, in ihrem wechselseitigen Zusammenhang behandelt werden. Strategische Stabilität als unabdingbare Voraussetzung für Rüstungsbegrenzung und Abrüstung ist nur aufrechtzuerhalten, wenn ein Wettrüsten im Weltraum verhindert wird.

Der Vorschlag der UdSSR, auf allen in Genf zur Verhandlung stehenden Gebieten ein Moratorium zu vereinbaren sowie ihr einseitiger Stopp der Gegenmaßnahmen gegen die Stationierung der USA-Mittelstreckenraketen bis November 1985 dokumentieren den ernsthaften Willen der UdSSR zu grundlegenden Ergebnissen.

Die Deutsche Demokratische Republik unterstützt dieses ebenso logische wie vernünftige Herangehen.

Die Forschungs- und Entwicklungsprogramme der USA für kosmische Angriffswaffen stehen im Widerspruch zum ABM-Vertrag wie auch zum Weltraumvertrag von 1967.[243] Sie gefährden direkt die Genfer Verhandlungen und können das Wettrüsten in bisher nicht gekanntem Umfang anheizen. Derartige Vorhaben unterstützen oder gar sich an ihnen beteiligen heißt, die Mitverantwortung für alle sich daraus ergebenden politischen, militärischen wie ökonomischen Folgen übernehmen. Dies müßte sich äußerst negativ auf die Lage in Europa und die Beziehungen zwischen den Staaten auswirken. Ich bin nach wie vor davon überzeugt, daß es noch nicht zu spät ist, Ergebnisse zu erzielen. Voraussetzung dazu ist aber der aufrichtige politische Wille.

---

243 Der „Vertrag über die Prinzipien für die Tätigkeit der Staaten bei der Erforschung und Nutzung des Weltraumes einschließlich des Mondes und anderer Himmelskörper" (Weltraumvertrag) wurde am 27. Januar 1967, der „Vertrag zwischen der UdSSR und den USA über eine Einschränkung der Raketenabwehrsysteme" (Anti Ballistic Missiles; ABM-Vertrag) am 26. Mai 1972 unterzeichnet.

Die sowjetisch-amerikanischen Verhandlungen erhöhen die Verantwortung der anderen Staaten, wirksam zum Abbau der militärischen Konfrontation, zur Rüstungsbgrenzung und Abrüstung beizutragen. Sie sollten insbesondere darauf hinwirken, daß nichts geschieht, was die nukleare und Weltraumrüstung fördert. Gewiß würden baldige und konstruktive Ergebnisse auf der Stockholmer Konferenz die Bedingungen für eine Übereinkunft in Genf begünstigen. Der Abschluß eines Vertrages über die Nichtanwendung militärischer Gewalt und die Aufrechterhaltung friedlicher Beziehungen, der mit geeigneten Maßnahmen militärischer Vertrauens- und Sicherheitsbildung verbunden sein sollte, wäre ohne Zweifel ein Signal für die Rückkehr der Staaten zu Stabilität, Entspannung und Berechenbarkeit in den Ost-West-Beziehungen. Das Votum auch der Bundesrepublik Deutschland zugunsten einer derartigen vertraglichen Vereinbarung trüge in hohem Maße der Verantwortung unserer beiden Staaten Rechnung, alles zu tun, daß von deutschem Boden nie wieder Krieg, sondern nur noch Frieden ausgeht.

Ein Erfolg der Stockholmer Konferenz würde dem KSZE-Prozeß einen wertvollen Impuls verleihen. Die bevorstehende Jubiläumssitzung anläßlich der Unterzeichnung der Schlußakte von Helsinki müßte für alle Teilnehmerstaaten Anlaß sein, die Verpflichtung zur Verwirklichung der Schlußakte als Kodex der friedlichen Koexistenz erneut zu bekräftigen.

Die Beziehungen zwischen der Deutschen Demokratischen Republik und der Bundesrepublik Deutschland sind ein wichtiger Teil der gesamteuropäischen Zusammenarbeit. Eine Verbesserung der Beziehungen ist möglich, wenn sich beide Staaten von Realismus und gutem Willen sowie von der selbstverständlichen Voraussetzung der Achtung der Souveränität, der Gleichberechtigung und Nichteinmischung leiten lassen In diesem Sinne halte ich die Feststellung in unserer gemeinsamen Erklärung vom 12. März, daß „die Unverletzlichkeit der Grenzen und die Achtung der territorialen Integrität und Souveränität aller Staaten in Europa in ihren gegenwärtigen Grenzen eine grundlegende Bedingung für den Frieden" ist, für ebenso bedeutsam, wie den Hinweis darauf, alle Anstrengungen zu unternehmen, um auf der Basis des Grundlagenvertrages normale gutnachbarliche Beziehungen zwischen der Deutschen Demokratischen Republik und der Bundesrepublik Deutschland im Interesse von Frieden und Stabilität in Europa zu entwickeln und auszubauen.

Durch das europäische Vertragswerk wurde für die gegenwärtig bestehenden Grenzen in Europa eine verbindliche und dauerhafte Rechtsgrundlage geschaffen, aus der sich auch die logische Konsequenz von der Nichtexistenz des „Deutschen Reiches in den Grenzen von 1937" mit allen daraus resultierenden Folgen ergibt. Frieden und Sicherheit in Europa erfordern, daran keine Zweifel zuzulassen.

Was die weitere Gestaltung der Beziehungen zwischen der Deutschen Demokratischen Republik und der Bundesrepublik Deutschland betrifft, so erfordert diese vor allem

- Fortschritte bei der Regelung der Ihnen wohlbekannten politischen Grundfragen (Respektierung der Staatsbürgerschaft der DDR, einvernehmliche Regelung der Elbgrenze Mitte Strom, Auflösung der sog[enannten] Erfassungsstelle Salzgitter, Umwandlung der ständigen Vertretungen in Botschaften),

- den weiteren Ausbau der wirtschaftlichen Beziehungen zu beiderseitigem Nutzen sowie

- die Schaffung der Voraussetzungen auf Ihrer Seite zum baldigen Abschluß des Kulturabkommens, einer Vereinbarung über die konkrete Zusammenarbeit im Umweltschutz sowie einer Vereinbarung in den noch zu lösenden Fragen des Kaliabbaus im Grenzgebiet.

Wie Sie wissen, wurde durch die Freie Deutsche Jugend entschieden, den Jugendtourismus in die Bundesrepublik Deutschland fortzusetzen.[244]

Sehr geehrter Herr Bundeskanzler,

wir waren uns bei unserer Begegnung in Moskau einig: Von deutschem Boden darf nie wieder Krieg, von deutschem Boden muß Frieden ausgehen. In diesem Sinne appelliere ich an Sie, auch seitens der Bundesrepublik Deutschland alle Möglichkeiten zu nutzen, damit das Inferno eines atomaren Krieges verhindert werden kann. Es ist jetzt dringlicher denn je, realistische Lösungen für die brennendsten Fragen zu suchen, die Spannungen zu verringern und das Wettrüsten zu beenden.

Mit vorzüglicher Hochachtung
gez. E. Honecker

Quelle:[245] *SAPMO - BArch, DY 30/J IV 2/2A/2772.*

---

244 Im Mai 1985 sprachen sich sowohl der Vorsitzende des Bundesjugendringes, Rudolf Helfrisch, als auch der 1. Sekretär des FDJ-Zentralrates, Eberhard Aurich, für eine Realisierung der 1982 getroffenen Abmachungen über einen deutsch-deutschen Jugendtourismus aus. Voraussetzung dafür war eine Neubewertung dieses Vorhabens im Verfassungsschutzbericht 1984.

245 Das Dokument befindet sich in weiteren Akten des SED-Bestandes. Vgl. SAPMO - BArch, DY 30/J IV J/83 sowie IV 2/2035/87.

Dokument 35

Schreiben Erich Honeckers an Helmut Kohl vom 12. September 1985[246]

Sehr geehrter Herr Bundeskanzler!
In dem Bestreben, ihrer Verantwortung für Frieden und Entspannung in Mitteleuropa und den Sicherheitsinteressen des eigenen wie aller europäischen Völker gerecht zu werden, schlägt die Regierung der Deutschen Demokratischen Republik der Regierung der Bundesrepublik Deutschland vor, einen gemeinsamen Beitrag zur Abrüstung und Abrüstungsbegrenzung zu leisten.

Die Frage des Verbots und der Liquidierung chemischer Waffen ist bereits seit langem Gegenstand internationaler Diskussion. Die Teilnehmerstaaten des Warschauer Vertrages wie auch andere Staaten haben dazu Vorschläge unterbreitet.

Die Regierungen der DDR und der CSSR haben zu dieser Frage entsprechende Konsultationen durchgeführt und beschlossen, sich mit folgendem an die Regierung der BRD zu wenden:

„Die Regierungen der DDR und der CSSR sind der Auffassung, daß reale Möglichkeiten für die Beseitigung der chemischen Waffen, besonders für die Bildung einer von chemischen Waffen freien Zone in Europa existieren. So könnte eine Liquidierung der in diesem Raum vorhandenen Vorräte an chemischen Waffen erreicht und ausgeschlossen werden, daß auf europäischem Boden neue, außerordentlich gefährliche Arten solcher Waffen, vor allem Binärwaffen, stationiert werden. Das haben auch die zwischen der SED und der SPD geführten Gespräche über die Bildung einer von chemischen Waffen freien Zone gezeigt, die mit der Unterbreitung der Ihnen bekannten politischen Initiative abgeschlossen wurde.[247]

Chemische Waffen sind nach den Kernwaffen die gefährlichsten Massenvernichtungsmittel. Ihr Verbot und ihre vollständige Beseitigung sind äußerst dringend. Erforderlich sind energische Anstrengungen sowohl im globalen wie im regionalen Rahmen. Die Regierungen

---

246 Das Schreiben wurde am 13. September 1985 von DDR-Außenminister Oskar Fischer an den Ständigen Vertreter der Bundesrepublik, Hans Otto Bräutigam, übergeben. Einen gleichlautenden Brief sandte der CSSR-Außenminister Bohuslav Chnoupek an Bundekanzler Kohl.

247 Das „Gemeinsame Kommuniqué" der SED und SPD zur Schaffung einer von chemischen Waffen freien Zone in Europa und den „Rahmen für ein Abkommen zur Bildung einer von chemischen Waffen freien Zone in Europe", die am 19. Juni 1985 der Öffentlichkeit vorgestellt wurden, vgl. in: Sicherheit und friedliche Zusammenarbeit in Europa. S. 268 ff.

der DDR und der CSSR treten konsequent für eine umfassende Konvention über das Verbot der Entwicklung, Herstellung und Lagerung von chemischen Waffen und über ihre Vernichtung ein. Zugleich sind sie davon überzeugt, daß regionale Vereinbarungen zur Bildung von chemiewaffenfreien Zonen konkrete Schritte zur Vertrauensbildung wie zu einem weltweiten Verbot dieser Waffen bedeuten würden. Davon ausgehend, sind die Regierungen der DDR und der CSSR bereit, eine Vereinbarung mit der Regierung der Bundesrepublik Deutschland abzuschließen, die auf den Territorien der Länder, welche unmittelbar an der Trennlinie zwischen den militärpolitischen Bündnissen liegen, zur Beseitigung der chemischen Waffen führen würde.

Mit diesem Vorschlag wollen sie - als Nachbarstaaten der BRD - dazu beitragen, daß in Mitteleuropa durch Reduzierung der Rüstungen konkrete Schritte zur Gewährleistung von Frieden und Sicherheit unternommen werden.

Wir sind überzeugt, daß der von beiden Regierungen unterbreitete Vorschlag zu einer entsprechenden Vereinbarung führen kann. Eine solche Vereinbarung wäre ein wichtiger Beitrag zur Festigung der Sicherheit in Europa und zu den gemeinsamen Anstrengungen, die zum Ziel haben, Europa von den Gefahren eines Einsatzes chemischer Waffen zu befreien.

Die Regierungen der DDR und der CSSR schlagen der Regierung der Bundesrepublik Deutschland vor, in Verhandlungen über die Bildung einer von chemischen Waffen freien Zone, die zunächst die Territorien dieser drei Staaten umfassen sollte, einzutreten. Die DDR und die CSSR sind bereit, in diesen Verhandlungen ihre Vorstellungen zu diesem Problemkreis zu unterbreiten. Sie gehen davon aus, daß die BRD ihrerseits ebenfalls ihre konkreten Vorschläge und Überlegungen einbringen wird und daß die Vereinbarung über die Schaffung einer chemiewaffenfreien Zone allen anderen interessierten Staaten zum Beitritt offensteht."

Die Regierung der DDR hofft auf eine positive Reaktion seitens der Regierung der BRD und schlägt vor, in Verhandlungen zu dieser Frage einzutreten. Die erforderlichen Absprachen könnten über diplomatische Kanäle erfolgen.

Mit vorzüglicher Hochachtung
gez. E. Honecker

Quelle:[248] *SAPMO - BArch, DY 30/J IV J/83.*

---

248 Vgl. den Text des Schreibens auch in: ND, 16. September 1985.

Dokument 36

Niederschrift über das offizielle Gespräch zwischen Erich Honecker und Willy Brandt am 19. September 1985 in Berlin

E. Honecker begrüßte W. Brandt und seine Begleitung in der DDR.[249] Er wertete den Besuch W. Brandts als politisch wichtig, nützlich und zeitgemäß. Dabei dankte er dem Gast für dessen Kranzniederlegung am Mahnmal für die Opfer des Faschismus und Militarismus. Er hoffe, daß sich dessen Besichtigung des Museums für Deutsche Geschichte gelohnt habe. Man dürfe die Vergangenheit nicht verdrängen, um desto sicherer in die Zukunft zu gehen.

W. Brandts Besuch biete die Möglichkeit, den Dialog über Grundfragen unserer Zeit zu führen und damit einen Beitrag zur Friedenssicherung zu leisten. Mit Recht habe W. Brandt kürzlich darauf hingewiesen, daß es nicht nur das Recht, sondern geradezu die Pflicht sei, sich umfassend zu informieren, sachliche Zusammenarbeit anzuregen und friedenssichernde Initiativen zu fördern. Das gelte auch für die DDR. In der Tat gebe es heute objektive Gründe dafür, keinen Faktor auszusparen, wenn man sich in Ost und West, Nord und Süd um eine Politik bemühe, die das Überleben der Menschheit möglich macht. Denn nach einem Atomkrieg würden selbst diejenigen, die dann aus ihren Führungsbunkern stiegen, keine lebenswerten Bedingungen mehr vorfinden.

In der DDR werde W. Brandts persönlicher Anteil am Zustandekommen des europäischen Vertragswerkes und des Entspannungsprozesses der 70er Jahre hoch geachtet und nicht vergessen. Das wolle er, so E. Honecker, zu Beginn ausdrücklich betonen. E. Honecker gratulierte W. Brandt zu der am Morgen bekanntgewordenen Verleihung des „Albert-Einstein-Friedenspreises".[250]

W. Brandt sprach seinen Dank für die Einladung E. Honeckers zum Besuch aus, ebenso für das gestrige Programm. Zusätzlich zu anderen Kontakten sei es nützlich, in diesem Rahmen miteinander zu sprechen. Er teile E. Honeckers Meinung, daß die Grundfragen in den Vordergrund gestellt werden sollten, was nicht ausschließe, auch Fragen der Beziehungen zwischen der BRD und der DDR zu erörtern, Fragen beider Länder und ihrer politischen Gruppierung.

---

249 Vom 18. bis 20. September 1985 besuchte der Vorsitzende der SPD, Willy Brandt, auf Einladung von SED-Generalsekretär Erich Honecker die DDR. Zur Begleitung Brandt gehörten seine Ehefrau Brigitte, Egon Bahr, Günter Gaus und Wolfgang Clement.

250 Vgl. ND, 19. September 1985.

Die Verleihung des „Albert-Einstein-Preises", er danke für die Gratulation, unterstreiche, was E. Honecker über den Ernst der Lage gesagt habe. Der Stiftung, die diesen Preis vergibt, gehörten größtenteils Naturwissenschaftler an, so auch zwischen 120 und 150 „echte" Nobelpreisträger, also Nobelpreisträger auf dem Gebiet der Physik, der Medizin usw. Gegenwärtig sei man dort dabei, einen Appell zu formulieren, der von der ernsten Sorge ausgehe, daß die nukleare Katastrophe innerhalb der nächsten 15 Jahre stattfinden könnte, nicht einmal, weil es Politiker so wollten, sondern wegen der wirkenden Mechanismen.

Gestern habe er mit dem argentinischen Präsidenten Alfonsin gesprochen, der eine sehr einfache Formel gebraucht habe: das Recht der Vielen auf Leben. Das sei für ihn ein Hauptpunkt der Begründung für die bekannte Anti-Atomkriegs-Initiative der Staatsmänner von 5 Kontinenten.[251]

Wie gesagt, sei er sehr einverstanden, über die Grundfragen zu sprechen, bemerkte W. Brandt, wobei er feststellen könne, daß man in der Frage Krieg oder Frieden sehr nahe beieinander sei, sich zum Teil in Übereinstimmung befinde. Für das vorliegende Kommuniqué sei eine gute Arbeit geleistet worden, und er stimme ihm zu.[252]

E. Honecker sagte, die Naturwissenschaftler, von denen W. Brandt der „Albert-Einstein-Preis" zuerkannt wurde, seien Leute, die ja wissen müßten, um was es bei der nuklearen Gefahr gehe. Notwendig seien vor allem der Stopp des Wettrüstens und die Verhinderung seiner Ausdehnung auf den Kosmos. Es sei gut zu wissen, daß es hierin Übereinstimmung gebe. Mit seinen Darlegungen vertrete er, E. Honecker, zugleich die einheitliche Meinung der gesamten Partei- und Staatsführung, die auch die jüngste Initiative zur Schaffung einer chemiewaffenfreien Zone in Mitteleuropa einstimmig unterstützt habe.[253]

Nach wie vor sei die internationale Lage kompliziert. Das Wettrüsten verstärke sich, die Kriegsgefahr nehme nicht ab. Als die entscheidende Ursache für die Verschlechterung der Situation bezeichnete E. Honecker das Streben der USA nach militärischer Überlegenheit, das mit Plänen für die Führ- und Gewinnbarkeit eines Nuklearkrieges in engstem Zusammenhang stehe. Dazu gehöre auch die Stationierung nuklearer Mittelstreckenraketen der USA in Westeuropa. Es handele sich um zusätzliche Kernwaffenpotentiale von strategischer Bedeutung mit Erstschlagscharakter. Das habe unausweichlich ent-

251 Die „Deklaration von Delhi" der sechs Staats- und Regierungschefs Argentiniens, Griechenlands, Indiens, Mexikos, Schwedens und Tansanias vgl. in: Dokumente zur Abrüstung 1983 - 1986. S. 132 ff.

252 Vgl. ND, 20. September 1985.

253 Vgl. Anm. 247.

sprechende Gegenmaßnahmen auf unserer Seite erforderlich gemacht, denn die Bewahrung des militärstrategischen Gleichgewichts sei eine Grundvoraussetzung für den Frieden.

Leider, fuhr E. Honecker fort, sei es so gekommen, wie wir es vorausgesagt hatten. Jetzt gebe es nicht weniger, sondern mehr Waffen, aber nicht mehr, sondern weniger Sicherheit. Er begrüße es, daß die SPD seit ihrem Kölner Sonderparteitag eine klare Haltung gegen die Raketenstationierung beziehe.[254] Wir möchten, sagte er, daß die Raketen bei Ihnen verschwinden, und daß die Raketenkomplexe größerer Reichweite bei uns ebenfalls verschwinden. Diese Komplexe deckten das gesamte Stationierungsgebiet von Pershing II und Cruise Missiles ab, deren Aufstellung das Drohpotential an der Grenze zwischen beiden Systemen und Bündnissen verstärkt habe.

Mit dem Programm der USA zur Militarisierung des Weltraumes sei jetzt ein Problem von noch größerer Tragweite entstanden. Hierbei gehe es um den ebenso gefährlichen wie aussichtslosen Versuch, militärstrategische Überlegenheit zu erlangen. In der Einschätzung der SDI gebe es, wie er auch der Erklärung des SPD-Parteivorstandes entnehme, weitgehende Übereinstimmung.

Würde SDI verwirklicht, so würde dies den gesamten Erdball noch unsicherer machen, das Wettrüsten würde in noch nie gekanntem Ausmaß eskaliert. Die Weltlage würde destabilisiert, die strategische Konstellation der Gegenwart unterminiert. Bestehende Verträge würden verletzt, so das SALT-, das ABM-Abkommen und der Weltraumvertrag von 1967. Die Unterstützung all dieser Vorhaben würde sich negativ auf die Lage in Europa auswirken und die Spannungen verschärfen.

E. Honecker verwies auf die ersten Tests der USA mit ASAT-Antisatellitenwaffen unter Kampfbedingungen, zu denen jetzt sogar einige westliche Zeitungen feststellten, daß sie bestehenden Verträgen zuwiderlaufen, und betonte, daß die Zeit drängt. Der Protest gegen die Weltraumrüstung sei weltweit. Auch führende Naturwissenschaftler der BRD hätten vor SDI gewarnt. Sie selbst tragen diese Bewegung mit. Auch das Unternehmerlager in der BRD, das habe er bei seinem gestrigen Gespräch mit O. Wolff von Amerongen wieder bemerkt, sei sich keineswegs einig.[255] Die Zweifel reichten, was an der Haltung der FDP deutlich werde, bis in die Bonner Regierungskoalition.

---

254 Ein außerordentlicher SPD-Parteitag in Köln hatte am 20. November 1983 mit großer Mehrheit die Raketenstationierung des Westens abgelehnt.

255 Der Präsident des Deutschen Industrie- und Handelstages, Otto Wolff von Amerongen, erhielt am 17. September 1985 die Ehrendoktorwürde der Friedrich-Schiller-Universität Jena. Einen Tag später wurde er von Erich Honecker zu einem Gespräch empfangen. Vgl. ND, 18. und 19. September 1985.

Jedoch gehörten führende Mitglieder der BRD-Regierung zu den wenigen in der Welt, die die USA-Pläne politisch gutheißen und sie rechtfertigen. Dies sei bedauerlich angesichts der Tatsache, daß von deutschem Boden zwei Weltkriege ihren Ausgang nahmen, davon der zweite mit 50 Millionen Toten, darunter 6 Millionen Deutsche, 6 Millionen Juden und 20 Millionen Bürger der Sowjetunion.

E. Honecker informierte, daß er im Zusammenhang mit SDI am 26. Juni einen Brief an H. Kohl gerichtet habe, ohne bisher eine Antwort zu erhalten. Er übergab den Wortlaut dieses Briefes an W. Brandt.[256] Darin werde betont, daß eine Zustimmung der BRD-Regierung zu SDI schwerlich mit dem gemeinsam vertretenen Standpunkt in Übereinstimmung zu bringen sei, dazu beizutragen, Frieden zu schaffen mit immer weniger Waffen.

Die DDR sei für die friedliche Erforschung und Nutzung des Kosmos und könne sich eine Zusammenarbeit von Eureka und Interkosmos vorstellen. Das habe er auch M. Gorbatschow gesagt. Der sowjetische Vorschlag an die 40. Vollversammlung der UNO, eine Weltorganisation für die friedliche Erforschung des Kosmos zu schaffen, werde von der DDR unterstützt.[257] Das biete alle Möglichkeiten, um auch auf diesem Wege Spitzentechnologien zu schaffen.

Nicht nur die USA, Westeuropa und Japan hätten die Möglichkeit, solche Spitzentechnologien herzustellen, fügte E. Honecker hinzu, sondern auch die sozialistische Gemeinschaft, so die Sowjetunion und die DDR. Man brauche sich nur die Kombinate in der DDR anzusehen, in denen Mikroelektronik, Roboter- und Lasertechnik angewandt würden.

Die DDR habe die neuen Verhandlungen UdSSR/USA in Genf über die drei Komplexe Weltraumwaffen, strategische und Mittelstreckenwaffen begrüßt. Worauf es ankomme, sei, Ausgewogenheit nach dem Prinzip der Gleichheit und der gleichen Sicherheit zu gewährleisten, zu Vereinbarungen über die Begrenzung und Reduzierung der Rüstungen auf immer niedrigerer Ebene zu gelangen. Ziel sei schließlich, die Welt von Atomwaffen überhaupt zu befreien.

Strategische Stabilität erfordere, das Wettrüsten im Weltraum zu verhindern. Wenn kein Abkommen darüber erreicht werde, dann werde es nicht gelingen, zu einem Abkommen über die nukleare Abrüstung auf der Erde zu gelangen.

Aus Informationen von sowjetischer Seite, aber auch vom USA-Botschafter in der DDR, nicht zuletzt aus Reagans jüngsten Erklä-

---

256 Vgl. Dok. 34.

257 Die am 16. August 1985 von der UdSSR an die UNO übermittelten Vorschläge vgl. in: Dokumente zur Abrüstung 1983 - 1986, S. 164 ff.

rungen, gehe jedoch hervor, daß Washington entschlossen ist, das SDI-Programm weiterzuführen. Begonnen habe es damit, daß man dort von einem „Krieg der Sterne" gesprochen und dies dann in „SDI" umformuliert habe. Ihm lägen Materialien von Militärs der DDR und der UdSSR dazu vor. Kein Wissenschaftler halte es für möglich, einen Schirm über die USA aufzuspannen, den keine Rakete durchdringen könne. Niemand könne behaupten, daß Europa nicht geopfert werde. In Rechnung zu stellen seien die Gegenmaßnahmen, die von der Sowjetunion getroffen werden müßten. Die Gefahren seien also größer geworden, und Europa habe keine Aussicht, sich ausklammern zu können.

Von den Treffen M. Gorbatschow und F. Mitterand sowie M. Gorbatschow und R. Reagan seien Ergebnisse zu erhoffen, die eine Aussicht darauf eröffnen, daß das Wettrüsten auf der Erde gestoppt und seine Ausdehnung auf den Weltraum verhindert wird.[258] Auch die anderen Staaten, ob groß oder klein, trügen eine hohe Verantwortung. Bei ihren kürzlichen Gesprächen habe L. Fabius Frankreich und die DDR zu den mittleren Staaten gerechnet, wogegen er nicht protestiert habe. Natürlich mindere dies alles nicht die Rolle der Großmächte Sowjetunion und USA. Es gehe um die Lebensfrage der gesamten Menschheit.

Die Spannungen gingen wesentlich darauf zurück, daß einige Kreise in den USA von der Politik der Zusammenarbeit abgegangen und zum Kurs der Konfrontation übergegangen seien, sagte E. Honecker. Jetzt befinde man sich in einer Periode, da die Weltpolitik wieder in Bewegung gekommen sei. Es gebe verschiedenste Initiativen, die in der Welt ein bedeutendes Echo fänden, aber nicht im Pentagon. Jedoch sei ihm gesagt worden, die Meinung des Pentagon sei nicht unbedingt die Meinung der US-Administration.

Es bestehe eine gewisse Hoffnung, daß beim Treffen M. Gorbatschow/ R. Reagan zumindest etwas auf den Weg gebracht wird. Nach den bisherigen Erklärungen Reagans könne man allerdings den Eindruck gewinnen, daß das Treffen scheitern werde. Eine gewisse Skepsis sei schon angebracht.

Erklärungen über Frieden und Entspannung allein, wie sie H. Kohl abgebe, bewegten nicht viel, stellte E. Honecker fest. Sie müßten zu praktischer Politik werden. In diesem Zusammenhang hob E. Honecker die Bedeutung seiner gemeinsamen Erklärung mit H. Kohl in Moskau vom 12. März 1985 hervor, in der zum ersten Mal in einem solchen Dokument von der DDR und der BRD die Unverletzlichkeit

---

258 Michail Gorbatschow hielt sich vom 2. bis 5. Oktober 1985 zu einem Staatsbesuch in Frankreich auf. Das Genfer Gipfeltreffen zwischen Gorbatschow und USA-Präsident Ronald Reagan fand vom 19. bis 21. November 1985 statt.

der Grenzen und die Achtung der territorialen Integrität und der Souveränität aller Staaten in Europa in ihren gegenwärtigen Grenzen als eine grundlegende Bedingung für den Frieden bezeichnet werden.

Leider schienen in der BRD jene zu überwiegen, die zu einer Beteiligung an SDI tendieren. Unser Ziel sei es, eine solche Beteiligung zu verhindern. Deshalb habe er O. Wolff von Amerongen mit auf den Weg gegeben: Wenn schon die Stationierung von Pershing II und Cruise Missiles zu Spannungen führte, so würde eine Beteiligung der BRD - vielleicht als einziger Regierung in Europa - an SDI erst recht keine angenehme Lage für die Entwicklung der Beziehungen zwischen der DDR und der BRD schaffen.

Wir sind keine Vermittler zwischen der Sowjetunion und den anderen Kernwaffenmächten, sagte E. Honecker. Die Sowjetunion hat als Großmacht selbst die Möglichkeit, auf die Weltlage einzuwirken, damit die Gefahren eines nuklearen Infernos beseitigt werden. Die DDR trage die Politik ihres Bündnisses mit und sei dafür, daß sich sowohl die großen als auch die kleinen Staaten für den Frieden engagieren. So habe sich die DDR auch dafür eingesetzt, daß sich die Beziehungen zwischen beiden deutschen Staaten nicht verschärften, was bestimmte Auswirkungen auf die internationale Lage gehabt habe.

In seinen Gesprächen mit A. Papandreou, B. Craxi, F. Sinowatz, P. Trudeau u. a. habe er betont, daß die DDR an guten Beziehungen interessiert bleibt.[259] Aber es sei Skepsis geboten, daß etwas in die Speichen geschoben werde, das die Entwicklung bremsen könnte. Das gelte vor allem für eine Beteiligung der BRD an SDI. Die Sowjetunion, betonte E. Honecker, habe viel guten Willen gezeigt, um im Verhältnis zu den USA eine Wende zum Besseren herbeizuführen. Leider sei die Reaktion bisher negativ. Das zeige sich erneut am Beispiel des Moratoriums für alle Kernexplosionen. Hier könnte ein Signal gesetzt werden.

Angesichts all dessen, unterstrich E. Honecker nochmals, setze die DDR bestimmte Erwartungen, aber keine übertriebenen Hoffnungen in das Treffen M. Gorbatschow/R. Reagan. Mindestens sollte der Weg freigemacht werden, um zur Abrüstung auf der Erde zu kommen und das Wettrüsten im Kosmos zu verhindern.

E. Honecker hob die große Verantwortung beider deutscher Staaten für die Friedenssicherung hervor. Auch im Grundlagenvertrag sei verankert worden, daß sie für den Frieden wirken müßten. Die wichtigste Lehre der Vergangenheit sei, alles zu tun, damit von deutschem Boden nie wieder ein Krieg ausgeht. Für die DDR und ihre Regierung sei dies klar. Von der BRD möchte man gern hoffen, daß es auch ihr klar sei, aber leider sei es ihr nicht so klar. Das habe er H. Kohl auch

---

259 Vgl. Anm. 203.

in Moskau gesagt. Alles Wortgeprassel lasse die Tatsache nicht übersehen, daß es in der BRD eine immer größere Anhäufung von Waffen gebe, woran nichts ändere, daß man veraltete Atomwaffen wegwerfe und sie durch neue ersetze. Beide deutsche Staaten sollten auf Ergebnisse in so wichtigen Fragen hinwirken wie die Einstellung aller Kernexplosionen, der Nichteinsatz von Kernwaffen, der Abschluß eines Vertrages über Gewaltverzicht, die Schaffung atomwaffenfreier Zonen.

Die DDR schätze die Position, die von der SPD in diesen Fragen eingenommen wird, sagte E. Honecker. Er teile den Standpunkt der Sicherheitspartnerschaft. Sicherheit sei nur miteinander, nicht gegeneinander möglich.

E. Honecker würdigte die Tätigkeit der Arbeitsgruppen von SED und SPD zur Schaffung einer chemiewaffenfreien Zone in Mitteleuropa und dankte den seitens der SPD Beteiligten für ihren Beitrag. Wir sind überhaupt für die Beseitigung aller chemischen Waffen, fuhr er fort. Mit dem gemeinsam erarbeiteten Dokument sei ein Beispiel gegeben, wie man anfangen könne.[260] Anderen stehe frei, sich anzuschließen. TASS habe dieses Ergebnis hoch bewertet. Jetzt sei das Dokument der SED und der SPD offizielles Dokument der Regierungen der DDR und der CSSR geworden. Weltweit gebe es ein starkes Echo auf den von beiden Regierungen an die Regierung der BRD gerichteten Vorschlag.

Das von SED und SPD erzielte Ergebnis sei eine große Initiative und zeige, wie man unter Hintenanstellung bestimmter trennender Probleme, so wichtig sie auch sein mögen, vorankommt. Im Vordergrund stehe die gemeinsame Initiative zur nuklearen Abrüstung, und sie liege im Interesse der gesamten Menschheit.

Von unserer Seite sei auch in Übereinstimmung mit unseren Verbündeten gehandelt worden. Die internationale Zustimmung beweise, daß trotz ideologischer Unterschiede, trotz des Bekenntnisses zu verschiedenen Bündnissystemen abrüstungspolitische Fortschritte möglich sind. In vielen Kommentaren werde die Ernsthaftigkeit der unterbreiteten Vorschläge hervorgehoben. Den Dank der Parteiführung der SED sprach E. Honecker insbesondere H. Axen und E. Bahr für ihren Anteil und W. Brandt für seine Unterstützung aus.

Die Absicht, die Gespräche zwischen beiden Parteien über Rüstungsbegrenzung und Abrüstung fortzusetzen, werde begrüßt. Als weiterer wichtiger Schritt sei die Erörterung von Fragen der Bildung einer atomwaffenfreien Zone in Europa entsprechend dem Vorschlag der Palme-Kommission zu betrachten.[261] Noch intensiver sollten sich beide

---

260 Vgl. Anm. 247.

261 Vgl. Anm. 132.

Parteien mit den Plänen zur Militarisierung des Weltraumes auseinandersetzen und für das Zusammenwirken von Ost und West, Nord und Süd bei seiner friedlichen Nutzung eintreten.

Die Bundesregierung habe Bedenken geäußert, daß die Regierung der DDR an ihr vorbei Außenpolitik betreibe. Das stimme natürlich nicht. Bekanntlich stehe die Regierung der DDR in einer ganzen Reihe von Fragen mit ihr im Kontakt. Dies entlasse sie nicht aus der Verantwortung, mit der stärksten Oppositionspartei zu sprechen. So sei es auch zu der Zeit gewesen, als die SPD an der Regierung war. Damals sei ebenfalls mit der CDU/CSU-Opposition gesprochen worden. Jetzt habe die Bundesregierung zu tun, um mitzukommen, da die SED und die SPD Vordenkerarbeit geleistet hätten.

Unsere gesamte Politik, so E. Honecker, ist bestimmt durch das Streben nach friedlicher Koexistenz, Abrüstung und Entspannung, nach Vernunft und Zusammenarbeit anstelle von Konfrontation. Die sozialistischen Staaten seien zu Verhandlungen über alle Fragen der Friedenssicherung bereit, die zu Vereinbarungen auf der Grundlage des Prinzips der Gleichheit und der gleichen Sicherheit führen. Notwendig sei, realistische Lösungen zu suchen, um die Spannungen zu verringern und die Beendigung des Wettrüstens zu erreichen.

Der Beitrag Europas zur Gesundung der Weltlage müsse größer sein als bisher. Das gelte um so mehr, als die meisten Regierungen des Kontinents für die Abwendung der nuklearen Gefahr und für die Sicherung des Friedens seien, im Norden wie im Süden, auch westlich der BRD.

Bei seinem Italienbesuch habe ihm B. Craxi berichtet, daß es dortzulande eine sehr harte Auseinandersetzung über eine Beteiligung an SDI gebe, stellte E. Honecker fest. Außer der BRD-Regierung sei offensichtlich niemand bereit, sich mit einer Beteiligung anzufreunden. Mit Craxi habe es eine Diskussion über Hochtechnologien gegeben. E. Honecker habe ihm gesagt, wie könne man überhaupt glauben, daß USA-Konzerne Betriebsgeheimnisse an westeuropäische Konzerne weiterleiten und die Konkurrenz stärken würden. Ein gutes Beispiel, wie man auf friedlichem Wege zu solcher Hochtechnologie komme, sei Japan. Im Westen solle man nicht glauben, einen Vorsprung zu gewinnen, den die sozialistischen Länder nicht aufholen könnten.

Das Kernproblem sei zu verhindern, daß der Kosmos mit Atomwaffen bespickt wird. Es habe keinen Zweck, dort mit dem Wettrüsten zu beginnen und gleichzeitig über Abrüstung auf der Erde zu reden.

E. Honecker sagte weiter, die europäischen Völker müßten eine eigenständige Verantwortung für das friedliche Zusammenleben erfüllen, ohne dabei ihre Bündnisverpflichtungen in Frage zu stellen. Wir beabsichtigten nicht, die BRD aus der NATO zu drängen. Das sei unreal. Ebensowenig werde es gelingen, die DDR aus dem Warschauer Pakt zu drängen. Wir seien entschlossen, in unserem Bündnis sehr intensiv für die Friedenssicherung zu wirken.

Unter der Führung M. Gorbatschows, den er sehr gut kenne, gebe es eine starke Förderung dieser Entwicklung. Es bestünden beste Voraussetzungen, auf realistischer Grundlage zu einer Neubelebung oder einem neuen Abschnitt des Entspannungsprozesses zu kommen. Ebenso klar sei, daß die sozialistischen Länder eine Veränderung des militär-strategischen Gleichgewichts nicht zulassen werden. Sie sind für seine Gewährleistung auf einer immer niedrigeren Ebene der Waffen. Konzessionen, die zur Veränderung des Gleichgewichts zugunsten der NATO führten, würden sie nicht eingehen.

Mit der SPD bestehe Übereinstimmung, daß die Entspannung neu belebt werden muß. Die Schlußakte von Helsinki sei Grundlage für eine Zusammenarbeit der KSZE-Staaten. Obwohl sich nicht alle Erwartungen erfüllt hätten, sei der Nutzen des seit Helsinki Erreichten offensichtlich.

Auf dem Wege von Verhandlungen müßten auch die regionalen Konfliktherde in der Welt gelöst werden, sei es im Süden Afrikas, in Nahost, der Karibik oder anderswo.

E. Honecker sprach sich dafür aus, das europäische Vertragssystem, darunter den Grundlagenvertrag zwischen der DDR und der BRD, weiter mit Leben zu erfüllen. Dieses System sei eine gute Grundlage für die künftige Entwicklung der Beziehungen in Europa.

Den Entwurf für das Kommuniqué über sein Treffen mit W. Brandt habe er sich angesehen und sei damit einverstanden. Dadurch werde eine gute Grundlage für das Zusammenwirken beider Parteien, für das Zusammenwirken mit allen gesellschaftlichen Kräften und Organisationen gegeben.

Die Beziehungen zwischen DDR und BRD seien ein wichtiger Teil der europäischen Zusammenarbeit und von nicht zu unterschätzender Bedeutung für das Klima in Europa und darüber hinaus. Worauf es ankomme, sei die Friedenssicherung und das Streben nach Entspannung, sei die Entwicklung gegenseitig vorteilhafter Beziehungen auf der Basis der souveränen Gleichheit, Unabhängigkeit und Nichteinmischung. Die Existenz beider deutscher Staaten sei ein grundlegender Faktor der europäischen Nachkriegsordnung, ihrer Stabilität und des internationalen Kräftegleichgewichts. Daran zu rütteln hieße, Frieden und Stabilität zu gefährden.

Es müsse respektiert werden, daß es zwei deutsche Staaten mit unterschiedlicher Gesellschaftsordnung und unterschiedlicher Bündniszugehörigkeit gibt. Das Deutsche Reich Bismarckscher Prägung sei in den Flammen des zweiten Weltkrieges untergegangen. Träumereien über eine Wiederherstellung der Grenzen von 1937 seien gefährlich, nicht nur für die Bürger der DDR und der BRD.

Bei seinen Gesprächen mit verschiedensten westlichen Staatsmännern, so E. Honecker, habe er keinerlei Vorliebe dafür gefunden, beide deutsche Staaten zusammenzufügen. So sei dies im Gespräch mit dem neu akkreditierten Botschafter der USA in der DDR zur Sprache gekommen, allerdings nicht in dem Sinne, daß die Anwesenheit der USA-Truppen in der BRD etwa eine Hoffnung auf Wiedervereinigung wäre, sondern vielmehr, wie die Beziehungen zwischen der DDR und den USA aktiviert werden können. Auch für L. Fabius sei die Wiedervereinigung ein Schreckgespenst.

Man müsse die Tatsachen nehmen, wie sie sind. Alle europäischen Völker könnten gut mit zwei deutschen Staaten leben. Grenzfragen seien letztlich Fragen von Krieg oder Frieden. Die DDR wolle keine Konfrontation und keine Verhärtung der Beziehungen. Sie sei für konstruktive Schritte offen und wolle den Dialog mit allen dazu bereiten Kräften.

E. Honecker ging auf die noch offenen Grundfragen in den Beziehungen zwischen DDR und BRD ein und nannte die Achtung der Grenze als Grenze zwischen souveränen Staaten, die Regelung des Grenzverlaufs auf der Elbe Mitte Strom, Respektierung der DDR-Staatsbürgerschaft von der Achtung der Paßhoheit bis zur Auflösung der „Erfassungsstelle" Salzgitter.

In zwei Fragen beginne sich etwas zu bewegen. 1. Die „Erfassungsstelle" Salzgitter sei von Ministerpräsident Lafontaine schon aufgekündigt worden, und man könne nur hoffen, daß andere SPD-geführte Landesregierungen folgen.[262] 2. Was die Feststellung der Elbegrenze auf den restlichen 93 km betreffe, so sei man sich in der Grenzkommission bereits einig gewesen, aber das sei am Einspruch Albrechts gescheitert. In der Bundesregierung gebe es Kräfte, die für eine Festlegung auf Elbemitte sind. So sei es schon seit 1945, und jetzt solle dies festgehalten werden. Dann könnte auch eine Reihe anderer Abkommen in Kraft treten.

Zu den sogenannten humanitären Fragen sagte E. Honecker, hier handele die DDR übereinstimmend mit der Schlußakte von Helsinki, wonach Entscheidungen über Fragen der Ein- und Ausreise, darunter die Familienzusammenführung, im Einklang mit Recht und Gesetz jedes Staates zu stehen haben. Auch das Paßgesetz der BRD besage, daß „die Erteilung eines Passes versagt werden kann, wenn die innere

---

262 Am 6. November 1984 hatte sich die SPD-Bundestagsfraktion für die Auflösung der Zentralen Erfassungsstelle ausgesprochen. Vgl. dazu auch: Heiner Sauer/Hans-Otto Plumeier: Der Salzgitter-Report. Eßlingen/München 1991.

oder äußere Sicherheit oder sonstige erhebliche Belange der BRD gefährdet sind".

Als seinerzeit mit E. Bahr verhandelt wurde, sei das Ausmaß, das der Reiseverkehr bis heute erreicht hat, nicht vorstellbar gewesen. Diese Entwicklung habe sich als stabilisierendes Element bewährt. Das beziehe sich auch auf Reisen in dringenden Familienangelegenheiten. Andere Berichte in BRD-Medien seien eine Ente. Jährlich besuche etwa jeder 10. Bürger der BRD oder West-Berlins die DDR, umgekehrt sei es ähnlich. Die Zahl der Reisen in dringenden Familienangelegenheiten sei im 1. Halbjahr 1985 gegenüber dem gleichen Zeitraum des Vorjahres beträchtlich gestiegen. Die DDR beweise also guten Willen. Dafür spreche auch die Tatsache, daß von den zuständigen Stellen der DDR bei Anträgen auf Verlegung des Wohnsitzes in die BRD und Berlin (West) bis 17. September 1985 in 13.984 Fällen positiv entschieden wurde, obwohl sich dabei 468 Kinder befanden, die ja noch nicht selbst über ihre Staatsbürgerschaft entscheiden können.

Neugebaut worden sei der Nordabschnitt der Autobahn nach Hamburg. Das sei keine leichte Sache gewesen.

E. Honecker wertete die Beziehungen zwischen SED und SPD positiv. Es habe viele Begegnungen, Gespräche und Seminare zu aktuellen Fragen der Friedenssicherung sowie der Gesellschaftswissenschaften gegeben. Der gegenwärtige Stand der Parteibeziehungen sei bedeutsam und tragfähig.

E. Honecker erinnerte an seine Gespräche mit H.-J. Vogel, J. Rau, E. Bahr, O. Lafontaine, H. Wehner und weiteren SPD-Vertretern.[263] Auch die zahlreichen Begegnungen anderer Mitglieder der Partei- und Staatsführung mit namhaften sozialdemokratischen Politikern hätten gezeigt, daß der Meinungsaustausch für beide Seiten fruchtbar und nützlich ist. Er sollte weitergeführt werden.

Morgen empfange er 52 Mitglieder von BRD-Betriebsräten aus Völklingen, die um Information über die DDR gebeten hätten und ihrerseits über die BRD informieren wollten.

E. Honecker erklärte sich damit einverstanden, in das Kommuniqué über sein Treffen mit W. Brandt einzufügen, daß beide Seiten für die Förderung des Jugendaustausches eintreten. Bisher hätten 35.000 Jugendliche der BRD die DDR besucht und fast 10.000 der DDR die BRD. In der BRD koste ein Tagesaufenthalt immerhin 80 Mark, bei uns nur 20 Mark. Hier sei ein großes Entgegenkommen der DDR zu verzeichnen.

Von Bedeutung sei auch die Fortsetzung der Kontakte zwischen Abgeordneten der Volkskammer der DDR und des Bundestages der

---

263 Vgl. dazu Heinrich Potthoff: Die „Koalition der Vernunft". S. 47 ff. u. 119 ff.

BRD. Allerdings bestünden Hemmnisse, auf Einladung der SPD-Fraktion den Präsidenten der Volkskammer zu entsenden, weil Jenninger nicht klar damit komme, ihn zu einem Besuch zu sich einzuladen, und zwar nicht in irgendeinem Café. Der Volkskammer-Präsident könne den Besuch sofort realisieren, aber er müsse vom Präsidenten des Bundestages in dessen Amtsräumen empfangen werden.[264] In der ganzen Welt werde er von Kaisern und Königen empfangen.

Wenn man schon wolle, daß E. Honecker in die BRD komme, dem Präsidenten der Volkskammer aber kein gleichberechtigtes Auftreten gestatte, wieso lade man dann E. Honecker ein.

W. Brandt sagte, er wolle sich für die umfassende Darlegung des Standpunktes von E. Honecker sehr bedanken. Die deutschen Sozialdemokraten würden es sehr begrüßen, wenn er seinen Besuch wahrnehmen könnte. Er wisse, wieviel Quatsch seinerzeit auf westdeutscher Seite gemacht worden sei, hoffe aber, daß dies bei E. Honecker nicht zuviel bittere Gefühle hinterlassen habe. Obwohl die SPD von einem solchen Besuch nicht viel hätte, die Regierung hätte viel davon, könne der Besuch eine Hebelwirkung zeitigen. Man soll es doch koppeln: Der Besuch E. Honeckers gehe nur, wenn das mit dem Besuch des Volkskammer-Präsidenten in Ordnung gebracht werde. Bei der SPD-Fraktion sei der Volkskammer-Präsident willkommen, aber natürlich nur, wenn ihn der Bundestagspräsident empfängt.

Hinsichtlich des Gipfels der beiden Großmächte sei er nicht sehr optimistisch. Er könne nicht sehen, wie man nennenswerte Fortschritte erreiche, wenn man nicht bei der Vereinbarung der beiden Außenminister bleibe. Im Moment sehe es nicht so aus. Eine weitere Drehung der Rüstungsschraube werde wohl nicht erspart bleiben. Gewisse Zeichen der Entlastung sehe er darin, daß die USA und die UdSSR über einige regionale Probleme auf 5 Gebieten im Gespräch seien. Das sei besser, als wenn es das nicht gäbe. Es sei ein Fortschritt, daß beide sagten, es solle nicht bei einer Begegnung bleiben. Freilich sei dies ein mageres Ergebnis.

W. Brandt stellte Übereinstimmung mit E. Honecker hinsichtlich der Notwendigkeit fest, die Militarisierung des Weltraums zu verhindern, vor allem wegen der Destabilisierung, die eine solche Militarisierung brächte, aber auch wegen der Verschwendung von Ressourcen. Daß SDI keinen sicheren Schutz biete, sei ein weiterer Haupteinwand. Die Vermutung sei berechtigt, daß sich auf seiten der BRD die Industrie lauwarm verhält. Einige der avanciertesten Firmen seien am zurückhaltendsten.

---

264 DDR-Volkskammerpräsident Horst Sindermann reiste am 19. Februar 1986 zu einem viertägigen Besuch in die Bundesrepublik und traf am 20. Februar mit Helmut Kohl zu einem Gespräch zusammen. Vgl. Einleitung zu Kap. 3.

Das Eureka-Projekt halte er für sehr bedeutungsvoll und befürworte eine Einbeziehung von mehr neutralen Staaten in die vorbereitenden Gespräche.[265] Eine solche Brücke könnte wichtig sein. Frankreich sei gegenwärtig wegen seiner Tests im Pazifik in Schwierigkeiten, auf anderen Gebieten voranzukommen. Im nächsten Monat werde die Sozialistische Internationale ein Treffen über die SDI betreffenden Themen abhalten.

Aufmerksam habe er verfolgt, was E. Honecker bei seinen verschiedenen Auslandsreisen gesagt habe, sagte W. Brandt. Auch darin bestehe Einigkeit, so W. Brandt, daß jeder sich in seinem Bündnis und bei anderen bemühen solle.

Zur Stationierung bemerkte er, seinerzeit habe sich H. Schmidt verkalkuliert. Er habe geglaubt, etwas in Bewegung zu setzen, das eher zu Verhandlungen führen würde. Das habe sich als Fehleinschätzung erwiesen. Eine sozialdemokratische Bundesregierung werde alles daran setzen, um die stationierten Raketen wieder wegzuverhandeln, auf beiden Seiten. Darin sei die Mehrheit der Menschen in der BRD mit der SPD einer Meinung.

Was über die C-Waffen zu Papier gebracht wurde, habe große Bedeutung, unterstrich W. Brandt. Bei seinem Moskau-Besuch im Mai habe er den Eindruck gehabt, daß man dort die prinzipielle Bedeutung des Schrittes gar nicht so klar gesehen hätte. Dann aber sei man doch zu einer gemeinsamen Beurteilung gekommen.

Die SPD könne sich nicht an die Stelle der Regierung setzen wollen, also müsse sie die Regierung bewegen, daß sie sich auf diesen Weg begebe oder sich darauf vorbereite, daß eine künftige andere Regierung diese Verantwortung übernimmt. Das gelte auch für die nächste Stufe, wobei W. Brandt auf die Unterstützung des Palme-Berichts verwies.

Die kleineren westlichen Nachbarn reagierten positiv auf die Initiative zu den C-Waffen. Morgen reise E. Bahr nach Brüssel, um die Diskussion weiterzuführen.

W. Brandt bemerkte, die SPD sei jetzt dabei, mit Vertretern der PVAP etwas zu Papier zu bringen, was wahrscheinlich im November vorliegen werde.[266] Barcikowski sei ja kürzlich in der BRD gewesen. Anläßlich des 15. Jahrestages der Unterzeichnung des Vertrages mit Polen wolle man etwas vorlegen, das etwas über das hinausgehe, worüber in Stockholm verhandelt wird.

---

265 Eureka: (West-)Europäische Agentur für Forschungskoordination (Europaen Research Coordination Agency).

266 Die SPD-PVAP-Erklärung zur Sicherheit und Zusammenarbeit in Europa durch Maßnahmen der gegenseitigen Vertrauensbildung vom 25. November 1985 vgl. in: Blätter für deutsche und internationale Politik, H. 12/1985, S. 1515 ff.

W. Brandt stellte fest, von weiteren Rüstungsrunden auf atomarem Gebiet gingen schreckliche Gefahren aus. Die im nächsten Monat in Wien stattfindende Konferenz wolle Vertreter der USA, der Sowjetunion sowie der nichtpaktgebundenen Staaten anhören, auch China wolle etwas sagen.[267] Darüber habe er in Moskau gesprochen, wo man den Meinungsaustausch für nützlich halte.[268]

Er fahre viel herum, sei in Washington, London, Paris, Prag, Warschau, und daher hätte er es als komisch empfunden, wenn er, im Wissen um die Rolle der DDR in ihrem Bündnis und überhaupt, nicht hierher gekommen wäre.

Gebe es eine zweite Phase der Entspannungspolitik, so würden hoffentlich die Erfahrungen aus der ersten Phase berücksichtigt. Dabei sei es egal, ob man von einer zweiten Phase der Entspannungspolitik oder der Ost-West-Politik spreche. Unterschiedliche Bezeichnungen meinten dieselbe Sache. Möglichkeiten sehe er außer im politischen Bereich auch in Wirtschaft, Kultur und Umweltschutz.

An M. Gorbatschow habe er die Frage gerichtet, was dessen Feststellung in seiner Rede bedeute, daß es sich nicht nur um die Beziehungen zwischen Sowjetunion und USA drehe. M. Gorbatschow habe Europa in seiner Vielfältigkeit geschildert und von Zusammenarbeit bis an den Punkt gesprochen, ob zwischen EG und RGW etwas zustandekommen könne, nicht nur im Handel, der laufe gut, sondern auch auf anderen Gebieten.

Bei seinem BRD-Besuch habe der österreichische Minister Steyrer einen fruchtbaren Gedanken geäußert, indem er sich für die Schaffung eines internationalen Umweltschutzfonds eingesetzt habe. Dazu kämen selbstverständlich die sicherheitspolitischen Gesichtspunkte.

Aus dem, was er seinerzeit mit L. Breshnew diskutiert habe, sei etwas anderes herausgekommen.[269] Gedacht gewesen sei an eine Verbindung von Sicherheitspolitik und Zusammenarbeit. Dann sei das eine in Wien angekommen, das andere, etwas überlastet, in Stockholm.

Für Helsinki habe er sich eigentlich immer ein schlankeres Dokument gewünscht. Heute würden die Dinge oft so dargestellt, als hätte E. Honecker dort unterschrieben, die eigene Ordnung aufzugeben, als wäre nie vereinbart worden, zur politischen und militärischen Entspannung zu kommen.

---

267 Am 16./17. Oktober 1985 fand in Wien eine Abrüstungskonferenz der Sozialistischen Internationale statt.

268 Willy Brandt war am 27. Mai 1985 in Moskau mit Michail Gorbatschow zu einem Gespräch zusammengetroffen. Vgl. ND, 28. Mai 1985.

269 Als Bundeskanzler war Willy Brandt mit dem sowjetischen Partei- und Staatschef Leonid Breshnew 1970, 1971 und 1973 zusammengetroffen.

W. Brandt sagte, ihm liege an den Zusammenhängen zwischen Rüstung und Elend in der Welt. Nächste Woche bringe er in Bonn ein kleines Buch heraus „Der organisierte Wahnsinn/Wettrüsten und Welthunger". Darin würden Möglichkeiten gezeigt, die sich ergäben, wenn man wenigstens einige Prozent Aufrüstung umlenken würde. So könnten große Teile Afrikas nach Methoden bewässert werden, die man schon an anderen Stellen der Welt ausprobiert habe. Mit der sowjetischen Seite habe die SPD darüber schon mehrfach diskutiert, sei aber nicht weit gekommen. Jetzt wolle man in Düsseldorf ein Institut schaffen, das sich ganz dieser Thematik zuwende.

Was E. Honecker über das Deutsche Reich gesagt habe, veranlasse ihn nicht zum Widerspruch, stellte W. Brandt fest. Bei sich zu Hause sage er: „Wieder" wird nichts. Was die Zukunft bringe, könne auch keiner wissen. Wenn Europa im nächsten Jahrhundert mehr zusammenwachse, wäre möglicherweise auch die Frage, ob beide deutsche Staaten eine engere Verbindung eingehen könnten.

Auch wir stehen zu den Verträgen, betonte W. Brandt. Es sei nützlich, daß die Passage aus der Erklärung von E. Honecker und H. Kohl (über die Grenzen) in das jetzige gemeinsame Kommuniqué aufgenommen worden sei.

Zu Salzgitter sagte W. Brandt, wenn Schröder Ministerpräsident werde, mache er den Laden dicht. Es bestünden Chancen, daß die SPD dort stärkste Partei werde. Schröder gehöre zu den tüchtigsten jungen Leuten, zur nachrückenden Generation der SPD, wie auch Lafontaine, Engholm, Hauff. Er würde es begrüßen, wenn Schröder die DDR besuchen könne, wozu E. Honecker erklärte, daß dies jederzeit möglich sei.[270]

Mit der Elbgrenze wäre man längst fertig, wenn man das auf Regierungsebene besprechen könnte, sagte W. Brandt. Es sei zudem traurig, daß an dieser nichtgelösten Frage auch der Umweltschutz, der Gewässerschutz scheitere.

Die Respektierung der DDR-Staatsbürgerschaft und -Paßhoheit sei auf seiten der SPD klar, genau in dieser Präsentation des Problems.

Positiv entwickelt hätten sich die Beziehungen auf den Gebieten der Wirtschaft und des Umweltschutzes. Vom Kulturabkommen höre er, daß es Chancen habe, vernünftig zu Ende verhandelt zu werden. Hoffentlich werde es dann nicht zu restriktiv gehandhabt.

Daß der Jugendaustausch wieder in Gang gekommen ist, bewerte er positiv. Er fände es gut, würden gelegentlich auch Schulklassen darin einbezogen.

---

270 Gerhard Schröder (SPD) wurde von Erich Honecker am 18. Dezember 1985 in Berlin zu einem Meinungsaustausch empfangen.

W. Brandt bemerkte, hinsichtlich der Reiseerleichterungen habe sich E. Honecker zu Recht auf die Rechtsgrundlagen bezogen. Er kenne die Verordnung der DDR von 1982 gut und stütze sich darauf, nicht auf eigene Wunschvorstellungen. Ihm erschiene es gut, wenn sich die Reiseanlässe noch erweitern ließen, so daß man sich nicht erst zum 70. Geburtstag besuchen könne. Daher wolle er anregen, den Kreis der Reiseberechtigten zu erweitern, das Reisealter allgemein zu überprüfen. Legal aus der DDR Übergesiedelte hätten den Wunsch, die DDR wieder zu besuchen, allerdings sei es unmöglich, wenn einige von ihnen meinten, sie könnten schon 14 Tage später wieder zurückfahren.

Kommunalpolitiker, so W. Brandt, seien der Auffassung, in den Städtekooperationen, die sich teilweise ganz gut bewährten, könne sich etwas entwickeln.

Schließlich habe ihn die Bundesregierung gebeten, ihre Dankbarkeit zu übermitteln, daß die DDR die Ausreise der Tamilen gestoppt habe. Begrüßen würde man eine Zurückdrängung auch bei Einreisewilligen aus anderen Ländern.

W. Brandt meinte, zwischen SPD und SED seien gute Arbeitsbeziehungen wichtiger als formalisierte Beziehungen. Deshalb solle man keinen großartigen Vertrag darüber abschließen. Die Zusammenarbeit z. B. mit der Grundwertekommission werde als hilfreich empfunden.

Historische Daten seien manchmal eine Last. Die Würdigung der Ereignisse im Jahr 1945 sei in der BRD eine zum Teil keineswegs befriedigende Geschichte gewesen, wobei W. Brandt ausdrücklich die Rede R. v. Weizsäckers zum 8. Mai als positiv hervorhob.[271] 1986 bringe die Erinnerung daran, daß sich die Entwicklung der Parteien in beiden Teilen Deutschlands sehr unterschiedlich vollzogen habe. Darauf wolle er aufmerksam gemacht haben.

E. Honecker bekräftigte die Übereinstimmung beider Seiten in Grundfragen der Zeit. In den Parteibeziehungen sollte in der gegenwärtigen Weise weitergearbeitet werden, ohne alles zu formalisieren. Die Kontakte würden auch von der SED als wichtig und fruchtbar betrachtet.

Die DDR habe den festen Willen, Reisen in dringenden Familienangelegenheiten zu erweitern, und habe, entgegen den Berichten westlicher Medien, die Voraussetzungen dafür geschaffen.

Das Nichtzustandekommen von Städtepartnerschaften hänge immer noch mit der Nichtrespektierung der DDR-Staatsbürgerschaft zusammen.

---

271 Die Ansprache Richard von Weizsäckers am 8. Mai 1985 in Bonn vgl. in: Blätter für deutsche und internationale Politik, H. 6/1985, S. 758 ff.

Die Erklärungen W. Brandts zu Salzgitter und zur Elbegrenze nehme er gern zur Kenntnis. Durch Lösungen auf dem Verhandlungswege könnten beide Seiten nur gewinnen.

Er mache aus dem Interesse auf unserer Seite kein Geheimnis, daß die SPD die Bundestagswahlen gewinnt, sagte E. Honecker.[272] In der Zeit des Wahlkampfes komme sein BRD-Besuch nicht in Frage. Angesichts des XI. Parteitages und der folgenden Wahlen zur Volkskammer im Juni 1986 sehe er einen Termin nur danach.

Die Beziehungen zwischen der DDR und der BRD entwickelten sich auf den verschiedensten Gebieten, insbesondere auch, wie im Grundlagenvertrag festgelegt, in Wirtschaft und Handel. Sowohl was dessen Volumen als auch dessen Struktur betreffe, sei die DDR für Förderung. 1970 habe der Warenumsatz 5 Mrd. Mark betragen, 1985 seien es über 16 Mrd. Mark. Die Wirtschaft der DDR wachse dynamisch, und dies werde sich im nächsten Fünfjahrplan fortsetzen. 70 % ihres Außenhandels realisiere die DDR mit den sozialistischen Ländern, vor allem der Sowjetunion, 30 % mit dem NSW. E. Honecker erläuterte außerdem die Verwirklichung der Sozialpolitik.

Er unterstütze den Gedanken, daß die Abrüstung bestimmte Mittel für die dritte Welt freisetzen und den Weg zu einer neuen internationalen Wirtschaftsordnung erleichtern könne.

Die DDR sei bestrebt, ihre Beziehungen zur VR China zu entwickeln, was von der Sowjetunion als flankierende Maßnahme zu deren eigenen Bemühungen um Normalisierung betrachtet werde. Von der neuen Führung in Peking - er kenne Hu Yaobang und etliche andere Mitglieder gut - sei die These von der Unvermeidbarkeit eines dritten Weltkrieges aufgegeben worden, was positiv zu bewerten sei. Die Gestaltung der Beziehungen zur VR China werde als Beitrag betrachtet, die internationale Lage zu beruhigen, und die USA müßten dies in Rechnung stellen.

E. Honecker gab der Gewißheit Ausdruck, daß eine zweite Phase der Entspannungspolitik Zukunft hat. 1. diene sie der Friedenssicherung, 2. könne sie für die BRD bei der Arbeitsbeschaffung eine große Rolle spielen.

Wie W. Brandt bemerkte, hätten ihn die Grünen gebeten, bei E. Honecker für sie ein gutes Wort einzulegen, was er mit großem Zögern tue. Dort gebe es Leute, die gute Fragen aufwerfen, wobei sie besser darin seien, Fragen aufzuwerfen als sie zu beantworten, andere seien wirr. Ob sie in den nächsten Bundestag kämen, wisse keiner. Für praktische Politik seien es schwierige Leute.

---

272 Die Bundestagswahlen fanden am 25. Januar 1987 stat. CDU/CSU und FDP konnten ihre Regierungskoalition fortsetzen. Die SPD blieb in der Opposition.

Nach seinem letzten Besuch bei E. Honecker habe ihm H. Schmidt in einem Vermerk über das Gespräch mitgeteilt, für eine Regierungsübernahme durch die SPD sehe er keine Chance vor 1991 oder 1995.[273] Dies sei unerlaubter Pessimismus. Er, W. Brandt, habe nach der 83er Wahl erklärt, daß ein langes Tal der Tränen vor der SPD liege. Zwar gebe es für 1986 keine Garantie, es zu schaffen, aber es bestehe jetzt eine andere Situation. Vielleicht kippe die SPD den Bundesrat noch vor der Bundestagswahl. Die Partei sei lebendig und organisatorisch dabei, vorwärtszukommen. Den Entwurf ihres Programms wolle sie nächsten Sommer zur Diskussion stellen.

J. Rau sei Spitzenkandidat, solle aber nicht bei jeder Kleinigkeit verbraucht werden. In Umfragen werde ein großer Abstand zwischen Kohl und Rau sichtbar. Im Süden finde Rau ebensoviel Zustimmung wie im Norden, etwas weniger im Westen.

Wenn kein SPD-Erfolg zu erreichen sei, werden er nicht Oppositionsführer, dann bleibe er Ministerpräsident in NRW.

E. Honecker teilte den Eindruck von den Chancen der SPD. Die Dinge entwickelten sich in der Tat anders, als es H. Schmidt gesagt habe. Die DDR halte Kurs auf die Unterstützung der SPD. Alles, was seinerzeit mit H. Schmidt als Bundeskanzler vereinbart worden war, habe die DDR, nun allerdings mit H. Kohl, realisiert. Sie halte Wort.

Quelle:[274] *SAPMO - BArch, DY 30/J IV 2/2A/2794.*

Dokument 37

Notiz über ein „Gespräch unter vier Augen" zwischen Erich Honecker und Willy Brandt am 19. September 1985 in Berlin

W. Brandt fragte, wie bei Reisen von DDR-Bürgern in die BRD eine weitere Förderung beabsichtigt sei - durch mehr Beteiligte, also Erweiterung des Kreises, eine schnellere Bearbeitung ihrer Reiseanträge o. ä., oder ob es für eine Herabsetzung des Reisealters noch zu früh sei.

---

273 Zwei Vermerke über das Gespräch Erich Honeckers mit Helmut Schmidt am 5. September 1983 in Berlin vgl. in: Heinrich Potthoff, „Die „Koalition der Vernunft". S. 165 ff.

274 Bei Potthoff wird dieses Protokoll gekürzt wiedergegeben. Das SPD-Vorstandsarchiv stellte allerdings einen kurzen eigenen Protokollvermerk über das Treffen zur Verfügung. Vgl. Ebenda, S. 340 ff.

E. Honecker antwortete, an eine Herabsetzung des Alters sei nicht gedacht. Er sei Gegner einer Aufteilung der Bevölkerung. So werde im Zusammenhang mit dem XI. Parteitag eine Verkürzung der täglichen Arbeitszeit überlegt, nicht aber eine Verkürzung der Lebensarbeitszeit, wofür nicht die Mehrheit sei, denn viele Rentner wollten weiter arbeiten.

Jährlich reisten 2,4 Mio Bürger der BRD in die DDR und 1,5 bis 1,6 Mio Bürger der DDR in die BRD. Erweitert werden solle die Möglichkeit der Begegnungen in einem vernünftigen Rahmen. Bis auf echte Geheimnisträger habe die DDR alle Einschränkungen beseitigt.

W. Brandt wiederholte die Frage nach DDR-Besuchen von Übersiedlern in die BRD, worauf E. Honecker antwortete, die jetzige Praxis sei, daß sie nach 5 Jahren wieder einreisen könnten. In den meisten Fällen wollten die ehemaligen Nachbarn in der DDR diese Leute nicht wiederhaben. Die Frage werde dennoch geprüft.

E. Honecker übergab W. Brandt mehrere Materialien zur Information:
- Beispiele für Aktivitäten der Regierung der DDR gegenüber der Regierung Schmidt, die mit der Regierung Kohl fortgeführt bzw. zum Abschluß gebracht wurden,
- Entwicklung des Einreise-, Ausreise- und Transitverkehrs sowie der Übersiedlung von Bürgern der DDR nach der BRD und West-Berlin.
- zur Entwicklung der Jugendtouristik zwischen beiden deutschen Staaten,
- zu den Beziehungen mit der VR Polen, insbesondere zum Jugendaustausch,
- zur Entwicklung der SED.

W. Brandt sagte, wenn er von Journalisten danach gefragt werde, wolle er zu der „Nachrichtensache" der letzten Tage erklären, dies sei nicht Gegenstand des Gesprächs gewesen.[275] Im übrigen sei er der Meinung, seit es Staaten gibt, gebe es auch immer wieder Versuche, militärisch gut unterrichtet zu sein.

Quelle:[276] *SAPMO-BArch, DY 30/J IV 2/2A/2794.*

---

275 Am 23. August 1985 hatte ADN mitgeteilt, daß sich Hansjoachim Tiedge, Gruppenleiter der für Spionageabwehr zuständigen Abteilung IV im Kölner Bundesamt für Verfassungsschutz, nach Ost-Berlin abgesetzt habe. Vgl. Karl Wilhelm Fricke: Spionage und Koexistenz in Deutschland. In: Deutschland Archiv, H. 10/1985, S. 1029 ff.

276 Das Dokument wurde veröffentlicht in: Heinrich Potthoff: Die „Koalition der Vernunft". S. 258 f.

Dokument 38

**„Erste Hinweise über die Reaktion der Bevölkerung der DDR"
zum Treffen Erich Honeckers mit Willy Brandt, vorgelegt von der
ZAIG des MfS am 23. September 1985**

Hinweisen aus der Mehrzahl der Bezirke, einschließlich der Hauptstadt der DDR, Berlin, hat der Besuch des SPD-Vorsitzenden Willy Brandt unter breiten Teilen der Bevölkerung Interesse gefunden, ohne jedoch im Mittelpunkt der Diskussion zu stehen.

Der Besuch wird eingeordnet in die Gesamtheit der Aktivitäten der Partei- und Staatsführung der DDR, den Prozeß der Entspannung zu fördern und zur Erhaltung und Festigung des Friedens aktiv beizutragen.

Vor allem progressive und politisch engagierte Personen aus allen gesellschaftlichen Bereichen werten das Zustandekommen des Meinungsaustausches auf höchster parteipolitischer Ebene als konsequente Fortsetzung der Dialogpolitik insbesondere der SED. Die Einladung des Vorsitzenden der SPD durch die SED sei ein weiterer Beweis für die Bemühungen von Partei und Regierung der DDR, ständig nach Möglichkeiten zu suchen, mit führenden Repräsentanten von Staaten unterschiedlicher Gesellschaftsordnung - so auch der BRD - im Gespräch und damit in der politischen Offensive zu bleiben.

Mit Genugtuung wurde deshalb von breiten Schichten der Bevölkerung der DDR der im Ergebnis der Gespräche beiderseitig erklärte Standpunkt aufgenommen, daß vom Verhältnis beider deutscher Staaten zueinander keine zusätzlichen Belastungen für die Lage in Europa ausgehen dürfen.

In diesem Zusammenhang, so wurde argumentiert, könnten gerade offizielle Kontakte zwischen beiden souveränen Staaten trotz bestehender Unterschiede in grundsätzlichen und ideologischen Positionen von entscheidender Bedeutung in der weiten Gestaltung der gesamten Ost-West-Beziehungen sein.

Grundtenor der Meinungsäußerungen bildeten solche Aussagen wie:
- Diese Begegnung diene der Verbesserung des beiderseitigen politischen Klimas.
- Solche Gespräche können gerade in der gegenwärtig angespannten internationalen Lage sehr nützlich sein.
- Der Besuch Willy Brandts zeuge von der Ausstrahlungskraft der Politik der SED auf Staaten unterschiedlicher Gesellschaftsordnung.

Bürger verschiedenster Bevölkerungskreise, darunter Arbeiter und Mitglieder von Blockparteien, ordneten den Besuch des SPD-Vorsitzenden in der DDR auch in den Prozeß des langfristig geführten Wahlkampfes in der BRD ein. Ihrer Auffassung nach würden die wiederholten Kontakte von Spitzenpolitikern der SPD zur DDR und der gegenwärtige Besuch von Brandt mit dazu beitragen, die Position der SPD insgesamt zu stärken. In diesem Zusammenhang wurde wiederholt zum Ausdruck gebracht, die SPD übe derzeit keinen entscheidenden Einfluß auf die Politik der Regierung Kohl aus und sei nur Oppositionspartei. Deshalb dürfe man, so wurde geschlußfolgert, keine überhöhten Erwartungen an die Ergebnisse des Besuches von Brandt in der DDR stellen.

Mitglieder der SED und andere progressiv eingestellte Personen verwiesen jedoch wiederholt auf den gemeinsamen Vorschlag von SED und SPD zur Schaffung einer von chemischen Waffen freien Zone in Europa; dieser Vorschlag spräche ihrer Meinung nach viele Wähler in der BRD an.[277] Damit besteht die Hoffnung, daß gerade im Ergebnis des Treffens Gen. Honecker - Brandt die Friedenskräfte in der BRD weiter in ihren Anstrengungen gestärkt werden, um der neuen Eskalation des Wettrüstens entgegenzuwirken.

Es dürfe aber dennoch, so wird weiter argumentiert, nicht in Vergessenheit geraten, daß die SPD eine große Verantwortung für das Zustandekommen der Stationierung von amerikanischen Raketen in der BRD getragen habe.

Politisch interessierte Bürger werteten die vielfältigen außenpolitischen Aktivitäten der Partei- und Staatsführung der DDR, wie den Brief des Gen. Honecker an Bundeskanzler Kohl, die Verleihung der Ehrendoktorwürde an Otto Wolff von Amerongen und den Besuch des SPD-Vorsitzenden selbst in ihrem Zusammenhang und mit dem Ziel, letztendlich die CDU-geführte Regierung in „politischen Zwang" zu bringen und sie Farbe bekennen zu lassen.[278]

Die beim Treffen von Gen. Erich Honecker und Willy Brandt erörterten humanitären Fragen, wie zum Reise- und Besucherverkehr sowie zur Milderung von Härtefällen, haben vielfältige Spekulationen und Erwartungshaltungen ausgelöst.

Insbesondere Personen mit verwandtschaftlichen Verbindungen in die BRD erhoffen sich weitere Reiseerleichterungen durch eine Herabsetzung des Reisealters bzw. eine Erweiterung der Reisemöglichkeiten auf Verwandte 2. Grades. Darüber hinaus gibt es Meinungsäußerungen über eine mögliche Erweiterung auf dem Gebiet des Reise- und Touristenverkehrs nach der BRD dahingehend, daß auch Reisemöglichkeiten ohne verwandtschaftliche Beziehungen weiter ausgeschöpft werden.

In Einzelfällen wurde darauf verwiesen, bisherige Verhandlungen hätten immer nur Erleichterungen für BRD-Bürger gebracht. Es sei an

---

277 Vgl. Anm. 247.

278 Vgl. Anm. 255.

der Zeit, auch einmal etwas für die DDR-Bevölkerung zu tun.

Darüber hinaus griffen einzelne Bürger in diesem Zusammenhang das Problem der „Ehemaligen" auf und unterstellten, mit diesen Veröffentlichungen nur Propaganda betrieben zu haben.

Unter Übersiedlungsersuchenden wurde teilweise erneut Hoffnungen für eine baldige Realisierung ihrer gestellten Anträge geweckt; es werden großzügigere und schnellere Entscheidungen in ihrem Sinne erwartet.

Diesbezüglich brachten derartige Personen aus dem Bezirk Halle zum Ausdruck, daß nur geduldiges und diszipliniertes Warten zum Erfolg führe. Sie spekulieren darauf, bis zum XI. Parteitag des SED ihr Problem „ausgestanden" zu haben.[279]

Quelle: BStU, ZA, ZAIG 4198.

Dokument 39

Schreiben Helmut Kohls an Erich Honecker vom 26. September 1985[280]

Sehr geehrter Herr Generalsekretär,
für Ihre Schreiben vom 25. Juni und 12. September 1985 danke ich Ihnen. Zunächst möchte ich heute auf die in Ihrem Schreiben vom 25. Juni 1985 angesprochenen Fragen eingehen. Auf Ihren Vorschlag, Verhandlungen zwischen den Regierungen der Bundesrepublik Deutschland, der Deutschen Demokratischen Republik sowie der Tschechoslowakischen Sozialistischen Republik über den Abschluß eines Abkommens über eine von chemischen Waffen freie Zone in Europa aufzunehmen, werde ich gesondert zurückkommen.[281]

Mit Aufmerksamkeit habe ich Ihre positiven Äußerungen zu Stand und Entwicklungsmöglichkeiten der Beziehungen zwischen unseren beiden Staaten zur Kenntnis genommen.

---

279 Der XI. Parteitag der SED fand vom 17. bis 21. April 1986 in Berlin statt. Die Hoffnungen auf neue Reise- und Ausreiseregelungen wurden nicht erfüllt.

280 Honecker gab das Schreiben, zusammen mit dem Brief Kohls vom 27. September (vgl. Dok. 40), laut Abzeichnung am 1. Oktober 1985 den Mitgliedern und Kandidaten des SED-Politbüros zur Kenntnis.

281 Vgl. Dok. 34.

Auch ich bin der Auffassung, daß es bei Vernunft und gutem Willen auf beiden Seiten gute Chancen gibt, die durch unser Gespräch am 12. März 1985 in Moskau ausgelöste Bewegung in den bilateralen Beziehungen zum Wohl der Menschen fortzuführen.

Die wirtschaftlichen Vereinbarungen vom 05. Juli 1985, die Vereinbarung über die Grunderneuerung eines Teilstücks der Autobahn Berlin - Hof vom 15. August, die Unterbindung der illegalen Einreise von Staatsbürgern aus Sri Lanka sowie die Wiederaufnahme des Jugendaustausches haben die Beziehungen insgesamt günstig beeinflußt und vorangebracht.[282] Die positiven Entwicklungen zeigen, daß gemeinsame Bemühungen zu beiderseitig vorteilhaften Ergebnissen und zu mehr Stetigkeit und Verläßlichkeit in den Beziehungen verhelfen.

Wir sollten auf diesem Weg weitergehen, um die Zusammenarbeit zu vertiefen und auf möglichst viele Bereiche im beiderseitigen Interesse auszudehnen. Die Verhandlungen über ein Kulturabkommen sowie über ein Wissenschaftsabkommen sollten zügig weitergeführt und möglichst bald zu einem Abschluß gebracht werden. Im Bereich des Umweltschutzes sollten die laufenden Verhandlungen und Gespräche zielorientiert fortgeführt und die Voraussetzungen für konkrete Ergebnisse geschaffen werden.

Der Verlauf der Herbstmesse in Leipzig hat gezeigt, daß sich die wirtschaftlichen Beziehungen positiv entwickeln, der Handel ausgeglichen ist und alle anstehenden Fragen in konstruktivem Geist behandelt werden können.[283]

Beiden Seiten sollte daran gelegen sein, dieses positive Klima zu erhalten. Das in letzter Zeit sichtbar gewordenen Ausmaß nachrichtendienstlicher Aktivitäten ist einer Atmosphäre des Vertrauens weniger förderlich.

In Ihrer Begegnung mit Ministerpräsident Dr. Strauß, über die er mich unterrichtet hat, sehe ich einen wichtigen Beitrag zur Intensivierung des Dialogs zwischen den politisch Verantwortlichen Ihrer Seite und der Bundesregierung sowie Politikern der sie tragenden Parteien.[284]

Sicherlich sind Sie mit mir darin einig, daß wir trotz der derzeitigen erfreulichen Bewegungen in unseren Beziehungen von Normalität

---

282 Die Vereinbarungen über eine neue Swing-Regelung und Erleichterungen im nichtkommerziellen Zahlungsverkehr vgl. in: Innerdeutsche Beziehungen. S. 218 f. Die Vereinbarung über Verbesserungen im Transitverkehr vom 15. August 1985 vgl. in: Ebenda, S. 219 ff.

283 Die Leipziger Herbstmesse hatte in der ersten Septemberwoche 1985 stattgefunden. Vgl. Hans-Dieter Schulz: Optimismus von allen Seiten. In: Deutschland Archiv, H. 10/1985, S. 1025 ff.

284 Vgl. Anm. 216.

und guter Nachbarschaft noch weit entfernt sind. Wichtig ist, daß wir vor allem im Reiseverkehr und im humanitären Bereich, aber auch beim Problem der illegalen Einreise von Ausländern substanziell vorankommen. Wir verkennen die begrüßenswerten Fortschritte im Reiseverkehr nicht. Aber dennoch sind viele Wünsche offen. Beispielhaft möchte ich die Senkung des Reisealters, erweiterte Möglichkeiten in dringenden Familienangelegenheiten, Erleichterungen für den Berliner Reise- und Besucherverkehr, die Reduzierung der hohen Mindestumtauschsätze und eine Einschränkung der Einreiseverbote ansprechen. Mit Befriedigung habe ich Ihre von Ministerpräsident Dr. Strauß wiedergegebenen Äußerungen zur Handhabung der Kontaktverbote in der DDR zur Kenntnis genommen. Ich hoffe, daß dies zu einer Intensivierung der Begegnungen zwischen den Menschen in unseren beiden Staaten führen wird.

Es ist meine feste Überzeugung, daß es gerade in schwierigen Zeiten darauf ankommt, durch mehr Begegnungen und Kontaktmöglichkeiten zwischen den Menschen in Ost und West Mißtrauen abzubauen, Verständnis zu fördern und Vertrauen zu bilden. Dadurch würde das Klima in den Ost-West-Beziehungen und die Voraussetzungen für eine friedliche Entwicklung im Sinne der Schlußakte von Helsinki verbessert.

Unbeschadet aller unterschiedlichen Auffassungen zu Grundsatzfragen können unsere beiden Staaten durch Ausbau und Weiterentwicklung der bilateralen Beziehungen auf der Basis des Grundlagenvertrages einen wichtigen Beitrag für mehr Verständigung in den Ost-West-Beziehungen leisten. Hierbei sollten wir uns auf das Machbare konzentrieren, Trennendes nicht in den Vordergrund stellen und uns nicht gegenseitig überfordern. Verständigungswille und Realismus sollten Richtschnur für eine konstruktive Zusammenarbeit zwischen unseren Staaten sein. Dazu gehört, daß im Interesse der Stabilität in Mitteleuropa die für beide Seiten verbindlichen Rechtsgrundlagen weder in Frage gestellt oder mißdeutet werden, noch die bilaterale praktische Zusammenarbeit mit Fragen befrachtet wird, die im Grundlagenvertrag nicht geregelt werden konnten.

Mit Ihnen, sehr geehrter Herr Generalsekretär, stimme ich darin überein, daß die Begegnung zwischen Präsident Reagan und Generalsekretär Gorbatschow neue positive Impulse für Dialog und Zusammenarbeit in Ost und West insgesamt und die Genfer Verhandlungen geben kann.[285]

Die Bundesregierung ist der Auffassung, daß die amerikanisch-sowjetischen Verhandlungen in Genf eine bedeutsame Chance bieten.

---

285 Vgl. Anm. 258.

Es müssen sich nun alle Anstrengungen darauf richten, in den Verhandlungen konkrete Fortschritte zu erzielen, die der Verwirklichung der Verhandlungsziele näherführen, wie sie in der amerikanisch-sowjetischen Vereinbarung vom 08. Januar 1985 niedergelegt sind. Das Ziel muß sein, durch ausgewogene und überprüfbare Rüstungskontrollabkommen die strategische Stabilität dauerhaft zu festigen. Es liegt in unserem Interesse, daß in Genf über nukleare Waffen im Zusammenhang mit strategischen Defensivsystemen verhandelt wird. Dabei muß ohne Vorbedingungen und unter Berücksichtigung der berechtigten Sicherheitsinteressen beider Seiten verhandelt werden, damit mehr Stabilität mit weniger Atomwaffen erreicht wird. Wir sind an Fortschritten in allen drei Verhandlungsbereichen in Genf interessiert. Solchen Fortschritten, falls sie in einem Bereich möglich sind, dürfen nicht durch Junktims künstliche Hindernisse in den Weg gelegt werden. Die Bundesregierung ist darüber hinaus der Auffassung, daß drastische Reduzierungen im Bereich der nuklearen Waffen nicht ohne Einfluß auf Notwendigkeit und Umfang strategischer Verteidigungssysteme bleiben können.

Die Bundesregierung sieht in der Entscheidung Präsident Reagans über die Weiterbeachtung der SALT-Begrenzungen, für die wir uns innerhalb unseres Bündnisses eingesetzt haben, ein wichtiges Element der Vertrauensbildung. Die Forschungsvorhaben, die in der strategischen Verteidigungsinitiative des amerikanischen Präsidenten zusammengefaßt sind, stehen im Einklang mit den Bestimmungen des ABM-Vertrages und sind daher - u. a. auch im Hinblick auf Aktivitäten der Sowjetunion in diesem Bereich - gerechtfertigt.

Neben den Genfer Verhandlungen messen wir den multilateralen Verhandlungen in Stockholm, Wien und Genf unveränderte Bedeutung zu. Um zu Fortschritten in den laufenden Rüstungskontrollverhandlungen zu kommen, ist es erforderlich, daß alle Beteiligten bestehende Rüstungskontrollabsprachen strikt einhalten und dies in angemessener Weise verifiziert werden kann.

Die Bundesregierung mißt dem Ziel eines umfassenden Teststopps für nukleare Waffen große Bedeutung bei. Dieses Ziel kann nur in Verhandlungen und nach einvernehmlicher Lösung der Verifikationsprobleme erreicht werden. Einseitige Schritte führen dann weiter, wenn sie dies in Rechnung stellen.

Bei der KVAE würde - entsprechend dem Mandat - die Vereinbarung neuer wirksamer Maßnahmen den Vertrauensbildungsprozeß vorantreiben.[286] In den nächsten Monaten sind besondere Anstrengun-

---

286 Die Stockholmer Konferenz über vertrauens- und sicherheitsbildende Maßnahmen und Abrüstung in Europa fand von Januar 1984 bis September 1986 statt.

gen erforderlich, damit eine substanzielle Vereinbarung bis zum Beginn des KSZE-Folgetreffens in Wien erreicht wird.

Wir haben es begrüßt, daß anläßlich des 10. Jahrestages der Unterzeichnung der KSZE-Schlußakte alle Teilnehmerstaaten den Wert und die Bedeutung der KSZE-Schlußakte betont und sich zur Fortsetzung des KSZE-Prozesses bereit erklärt haben. Wir werten den KSZE-Prozeß als einen langfristigen dynamischen Prozeß für eine umfassende Zusammenarbeit im Rahmen der 35 Teilnehmerstaaten. Die Schlußakte ist kein Friedensvertrag, sondern eine politische Kursbestimmung für eine europäische Friedensordnung. Sie ist eine wichtige, nicht mehr wegzudenkende Grundlage für die Gestaltung der West-Ost-Beziehungen, der gerade auch in schwierigen Phasen der internationalen Lage große Bedeutung zukommt. Der KSZE-Prozeß muß in seiner ganzen thematischen Breite fortgeführt und darf nicht auf Fragen der Sicherheitspolitik, Abrüstung und Rüstungskontrolle beschränkt werden.

Unsere beiden Staaten sind hier besonders gefordert. Die zielstrebige Entwicklung der Beziehungen zwischen der Bundesrepublik Deutschland und der Deutschen Demokratischen Republik im Sinne des Grundlagenvertrages und der geschlossenen Vereinbarungen entspricht dem KSZE-Prozeß und kann diesem positive Impulse geben. Umgekehrt beeinflußt der KSZE-Prozeß die Gestaltung der Beziehungen zwischen unseren beiden Staaten vorteilhaft. Konkrete Schritte im Bereich der menschlichen Kontakte und der Beziehungen über die Grenzen hinweg würden als Beweis dafür gewürdigt werden, daß wir es ernst meinen mit der Verantwortung für Frieden und Stabilität in Europa.

Mit freundlichen Grüßen
gez. Ihr Helmut Kohl

Quelle: SAPMO - BArch, DY 30/J IV 2/2A/2807.

Dokument 40

Schreiben Helmut Kohls an Erich Honecker vom 27. September 1985[287]

Sehr geehrter Herr Generalsekretär,
Ihren Brief vom 12. September 1985, mit dem Sie der Regierung der Bundesrepublik Deutschland vorschlagen, in Verhandlungen mit der

---

287 Honecker gab das Schreiben, ebenso wie das vom 26. September 1985 (vgl. Dok. 39), am 1. Oktober 1985 in das SED-Politbüro zu dessen Information.

Regierung der Deutschen Demokratischen Republik und mit der Regierung der Tschechoslowakischen Sozialistischen Republik über chemische Waffen einzutreten, habe ich mit Interesse zur Kenntnis genommen.[288] Es ist Ihnen bekannt, daß die Bundesregierung sich zielstrebig in dem dazu berufenen Forum der Genfer Abrüstungskonferenz für ein umfassendes Verbotsabkommen einsetzt, und daß sie eine Anzahl konkreter Vorschläge unterbreitet hat, die große Beachtung gefunden haben; insbesondere hat sie 1982 ein umfassendes Verifikationsmodell in die Verhandlungen eingeführt. Sie hat 1979 und 1984 internationale Seminare zur Verifikationsfrage durchgeführt, an denen Diplomaten und Experten der Genfer Abrüstungskonferenz teilgenommen haben. Die Bundesregierung hat auch 1985 ihre Bemühungen um ein weltweites umfassendes CW-Verbotsabkommen fortgesetzt. Sie ist überzeugt, daß es zur Fortsetzung dieser Bemühungen keine sachgerechte Alternative gibt.

Im Einklang mit der Politik der Bundesregierung, im Bereich der Abrüstung und Rüstungskontrolle auf dem Verhandlungsweg kooperative Lösungen zu erreichen, die zu einer dauerhaften Friedenssicherung führen, schlage ich vor, daß unsere Delegationen im Rahmen der Genfer Abrüstungskonferenz Gespräche aufnehmen, die noch offene Fragen eines weltweiten CW-Verbotsabkommens zum Gegenstand haben. Indem wir uns gemeinsam für die Lösung dieser zentralen Problematik einsetzen, können unsere Regierungen einen wertvollen Beitrag zur Förderung der laufenden Genfer Verhandlungen leisten.

Es entspricht der besonderen Verantwortung der beiden Staaten in Deutschland für den Frieden und für die Menschen, in dieser Weise eine besondere Anstrengung zu unternehmen, um zu einer echten und zuverlässigen Lösung des Problems der chemischen Waffen zu kommen.

Mit freundlichen Grüßen
gez. Ihr H. Kohl

Quelle: SAPMO - BArch, DY 30/J IV 2/2A/2807.

---

288 Vgl. Dok. 35. Vgl auch Anm. 247.

Dokument 41

Information Otto Reinholds an Erich Honecker über ein Gespräch mit Hans-Dietrich Genscher am 23. Juni 1986 in Bonn

Werter Genosse Honecker!

Am 23. Juni 1986 hatte ich, auf seinen Wunsch, in Bonn ein längeres Gespräch mit Genscher.[289]

Ich übermittelte ihm Grüße des Generalsekretärs und die Würdigung seiner Haltung zu wichtige außenpolitischen Fragen in letzter Zeit.

Genscher legte zunächst ausdrücklich dar, daß diese Politik von der gesamten FDP als Partei getragen würde, was auch in Abstimmungen bei verschiedenen Gelegenheiten seinen Ausdruck fand. Die Rede von Scheel am 17. Juni vor dem Bundestag sei von der Partei gründlich vorbereitet worden. Sie hatte zum Ziel, die Aufmerksamkeit der breiten Öffentlichkeit auf die Notwendigkeit einer neuen Phase der Entspannungspolitik zu lenken.[290]

Seine politische Haltung würde auch vom Bundeskanzler getragen, obwohl es, wie bekannt, Kreise gibt, die starke Kritik an dieser Haltung üben.

Während des ganzen Gesprächs betonte Genscher, daß nach seiner Meinung in nächster Zeit günstige Möglichkeiten für einen neuen Ansatz der Entspannungspolitik und auch für reale Abrüstungsmaßnahmen existieren würden. Es wäre daher sehr gut, wenn beide deutsche Staaten darauf hinwirken könnten, daß die Atmosphäre und die Möglichkeiten für solche realen Schritte verbessert und genutzt würden. Daher wäre es sehr gut, wenn die Vertreter beider deutscher Staaten noch mehr darüber nachdenken würden, was beide dazu tun könnten.

Sehr wichtig wäre nach seiner Meinung, daß noch in diesem Jahr unbedingt ein Treffen zwischen Gorbatschow und Reagan zustande käme. Natürlich wäre es sehr gut, wenn dabei konkrete Ergebnisse erreicht würden. Aber auf jeden Fall hätte ein solches Treffen eine große Signalwirkung für die weitere Stärkung all jener Kräfte, die bereit seien, für einen Entspannungsprozeß zu wirken. Wir sollten nicht übersehen, daß noch große Mühe notwendig ist, um im Rahmen des

---

289 Der Rektor der Akademie für Gesellschaftswissenschaften beim ZK der SED, Otto Reinhold, hielt sich im Rahmen der Gespräche mit Vertretern verschiedener SPD-Gremien seit 1984 mehrmals in der Bundesrepublik auf. Über die Kontakte mit Hans-Dietrich Genscher informierte Reinhold regelmäßig.

290 Am 17. Juni 1986, dem „Tag der deutschen Einheit", hatte Altbundespräsident Walter Scheel (FDP) die obligatorische Rede auf der Gedenkveranstaltung des Bundestages zu den Ereignissen im Jahr 1953 gehalten.

westlichen Bündnisses die vorhandenen Meinungsverschiedenheiten in dieser Frage zumindest zu vermindern. Käme ein solches Treffen nicht zustande, wäre das eine große Stärkung jener Kräfte, die gegen einen weiteren Entspannungsprozeß auftreten.[291]

Es wäre daher sehr gut, wenn sich sowohl die BRD als auch die DDR mit ihren Mitteln und Möglichkeiten dafür einsetzen würden, daß dieses Treffen tatsächlich zustande kommt. Sehr gut wäre, wenn in den nächsten Monaten beide Staaten daraufhinwirken könnten, daß sich die Atmosphäre für ein solches Treffen verbessert.

Genscher erklärte, daß nach seiner Ansicht bis zum Ende des Jahres die Möglichkeit bestünde, auf einigen Gebieten reale Fortschritte und konkrete Ergebnisse zu erreichen. Dabei nannte er folgende Bereiche:

- ein Verbot chemischer Waffen;
- echte Fortschritte beim Abbau von Mittelstreckenraketen in Europa;
- auf der Grundlage des Vorschlages von Gorbatschow könnten Fortschritte bei der Abrüstung von konventionellen Waffen erzielt werden;
- besonders bei der Stockholmer Konferenz und bei anderen Nachfolgekonferenzen von Madrid könnte ein konkretes Ergebnis erreicht werden.

Genscher legte ausführlich dar, daß wir alles tun sollten, um zu sichern, daß der KSZE-Prozeß auf keinen Fall ins Stocken kommt oder abreißt. Man sollte auf jeden Fall nach Kompromissen suche, die die Fortsetzung des KSZE-Prozesses sichern.

Genscher erklärte, daß sich die Regierung der BRD sehr stark engagieren wird, um bei der Abrüstung von konventionellen Waffen Fortschritte zu erreichen.

Auf der letzten NATO-Tagung in Halifax wurde durch gemeinsamen Beschluß eine Kommission dafür eingesetzt, die eine Antwort auf denn Vorschlag des Warschauer Vertrages zu diesen Fragen ausarbeiten und eigene Vorschläge machen wird. Im Rahmen dieser Kommission ist die BRD für Grundsatzfragen verantwortlich.[292]

Am 23. Juni habe diese Kommission mit der Arbeit begonnen.

Genscher erklärte, es wäre gut, wenn in den Verhandlungen zu konventionellen Waffen nicht nur ein Waffenzählen stattfinden würde, sondern zugleich einige Fragen des Charakters und der Struktur konventioneller Waffen sowie die Probleme der Angriffsfähigkeit oder

---

291 Das zweite Gipfeltreffen zwischen KPdSU-Generalsekretär Gorbatschow und USA-Präsident Reagan fand am 11./12. Oktober 1986 in Reykjavik statt.

292 In Halifax (Kanada) waren am 29./30. Mai 1986 die NATO-Außenminister zu Beratungen über Abrüstungsfragen zusammengekommen.

Nichtangriffsfähigkeit u. ä. Fragen stärker in den Vordergrund gestellt würden. Er begrüßt daher sehr, daß der Warschauer Pakt in Budapest zu diesen Fragen Vorschläge gemacht hat.[293] Er sagte, bei einigen Fragen, die von der NATO aufgeworfen werden, besonders solche, die die Verifikation betreffen, habe er eine andere Meinung. So sei er der Auffassung, daß bei chemischen Waffen oder einem Atomwaffenteststopp, die heute beiderseits akzeptierten Kontrollmöglichkeiten vollständig ausreichen. Weitere Kompromisse der Sowjetunion auf diesem Gebiet seien aber in erster Linie notwendig, um den Einfluß jener Kräfte zurückzudrängen, die keine ernsthafte Abrüstung wollen.

Auf meine Frage, welche reale Möglichkeiten er für einen Atomwaffenteststopp sieht, erwiderte er, er glaube, daß die Möglichkeiten auf diesem Gebiet wachsen, aber er habe noch Zweifel darüber, ob hier kurzfristig Ergebnisse zu erreichen seien.

Eine sehr breite und ausführliche Diskussion fand zum Thema „Europapolitik und europäische Interessen" statt. Er stellte die Frage, welche Vorstellungen oder Visionen wir für ein Europa im Jahr 2000 hätten. Nach seiner Meinung könnte ein neuer Abschnitt der Entspannungspolitik nur erreicht werden, wenn die Zusammenarbeit zwischen Ost und West in Europa auf eine neue Stufe gehoben wird. Er betrachte eine solche europäische Entwicklung als einen entscheidenden Schlüssel, um zu einem sicheren Frieden zu kommen. Er wird sich in der nächsten Zeit auf diese Frage sehr stark konzentrieren. Natürlich werden dabei Fragen der Abrüstung eine große Rolle spielen. Nach seiner Meinung würden heute von Westeuropa keinerlei Gefahren für die Sicherheit der Sowjetunion und der Warschauer Paktstaaten ausgehen. Ihm sei aber auch klar, daß besonders auf militärischem Gebiet noch viele Maßnahmen getroffen werden müssen, damit die Sicherheitsinteressen der Sowjetunion auf jeden Fall berücksichtigt sind. Aber neben dem militärischen Bereich käme es darauf an, auch auf allen anderen Gebieten Formen der Zusammenarbeit zu finden und zu entwickeln, die eine solche gegenseitige Verflechtung schaffen, daß keine der beiden Seiten den Weg der friedlichen Kooperation verlassen kann. Dabei sehe er besonders drei Gebiete:

1. die ökonomische und technologische Zusammenarbeit
2. Probleme des Umweltschutzes im weitesten Sinne des Wortes
3. gemeinsame Maßnahmen im Hinblick auf die Entwicklung der Dritten Welt.

---

293 Die Beschlüsse der Tagung des Politischen Beratenden Ausschusses der Teilnehmerstaaten des Warschauer Vertrages in Budapest vom 10./11. Juni 1986 vgl. in: Sicherheit und friedliche Zusammenarbeit in Europa. S. 365 ff.

Sicher können noch andere Gebiete gefunden werden. Besonders stark möchte er sich für die technologische Zusammenarbeit einsetzen. Dabei auch bei einer gemeinsamen friedlichen Nutzung des Weltraumes. Ihm sei klar, daß die Zusammenarbeit auf dem Gebiet der Hochtechnologie heute nicht von realen Abrüstungsmaßnahmen getrennt werden könnte.

Stärkere technologische Zusammenarbeit würde er auch als eine Form der Hilfe für sozialistische Länder in diesem Bereich betrachten. Eine solche Hilfe wäre aus seiner Sicht unbedingt notwendig, um innere Stabilität in den sozialistischen Ländern zu gewährleisten, da ohne innere Stabilität in den sozialistischen Ländern ein neuer Abschnitt des Entspannungsprozesses wenig Aussicht hätte.

In der Diskussion spielt die Frage nach dem Verhältnis zwischen der BRD und den USA eine große Rolle. Ich wies auf die Unterordnung der gegenwärtigen Bonner Regierung unter die Politik der USA hin. Er legte ausführlich dar, daß eine solche Sicht nicht den Realitäten entsprechen würde. Natürlich ist und bleibt die Bundesrepublik der wichtigste Verbündete der USA, und es könne von uns auch nicht erwartet werden, daß die Regierung der Bundesrepublik eine offene Auseinandersetzung mit der Politik Washingtons führt.

Er möchte aber darauf hinweisen, daß besonders in letzter Zeit die Bundesregierung, und in vielen Fragen vertreten durch ihn, Positionen vertrete, die ganz sicher nicht mit den Vorstellungen der USA-Regierung übereinstimmen. Und wer die Entwicklung verfolgt, wird merken, daß die Regierung der Bundesrepublik dabei besonders aktiv wirkt.

Man möge die Tagung von Halifax so oder so einschätzen, er betrachte sie als einen Erfolg all jener, die für die Entspannung eintreten. Wenn Reagan in den letzten Tagen einige Reden gehalten hat, die im Verhältnis zur Sowjetunion andere Töne enthalten, so betrachte er das als Ergebnis dieser Position der Bundesregierung und anderer westeuropäischer Staaten. Offensichtlich beginnt Reagan zu begreifen, daß er auf die Dauer keine Politik durchführen kann, die im Widerspruch zu den Interessen seiner wichtigsten Verbündeten steht.

Außerdem müsse man die Besonderheiten des politischen Meinungsprozesses in den USA in Rechnung stellen. Die USA seien praktisch ein eigener Kontinent, vieles in der Politik geht ausschließlich von dieser inneren Sicht aus. Diese inneren Vorstellungen sind aber oft durch Unkenntnis von den Vorgängen und Interessen in Europa bestimmt.

Reagan persönlich wolle unbedingt eine Verbesserung der Beziehungen zur Sowjetunion. Dies entspreche auch der Interessenlage bei der Mehrheit der Amerikaner. Dem Wirken aber einer Reihe von Kräften entgegen, sowohl solcher, die an der Rüstung interessiert sind, als auch jener, die Reagan nicht als ernsthaften Politiker betrachten. Er sei aber davon überzeugt, daß sich jene Politik durchsetzen wird, die auf eine Normalisierung der Beziehungen der USA und der Sowjetunion gerichtet ist.

Zur innenpolitischen Entwicklung der BRD meinte er, daß die wirtschaftliche Entwicklung zwar in ruhigen Bahnen, aber insgesamt positiv verläuft. Evtl. könnte es am Jahresende aus verschiedenen Gründen einige Schwierigkeiten geben. Diese Entwicklung sei insgesamt günstig für die jetzige Koalition bei den nächsten Wahlen. Nach seiner Meinung würde die Koalition zwar mit einem geringeren Vorsprung als jetzt, aber doch mit einem Vorsprung die Wahlen gewinnen. Dabei sehe er die Möglichkeit, daß sich im Rahmen der Koalition das Gewicht der FDP und damit auch ihr Einfluß vergrößern kann.[294]

Genscher interessierte sich besonders für die innere Entwicklung der DDR und für die Zusammenarbeit der RGW-Staaten auf ökonomischem und wissenschaftlich-technischem Gebiet. Er wies darauf hin, daß er demnächst nach Moskau fährt. Auf seine Initiative wurde erreicht, daß nicht Schewardnadse nach Bonn, sondern er nach Moskau kommt, um die Gelegenheit zu haben, mit Gorbatschow zu sprechen.[295]

Ihn irritiere sehr, daß nach seiner Meinung nach wie vor eine Diskrepanz besteht zwischen den Vorschlägen, die Gorbatschow macht und der Art und Weise, wie die sowjetische Delegation in Genf verhandelt.

Genscher bat darum, daß wir überlegen sollten, daß in einer solchen wichtigen Zeit wie gegenwärtig, da für den Entspannungsprozeß soviel auf dem Spiel steht, wir mit ihm nicht einen inoffiziellen Kanal finden könnten, außerhalb der staatlichen und diplomatischen Verbindung, auf dem Meinungen und Positionen ausgetauscht, und wo es möglich ist, über wichtige Schritte zu sprechen.

Er übermittelte Grüße an Genossen Honecker und bat darum, bei entsprechender Gelegenheit die Gespräche fortzusetzen.

Mit sozialistischem Gruß
gez. Reinhold

Quelle: SAPMO - BArch, DY 30/J IV 2/9.08/11.

---

294 Vgl. Anm. 272.

295 Genscher absolvierte seinen Moskau-Besuch vom 22. bis 22. Juli 1986 und traf dabei auch mit KPdSU-Generalsekretär Gorbatschow zusammen.

Dokument 42

Schreiben Helmut Kohls an Erich Honecker vom 14. Juli 1986[296]

Sehr geehrter Herr Generalsekretär,
für Ihr Schreiben vom 30. Mai 1986, in dem Sie meinen Vorschlag zur
Abhaltung einer Konferenz hochrangiger Regierungsmitglieder zu Fragen der nuklearen Sicherheit positiv aufgenommen haben, danke ich
Ihnen.[297]

Ich betrachte es als ein ermutigendes Vorzeichen für die Arbeit in
der Konferenz, daß Ihre Überlegungen und Anregungen zu dieser Thematik weitgehend mit meinen Vorstellungen in Einklang stehen.

Seit meinem Schreiben vom 15. Mai 1986 hat das Projekt einer
Regierungskonferenz zu Fragen der nuklearen Sicherheit deutlichere
Gestalt angenommen.[298]

Diese Regierungskonferenz soll nunmehr, nachdem der Gouverneursrat der Internationalen Atomenergieorganisation (IAEO) in seiner Sitzung vom 10. bis 13. Juni 1986 einem entsprechenden Vorschlag gefolgt ist, im Rahmen einer Sondersitzung der Generalkonferenz der IAEO am 24. bis 26. September 1986 stattfinden. Damit ist
der geeignete Rahmen für eine erfolgreiche Arbeit geschaffen. Als besonders fachkundige Institution wird die IAEO bei den zu beratenden Fragen einen wichtigen Beitrag für sachgerechte Lösungen leisten können

Die Bundesrepublik Deutschland wird auf der bevorstehenden
Regierungskonferenz konstruktiv verhandeln und sich um konkrete
Ergebnisse bemühen. Sie wird in diesem Geiste an den vorbereitenden
Arbeiten im Rahmen der IAEO mitwirken.

Was den von Ihnen aufgezeigten Zusammenhang zwischen der
friedlichen Nutzung der Kernenergie und der Bedrohung durch nukleare Waffen angeht, so stimme ich mit Ihnen überein, daß neben der
Beherrschung der Kernenergie für friedliche Zwecke alle Anstrengungen unternommen werden müssen, um langfristig zu einem Abbau der
Nuklearwaffen zu gelangen.

Die Bundesregierung setzt sich für eine Verringerung von Kernwaffen und für deren Begrenzung auf einem möglichst niedrigen Niveau ein. Dieses Ziel läßt sich nur durch ausgewogenen Reduzierungsvereinbarungen erreichen, deren Einhaltung verläßlich überprüfbar

---

296 Honecker zeichnete das Schreiben zunächst am 17. Juli 1986 ab und gab es
laut eines ebenfalls handschriftlichen Vermerks am 8. August schließlich an
die Mitglieder und Kandidaten des SED-Politbüros zur Information weiter.

297 Das Schreiben ist hier nicht dokumentiert.

298 Das Schreiben ist hier ebenfalls nicht dokumentiert.

sein muß und die die legitimen Sicherheitsinteressen aller Seiten berücksichtigen.

Wir haben ein großes Interesse daran, daß es bei den Verhandlungen in Genf zu einem wirklichen Geben und Nehmen kommt und Fortschritte bei den Bemühungen um drastische Reduzierung bei den strategischen wie bei den Mittelstreckenwaffen erzielt werden. Dafür wird das vorgesehene zweite Gipfeltreffen zwischen Präsident Reagan und Generalsekretär Gorbatschow besonders wichtig sein.[299]

Ich sehe gute Möglichkeiten dafür, daß die Ost-West-Beziehungen noch in diesem Jahr neue Impulse durch ein konstruktives Herangehen beider Seiten an alle Abrüstungs- und Rüstungskontrollfragen erhalten können. Dazu ist es erforderlich, die MBFR-Verhandlungen in Wien und die Bemühungen um ein vollständiges weltweites C-Waffen-Verbot in Genf voranzubringen und in dem noch verfügbaren Zeitraum ein substanzielles Ergebnis bei der KVAE in Stockholm zu erreichen.

Für alle Staaten in Europa kommt es jetzt darauf an, den Prozeß der Vertrauensbildung, der unerläßlich für wirkliche Abrüstungsfortschritte ist, durch konkrete Ergebnisse zu fördern. Unsere beiden Staaten haben hier eine wichtige Aufgabe. Auch eine konstruktive und positive Weiterentwicklung unserer beiderseitigen Beziehungen wäre ein wirkungsvoller Beitrag zur Schaffung von Vertrauen zwischen Ost und West.

Ich begrüße den Abschluß und das Inkrafttreten des Kluturabkommens und den zügigen Fortgang der Umweltverhandlungen. „Fortschritte zum Wohle der Menschen im beiderseitigen Verhältnis" - wie wir übereinstimmend in der Erklärung von Moskau am 12. März 1985 festgestellt haben - müssen für die Menschen insbesondere auf dem Gebiet der menschlichen Kontakte und Begegnungen konkret spürbar werden.

Ich begrüße, daß die Reisen in dringenden Familienangelegenheiten aus der DDR in die Bundesrepublik Deutschland in den letzten Monaten zugenommen haben und hoffe, daß sich diese Entwicklung noch weiter positiv verstärkt. Zugleich verhehle ich jedoch nicht, daß sich die Kontaktverbote, Einreiseverweigerungen und der Mindestumtausch nach wie vor als gravierende Probleme für die betroffenen Menschen darstellen. Ich bin fest davon überzeugt, daß Fortschritte in diesen Fragen mehr Verständnis und Vertrauen in die bilateralen Beziehungen bringen und helfen können, Spannungen und Mißtrauen abzubauen. Dazu gehört auch, daß das Problem der illegal zu uns einreisenden Ausländer gelöst wird. Die Lösung dieser Frage ist dringend.

---

299 Vgl. Anm. 291. Das Gipfeltreffen von Reykjavik wurde am 30. September 1986 in gleichlautenden Erklärungen in Moskau und Washington angekündigt.

Der fortgesetzte Zustrom der Monat für Monat über den Flughafen Schönefeld illegal einreisenden Ausländer belastet das Verhältnis zwischen unseren beiden Staaten zunehmend und berührt den Stand der Beziehungen, die durch Verläßlichkeit und Berechenbarkeit sowie das Bemühen um gute Nachbarschaft gekennzeichnet sein sollten [300]

Nach meiner Überzeugung können wir - um eine Formulierung von Ihnen, sehr geehrter Herr Generalsekretär, aufzugreifen - die „bestmögliche Vorsorge für die Menschen" dadurch gewährleisten, daß wir die Bedingungen für die Bildung von mehr Vertrauen zwischen Ost und West entscheidend verbessern. Dies setzt voraus, nicht das Trennende in Europa zu betonen, sondern nach Wegen zu suchen, um das Verbindende und die vorhandenen gemeinsamen Interessen für die Stärkung des Friedens nutzbar zu machen.

Mit vorzüglicher Hochachtung
gez. Ihr H. Kohl

Quelle: SAPMO - BArch, DY 30/IV 2/2035/87.

Dokument 43

Information Otto Reinholds über ein Gespräch mit Hans-Dietrich Genscher am 8. August 1986 in Bonn[301]

Auf seinen eigenen Wunsch habe ich am 8. 8. 1986 mit Genscher in Bonn ein längeres Gespräch geführt.
Genscher konzentrierte sich auf zwei Fragen:
- sein Besuch in Moskau und
- das Asylantenproblem.
Genscher betonte, daß nach seiner Auffassung und der Auffassung der Bundesregierung der Besuch in Moskau ein großer Erfolg war.[302]
Mit diesem Besuch wäre eine neue Etappe in den Beziehungen

---

300 Am 18. September 1986 lenkte die DDR in der Asylantenfrage ein. ADN veröffentlichte eine Verlautbarung des Außenministeriums, nach der ab 1. Oktober 1986 nur noch solche Personen die DDR im Transit bereisen konnten, die über ein Anschlußvisum anderer Staaten verfügten.

301 ZK-Sekretär Axen übermittelte am 25. September 1986 diese Information im Auftrag von Honecker an die Mitglieder und Kandidaten des SED-Politbüros.

302 Vgl. Anm. 295.

zwischen der Sowjetunion und der Bundesrepublik eingeleitet worden. Das wichtigste dabei ist, daß die Sowjetunion jene Periode beendet hat, in der ihre Europaarbeit um die Bundesrepublik einen Bogen gemacht hat. Dieser Besuch und seine Ergebnisse werden die Grundlage sein für einen wesentlich verstärkten Dialog und gemeinsame Maßnahmen zwischen beiden Staaten.

Genscher erklärte, daß er tief beeindruckt von Gorbatschow war. Genscher habe ihm nicht nur seinen Standpunkt dargelegt, sondern an ihn viele Fragen gestellt und eine echte Diskussion geführt.

Die wichtigste Frage, die Gorbatschow gestellt hat, war, ob die Bundesrepublik in der kommenden Zeit bereit sei, einen eigenen Beitrag zur Entwicklung der Beziehungen zwischen Ost und West zur Entwicklung in Europa zu leisten. Ob man damit rechnen könne, daß die Bundesrepublik vor allem im Ringen um Abrüstung eigene Initiativen entwickeln wird. Wenn diese Frage positiv beantwortet wird, wird die Sowjetunion alles tun, um Dialog und Beziehungen mit der BRD zu intensivieren. Genscher habe diese Frage in einem doppelten Sinne beantwortet: Einmal unternimmt er und die Bundesregierung alle Anstrengungen, um auf Washington einzuwirken. Zum anderen wird die Bundesregierung in nächster Zeit allein und im Rahmen der NATO eine Reihe Initiativen entwickeln. In nächster Zeit finden intensive Konsultationen mit Frankreich statt, um gemeinsam im Rahmen der NATO die Abrüstungs- und Europapolitik zu intensivieren. Auf der nächsten NATO-Tagung im Oktober ist eine harte Auseinandersetzung mit Vertretern der USA zu erwarten. Genscher meinte, für die BRD sei die Zusammenarbeit mit Frankreich auf diesem Gebiet eine Schlüsselfrage, wenn beide Länder mit gemeinsamen Positionen auftreten, werden sich auch die anderen anschließen.

Im Ergebnis seines Moskau-Besuches habe ihn Shultz angerufen und ihn gebeten, sofort nach Washington zu kommen, um mit ihm vor der Abfassung des Antwortbriefes der amerikanischen Regierung an die Sowjetunion einen Erfahrungsaustausch durchzuführen. Shultz betrachte die Ergebnisse seines Besuches in Moskau als eine große Unterstützung seiner Position.

In Washington hat mit Shultz eine 4stündige Diskussion stattgefunden, in der Genscher versucht hat, drei Gesichtspunkte ausführlich zu erläutern:

1. Aufgrund der historischen Erfahrungen der Sowjetunion habe die Sowjetunion besondere Sicherheitsinteressen und werde auf keinen Fall eine Lage zulassen, in der sie militärstrategisch in irgendeine gefährliche Situation kommen würde.

2. Gorbatschow sei ein äußerst flexibler Mann mit vielen Ideen und großer Initiative, aber die Flexibilität darf auf keinen Fall mit

Schwäche verwechselt werden. Gorbatschow kann niemand in die Ecke manövrieren.

3. Die Vorstellung, die Sowjetunion totrüsten zu können, sei eine der größten Illusionen. Wenn nötig, sei die Sowjetunion bereit und in der Lage, die Rüstungsmaßnahmen beträchtlich zu erhöhen.

Daraus könne man die Schlußfolgerung ziehen, daß man auf dem Grundansatz der Abrüstungsvorschläge von Gorbatschow unbedingt eingehen müsse. Genscher erklärte, daß in dem Antwortbrief der USA an die Sowjetunion einiges davon Eingang gefunden habe.

Er habe auch den Eindruck, daß es gegenwärtig aussichtsreicher ist, in Washington über solche Fragen zu sprechen. Er könne sich noch gut an die Zeit erinnern (noch vor 1 bis 2 Jahren), wo er 1 $^{1}/_{2}$ Stunden mit Reagan gesprochen hat, aber hinterher nicht wußte, was Reagan gesagt hat.

Es wäre gut, wenn in nächster Zeit noch eine Reihe von Konsultationen zwischen der DDR und der BRD für einige der nächsten Schritte stattfinden würden. Es besteht große Wahrscheinlichkeit, daß die Stockholmer Konferenz bis zum 19. September abgeschlossen wird.[303] Zur gegenwärtigen Wiener Konferenz wird auf der Grundlage der auf dem Tisch liegenden Vorschläge die BRD alles tun, um zumindestens einen symbolischen Abzug bestimmter Truppeneinheiten der Sowjetunion und der USA zu erreichen. Ein solcher symbolischer Abschluß wäre schon deshalb wichtig, um zu demonstrieren, daß man zu Ergebnissen kommen kann.

Die kommende Wiener Konferenz muß natürlich Fragen der Abrüstung und der Rüstungskontrolle behandeln, ohne daß auf diesem Forum bindende Beschlüsse dazu gefaßt werden könnten. Aber nach seiner Meinung wäre schon sehr wichtig, wenn diese Konferenz ein Forum einsetzen und ihm den Auftrag erteilen würde, im Sinne der Vorschläge von Gorbatschow über Abrüstung auf konventionellem Gebiet in Europa vom Atlantik bis zum Ural zu verhandeln. Diese kommende Wiener Konferenz hat aber nur einen Sinn, wenn die Abrüstungsfragen mit Fragen der Zusammenarbeit zwischen Ost und West auf anderen Gebieten beraten und Maßnahmen festlegen würde. Das könnten Fragen sein, die von ökonomischer Zusammenarbeit, Zusammenarbeit in der Forschung bis zu Fragen der Reaktorsicherheit gehen könnten.

Er stellte die Frage, ob nicht noch vor seinen Treffen mit Oskar Fischer in New York Vertreter der beiden Ministerien über diese Pro-

---

303 Das Abschlußdokument der Stockholmer Konferenz über vertrauens- und sicherheitsbildende Maßnahmen und Abrüstung in Europa wurde tatsächlich am 19. September 1986 angenommen. Den Text vgl. in Sicherheit und friedliche Zusammenarbeit in Europa. S. 383 ff.

bleme einen Meinungsaustausch durchführen könnten.[304]

Er möchte den Vorschlag machen, daß die Vertreter der Schweiz und Ungarns auf dieser kommenden Wiener Konferenz einen Bericht über die Berner Beratung und das Kulturforum geben könnten. Das würde die Möglichkeit schaffen, die Probleme, die auf der so schändlich ausgegangenen Berner Konferenz nicht zum Tragen gekommen sind, noch einmal hochzuspielen.[305] Er bittet um eine Antwort, ob ein solcher, von ihm vorgeschlagene Meinungsaustausch in nächster Zeit möglich wäre.

Zum Asylantenproblem[306]

Genscher erklärte, daß wie allgemein bekannt ist, weder er noch seine Partei sich an der Hetze gegen die DDR in dieser Frage beteiligen. Er glaube aber nicht, daß er diese Position noch sehr lange halten kann. Er möchte uns sehr eindringlich darauf aufmerksam machen, daß sich diese Frage auch im Zusammenhang mit dem Wahlkampf immer mehr zu einem Problem verschärft, das die Beziehungen zwischen der Bundesrepublik und der DDR sehr belasten könne. In letzter Zeit wird er immer stärker angegriffen mit dem Argument, daß er die Möglichkeiten und die Tragfähigkeiten der Beziehungen zu sehr falsch einschätze, wenn es nicht einmal möglich sei, in dieser Frage eine Übereinstimmung zu erzielen. Es ist völlig sicher, daß in den nächsten Wochen diese Frage von einigen Kräften mit Erfolg weiter in den Vordergrund gerückt und zugespitzt wird. Besonders wird das der Fall sein, wenn im September die Sommerpause des Bundestages zu Ende ist. Auch in der FDP treten Meinungen immer stärker in den Vordergrund, die mit solchen der CDU übereinstimmen. Auf meinen Hinweis darauf, daß auch Bundeskanzler Kohl und andere Minister in dieser Frage an der Hetze gegen die DDR sich beteiligen erklärte er, Kohl wolle das auf keinen Fall, aber er war gezwungen, dazu Stellung zu nehmen, um den Druck jener Kräfte zurückzudrängen, die in der Asylantenfrage voll in die Offensive gehen wollen.

Er kenne die Position und Meinung der DDR genau, hält sie aber nicht für richtig. Die Beziehungen zwischen der DDR und der Bundes-

---

304 Die Außenminister Oskar Fischer und Hans-Dietrich Genscher hielten sich zur 39. UNO-Vollversammlung im Oktober 1986 in New York auf.

305 Das Wiener KSZE-Folgetreffen fand vom 4. November 1986 bis 19. Januar 1989 statt. Das am 15. April 1986 in Bern eröffnete Expertentreffen der KSZE zu Fragen der menschlichen Kontakte wurde am 27. Mai 1986 ohne die Annahme eines Schlußdokuments beendet, weil die USA ihre Zustimmung verweigerten. Auch das Kulturforum der KSZE vom 15. Oktober bis zum 25. November 1985 in Budapest hatte kaum Ergebnisse erbracht.

306 Vgl. Anm. 300.

republik haben sich u. a. deshalb wesentlich verbessert, weil beide Seiten Zurückhaltung geübt haben. Er schätze außerordentlich hoch die Politik des Augenmaßes ein, die von Erich Honecker vertreten wird. Aber in dieser Frage scheint die DDR offensichtlich eine Ausnahme zu machen. Sie tritt hier mit aller Kraft in die Weichteile der Bundesregierung.

Genscher meinte, daß die Gefahr sehr real sei, daß, wenn nichts geschähe, diese Frage im Herbst zu einer Prestigefrage erster Ordnung hochgespielt wird. Jetzt sei noch die Möglichkeit, dies zu verhindern, ohne daß einer dabei sein Gesicht verliert. Die DDR brauchte zu dieser Frage weder ein Abkommen zu treffen, noch würde der Berlin-Status berührt, wenn sie Schritt für Schritt beginnen würde, an Asylsuchende, die kein Visum für irgendein Bestimmungsland haben, keine Transitpapiere mehr zusammenzustellen. Das brauchte überhaupt nicht in spektakulärer Form geschehen und auch nicht mit einem Schlag, es brauchte nur Schritt für Schritt eine solche Praxis in Anwendung kommen. Er bittet sehr dringend darum, in dieser Frage noch einmal Überlegungen anzustellen.

Zu den Angriffen von Strauß gegen Genscher erklärte er, daß noch niemals so sicher war wie jetzt, daß er in der nächsten Regierung Außenminister sein wird, insofern berühren ihn diese Attacken nicht besonders. Der wichtigste Grund dieser Angriffe besteht wahrscheinlich darin, daß demnächst in Bayern Wahlen sind und Strauß mit einigen inneren politischen Problemen große Schwierigkeiten hat, beispielsweise mit Wackersdorf, er möchte sehr gerne diese inneren politischen Probleme durch eine Diskussion über Außenpolitik verdrängen.

Genscher erklärte, wenn es seine Termine zulassen, würde er Ende August gerne für 2 Tage einen Privatbesuch im Norden der DDR machen.

Quelle: SAPMO - BArch, DY 30/J IV 2/9.08/11.

Dokument 44

Vermerk über das Gespräch von Werner Jarowinsky mit Helmut Schmidt am 24. Oktober 1986 in Leipzig

Genosse W. Jarowinsky sagte einleitend, er freue sich, daß sich die Gelegenheit zu diesem Gespräch mit H. Schmidt ergebe. Er übermittelte Grüße des Genossen Erich Honecker, der Schmidt einen angenehmen Aufenthalt in der DDR wünsche. H. Schmidt bedankte sich für die Grüße und bat, sie zu erwidern.[307]

Auf die Frage, wie es mit seinem Porträt vorangehe, und ob er mit der Arbeit von Bernhard Heisig zufrieden sei, äußerte sich Schmidt anerkennend. Auf die Bemerkung von W. Jarowinsky, wir seien daran interessiert, daß er „gut ins Bild gebracht werde" - er habe ja auch mit Heisig eine gute Adresse gewählt - erwiderte Schmidt, er wisse das, gleichzeitig habe er sich für einen der bekanntesten DDR-Maler entschieden, da auch das aus seiner Sicht zur Normalität gehöre.[308]

Nach seiner gegenwärtigen Tätigkeit in der Hamburger Wochenzeitung „Die Zeit" befragt, antwortete Schmidt, er sei sehr stark engagiert, sowohl als Herausgeber, gemeinsam mit Frau Dönhoff, zugleich auch als Geschäftsführer des Verlages und im Grunde auch als Chefredakteur. Es wäre ja gar nicht so einfach, in der BRD eine anspruchsvolle Wochenzeitung in einer Auflagenhöhe von 450.000 zu verkaufen. W. Jarowinsky bemerkte dazu, daß diese Zeitung in verschiedener Hinsicht bemerkenswert sei. Ein wichtiges Indiz dafür ist das Interview mit E. Honecker zu Beginn des Jahres.[309]

W. Jarowinsky erläuterte ausgehend von der Erklärung des Genossen Erich Honecker und der gemeinsamen Stellungnahme des Politbüros, des Staatsrates und des Ministerrates unsere Einschätzung und Bewertung des Treffens in Reykjavik.[310]

H. Schmidt erklärte, aus seiner Sicht hätten beide Seiten in Reykjavik Fehler gemacht: Gorbatschow, indem er überraschend ein Paket auf den Tisch gelegt habe, auf das die USA nicht vorbereitet gewesen seien; Reagan, indem er sich auf Gespräche zu diesem Paket eingelassen habe, anstatt sich zunächst eine sorgfältige Prüfung vorzubehalten.

W. Jarowinsky erwiderte, unsere Sicht der Dinge sei grundsätzlich anders. M. Gorbatschow wollte in Reykjavik niemanden überraschen und schon gar nicht eine Falle stellen. Das habe er in seinen nachfolgenden umfassenden Stellungnahmen überzeugend bewiesen. Von einer Überraschung könne deshalb nicht gesprochen werden, weil die obersten Repräsentanten der Staaten des Warschauer Paktes zuletzt auf ihrer Tagung im Juni in Budapest doch unmißverständlich erklärt ha-

---

307 SED-Politbüromitglied und ZK-Sekretär Werner Jarowinsky war u. a. für die Kirchenpolitik in der DDR zuständig. Offenbar deshalb führte er in diesem Fall das Gespräch mit Altbundeskanzler Helmut Schmidt.

308 In Leipzig arbeitete die international anerkannte Hochschule für Grafik und Buchkunst. Ihr Rektor war über viele Jahre der Vizepräsident des Verbandes der Bildenden Künstler der DDR, Prof. Bernhard Heisig.

309 Vgl. Einleitung zu Kapitel 3 sowie Anm. 218.

310 Vgl. ND, 23. Oktober 1986.

ben, wie weit wir zu gehen bereit sind.[311] Somit könne von einem „Fehler" keine Rede sein. All diese Probleme seien vorher in vielen Gesprächen mit den USA behandelt worden. Gerade weil dabei wegen der Haltung der USA auf anderen Ebenen keine Fortschritte erzielt werden konnten, habe M. Gorbatschow in Reykjavik einen Durchbruch angestrebt. Er wollte in Reykjavik den Weg für Vereinbarungen frei machen, überhaupt erst den Rahmen für künftige Vereinbarungen schaffen. Die ganze Entwicklung seit dem Genfer Gipfel beweise doch, daß in all den Ausschüssen und Gremien de facto keine Fortschritte in den Grundfragen erzielt wurden.

H. Schmidt sagte, trotzdem seien die USA überrascht worden. Auch er sei überrascht gewesen über das Paket, besonders über die „Schnur", mit der es zusammengeknüpft wurde, nämlich SDI. Das sei seiner Meinung nach bis Anfang September von sowjetischer Seite nicht gesagt worden. Er werfe Reagan vor, in Reykjavik nicht erklärt zu haben, man müsse das in Ruhe studieren, aber Reagan sei ein alter Mann, der zudem nicht über realistisches Urteilsvermögen verfügt. Die Amerikaner hätten den Fehler gemacht, sich keine Bedenkzeit zu verschaffen.

W. Jarowinsky erwiderte, man könne doch nicht übersehen, daß es im Vorfeld zu Reykjavik intensive Gespräche gegeben hat, zum Beispiel zwischen Schewardnadse und Schulz.

H. Schmidt äußerte, daß sich Reykjavik in der nachträglichen Analyse positiver darstelle als aus erster Sicht.

W. Jarowinsky sagte dazu, es sei doch vollauf berechtigt, festzustellen, daß nach Reykjavik niemand so weiter machen könne wie bisher, daß trotz allem ein neues Niveau des Dialogs zustande gekommen sei. Richtig sei doch auch, daß es zu einer Neueinschätzung gekommen sei. Nichts sei verbaut. Was die Vorschläge M. Gorbatschows angehe, so haben sie doch vieles in Bewegung gebracht.

H. Schmidt stimmte dieser Einschätzung zu, bemerkte jedoch: mit Ausnahme von MBFR. M. Gorbatschow habe in Reykjavik eine glänzende Vorstellung gegeben. Es sei richtig gewesen, die Abrüstungsbürokraten zu überspielen. Bedauerlich sei, daß kein Kommuniqué zustandegekommen ist. Schmidt verwies darauf, daß die Entwicklung zunehmend unter Zeitdruck gerate. W. Jarowinsky warf ein, gerade diese Tatsache war doch ein entscheidendes Motiv für diesen „Zwischengipfel". Man müsse schnell handeln, damit nicht weiter vollendete Tatsachen geschaffen werden.

H. Schmidt sagte dazu: Der neue amerikanische Präsident würde im November 1988 gewählt. Der Vorwahlkampf sei praktisch schon

---

311 Vgl. Anm. 293.

im Gange. Die Phase der amerikanischen Unbeweglichkeit setze spätestens im Herbst 1987 ein. Zum Abschluß von Vereinbarungen blieben im Grunde nur noch 12 Monate Zeit. Der neue USA-Präsident trete Anfang 1989 sein Amt an. Frühestens Mitte 1989 könne er weiter verhandeln, d. h. es werde bis 1990/91 dauern, ehe man mit dem neuen USA-Präsidenten etwas zustandebringen könne. M. Gorbatschow könne nicht so lange warten, bei Reagan schätze er das anders ein. Es gebe Amerikaner, die sich einbilden, daß die USA das Wettrüsten länger aushalten als die Sowjetunion.

W. Jarowinsky bemerkte dazu, daß dies inbesondere im Hinblick auf SDI sogar ein wichtiges Motiv der USA-Politik sei.

Unsere Position ist eindeutig. Sie ist darauf gerichtet, unmittelbar an die unterbreiteten Vorschläge anzuknüpfen, die Dinge in Bewegung zu bringen, in Fluß zu halten - Dranbleiben und Nachfassen. Entscheidend sei, den Weg zu substantiellen Vereinbarungen freizumachen und freizuhalten. Schmidt stimmte dieser Auffassung mit Nachdruck zu.

H. Schmidt erklärte, Präsident Reagan sage der Öffentlichkeit nicht, daß auch die Sowjetunion in der Lage sei, bei SDI mitzuhalten, es gebe sogar Gebiete, wo die Sowjetunion weiter sei. Schon zu Zeiten von Breshnew und Nixon sei dies erkannt worden. Ausdruck dessen sei der ABM-Vertrag gewesen.[312]

W. Jarowinsky erwiderte nachdrücklich, der ABM-Vertrag sei tatsächlich eine Kernfrage, um die es gehe. Die Sowjetunion tue das, was der Vertrag erlaube. Sie will verhindern, das Wettrüsten in den Weltraum zu tragen.

H. Schmidt kam dann auf die Rolle der europäischen Staaten zu sprechen. Diese Staaten würden zuerst getroffen. Sie seien das erste, unmittelbare Schlachtfeld. Sie müßten deshalb gegenüber ihren Verbündeten ihre Interessen deutlich zum Ausdruck bringen. Ihm sei wichtig, daß sich die beiden Mächte über Mittel- und Kurzstreckenraketen einigen. Das sei das Interesse aller europäischen Staaten. Die Idee des Alles oder Nichts liege nicht im europäischen Interesse.

Was das europäische Interesse angehe, so verwies W. Jarowinsky darauf, daß die DDR stets, auch in der Zeit der Sprachlosigkeit, ihre Politik des Dialogs konsequent verfolgt und stets auch eigene konstruktive Vorschläge zur Friedenssicherung unterbreitet habe. E. Honecker hat doch damals die Losung geprägt: Jetzt erst recht alles für den Frieden, alles für den Dialog. Das Teufelszeug auf deutschem Boden, die Raketen, müssen weg.

Gerade nach Reykjavik seien die gemeinsamen Initiativen von SED und SPD zur Schaffung einer von chemischen Waffen freien Zo-

---

312 Vgl. Anm. 243.

ne und für einen atomwaffenfreien Korridor in Europa von besonderer Aktualität, real und vertrauensbildend.

Auf die an Schmidt gerichtete Frage, ob er dem zustimme, antwortete er, daß er dazu eine andere Meinung habe, sich nichts davon verspreche. Die SPD sei in der Opposition und könne nicht für die Regierung sprechen. Nützlich an der Sache sei, daß man normal miteinander umgehe.

Noch einmal auf das SDI-Thema zurückkommend, äußerte H. Schmidt, dieses Problem sei nicht unlösbar. Man könne sich Kompromisse vorstellen. Die Sowjetunion müsse zwei Dinge sagen, nämlich warum SDI für sie so gefährlich sei, und daß sie es auch können. Bei den USA fehle das Eingeständnis, daß SDI nur begrenzt wirksam sein könne und der Hinweis, daß die Sowjetunion auch dazu fähig sei. Die Annahme einer technologischen Überlegenheit der USA sei eine Illusion.

W. Jarowinsky betonte, Kern der Frage sei, die Militarisierung des Weltraumes, die Erprobung und Stationierung von Angriffswaffen im Weltraum zu verhindern. Es wäre doch falsch, nach dem Motto vorzugehen: „Alles, was du kannst, das kann ich viel besser ...". Das könne nur den kalten Kriegern nutzen. Im übrigen habe Gorbatschow doch unmißverständlich erklärt, wenn SDI realisiert wird, werde die Sowjetunion eine Antwort finden, und zwar eine asymetrische.

W. Jarowinsky ging in diesem Zusammenhang auf prinzipielle Äußerungen H. Schmidts ein, die er in der letzten Zeit abgegeben hat, so die Feststellung, daß es notwendig ist, einen umfassenden Teststoppvertrag, einen Vertrag über den Abzug aller Mittelstreckenraketen aus Europa abzuschließen. Auch die Feststellung Schmidts, daß nur ein Träumer meinen könne, die Sowjetunion sei totzurüsten, sei doch bemerkenswert.

Schmidt erwiderte, daß er dazu unverändert stehe.

W. Jarowinsky erklärte, die DDR habe mit gewisser Befriedigung registriert, daß die Kohl-Regierung für das Festhalten am ABM- und SALT-II-Vertrag eintrete. Allerdings müßte diese Position noch nachdrücklicher vertreten werden. Es sei die gemeinsame Verpflichtung beider deutscher Staaten, im Sinne der Friedenssicherung zu wirken.

H. Schmidt betonte ebenfalls die gemeinsame besondere Verpflichtung, in diesem Sinne zu wirken.

W. Jarowinsky informierte über die erfolgreiche Entwicklung der DDR. Die Linie des XI. Parteitages würde auf allen Gebieten systematisch verwirklicht. Die volkswirtschaftliche Leistungsentwicklung liege sogar über den vorgegebenen Zielen. Das gelte auch für die Landwirtschaft. W. Jarowinsky erläuterte die Maßnahmen zur Beschleunigung des wissenschaftlich-technischen Fortschritts, der Schlüsseltechnologien, insbesondere der Mikroelektronik. Das sozialpolitische Programm werde weitergeführt. Die Aufgaben des Wohnungsbauprogramms werden übererfüllt.

Ein neuer vitaler Abschnitt in der Entwicklung der Beziehungen zur Sowjetunion habe begonnen. Auf entsprechende Bemerkungen H. Schmidts eingehend, hob W. Jarowinsky hervor, daß die Beziehungen zwischen Erich Honecker und Michail Gorbatschow besonders eng sind. Ausdruck dafür sei das kürzliche Treffen Erich Honeckers und Michail Gorbatschows in Moskau.[313] Dieses Treffen habe ja unmittelbar vor Reykjavik stattgefunden. Es sei in allen Fragen eine enge Abstimmung erfolgt. Alles in allem: Wir verstehen uns sehr gut und verständigen uns noch besser.

Im Verlaufe des Gesprächs warf H. Schmidt noch einige ergänzende Fragen auf:

- Sei die DDR bei der Beseitigung des kleinen Gewerbes nicht zu weit gegangen? Er habe in Ungarn gesehen, welche positive Wirkung die Förderung des kleinen Gewerbes habe.

- Die DDR habe die Reisemöglichkeiten erweitert, aber man sollte den Leuten, wie in Ungarn, das Gefühl geben, daß sie wiederholt reisen könnten. Die DDR sei auf dem richtigen Wege, gehe aber noch nicht weit genug.

- Er solle in Potsdam in einer protestantischen Kirche einen Vortrag über Toleranz und Dialog als Elemente der Friedenssicherung halten.[314] In diesem Zusammenhang stelle er die Frage, wie es in der DDR mit Toleranz des Staates gegenüber den Kirchen und religiösen Überzeugungen stehe.

Was die Förderung von privatem Handel und Gewerbe betrifft, so sei festzustellen, führte W. Jarowinsky aus, daß die Entwicklung nicht mit der in Ungarn verglichen werden könne, z. B. auch deshalb, weil in der DDR Kleingewerbe und Privathandel nie - wie in Ungarn - abgeschafft waren. Handwerk und Kleingewerbe werden in der DDR großzügig gefördert. Er verwies dabei auf solche Fakten wie die Erteilung von Gewerbegenehmigungen, Kreditmöglichkeiten usw.

Das sei im übrigen auch ein Gegenstand der gerade stattfindenden Konferenz mit den Vorsitzenden der Räte der Kreise und Bürgermeistern.

Was die aufgeworfene Frage der Reisemöglichkeiten angeht, so habe H. Schmidt bereits in seinem letzten Gespräch mit Genossen

---

313 Vgl. die Protokolle der Gespräche Erich Honeckers am 3. Oktober 1986 in Moskau mit Michail Gorbatschow in: Daniel Küchenmeister (Hrsg.): Honekker - Gorbatschow. Vieraugengespräche. S. 113 ff.

314 Helmut Schmidt hielt am 24. Oktober 1986 in der Potsdamer Nikolaikirche vor ca. 1.400 Christen einen Vortrag. Den (leicht gekürzten) Text vgl. in: Die Zeit, Nr. 45, 31. Oktober 1986.

Erich Honecker eine Antwort erhalten. Schmidt warf ein, ja, daß es eben kein zweites Ungarn im Westen gäbe. Im übrigen, so betonte W. Jarowinsky, sei das ja auch eine ökonomische Frage und besonders müsse hervorgehoben werden, daß dazu in der BRD erst grundsätzliche Voraussetzungen geschaffen werden müßten, insbesondere in der Gleichbehandlung und in der Achtung der Souveränität der DDR. Im Wege stehen nach wie vor die sogenannten Rechtsstandpunkte der BRD. Im übrigen sei H. Schmidt doch sicher bekannt, daß seit seiner letzten Begegnung mit Erich Honecker weitere Erleichterungen in Gang gekommen sind.

Eingehend beantwortete W. Jarowinsky die Fragen nach den Beziehungen zwischen Staat und Kirche in der DDR.

H. Schmidt kam abschließend auf das Treffen mit Erich Honecker am Werbellinsee zu sprechen. Damals sei in gegenseitigem Einklang der entscheidende Satz geprägt worden, daß von deutschem Boden nie wieder Krieg, sondern immer nur Frieden ausgehen dürfe. Er habe diesen Besuch gemacht, weil er von der Notwendigkeit einer normalen Einbettung der DDR in das Geflecht der internationalen Beziehungen überzeugt sei. Mit seinem Besuch wollte er beitragen, daß sich die Beziehungen anderer Staaten zur DDR normalisieren.

Wenn der Frieden gewahrt werden solle, sei der Dialog eine wesentliche Voraussetzung. In diesem Sinne müßten beide Staaten und ihre Führungen ihre Rolle in den internationalen Beziehungen spielen. Es wäre gut, wenn Erich Honecker in die BRD fahre. Er solle sich nicht vom Geschreibsel der Journaille beeinflussen lassen.

Ein solcher Besuch könnte ein wesentlicher Beitrag zur Normalisierung sein. W. Jarowinsky wiederholte Schmidt gegenüber dazu unseren Standpunkt.

Unter Bezugnahme auf den vorgesehenen Vortrag H. Schmidts in Potsdam machte W. Jarowinsky unsere Erwartungen deutlich. Es gehe darum, daß die Ausführungen der Friedenssicherung dienen und auch von uns mitgetragen werden können.

W. Jarowinsky bemerkte abschließend, er betrachte die Begegnung mit H. Schmidt als nützlich, als Dialog im Sinne der Politik der Vernunft und des Realismus. H. Schmidt stimmte dem zu und äußerte seine Befriedigung über dieses Gespräch.

Quelle: SAPMO - BArch, DY 30/vorl. SED, 41852.

Dokument 45

Schreiben Helmut Kohls an Erich Honecker vom 29. Oktober 1986

Sehr geehrter Herr Generalsekretär,
mit Interesse habe ich ihre Stellungnahme zur Begegnung zwischen Präsident Reagan und Generalsekretär Gorbatschow gelesen.[315] Ich hatte selbst in der vergangenen Woche Gelegenheit, mit dem amerikanischen Präsidenten über die Ergebnisse des Treffens zu sprechen.[316] Dabei habe ich den Eindruck gewonnen, daß in Reykjavik der Prozeß des Dialogs und der Verständigung zwischen West und Ost vertieft worden ist. Wie Sie bin ich der Auffassung, daß es darauf ankommt, dieses Momentum zu nutzen. Präsident Reagan hat mir gegenüber deutlich gemacht, daß auch nach seiner Auffassung auf der Grundlage der Fortschritte von Reykjavik der Dialog mit dem Ziel konkreter Ergebnisse fortgesetzt werden sollte.

Das vorrangige Interesse der Bundesregierung gilt dabei einer Vereinbarung bei den Mittelstreckenwaffen. In diesem Bereich war die zwischen den beiden Großmächten erzielte Annäherung besonders groß. Sie könnte eine Grundlage bilden, um auch für die Frage der Mittelstreckenwaffen kürzerer Reichweite durch die Vereinbarung einer konkreten Weiterverhandlungverpflichtung eine befriedigende Perspektive aufzuzeigen. Eine solche Lösung liegt im gesamteuropäischen Interesse. Die Sowjetunion hat allerdings seit Reykjavik ihre vorherige Haltung in der Frage des prozedualen Zusammenhangs zwischen offensiven und defensiven Waffen geändert und alle Vorschläge im Bereich der Mittelstreckenwaffen, zu einem „unteilbaren Verhandlungspaket" erklärt. Dies würde bedeuten, daß eine Vereinbarung über Mittelstreckenwaffen, selbst wenn sie möglich und gerechtfertigt wäre, von einer Bedingung abhängig gemacht würde, die damit in keinem Zusammenhang steht. Der Verlauf und der erfolgreiche Abschluß der Stockholmer Konferenz hat gezeigt, daß Lösungen nicht durch eine Politik des Alles oder Nichts, sondern nur durch schrittweise, kompromißbereite Annäherung gefunden werden können. Wir sollten daher beiderseits darauf hinwirken, Ergebnisse dort zu erreichen, wo sie möglich sind und vor allem in den Verhandlungen der Europäer in West und Ost besonders wichtigen Mittelstreckenwaffen zu einem Abkommen zu gelangen.

---

315 Gemeint ist die offizielle Stellungnahme der Partei- und Staatsführung der DDR zu den Ergebnissen des Reykjaviker Gipfels. Vgl. Anm. 310.

316 Vom 20. bis 23. Oktober 1986 hielt sich Bundeskanzler Helmut Kohl zu einem Staatsbesuch in den USA auf.

Auf einem anderen Gebiet, dem der chemischen Waffen, haben die Verhandlungen in Genf bereits dazu geführt, daß nur noch wenige Schlüsselfragen auf dem Gebiet der Verifikation offenstehen. Hierfür liegen Vorschläge auf dem Tisch, so daß auch hier bald eine Vereinbarung über ein weltweites Verbot chemischer Waffen erzielt werden könnte.

Bei meinen Gesprächen in Washington habe ich in diesem Sinne besonders die Notwendigkeit von Abkommen über atomare Mittelstreckenwaffen und über Chemiewaffen betont. Der amerikanische Präsident hat mir zugestimmt, daß auf diesen Gebieten Abkommen erreichbar seien, und die amerikanische Bereitschaft erklärt, hier zu Ergebnissen zu gelangen. Solche Abkommen könnten sicherlich die Chancen erhöhen, Fortschritte auch in anderen Rüstungskontrollbereichen zu erleichtern.

Ich möchte Ihnen dieses mitteilen, weil ich mich mit Ihnen darin einig weiß, daß diese Fragen von weitreichender Bedeutung für die Entwicklung des West-Ost-Verhältnisses insgesamt sind.

Nicht minder wichtig bleiben daneben Bemühungen um eine allgemeine Verbesserung der internationalen Lage durch Intensivierung der Zusammenarbeit und Ausgestaltung der bilateralen Beziehungen in Europa. Die beiden deutschen Staaten sind in besonderem Maße aufgerufen, dazu einen Beitrag zu leisten, der - wie wir übereinstimmend in der Erklärung von Moskau am 12. März 1985 festgestellt haben - „Fortschritte zum Wohle der Menschen" bringt.

In den letzten Monaten sind auf diesem Gebiet wichtige Schritte getan worden. Das Kulturabkommen ist in Kraft getreten und wird, wie ich hoffe, durch einen wachsenden Austausch mit Begegnungen in beiden Richtungen konkret ausgefüllt werden.[317] Die Verhandlungen über ein Abkommen über wissenschaftliche und technische Zusammenarbeit sowie über ein Abkommen auf dem wichtigen Gebiet des Umweltschutzes sind inzwischen sehr weit fortgeschritten und können aus unserer Sicht schon bald abgeschlossen werden. Ich habe auch mit Befriedigung festgestellt, daß sich der Reiseverkehr in dringenden Familienangelegenheiten weiter positiv entwickelt hat, wenngleich im Bereich der menschlichen Kontakte immer noch gravierende Probleme bleiben.

Ich bin der Ansicht, daß wir auf dem Weg der Entwicklung der Beziehungen weitergehen sollen und können.

---

317 Den Text des Abkommens der DDR und der BRD über kulturelle Zusammenarbeit vom 6. Mai 1986 vgl. z. B. in: Beziehungen der Deutschen Demokratischen Republik zur Bundesrepublik Deutschland und zu Berlin (West). S. 134 ff.

Durch die Entscheidung der Regierung der DDR vom 18. September ist ein Problem geregelt worden, das in zunehmendem Maße eine Reihe europäischer Staaten berührte, besonders aber die Beziehungen zwischen den beiden deutschen Staaten zu belasten drohte.[318] Diese Entscheidung Ihrer Seite ist ein Beispiel dafür, daß trotz unterschiedlicher Grundsatzpositionen pragmatische Regelungen im Interesse guter Nachbarschaft möglich sind.

Das Gespräch, das Bundesminister Schäuble in meinem Auftrag über diese und andere Fragen am 29. August 1986 mit Ihnen und Außenminister Fischer geführt hat, war sehr nützlich.[319] Es hat deutlich gemacht, wie wichtig vertraulich geführte Kontakte in den Beziehungen zwischen unseren Staaten sind. Ich möchte Ihnen deshalb vorschlagen, den Meinungsaustausch unter beiderseitiger Wahrung der Vertraulichkeit in nächster Zeit fortzusetzen. Bundesminister Dr. Schäuble steht dafür zur Verfügung. Eine Erörterung der Entwicklungsmöglichkeiten in den Beziehungen zwischen den beiden deutschen Staaten und der Fragen, die - ungeachtet unterschiedlicher Grundsatzpositionen - in den kommenden Jahren gelöst oder einer Lösung nähergebracht werden können, wäre aus meiner Sicht für beide Seiten von Nutzen.

Mit freundlichen Grüßen
gez. Ihr H. Kohl

Quelle: SAPMO - BArch, DY 30/J IV/J 126.

---

318 Vgl. Anm. 300.

319 Den Gesprächsvermerk über das Treffen Erich Honeckers mit dem Chef des Bundeskanzleramts, Wolfgang Schäuble, vom 29. August 1986 vgl. in: Heinrich Potthoff: Die „Koalition der Vernunft". S. 444 ff. Über den Besuch Schäubles in Ost-Berlin gab es keine offizielle Mitteilung.

Kapitel 4

1987: Nach dem Gipfel kommt der Fall
Der Besuch Erich Honeckers in der Bundesrepublik

1987 war eines der wichtigsten Jahre in der Geschichte der Beziehungen zwischen der DDR und der Bundesrepublik. Nach vielen Schwierigkeiten und erneuten Moskauer Einwänden kam Honeckers Besuch in Bonn und verschiedenen Bundesländern im September zustande. Die Reise des SED-Generalsekretärs und seine politischen Gespräche in der Bundeshauptstadt waren zweifellos der Höhepunkt der Westpolitik der DDR und standen am Ende eines langwierigen Normalisierungsprozesses im politischen Verhältnis beider deutscher Staaten.

Im Sommer des Jahres hatte die DDR-Führung Honeckers Reise intensiv vorbereitet. Abstimmungen mit den Partnern im Warschauer Vertrag und interne konzeptionelle Überlegungen zur weiteren Gestaltung des Verhältnisses zur Bundesrepublik gehörten zum politischen Alltag in der DDR-Hauptstadt. Die informellen Gesprächskontakte zu wichtigen bundesdeutschen Politikern wurden ausgebaut.

Honeckers bemerkenswerte Äußerung während des Aufenthalts in seiner Geburtsstadt Neunkirchen, daß der Tag kommen werde, „an dem Grenzen uns nicht mehr trennen, sondern vereinen, so wie uns die Grenze zwischen der Deutschen Demokratischen Republik und der Volkrepublik Polen vereint",[320] führte zunächst zu einigen wilden Spekulationen, bis 1989 aber zu keinerlei tiefgreifenden Änderungen in der Reisegenehmigungspraxis der DDR. Das Vertragsgeflecht, welches DDR und Bundesrepublik miteinander verband, wurde 1937 allerdings dichter. Der „politische Tourismus" nach Ost-Berlin nahm nach dem Honecker-Besuch weiter zu.

Die Beziehungen der SED zur SPD erreichten mit dem Dokument „Der Streit der Ideologien und die gemeinsame Sicherheit" eine neue Ebene. Das Papier, kurz vor der Honecker-Reise veröffentlicht, zeitigte jedoch erst danach eine größere Wirkung. In der DDR begann, unterstützt durch den Kurs Gorbatschows in Moskau, eine neuartige Diskussion. Die scheinbar monolithische SED-Herrschaft geriet nun endgültig ins Wanken.

---

320 ND, 11. September 1987.

In den unmittelbar nach seinem Tode veröffentlichten Erinnerungen Honeckers stellte dieser heraus, daß er die Visite in Bonn vor allem als einen großen persönlichen Erfolg betrachtete. [321] In den „Moabiter Notizen" hat Honecker auch die Niederschriften bzw. Vermerke über seine Gespräche während des Besuches in der Bundesrepublik dokumentieren lassen. Sie geben den Inhalt der Unterredungen mit Bundespräsident Richard von Weizsäcker, Bundeskanzler Helmut Kohl sowie weiteren Politikern, darunter Hans-Jochen Vogel, Alfred Dregger und Theo Waigel, Willy Brandt, Helmut Schmidt, Bernhard Vogel, Oskar Lafontaine, Gerhard Schröder und Franz Josef Strauß, wieder. [322]

Der Honecker-Besuch hatte vor allem politisch-demonstrative Bedeutung. Die unmittelbar greifbaren Ergebnisse waren gering. Die drei abgeschlossenen Verträge hätten auch bei anderer Gelegenheit, wesentlich weniger aufwendig, unterzeichnet werden können. [323] Beide Seiten legten dennoch großen Wert auf das Zustandekommen des Bonner Gipfels. Kohl hatte bereits in seinem ersten Brief an Honecker vom 29. November 1982 (*Dokument 12*) die seinerzeit von Helmut Schmidt ausgesprochene Einladung des SED-Generalsekretärs bekräftigt und dies bei verschiedenen Gelegenheiten wiederholt. Dennoch

---

321 Vgl. Erich Honecker: Moabiter Notizen. S. 47.

322 Die Gesprächsniederschriften bzw. Vermerke sind von der Begleitung Honeckers angefertigt worden. Sie sind zum Teil namentlich von Ewald Moldt, Manfred Niklas und Karl Seidel gezeichnet. Diese Dokumente sind nicht mit einem in einer Uhr versteckten Aufzeichnungsgerät mitgeschnitten worden, wie dies Rainer Eppelmann in einer Rezension dem Leser als Möglichkeit offerierte. Vgl. Berliner Zeitung, 23./24. Juli 1994. - Da die Protokolle sowohl bei Honecker als auch von Heinrich Potthoff veröffentlicht wurden, werden sie hier nicht nochmals wiedergegeben. - Vgl. zu den offiziellen Reden und Erklärungen u. a. Der Besuch von Generalsekretär Honecker in der Bundesrepublik Deutschland. Dokumentation. Bonn 1988; Ein Erfolg der Politik der Vernunft und des Realismus. Offizieller Besuch des Generalsekretärs des ZK der SED und Vorsitzenden des Staatsrates der DDR, Erich Honecker, in der Bundesrepublik Deutschland vom 7. bis 11. September 1987. Berlin 1987.

323 Während des Besuchs wurden am 8. September 1987 folgende Vereinbarungen in Bonn unterzeichnet: Abkommen über die Zusammenarbeit auf den Gebieten Wissenschaft und Technik, Vereinbarung über die weitere Gestaltung der Beziehungen auf dem Gebiet des Umweltschutzes, Abkommen über Informations- und Erfahrungsaustausch auf dem Gebiet des Strahlenschutzes. Sie sind u. a. veröffentlicht in: Der Besuch von Generalsekretär Honecker in der Bundesrepublik Deutschland. Dokumentation. S. 47 ff.; Beziehungen der Deutschen Demokratischen Republik zur Bundesrepublik Deutschland und zu Berlin (West). S. 143 ff.

waren Honeckers Bemühungen, seine BRD-Reise gegenüber der Führungsmacht in Moskau durchzusetzen, äußerst problematisch. In den „Abstimmungsgesprächen" von Hermann Axen mit den KPdSU-Politbüromitgliedern Alexander Dobrynin und Wadim Medwedjew (*Dokument 53*) am 27. Juli 1987 in Moskau sowie von Erich Honecker mit Alexander Jakowlew am 7. August 1987 in Berlin (*Dokument 55*) setzten sich die Interessen der SED-Führung durch.

Julij Kwizinskij erinnerte sich an ein Gespräch, daß er bei einer Politbürositzung am 27. März 1986 mit Gorbatschow führte. Nach seiner Erinnerung hatte Kwizinskij damals erklärt: „Man dürfe nicht glauben, daß die Entwicklung engerer Beziehungen zwischen Moskau und Bonn die DDR-Führung aus dem Konzept bringen werde. Ostberlin verfolge auf diesem Gebiet seit langem eine eigene Politik, einen im Grunde genommen eigenständigen und noch dazu stark national gefärbten Kurs. Dem Besuch Honeckers in der Bundesrepublik sollten nicht länger Hindernisse in den Weg gelegt werden."[324]

Gorbatschows Zusammenfassung der Thematik in dieser Politbürositzung ließ noch alles offen. Er beließ es bei einem Meinungsaustausch, ohne einen Beschluß zu fassen, und erklärte laut Kwizinskij in Bezug auf die Haltung der Sowjetunion zur BRD: „Aus strategischer Sicht gesehen ... könne es aber so nicht weitergehen. Die Bundesrepublik sei nun einmal der führende Staat Westeuropas auf wirtschaftlichem und militärischem Gebiet und von daher ein potentieller Partner der Sowjetunion. Natürliche Prozesse könnten auf die Dauer nicht aufgehalten werden. Man müsse die Wende jedoch allmählich vollziehen. Begonnen werden müsse mit der Wirtschaft und den Beziehungen zu den Parteien. Damit werde ein Signal gesetzt. Vor den Bundestagswahlen sollten jedoch keine Besuche auf höchster Ebene unternommen werden."[325]

Am 25. Januar 1987 bestätigten die Bundestagswahlen in der BRD die seit der Bonner Wende im Herbst 1982 bestehenden Mehrheitsverhältnisse trotz Stimmenverlusten der Unionsparteien. Moskau und Ost-Berlin wußten nun, daß man es auch in den nächsten vier Jahren mit einer Regierung der CDU/CSU und FDP zu tun haben würde.

Erich Honecker gratulierte Helmut Kohl zu seiner Wiederwahl zum Bundeskanzler am 11. März 1987.[326] In einem Dankschreiben vom 17. März 1987 betonte Kohl, daß es nunmehr darum ginge, „alle Anstrengungen zu unternehmen, um auf der Basis des Grundlagenvertrages normale gutnachbarliche Beziehungen" zwischen beiden

---

324 Julij A. Kwizinskij: Vor dem Sturm. S. 396.

325 Ebenda, S. 397.

326 Vgl. ND, 12. März 1987.

deutschen Staaten „im Interesse von Frieden und zum Wohle der Menschen zu entwickeln und auszubauen".[327]

Bereits am 1. März 1987 hatte Honecker eine Botschaft an Helmut Kohl gerichtet. (*Dokument 46*) Darin kam er auf Kohls Schreiben vom 29. Oktober 1986 (*Dokument 45*) zurück und nahm das Interesse des Bundeskanzlers an einer Vereinbarung über nukleare Mittelstreckenraketen ohne Junktim auf. Für den Fall der Einigung stellte er in Aussicht, daß DDR und Sowjetunion die Rückführung der auf dem DDR-Territorium stationierten Raketenkomplexe größerer Reichweite vereinbaren würden. Zugleich schlug Honecker Gespräche von Regierungsbeauftragten beider deutscher Staaten vor.

Kanzleramtsminister Schäuble kam daraufhin am 27. März 1987 nach Berlin und besprach mit dem SED-Generalsekretär die Vorbereitung seines Bonn-Besuchs sowie dafür mögliche Termine. Als wenige Tage später Günter Mittag nach Bonn kam, brachte er einen auf der Grundlage des Honecker-Schäuble-Gesprächs entstandenen Terminvorschlag mit, den der Bundeskanzler akzeptierte. Damit war der Besuchstermin von beiden Seiten festgelegt. Er ist dann am Abend des 15. Juli 1987 von Schäuble offiziell mitgeteilt worden.[328]

Neben der terminlichen Abstimmung des Honecker-Besuches in der BRD standen Abrüstungsfragen, aber auch bilaterale Themen, im Mittelpunkt der Gespräche, die Günter Mittag am 1. April 1987 in Bonn mit Helmut Kohl (*Dokument 48*) sowie Franz Josef Strauß (*Dokument 49*) führte. Gegenüber dem Bundeskanzler legte Mittag einen elf Punkte umfassenden Katalog von „Fragen der weiteren Gestaltung der bilateralen Beziehungen zwischen der DDR und der BRD" vor. Dieser umfaßte u. a. Fragen des Umweltschutzabkommens, eines Abkommens über die Zusammenarbeit in Wissenschaft und Technik, die Bildung einer gemischten Wirtschaftskommission DDR/BRD, Fragen der Lieferung von Elektroenergie aus der BRD nach Westberlin, den Ausbau von Verkehrswegen sowie Probleme des nichtkommerziellen Zahlungsverkehrs. Einige dieser Punkte besprach Mittag auch mit Strauß. Der Vorschlag zur Bildung einer gemischten Wirtschaftskommission stieß beim bayerischen Ministerpräsidenten auf „sichtliches Interesse".

Am 7. April 1987 legte DDR-Außenminister Oskar Fischer ein in der Abteilung BRD seines Hauses erarbeitetes Material mit dem Titel „Grundlinie des Ministeriums für Auswärtige Angelegenheiten der DDR zum weiteren Vorgehen gegenüber der BRD in den staatlichen

---

327 SAPMO - BArch, DY 30/J IV/J 126.

328 Vgl. Mitteilung des Presse- und Informationsamtes der Bundesregierung vom 16. Juli 1987.

Beziehungen" vor (*Dokument 50*). Es enthielt neben Grundpositionen der DDR zur Sicherung des Friedens und zur Abrüstung auch konkrete Vorschläge für die weitere Gestaltung der Beziehungen zur Bundesrepublik. Diese Aktivitäten dienten bereits der direkten Vorbereitung des Bonner Gipfels. Sie flossen in die Empfehlungen ein, die das SED-Politbüro am 18 August 1987 für die offizielle Gespräche Honeckers mit Kohl verabschiedete (*Dokument 56*).

Auch die informellen Kontakte zwischen beiden Seiten wurden weiter gepflegt und in den Dienst der Besuchsvorbereitung gestellt. Otto Reinhold traf Ende März 1987 (*Dokument 47*), am 2. Juni 1987 (*Dokument 52*) und noch einmal am 31. August 1987 (*Dokument 57*) mit Vizekanzler und Außenminister Hans-Dietrich Genscher zusammen. Alexander Schalck-Golodkowski sprach auf der Grundlage einer von Honecker bestätigten Direktive am 11. Mai 1987 mit dem CSU-Vorsitzenden Franz Josef Strauß (*Dokument 51*) und am 2. September 1987, knapp eine Woche vor Beginn des Besuches, mit Wolfgang Schäuble (*Dokument 58*).

Die Zentrale Auswertungs- und Informationsgruppe (ZAIG) des Ministeriums für Staatssicherheit faßte nach Bekanntwerden des Termins der Honecker-Reise, am 30. Juli 1987, die ersten „Reaktionen der Bevölkerung der DDR" zusammen (*Dokument 54*). Demnach hatten „unter allen Kreisen der Bevölkerung Erwartungshaltungen und Spekulationen über zu erwartende Ergebnisse dieses Besuches" einen breiten Raum eingenommen. Den Schwerpunkt bildeten dabei vor allem Fragen nach erweiterten Reisemöglichkeiten für DDR-Bürger in die Bundesrepublik und nach Westberlin sowie eine damit verbundene verbesserte Ausstattung mit Zahlungsmitteln.

Wenige Tage nach Abschluß des Honecker-Besuches legte die ZAIG des MfS am 15. September 1987 ihre zusammenfassenden „Hinweise zu Reaktionen der Bevölkerung" der SED-Führung vor (*Dokument 60*). Daraus geht u. a. hervor, daß auch nach dem Besuch Erwartungshaltungen und Spekulationen vor allem zur Reisefreiheit einen breiten Raum einnahmen. Gerade diese Frage wurde jedoch bis zum Herbst 1989 in Ost-Berlin faktisch negiert.

Honecker wertete auf der Politbüro-Sitzung am 15. September 1987 seine BRD-Reise aus und ließ erste Schlußfolgerungen zum Besuch verabschieden. Diese wurden fünf Wochen später am 20. Oktober 1987 im „Beschluß des SED-Politbüros über Maßnahmen zur Entwicklung der Beziehungen zwischen der DDR und der Bundesrepublik Deutschland" (*Dokument 61*) konkretisiert und erweitert.[32]

---

329 Die SED-Politbürositzung am 15. September 1987 beschloß: „Dem General-
    sekretär des ZK der SED und Vorsitzenden des Staatsrates der DDR, Ge-

Über die erstgenannte Sitzung legen die handschriftlichen Notizen von Egon Krenz ein beredtes Zeugnis ab. Sie vermitteln anschaulich, was der SED-Generalsekretär „seinem" Politbüro mitteilte (*Dokument 59*).

Der Honecker-Besuch in Bonn war der Höhepunkt der persönlichen Bemühungen des SED-Chefs um politische Reputation in der BRD. Von ihm gingen zahlreiche weitere Begegnungen von Politikern beider Seiten mit dem DDR-Staatsratsvorsitzenden, aber auch mit Bundeskanzler Kohl, aus. Politbüromitglied Werner Felfe besuchte Ende November 1987 die BRD und traf in Bonn mit Kohl und Schäuble zu politischen Unterredungen zusammen. Nach einem am 25. November 1987 nach Ost-Berlin übermittelten Blitztelegramm der Bonner DDR-Vertretung hatte der Bundeskanzler gegenüber Felfe erklärt, „daß man nicht darüber zu reden brauche, was uns trennt, sondern daß man das realisieren solle, was möglich ist." (*Dokument 62*)

Die Besuchsdiplomatie riß bis Mitte 1989 nicht ab. Die Bonner Regierungsparteien entsandten ebenso wie die oppositionelle SPD ihre Vertreter zu Gesprächen nach Berlin, obwohl sich in der DDR die Lage deutlich zuspitzte. Die Ablehnung von Glasnost und Perestroika durch die DDR-Führung wurde immer deutlicher.[330] Das hielt beide deutsche Staaten jedoch nicht davon ab, geschäftliche Vereinbarungen zu treffen. Die letzten größeren Abmachungen dieser Art waren die Protokolle über die Festlegung der Transitpauschale für den Zeitraum von 1990 bis 1999 in einer jährlichen Höhe von 860 Mio. DM, die an eine Vereinbarung zum Ausbau von Transitstrecken gekoppelt waren, sowie über die Festlegung der Pauschalsumme für die Straßenbenutzungsgebühren.[331]

Bevor diese Regelungen Anfang Januar 1990 in Kraft treten konnten, hatten sich alle Voraussetzungen der Deutschlandpolitik grundlegend geändert.

---

nossen Erich Honecker, und seiner Begleitung wird für die große und unermüdliche Arbeit während des offiziellen Besuches in der BRD, bei dem die erfolgreiche Politik der DDR überzeugend repräsentiert wurde, der Dank des Politbüros ausgesprochen." (SAPMO - BArch, DY 30/J IV 2/2/2239) In der Sitzung am 22. September 1987 beschäftigte sich das Politbüro erneut mit dem Besuch und beauftragte den Dietz Verlag, eine Broschüre mit den Reden und Erklärungen Honeckers während seiner BRD-Reise, einschließlich des Kommuniqués und des ND-Leitartikels vom 16. September 1987, herauszugeben. Vgl. SAPMO - BArch, DY 30/J IV/2/2/2240.

330 Vgl. Monika Nakath: SED und Perestroika, S. 20 ff; Gerd-Rüdiger Stephan (Hrsg.): „Vorwärts immer, rückwärts nimmer!" S. 53 ff.

331 Vgl. Beziehungen der Deutschen Demokratischen Republik zur Bundesrepublik Deutschland und zu Berlin (West). S. 154 ff.

Dokument 46

Schreiben Erich Honeckers an Helmut Kohl vom 1. März 1987[332]

Sehr geehrter Herr Bundeskanzler!
Die von Generalsekretär Gorbatschow unterbreitete Initiative, das Problem der Mittelstreckenraketen in Europa aus dem Block der Fragen, die Gegenstand der sowjetisch-amerikanischen Verhandlungen in Genf sind, herauszunehmen und dazu unverzüglich ein gesondertes Abkommen zu schließen, gibt mir Veranlassung, mich auf diesem Wege nochmals an Sie, Herr Bundeskanzler, zu wenden.[333] Auf Ihr Schreiben vom 29. Oktober 1986 zurückkommend, in dem Sie erklärten, daß die Regierung der Bundesrepublik Deutschland ein vorrangiges Interesse an einer Vereinbarung über nukleare Mittelstreckenraketen ohne Junktim habe, möchte ich Ihre Aufmerksamkeit darauf lenken, daß sich jetzt die historische Chance ergibt, dieses Problem durch eine gesonderte Vereinbarung zu lösen.[334]

Ich möchte bekräftigen, daß in diesem Falle die Deutsche Demokratische Republik mit der Regierung der Union der Sozialistischen Sowjetrepubliken die Rückführung der in der Deutschen Demokratischen Republik stationierten Raketenkomplexe größerer Reichweite vereinbaren würde.

Die DDR hat den von der UdSSR unterbreiteten Vorschlag zur Lösung des Problems der sowjetischen und amerikanischen Mittelstreckenraketen in Europa als bahnbrechende Entscheidung begrüßt und voll und ganz unterstützt. Die Sowjetunion hat damit an einem entscheidenden Punkt der gesamten Ost-West-Beziehungen erneut die Initiative ergriffen, um eine Wende vom Wettrüsten zur Abrüstung einzuleiten. Ihr Vorschlag ist ein radikaler und großer Schritt des Entgegenkommens, diktiert von Verantwortung, Vernunft und Augenmaß. Es eröffnet sich die historische Perspektive, Europa innerhalb kurzer Zeit von einem beträchtlichen Teil der nuklearen Last zu befreien. Die Verwirklichung des weitreichenden Vorschlags von Generalsekretär

---

332 In der vorliegenden Akte ist das Dokument als „Entwurf eines Briefes des Genossen Erich Honecker an BRD-Kanzler Helmut Kohl" bezeichnet und außerdem mit dem Vermerk „Einverstanden" von Honecker am 1. März 1987 abgezeichnet worden. Tatsächlich wurde das Schreiben am 8. März vom Leiter der Ständigen Vertretung der DDR in Bonn, Ewald Moldt, an Bundesminister Wolfgang Schäuble übergeben. Vgl. ND, 9. März 1987.

333 Gorbatschow hatte am 1. März 1987 eine entsprechende Erklärung im sowjetischen Fernsehen abgegeben. Vgl. ND, 2. März 1987.

334 Vgl. Dok. 45.

Michail Gorbatschow würde sich selbstverständlich günstig auf die weitere Entwicklung der Beziehungen zwischen der Deutschen Demokratischen Republik und der Bundesrepublik Deutschland auswirken.

Herr Bundeskanzler! Ich wende mich an Sie, weil von der Haltung der europäischen Staaten, nicht zuletzt der BRD und der DDR, zu dieser Möglichkeit der Lösung einer Schlüsselfrage der nuklearen Abrüstung in Europa vieles abhängt. Die BRD und die DDR sind in der Frage der Raketenstationierung besonders betroffen. Deshalb appelliere ich an Sie, den neuen Vorschlag der UdSSR ebenfalls zu unterstützen. Gleichzeitig schlage ich angesichts der Bedeutung des sowjetischen Schrittes und des unmittelbaren Interesses unserer beiden Staaten an der Erzielung eines Abkommens vor, daß sich Beauftragte der Regierungen treffen, um einen Meinungsaustausch darüber zu führen, was die BRD und die DDR tun könnten, damit die mit dem neuen sowjetischen Vorschlag gebotene Chance genutzt wird.

Ein solches Herangehen würde in der Tat die von uns am 12. März 1985 gemeinsam abgegebene Verpflichtung bekräftigen, alles zu tun, damit von deutschem Boden nie wieder Krieg, sondern nur noch Frieden ausgeht.

Ihrer Antwort, Herr Bundeskanzler, sehe ich mit Interesse entgegen.

Mit vorzüglicher Hochachtung
Erich Honecker

Quelle: SAPMO - BArch, DY 30/vorl. SED, 41664.

Dokument 47

Information Otto Reinholds an Erich Honecker über ein Treffen mit Hans-Dietrich Genscher Ende März 1987[335]

Werter Genosse Honecker!
Vom 26. bis 29. März dieses Jahres nahm ich in Bonn an einer Diskussion mit der Friedrich-Ebert-Stiftung über Fragen der Abrüstung und der Sicherheitspolitik teil. In dieser Zeit bat mich Genscher um ein Gespräch in seinem Ministerium.

---

335 Die Information wurde am 30. März 1987 verfaßt.

Als erstes sprach er darüber, daß es gut wäre, bei den Maßnahmen und Festlegungen gegenüber Westberlin zur 750-Jahr-Feier vorsichtig zu sein. Er habe Angst, daß in der Euphorie dieses Jahres Dinge festgelegt werden, die auf Grund des besonderen Status von Westberlin später nicht eingehalten werden können. Das könnte für die Entwicklung der Beziehungen zwischen der Bundesregierung und der DDR sich störend auswirken. Nach seiner Meinung müsse man bei entsprechenden Festlegungen, z. B. Besuch und Gegenbesuch sowie Bedingungen, die dazu notwendig seien, vor allem an die langfristigen Beziehungen zwischen den deutschen Staaten denken.

Genscher erkundigte sich nach unserer Meinung zur Regierungserklärung Kohls.[336] Ich legte ihm unsere Meinung dar. Auf die kritischen Bemerkungen, daß zu einer Reihe von aktuellen Problemen und Vorschlägen unsererseits nichts gesagt wurde, erklärte er, daß dies die Linie für vier Jahre sei. Außerdem hätte er in der Aussprache dazu die Meinung der Regierung gesagt.

Genscher betonte, daß in den Ost-West-Beziehungen heute so günstige Bedingungen bestehen wie schon lange nicht. Die Bundesregierung trete für die Null-Lösung bei den Mittelstreckenraketen ohne Wenn und Aber ein und unternehme viel, um auch ihre Verbündeten auf diese Linie festzulegen. Als die Sowjetunion ihre Vorschläge dazu gemacht habe, sei er sofort nach Paris gefahren, um mit der französischen Regierung eine gemeinsame Linie festzulegen. Mitterrand und Chirac seien sofort mit der Linie der Bundesregierung einverstanden gewesen, obwohl es unterhalb der Regierungsspitze noch viele Kräfte gebe, die Vorbehalte haben.

Auf seine Initiative wird er mit dem Bundespräsidenten Weizsäcker im Mai nach Moskau fahren.[337] Nach seiner Einschätzung habe die sowjetische Regierung die Zurückhaltung der letzten Monate aufgegeben, so daß ein breiter Dialog und viele wichtige Schritte zur Zusammenarbeit möglich wären. Er würde die Reise in die Sowjetunion sehr gründlich vorbereiten, so daß der Sowjetunion viele konkrete und weitreichende Vorschläge vorgelegt werden können. Auch für die Zeit danach wären wichtige Besuche und Gegenbesuche geplant und im wesentlichen von beiden Seiten akzeptiert.

All das bringt nach seiner Meinung eine Situation hervor, die durch besonders günstige Bedingungen für die Beziehungen zwischen beiden deutschen Staaten gekennzeichnet ist. Es wäre gut, wenn von beiden Seiten sehr gründlich überlegt werden würde, wie diese Bezie-

---

336 Helmut Kohl hatte die Regierungserklärung am 18. März 1987 abgegeben.

337 Der Staatsbesuch des Bundespräsidenten Richard von Weizsäcker in der UdSSR fand schließlich vom 6. bis 11. Juli 1987 statt.

hungen im Laufe dieses Jahres weiter ausgebaut werden könnten. Das betrifft die Zusammenarbeit auf den Gebieten der sicherheitspolitischen, ökonomischen und humanitären Fragen.

Auf Grund seiner Initiative würde gegenwärtig sehr gründlich darüber nachgedacht, was in diesem Bereich in nächster Zeit alles möglich wäre.

Genscher fragte ausführlich über unsere Einschätzung zu den gegenwärtigen Entwicklungsprozessen in der Sowjetunion. Nach seiner Meinung gibt es im Westen dazu noch eine gewisse Irritation und manches Rätselraten. Er habe klar dazu Stellung genommen. Man müsse Gorbatschow beim Wort nehmen und ihm sowohl in seiner Außenpolitik wie in der Innenpolitik Unterstützung geben. Einige Vertreter westeuropäischer Staaten hatten sich dieser Position angeschlossen, andere schwanken noch. Er wird alles tun, damit sich seine Linie durchsetzen wird.

Während meines Aufenthaltes in Bonn hatte ich die Möglichkeit, mit einigen Vertretern der Parteiführung der SPD zu sprechen. So u. a. mit Eppler, Koschnik und Glotz. Besonders Koschnik erklärte, daß die Auseinandersetzung in den letzten Tagen nicht in erster Linie um Brandt ging, es handelte sich vielmehr um einen Generalangriff der Rechten in der Partei gegen die jetzige Linie der SPD. So wurde vor allem versucht, die Rolle der Fraktion aufzuwerten und über die Partei zu stellen.[338]

Die Nutzung einiger Führungsschwächen war dafür lediglich ein Mittel zum Zweck. Dieser Angriff konnte fürs erste abgewendet werden, aber man brauche nicht damit zu rechnen, daß sie sich damit geschlagen geben werden.

Insgesamt konnte eine gewisse Stabilisierung erreicht werden, aber die Auseinandersetzungen werden sicher weiter gehen.

Mit sozialistischem Gruß
gez. Otto Reinhold

Quelle: SAPMO - BArch, DY 30/J IV/J 126.

---

338 Willy Brandt war nach innerparteilichen Auseinandersetzungen am 23. März 1987 zurückgetreten. Auf einem Sonderparteitag wählte die SPD am 14. Juni 1987 in Bonn Hans-Jochen Vogel zum ihrem neuen Vorsitzenden. Brandt wurde Ehrenvorsitzender der SPD.

Niederschrift über das Gespräch von Günter Mittag mit Helmut Kohl am 1. April 1987 in Bonn

G. Mittag legte zu Beginn des Gespräches seine Eindrücke vom Besuch der Hannover-Messe dar.[339] Die DDR zeige auf dieser Messe, an der sie zum 25. Mal teilnimmt, die Leistungsfähigkeit ihrer Volkswirtschaft, insbesondere bei Hochtechnologien. Deutlich werde das insbesondere bei der Verbindung von moderner Maschinenbautechnik mit der Mikroelektronik. So bei computergesteuerten Werkzeugmaschinen (CNC-Maschinen), flexiblen automatisierten Fertigungssystemen und auf weiteren Gebieten. Das sei bereits auf der Leipziger Frühjahrsmesse sehr überzeugend sichtbar gewesen, und das finde auch auf der Hannover-Messe ebenfalls seinen Ausdruck. Die DDR erweist sich somit als leistungsfähiger Wirschaftspartner auf hohem technischen Niveau.

H. Kohl bekundete in dem Zusammenhang sein Interesse am Besuch der Leipziger Messe.[340]

Nach diesen einleitenden Bemerkungen G. Mittags sagte Kohl, daß er davon ausgeht, im heutigen Gespräch alle Fragen, wenn gewünscht, zu behandeln. Er bitte G. Mittag als Gast, dazu zuerst das Wort zu nehmen, möchte jedoch zuvor ausdrücklich sagen, daß er mit den Ergebnissen des Gespräches von W. Schäuble bei E. Honecker sehr zufrieden sei und man darauf weiter aufbauen könne, um konkrete Schritte zu behandeln.[341]

G. Mittag überbrachte H. Kohl die herzlichen Grüße E. Honeckers, die ebenso erwidert wurden. E. Honecker habe seine Wertschätzung über das Gespräch mit W. Schäuble als Beauftragten der BRD-Regierung zum Ausdruck gebracht und messe dessen Ergebnissen große Bedeutung bei.

G. Mittag betonte dann, daß es von größter Bedeutung sei, daß die DDR und die BRD dafür sind, daß die Mittelstreckenraketen in Europa ohne wenn und aber abgezogen werden. Die DDR habe bekanntlich ihre Bereitschaft erklärt, bei Abschluß des Abkommens sofort mit der UdSSR die Rückführung der in der DDR stationierten Raketenkom-

---

339   Günter Mittag weilte wiederum anläßlich der Hannover-Messe in der Bundesrepublik. Er traf sich außerdem zu Gesprächen mit Otto Wolff von Amerongen (1. April 1987), Martin Bangemann und Hans-Jochen Vogel (2. April).

340   Kohl hat jedoch die Leipziger Messen nie besucht.

341   Die Gesprächsniederschrift des Treffens von Honecker mit Schäuble am 27. März 1987 vgl. in: Heinrich Potthoff: Die „Koalition der Vernunft". S. 515 ff.

plexe größerer Reichweite zu vereinbaren. Diese Position habe eine große Resonanz bei der Bevölkerung der DDR und ebenso auch im internationalen Maßstab gefunden. Es sei wichtig, trotz unterschiedlicher Standpunkte in Grundfragen in bezug auf die Friedenssicherung in vielen Fragen übereinzustimmen.

G. Mittag verwies auf das „Non-Paper", das W. Schäuble in Berlin übergeben worden sei.[342] Darin seien bekanntlich Überlegungen für gemeinsame oder parallele Schritte der DDR und der BRD, um dazu beizutragen, die Chancen zu einem gesonderten Abkommen zur Beseitigung der Mittelstreckenraketen in Europa zu nutzen, enthalten. Darin könnte erklärt werden, daß die DDR und die BRD für die völlige Beseitigung der Mittelstreckenraketen in Europa entsprechend der Verständigung von Reykjavik eintreten, Verhandlungen über die Verminderung und die Beseitigung aller anderen operativ taktischen Raketen werden befürwortet, die konstruktive Haltung zu weiteren Fragen der nuklearen Abrüstung, insbesondere auch hinsichtlich der strategischen Offensivwaffen, der strikten Einhaltung des ABM-Vertrages, eines umfassenden nuklearen Teststopps und des aktiven Eintretens für die Verminderung der konventionellen Militärpotentiale in Europa sowie für ein globales Verbot der chemischen Waffen werden dargelegt. Die DDR, so G. Mittag weiter, gehe davon aus, daß die BRD-Regierung zu gegebener Zeit auf die in den „Non-Paper" dargelegten Überlegungen zurückkommen wird. Auf einen Punkt möchte er im besonderen die Aufmerksamkeit H. Kohls lenken. G. Mittag verwies in dem Zusammenhang auf den jüngsten Vorschlag von Erich Honecker, Verhandlungen zwischen den Regierungen über die Einrichtung eines atomwaffenfreien Korridors in Mitteleuropa aufzunehmen.[343] Ein solches Gebiet könne kurzfristig vereinbart, eingerichtet und kontrolliert werden, und aus ihm würden nicht nur die atomaren Sprengköpfe, sondern auch die Trägermittel, einschließlich der doppelt, das heißt, nuklear und konventionell verwendungsfähigen, abgezogen.

Ausgehend davon, daß die grundlegende Frage im Verhältnis beider deutscher Staaten in der Friedenssicherung besteht, wolle er, so G. Mittag weiter, auf einige Fragen der weiteren Gestaltung der bilateralen Beziehungen zwischen der DDR und der BRD eingehen. Das betrifft eine Reihe von Vorschlägen über die konkrete Durchführung einer Reihe von Punkten, die bereits im Gespräch mit E. Honecker eine Rolle gespielt hätten. G. Mittag legte in dem Zusammenhang dar:

---

342 Vgl. Ebenda, S. 515.

343 Vgl. ND, 4./5. April sowie 10. April 1987.

1. Die Verhandlungen zur Fertigstellung der Vereinbarungen auf dem Gebiet des Umweltschutzes könnten im April 1987 weitergeführt werden mit dem Ziel, sie in nächster Zeit abschließen zu können.

2. Die Verhandlungen zum Abschluß eines Abkommens über die Zusammenarbeit in Wissenschaft und Technik könnten im April 1987 auf Expertenebene zur Abstimmung der Projektvorschläge weitergeführt werden.

3. Die nächste Sitzung der Grenzkommission am 3./4. Juni 1987 sollte genutzt werden, um kurzfristig Einvernehmen über eine verbindliche Feststellung der Elbgrenze „Mitte Strom" zu erreichen. Andere mit der Elbe zusammenhängende Fragen in Verbindung mit einer derartigen Vereinbarung könnten geregelt werden.

In diesem Zusammenhang betonte G. Mittag, daß eine verbindliche Feststellung der Elbegrenze „Mitte Strom" ein wichtiger Schritt wäre, um jene grundsätzlichen Fragen zu lösen, die die DDR im Sinne der weiteren Normalisierung des Verhältnisses zur BRD für wichtig ansieht. Das betrifft bekanntlich die uneingeschränkte Respektierung der Staatsbürgerschaft der DDR, die Auflösung der sogenannten Erfassungsstelle Salzgitter und die Umwandlung der Ständigen Vertretungen beider Staaten in Botschaften.

4. Zum bereits unterbreiteten Vorschlag der DDR über die Bildung einer gemischten Kommission DDR/BRD zu Fragen der Entwicklung der wirtschaftlich-technischen und Handelsbeziehungen wäre eine positive und konstruktive Antwort der BRD von Nutzen.

5. Die DDR wird in Kürze die BRD-Seite zur Weiterführung von Gesprächen zum Abschluß einer Vereinbarung über einen Informations- und Erfahrungsaustausch auf dem Gebiet des Strahlenschutzes einladen.

6. Zum Bezug und zur Lieferung von Elektroenergie aus bzw. nach der BRD und Westberlin könnten im April - Mai 1987 auf der Ebene der beteiligten Unternehmen beider Seiten informelle Sondierungsgespräche begonnen werden.

7. Zur Reduzierung der Salzbelastung der Werra und zur Verpressung von Kaliabwässern durch die BRD-Betriebe werde die DDR im April ihren Standpunkt übermitteln. Es bestehe Bereitschaft, diese Verhandlungen zur Erreichung ausgewogener Regelungen und Vereinbarungen fortzuführen.

8. Zum Ausbau und zur Elektrifizierung von Eisenbahntransitstrecken sowie zur Grunderneuerung bzw. zum Ausbau von Autobahn-Transitstrecken sei die DDR bereit, konkrete Vorschläge der BRD-Seite zur Prüfung bzw. als Gesprächsgrundlage entgegenzunehmen. Dazu könnten Gespräche aufgenommen werden.

9. Zur weiteren Durchführung des Kulturabkommens für die Jahre 1988/1989 werde die DDR ihrerseits die weiteren Maßnahmen vorbe-

reiten. Es wird im positiven Sinne geprüft, die in Rheinland-Pfalz vorbereitete Ausstellung (Salier-Ausstellung) auch in der DDR zu zeigen.

Die Gespräche über die Rückführung verlagerter Kulturgüter, deren bisherige Ergebnisse bereits jetzt schon ein positives Echo hervorgerufen haben, könnten im Mai 1987 fortgesetzt werden.

10. Zu den von der BRD-Seite aufgeworfenen Fragen des nichtkommerziellen Zahlungsverkehrs werde die DDR ihren Standpunkt und ihre Vorschläge der BRD-Seite über die Ständige Vertretung der DDR in der BRD im Mai 1987 offiziell übergeben.

11. Die Abstimmung über eine Themenliste für weitere Gespräche und Verhandlungen könnte auf der Grundlage des Dargelegten und weiterer Vorschläge erfolgen. Da dies inhaltliche Fragen betrifft, die von beiden Seiten aufgeworfen worden sind und im beiderseitigen Interesse liegen, könnte dies zielstrebig erfolgen, damit ein Arbeitsprogramm entsteht.

H. Kohl gab seiner ausgesprochenen Genugtuung über das in Berlin geführte Gespräch mit Erich Honecker und den heutigen Ausführungen von G. Mittag Ausdruck. Ausgehend von seiner Regierungserklärung bezog er sich ausdrücklich auf die mit E. Honecker abgegebene gemeinsame Erklärung vom 12. März 1985 in Moskau und brachte seinen Willen zum Ausdruck, die Beziehungen zwischen beiden deutschen Staaten in einem guten und offenen Klima weiterzuentwickeln, wobei er gleichzeitig die große Bedeutung des politischen Dialogs betonte. Er habe immer die Meinung vertreten, daß es zwei prinzipielle Möglichkeiten in den Beziehungen zwischen beiden deutschen Staaten geben würde. Nämlich sich entweder darauf zu beschränken, nur das Gegensätzliche hervorzuheben oder die unterschiedlichen prinzipiellen Positionen zu erkennen, gleichzeitig jedoch etwas Praktisches im Interesse der Menschen und der Normalisierung der Beziehungen zu tun. Bereits in Moskau sei ihm klar gewesen, daß mit E. Honecker ein Gesprächspartner vorhanden sei, mit dem es trotz unterschiedlicher grundsätzlicher Standpunkte und unterschiedlicher Generationen es möglich ist, mit Vernunft und guten Willen etwas nach vorn zu bringen.

H. Kohl sei bar jeder Illusion, daß es, wenn es eine weltpolitische Vereisung gibt, möglich sei, in dieser Richtung etwas zu tun. Jetzt jedoch sei die Situation wesentlich günstiger, und er vertrete den Standpunkt, daß man diese Situation nutzen müsse. Dabei gehe er davon aus, daß das Verhältnis zwischen beiden deutschen Staaten nicht nur das passive Ergebnis der weltpolitischen Konstellation sei, sondern daß beide Staaten, jeder in seinem Bündnis, in einem gewissen Umfange auf die Entwicklung des internationalen Klimas Einfluß nehmen könne. Wenn er beispielsweise mit dem Präsidenten der USA, R. Reagan, zusammentreffe, so sei die Frage der Verbesserung der Beziehungen zwischen beiden deutschen Staaten bei Reagan stets ein Thema. Das treffe beispielsweise auch auf seine Gespräche mit Mitterrand zu, mit dem er gleichzeitig auch privat freundschaftlich verbunden sei. Er, H. Kohl, schätze aus seiner Sicht ein, daß die neugebildete Bundesregierung fest im Sattel sitzen würde und daß sie gleichzeitig auch eine große Einflußmöglichkeit bei ihren Nato-Verbündeten besitzen würde. Er sprach direkt von einer angeblichen „Schlüsselposition".

Gleichzeitig legte er seine bekannte Position dar, daß die Beziehungen zwischen West und Ost nicht einfach nur Abrüstungsfragen seien, sondern daß sie sich gleichzeitig auch auf Handels- und Wirtschaftsbeziehungen, auf den Sport und überhaupt auf den humanitären Bereich erstrecken würden.

In dem Zusammenhang auf einige Aspekte der Beziehungen der BRD zur Sowjetunion eingehend, brachte H. Kohl zum Ausdruck, daß die geschichtliche Erfahrung gezeigt habe, daß diese am besten vorangehen würde, wenn stets ein ausgewogenes gegenseitiges Interesse gewahrt wird. Er verwies in dem Zusammenhang auf den bevorstehenden Besuch des Stellvertreters des Ministerrates der UdSSR, Antonow, in Bonn. Die BRD wolle sich künftig nicht auf gigantische Projekte, sondern auf praktisch machbare kleinere Schritte der Entwicklung der Zusammenarbeit mit der UdSSR konzentrieren, damit Ziel und Möglichkeit übereinstimmen.

Hinsichtlich der Beziehungen zur DDR bekundete er das Interesse an ihrem weiteren Ausbau. Er erwähnte dabei auch die zahlreichen Begegnungen von BRD-Politikern auf Länderebene im Zusammenhang mit der Leipziger Frühjahrsmesse und meinte, daß auf diese Weise die DDR bereits einen größeren Teil des Bundesrates der BRD kennengelernt hätte.[344]

Diese Bemerkungen verband H. Kohl mit einem gewissen kritischen Unterton gegenüber der aktiven Rolle, die von seiten der politischen Führungsspitzen einzelner BRD-Länder wahrgenommen würde. Gleichzeitig wolle er die Notwendigkeit betonen, Berlin (West) in die abzuschließenden bzw. zu verwirklichenden Verträge einzubeziehen, das sei für ihn ein zentraler Punkt. Er sei der Meinung, daß es möglich sei, Lösungen für noch bestehende Probleme dabei zu finden.

---

344 Am 12. März 1987 war Erich Honecker in Berlin mit Oskar Lafontaine (SPD) zusammengetroffen. Am 15. März 1987 führte der SED-Chef in Leipzig Unterredungen mit Martin Bangemann (FDP), Eberhard Diepgen (CDU) und Franz Josef Strauß (CSU). Am 16. März 1987 traf sich Honecker mit Lothar Späth (CDU) in Berlin. Die Gesprächsvermerke vgl. in: Heinrich Potthoff: Die „Koalition der Vernunft". S. 471 ff.

Gleichzeitig bitte er E. Honecker zu sagen, welche enorme Bedeutung die eingetretene wesentliche Entwicklung im Reise- und Besucherverkehr zwischen beiden deutschen Staaten habe. Er konzentrierte sich hier besonders auf den „psychologischen Aspekt" nach innen und nach außen. Er meine, daß die von E. Honecker genannten Zahlen über die Entwicklung des Reise- und Besucherverkehrs „sehr, sehr beachtlich" seien. Ganz besonders betreffe dies die Zahl derjenigen Besucher aus der DDR in die BRD, die unterhalb des Rentenalters liegen würde.

Wenn man diese Zahl ins Verhältnis zur Gesamtzahl der Besucher in der BRD aus der DDR setzen würde, dann käme auf Personen bezogen schätzungsweise heraus, daß das bereits mindestens 40, wenn nicht 50 % der Zahl der Personen (nicht der Reisen), die in die BRD kämen, betreffen würde. Für ihn, so Kohl, sei das ein wichtiger Punkt in der Festigung seiner Position gegenüber den USA und anderen Nato-Partnern. Er brachte die Hoffnung zum Ausdruck, daß es auf diesem Gebiet weiter vorangehen würde.

Von besonderer Bedeutung sei gleichzeitig auch das Vorankommen auf dem Gebiet des Umweltschutzes. Hier könnte die BRD und DDR in ihrer Zusammenarbeit positive Zeichen setzen. In der EG beispielsweise sei das Verständnis für die Fragen des Umweltschutzes noch sehr differenziert ausgeprägt. In Großbritannien spiele das „Waldsterben" praktisch überhaupt keine Rolle. Das treffe auch fast auf ganz Italien zu, wo man ja bereits den Wald seit der Römerzeit abgeholzt habe. Und auch in Frankreich sei das Umweltbewußtsein nur regional ausgeprägt. So meine er, daß, wenn die DDR und die BRD auf diesem Gebiet vorankommen würden, dies nach Ost und West eine große Wirkung haben könnte.

G. Mittag verwies in diesem Zusammenhang darauf, daß er mit M. Bangemann über diese Fragen, insbesondere auch der Umwelttechnik, sprechen werde. Was *Kohl* bejahte.[345]

Hinsichtlich der weiteren von *G. Mittag* angesprochenen Fragen, wie der Zusammenarbeit auf dem Gebiet der Energieversorgung und anderer Fragen, betonte *Kohl* ebenfalls das Interesse der BRD, und man solle sie vom Standpunkt des gegenseitigen Nutzens lösen.

Von sich aus schnitt Kohl die Frage der Zusammenarbeit auf dem Gebiet von Gastronomie- und Hotelwesen an. Auf Grund des steigenden Interesses am Tourismus in die DDR sehe man hier bestimmte Möglichkeiten der Zusammenarbeit. Worauf *G. Mittag* eine Prüfung in Aussicht stellte.

Abschließend hob G. Mittag hervor, daß das in der Entwicklung der Beziehungen zwischen der DDR und der BRD Erreichte, insbe-

---

345 Vgl. Anm. 339.

sondere auch in letzter Zeit, positiv einzuschätzen sei. Eine solche positive Einschätzung könne man immer dort treffen, wo es eine solide und langandauernde Zusammenarbeit geben würde. Es sei wichtig, daß sie in einer guten Atmosphäre von beiden Seiten auf der Grundlage des gegenseitigen Vorteils gefördert werden würde.

Quelle: SAPMO - BArch, DY 30/J IV 2/2A/2997.

Dokument 49

Niederschrift über das Gespräch von Günter Mittag mit Franz Josef Strauß am 1. April 1987 in Bonn

F. J. Strauß begrüßte G. Mittag und nahm Bezug auf das Gespräch mit E. Honecker anläßlich der Leipziger Frühjahrsmesse 1987.[346] Es habe sehr erfreuliche Ergebnisse mit sich gebracht, und man brauche deshalb auf die dort besprochenen Fragen nicht mehr im einzelnen einzugehen. Er betonte die sich gut entwickelnde Zusammenarbeit und verwies in dem Zusammenhang auf einen Brief E. Honeckers, den er gerade erhalten habe und der sich auf Fragen der wissenschaftlichen Zusammenarbeit bei der Bekämpfung von Aids bezog.

G. Mittag dankte für die Möglichkeit des Gesprächs und übermittelte die herzlichen Grüße E. Honeckers. Er möchte ebenfalls die Atmosphäre auf der Leipziger Messe als gut einschätzen. Der Besuch von F. J. Strauß auf der Messe und sein Auftreten in Leipzig habe in der DDR - wie auch in der internationalen Presse - eine entsprechende Würdigung gefunden. Das insbesondere auch deshalb, weil grundsätzliche Fragen besprochen worden wären, die das wichtigste Anliegen jeder Politik, nämlich die Friedenssicherung und zugleich auch die Entwicklung der Beziehungen mit der DDR, betreffen würden.

Ausgehend von dem erreichten Stand wolle er, G. Mittag, F. J. Strauß mit einigen Problemkreisen bekanntmachen und darlegen, wie die Arbeit weitergeführt werden könnte. Das betrifft beispielsweise die Verhandlungen zur Fertigstellung einer Vereinbarung auf dem Gebiet des Umweltschutzes, was in relativ kurzer Zeit möglich wäre, worauf F. J. Strauß bemerkte, daß er hier den Stand der Dinge mit großem Interesse verfolge. Das gleiche bezog sich auch auf die Verhandlungen zum Abschluß eines Abkommens über die Zusammenarbeit in Wis-

---

346 Vgl. Anm. 344.

senschaft und Technik. *G. Mittag* ging dann auf die Behandlung von Fragen ein, die mit der Feststellung der Elbgrenze zusammenhängen, worüber in der nächsten Sitzung der Grenzkommission am 3./4. Juni 1987 gesprochen werden sollte.

Er erwähnte die Vorschläge der DDR zur Bildung einer Gemischten Kommission DDR/BRD zu Fragen der Entwicklung der wirtschaftlich-technischen und Handelsbeziehungen, was vom Standpunkt der komplexen Behandlung der Probleme von großem Vorteil wäre. In Kürze werde die DDR die BRD zur Weiterführung von Gesprächen für eine Vereinbarung über den Informations- und Erfahrungsaustausch auf dem Gebiet des Strahlenschutzes einladen, was ebenfalls bei F. J. Strauß auf sichtliches Interesse stieß.

G. Mittag erwähnte dann die möglichen Sondierungsgespräche zum Bezug und zur Lieferung von Elektroenergie aus bzw. nach der BRD und Westberlin, die ebenfalls Ende April/Anfang Mai d. J. begonnen werden könnten.

F. J. Strauß meinte dazu, daß es sich hier um sehr wichtige Fragen im beiderseitigen Interesse handeln würde.

G. Mittag erklärte dann weiter, daß die DDR noch in diesem Monat ihren Standpunkt zur Reduzierung der Salzbelastung der Werra und zur Verpressung von Kali-Abwässern durch BRD-Betriebe übermitteln werde und sie bereit sei, diese Verhandlungen zur Erreichung ausgewogener Ergebnisse und Vereinbarungen fortzuführen.

F. J. Strauß zeigte sich an der Fortführung der Verhandlung zu diesen Fragen sehr aufgeschlossen. Er brachte zum Ausdruck, daß man Möglichkeiten finden müsse und finden könne, um die hier anstehenden Probleme zu lösen. Ein Modell, wie man das im gegenseitigen Interesse tun könne, sei das Abkommen bei der Röden. Die davon betroffene Stadt Coburg sei durch dessen Verwirklichung das erste Mal seit Jahrhunderten vom Hochwasser verschont geblieben.

G. Mittag erwähnte ferner den Ausbau bzw. die Elektrifizierung von Eisenbahn-Transitstrecken sowie die Grunderneuerung bzw. den Ausbau von Autobahn-Transitstrecken. Er betonte die Bereitschaft der DDR, konkrete Vorschläge der BRD entgegenzunehmen und dazu Gespräche aufzunehmen. Das sei im gegenseitigen Interesse und zugleich gelte es, durch die konkrete Behandlung dieser Fragen, einschließlich der damit verbundenen ökonomischen Aufwendungen, illusionären Vorstellungen vorzubeugen.

F. J. Strauß meinte daraufhin, daß er dieses Herangehen für richtig halte. Auch er sei großen Neubauvorhaben für Eisenbahnstrecken gegenüber sehr skeptisch. Er erwähnte in diesem Zusammenhang das in Diskussionen befindliche Projekt einer Schnellverkehrsstrecke zwischen Nürnberg und München, für deren Realisierung beispielsweise mehrere 100 ha Wald zum Opfer fallen würden. Nicht wenige derer, die heute für das Projekt eintreten, würden, wenn es darauf ankommt, dann dagegen Widerstand leisten. Bei der Eisenbahn insbesondere käme es darauf an, nicht neu zu bauen, sondern die vorhandenen Strecken zu modernisieren.

G. Mittag erläuterte des weiteren, daß die DDR Schritte zur Durchführung des Kulturabkommens auch für die Jahre 1988/89 vorbereitete, daß man der „Salier-Ausstellung" positiv gegenüberstehe und daß auf dem Gebiet der Rückführung verlagerter Kulturgüter die Verhandlungen fortgeführt werden sollten. Das hier bisher Erreichte habe auf beiden Seiten große Zustimmung gefunden.

F. J. Strauß bemerkte daraufhin, daß er zu diesem Fragenkomplex ebenfalls mit E. Honecker in Leipzig gesprochen habe. Vor allem ging es um die Bitte, aus drei Museen der DDR für einige Monate Kunstgegenstände für eine Ausstellung in München zur Verfügung zu stellen.

G. Mittag antwortete daraufhin, daß dieser, wie auch alle anderen angesprochenen Punkte, positiv entschieden worden wäre.

G. Mittag ging dann auf die F. J. Strauß vertretenen und auch in Leipzig zum Ausdruck gebrachten Positionen zum Abbau der Mittelstreckenraketen in Europa ein. Daß von seiten der BRD und der DDR jeweils große Anstrengungen zur Gewährleistung des Friedens unternommen werden, sei von den Menschen und der internationalen Öffentlichkeit sehr begrüßt worden. *G. Mittag* erläuterte die erklärte Bereitschaft der DDR, die als Gegenmaßnahme zur sogenannten „Nachrüstung" der NATO aufgestellten operativ-taktischen Raketen größerer Reichweite nach Vereinbarung mit der Sowjetunion abzuziehen. Ferner unterstütze die DDR die Aufnahme von Verhandlungen zur Reduzierung und Beseitigung von Raketen kürzerer Reichweite. Er erläuterte den Vorschlag E. Honeckers zur Schaffung einer atomwaffenfreien Zone in Mitteleuropa durch entsprechende Regierungsverhandlungen, was nicht nur bedeuten würde, daß die Sprengköpfe, sondern auch ihre Trägermittel verschwinden würden.[347]

F. J. Strauß legte daraufhin seinen Standpunkt dar. Er erklärte, daß er dafür eintrete, die Mittelstreckenraketen auf Null zu reduzieren. Bei den Kurzstreckenraketen ginge es um ein niedrigeres Niveau, um ein Gleichgewicht so niedrig wie möglich. Dabei käme es darauf an, vorhandene Ungleichgewichte auf diesem Gebiet zu beseitigen. Nach seiner Ansicht würden sich für die BRD mit dem Verschwinden der Pershing-II-Raketen bestimmte Probleme ergeben, da die Pershing-I-Raketen der USA bereits nicht mehr da wären und nur bei der Bundeswehr im geringen Umfange existieren würden. Davon ausgehend, lei-

---

347 Vgl. Anm. 343.

tete Strauß ein Ungleichgewicht zu Ungunsten der BRD ab und brachte zum Ausdruck, daß die Reduzierung hier auf seiten des Warschauer Paktes erfolgen müsse. Das sei notwendig, damit das sich entwickelnde gute Klima nicht gestört werden würde. Darüber hinaus halte er eine völlige Null-Lösung bei den sogenannten Kurzstreckenraketen wegen der nach seiner Ansicht bestehenden konventionellen Überlegenheit der Streitkräfte des Warschauer Vertrages für nicht möglich. In dem Zusammenhang sei für ihn von großem Interesse, daß E. Honecker zum Ausdruck gebracht habe, daß man auch die konventionellen Streitkräfte in die Überlegungen zur Reduzierung der Rüstungen einbeziehen müsse, und das sei auch seine Meinung.

Er verwies in dem Zusammenhang darauf, daß eine konventionelle Modernisierung immer teurer werde. Das wäre eine zunehmende Belastung für die gesamte Gesellschaft. Da von seiten des „Ostens" gesagt werden würde, daß hier die Waffen qualitativ nicht mehr denen der NATO nachstehen würden, bestünde also auch aus dieser Sicht kein Grund zu einer quantitativen Überlegenheit. Darüber hinaus könne aus demographischen Gründen aus der Sicht der BRD die Bundeswehr künftighin nicht in der gleichen Personalstärke bestehen bleiben. F. J. Strauß verband mit diesen Überlegungen die Notwendigkeit der Existenz eines bestimmten atomaren Potentials. Er erläuterte in dem Zusammenhang, daß er sich heute und in Zukunft keinen Fall vorstellen könne, daß jemand in Europa zur Lösung politischer Probleme zum Schwerte greifen würde. Das sei ein Wahnsinn, der noch den Hitlers wesentlich übertreffen würde. Denn die Existenz der Menschheit würde aufs Spiel gesetzt. So habe die „teuflische Technik" auch ihre guten Seiten. Da es auch in den sozialistischen Ländern hinsichtlich der Lösung von Konflikten durch Kriege kein anderes Denken geben würde, vertrete er diese Auffassung, daß es nicht möglich sei, die Atomwaffen gänzlich abzuschaffen.

Gen. Mittag erwähnte daraufhin die objektive Möglichkeit, daß gerade bei dem heutigen Stand der Technik ein Atomkrieg „ohne Absicht" ausgelöst werden könne. Was *Strauß* schließlich nicht bestritt.

Strauß erklärte dann weiter, daß Reagans Traum von einer von Atomwaffen freien Welt seiner Ansicht nach nur ein Wunschtraum sei. Solange Menschen konstruieren könnten, würde auch die Möglichkeit bestehen, Atomwaffen zu bauen. Zugleich sei er sich darüber im klaren, daß der Ausbruch eines Atomkrieges in Europa nichts übrig lassen werden würde und schon gar nicht in Mitteleuropa.

G. Mittag verwies abschließend auf die große Verantwortung, die beide Staaten für die Friedenssicherung hätten. Man müsse gerade jetzt in der gegenwärtigen Situation die Chancen, die es dazu gibt, durch und im Interesse beider Seiten nutzen, dem Strauß zustimmte.

F. J. Strauß dankte G. Mittag für die Mitteilung über die weiteren Vorschläge der DDR und für die zielstrebige Arbeit zur Verwirklichung des Vereinbarten. Man solle sich nicht auf das konzentrieren, was keine der jeweils anderen Seite könne. Aber das, was möglich sei, solle man, so weit wie es geht, verwirklichen.

Quelle: SAPMO - BArch, DY 30/J IV 2/2A/2997.

Dokument 50

Konzeption des Ministerium für Auswärtige Angelegenheiten zu den DDR-BRD-Beziehungen, 7. April 1987 (Auszug)[348]

Hinsichtlich des weiteren Vorgehens gilt grundsätzlich auch gegenüber der BRD das, was auf dem XI. Parteitag über die Beziehungen zu den kapitalistischen Industrieländern festgestellt wurde:

„Konsequentes Bemühen um den Ausbau von Beziehungen der friedlichen Koexistenz ... , Aufrechterhaltung und Entwicklung eines sachlichen politischen Dialogs und gegenseitig vorteilhafter Zusammenarbeit auf der Grundlage der allgemein anerkannten Prinzipien und Normen des Völkerrechts und der gegenseitigen Berücksichtigung der legitimen Interessen."[349]

In der konkreten Gestaltung der Beziehungen zur BRD ist von folgendem auszugehen:

I.

1. Die entscheidende Frage in den Beziehungen zur BRD ist und bleibt die *Sicherung des Friedens*, die historische Verpflichtung beider deutscher Staaten, alles zu tun, damit von deutschem Boden nie wieder Krieg, sondern immer nur Frieden ausgeht. In diesem Sinne ist die

---

348 Das Material wurde am 7. April 1987 von Außenminister Oskar Fischer mit einem Anschreiben an Günter Mittag übermittelt. Außerdem erhielt es auch der eigentlich zuständige ZK-Sekretär Hermann Axen, in dessen Bürounterlagen es aufgefunden wurde. Im Anschreiben verweist Fischer darauf, daß die „Grundlinie" in der „Arbeitsgruppe des Politbüros" behandelt werden soll. Schließlich wäre vorgesehen, die Themenliste, offenbar in Vorbereitung des Honecker-Besuchs in Bonn, dem Leiter der Ständigen Vertretung in Ost-Berlin, Hans Otto Bräutigam, zu übergeben.

349 Vgl. Protokoll der Verhandlungen des XI. Parteitages der Sozialistischen Einheitspartei Deutschlands im Palast der Republik in Berlin. 17. bis 21. April 1986. Berlin 1986. S. 34 ff.

BRD unter Nutzung aller Möglichkeiten auf die Umsetzung ihrer Friedenspflicht in konkrete Taten, zu einem aktiven und konkreten Beitrag der BRD zu Rüstungsbegrenzung, Abrüstung und Entspannung zu drängen. Dabei ist an den Friedenswillen breiter Bevölkerungskreise und an widersprüchliche Positionen bis in die Regierungskoalition hinein anzuknüpfen.

Gegenüber der BRD sind nachdrücklich konkrete politische Forderungen zur Friedenssicherung zu erheben. Dabei ist die Erreichung einer Null-Lösung ohne Wenn und Aber (Beseitigung aller Mittelstreckenraketen in Europa) in den Mittelpunkt zu stellen.

Ferner ist folgendes in den Vordergrund zu stellen:
- Verhinderung der Militarisierung des Weltraumes, strikte Einhaltung des ABM-Vertrages;
- 50 %ige Reduzierung der strategischen Offensivwaffen;
- Schaffung eines atomwaffenfreien Korridors in Europa;
- Schaffung einer von chemischen Waffen freien Zone in Europa, weltweites Verbot der chemischen Waffen;
- Einstellung aller Kerntests;
- Verhandlungen über die Beseitigung der Kurzstreckenraketen in Europa.

2. Der weiteren Einbindung der BRD in den Konfrontations- und Hochrüstungskurs der USA ist entgegenzuwirken. Dabei sind vor allem
- die Bestrebungen zur Wahrung eigenständiger BRD-Interessen gegenüber den sozialistischen Ländern zu nutzen;
- die Ansätze einer stärkeren Betonung westeuropäischer Wirtschafts- und Sicherheitsinteressen für die gesamteuropäische Sicherheit und Zusammenarbeit, einschließlich der Beziehungen RGW - EG zu beachten;
- die Widersprüche zwischen den USA und Westeuropa, besonders der BRD, sorgfältig zu analysieren und für die Durchsetzung der Politik der friedlichen Koexistenz zu nutzen.

II.

1. Neben dem Grundlagenvertrag ist die Gemeinsame Erklärung zwischen Erich Honecker und Helmut Kohl vom 12. März 1985 wichtige Grundlage der Beziehungen.[350] Sie ist zu bekräftigen und mit Leben zu erfüllen.

Die BRD darf nicht aus eingegangenen vertraglichen Verpflichtungen entlassen werden. Jegliche Versuche der BRD, abgeschlossene Verträge zu ignorieren, zu unterlaufen oder revanchistisch zu interpretieren sowie die revanchistischen sog. Rechtspositionen geltend zu machen, sind zurückzuweisen.

---

350 Vgl. Dok. 10 sowie Anm. 212.

Es ist zu unterstreichen, daß es sich bei der DDR und der BRD um zwei voneinander unabhängige, souveräne Staaten mit unterschiedlicher Gesellschaftsordnung und Bündniszugehörigkeit handelt.

2. Der Kampf um die Durchsetzung der offenen politischen Grundforderungen der DDR ist nachdrücklich weiterzuführen. Dabei ist gegenwärtig in den Vordergrund zu stellen:

- Uneingeschränkte Achtung des Prinzips der Nichteinmischung gegenüber der DDR durch die BRD, insbesondere Nichteinmischung in die Beziehungen der DDR zu anderen Staaten und internationalen Organisationen;
- Vordringliche Regelung praktischer Fragen der Staatsbürgerschaft durch die BRD, insbesondere:
- Auflösung der „Zentralen Erfassungsstelle" Salzgitter;
- Beendigung der Ausstellung von vorläufigen Reiseausweisen der BRD für Bürger der DDR bei zeitweiligem Aufenthalt in der BRD;
- Respektierung der Staatsbürgerschaft von DDR-Bürgern, die legal in die BRD übersiedeln (sofern sie die DDR-Staatsbürgerschaft behalten, keine Einziehung oder Ungültigmachung von DDR-Pässen);
- Behandlung von DDR-Bürgern, die zeitweilig in der BRD arbeiten, wie andere Ausländer (keine Wahlaufforderungen, keine Aufforderung zur Musterung);
- vorbehaltlose gegenseitige Rückführung Jugendlicher, die illegal in die BRD bzw. DDR gelangt sind;
- Achtung der Grenze als Grenze zwischen souveränen Staaten, Regelung des Grenzverlaufs auf der Elbe Mitte Strom.
Andere mit der Elbe zusammenhängende Fragen können in Verbindung mit der Vereinbarung des Grenzverlaufs geregelt werden:
- Abschluß der ausgehandelten Vereinbarungen zum Binnenschiffsverkehr, Sportbootverkehr, Hochwasserschutz und zur Fischerei;
- Aufnahme von Gesprächen über die Gewässergüte der Elbe.
Im Zusammenhang mit den offenen politischen Grundfragen ist im weiteren die Anstrengung darauf zu richten, *auf längere Sicht eine* Regelung anderer noch anstehender Fragen durchzusetzen:
- Aufgabe der „Obhutspflicht für alle Deutschen";
- Akzeptierung des Begriffs „Bürger der DDR" im Rechtshilfeverkehr.
- unverzügliche Verweisung von DDR-Bürgern aus BRD-Vertretungen, die dort „Asyl" suchen, um ihre Ausreise zu erzwingen;
- keine Ausstellung von BRD-Pässen an DDR-Bürger durch BRD-Botschaften in dritten Staaten;
- Umwandlung der Ständigen Vertretungen in Botschaften; als erster Schritt Angleichung ihres Status an den Status von Botschaften;
- Zuordnung zum Auswärtigen Amt;
- vorbehaltlose Anwendung der Wiener Konvention über diploma-

tische Beziehungen;
- ordnungsgemäße Einordnung der DDR-Vertretung in die Diplo-
matieliste;
- Gestattung des CD-Schildes für Fahrzeuge der DDR-Vertretung;
- Bezeichnung Botschafter für die Leiter der Vertretungen.
3. Es ist eine Politik fortzuführen, die auf politischen Dialog und
sachliche Zusammenarbeit gerichtet ist. Es ist deutlich zu machen, daß
die DDR im Sinne einer weltweiten Koalition der Vernunft und des
Realismus bereit ist, mit allen ins Gespräch zu kommen, die sich von
Vernunft und gutem Willen leiten lassen. Das schließt politische Kontakte sowohl mit Vertretern der Regierungsparteien wie mit Vertretern
der Opposition ein.
- Es ist ein geeigneter Termin für einen offiziellen Besuch des Generalsekretärs des ZK der SED und Vorsitzenden des Staatsrates
der DDR, Erich Honecker, in der BRD zu prüfen.
- Die Herstellung normaler Beziehungen zwischen der Volkskam-
mer der DDR und dem Bundestag der BRD ist weiter anzustreben.
- Konsultationen mit dem Auswärtigen Amt der BRD zu folgenden
Fragen: Abrüstung/Rüstungsbegrenzung, KSZE-Prozeß, Seerecht
sind weiterzuführen.
- Die vereinbarten Städtepartnerschaften sind unter Berücksichtigung der politischen und Sicherheitsinteressen der DDR mit Leben
zu erfüllen.
Auf *längere Sicht* sollte eine Begegnung der Außenminister beider
Staaten in der DDR oder in der BRD angestrebt werden. [...][351]

Quelle: SAPMO - BArch, DY 30/IV 2/2035/86.

Dokument 51

**Direktive für ein Gespräch zwischen Staatssekretär Alexander
Schalck und Franz Josef Strauß am 11. Mai 1987, bestätigt am 8.
Mai 1987 bestätigt[352]**

Entsprechend der getroffenen Entscheidung erfolgt am 11.5.1987 zwischen Genossen Schalck und F. J. Strauß ein informelles Gespräch.

---

351 Hier folgt noch ein kurzer Forderungskatalog zu den Bereichen Handel und
     Wirtschaft, Verkehr, Umwelt sowie Kultur.
352 Alexander Schalck übermittelte „auftragsgemäß" den Entwurf der Direktive
     am 6. Mai 1987 mit der Bitte um Zustimmung an Günter Mittag. Laut hand-
     schriftlichem Vermerk gab Honecker zwei Tage später sein „Einverstanden".

Dem Gespräch ist folgende Direktive zugrunde zu legen:

1. Ausgehend von dem Gespräch des Generalsekretärs des ZK der SED und Vorsitzenden des Staatsrates der DDR, Genossen Erich Honecker, mit F. J. Strauß am 15.3.1987 in Leipzig und dem erzielten Einvernehmen, in wichtigen Fragen der Friedenssicherung und auf bilateralen Gebieten zusammenzuarbeiten, ist auf der Grundlage beiliegenden Positionspapiers (Anlage 1) der Standpunkt der DDR zu wichtigen anstehenden Fragekomplexen darzulegen.[353]

Es ist zum Ausdruck zu bringen, daß die Möglichkeit besteht, noch in diesem Jahr zu bedeutsamen Regelungen und Vereinbarungen zu gelangen, die einen konkreten Beitrag beider deutscher Staaten zu Frieden und Entspannung in Europa darstellen und dem Wohle der Menschen dienen würden.

Im Interesse ausgewogener Verhandlungsergebnisse wird es für erforderlich erachtet, daß auf politischer Ebene Einvernehmen über wichtige Rahmenbedingungen erzielt wird.

Es ist die Bereitschaft der DDR zu erklären, zu den anstehenden Fragen vertrauliche informelle Gespräche auf der Ebene von Beauftragten beider Seiten zu führen.

F. J. Strauß ist zu bitten, seinen Einfluß in der Regierungskoalition im Sinne der von der DDR unterbreiteten Vorschläge geltend zu machen und durch den Bundeskanzler der BRD die Benennung eines geeigneten Beauftragten für die vorgeschlagenen informellen Gespräche zu veranlassen.

Das beiliegende Positionspapier kann als non paper übergeben werden.

2. Es kann die Bereitschaft der DDR bekräftigt werden, weitere Maßnahmen zur Entwicklung des Reise- und Besucherverkehrs vorzusehen, darunter auch die Ausweitung der Reisen in dringenden Familienangelegenheiten. In diesem Zusammenhang ist darauf hinzuweisen, daß auf diesem Gebiet in zunehmendem Maße ökonomische Faktoren zu berücksichtigen sind.

Es ist auf die Ausführungen von Bundesminister Schäuble am 27.3.1987 in dem Gespräch mit dem Generalsekretär des ZK der SED und Vorsitzenden des Staatsrates der DDR, Genossen Erich Honecker, Bezug zu nehmen, in dem Schäuble die Bereitschaft der BRD erklärt hat, Fragen zu erörtern, die mit der Entwicklung des Reiseverkehrs in wirtschaftlicher Hinsicht im Zusammenhang stehen.[354]

Es ist daraus hinzuweisen, daß kurzfristig insbesondere eine Regelung gefunden werden muß, um die Valutaaufwendungen der DDR für

---

353 Vgl. Anm. 344.

354 Vgl. Anm. 341.

Leistungen der Bundesbahn der BRD im Zusammenhang mit dem privaten Reiseverkehr drastisch zu reduzieren.[355]

Es ist deutlich zu machen, daß eine Beibehaltung und Ausweitung dieses Eisenbahnpersonenverkehrs nur möglich ist, wenn Lösungen gefunden werden, die den unterbreiteten Vorschlägen der DDR Rechnung tragen.

3. F. J. Strauß ist aufzufordern, seinen Standpunkt zu wichtigen internationalen Fragen, insbesondere zu den von der UdSSR und den Warschauer Vertragsstaaten unterbreiteten Abrüstungsvorschlägen sowie seine Auffassung zur weiteren Entwicklung der Beziehungen zwischen der DDR und der BRD darzulegen.

4. Sollte F. J. Strauß von seiner Seite aus Vorschläge zu bestimmten Projekten unterbreiten, so können diese zur Prüfung entgegengenommen werden.[356]

Quelle: SAPMO - BArch, DY 30/vorl. SED, 42181.

Dokument 52

Information Otto Reinholds an Erich Honecker über ein Treffen mit Hans-Dietrich Genscher am 2. Juni 1987[357]

Werter Genosse Honecker!

Am 2. 6. dieses Jahres hatte ich - auf seinen Wunsch - ein Gespräch mit Genscher in Bonn.

Zunächst erklärte er, daß er am nächsten Wochenende zu den Händelfestspielen nach Halle kommen wird. In der Vorbereitung des privaten Besuches war ein Gespräch mit Erich Honecker und ein Essen mit Oskar Fischer in Erwägung gezogen worden. Er habe darüber mit Kohl gesprochen. Kohl war prinzipiell mit diesen Gesprächen einverstanden, habe ihn aber gebeten, mit Rücksicht auf die Situation in der CDU/CSU-Fraktion gegenwärtig von diesen Gesprächen Abstand zu nehmen. Allgemein wird anerkannt, daß er aus der Diskussion um die doppelte Null-Lösung als Sieger hervorgegangen ist. Ein solches Gespräch gegenwärtig würde die Verwirrung in der CDU/CSU-Fraktion wesentlich vergrößern. In der CDU/CSU-Fraktion herrscht ge-

---

355 Hierzu führte eine gesonderte „Anlage 2" die DDR-Vorstellungen auf.

356 Es folgte die „Anlage 1" mit einem Katalog der einzelnen, von der DDR-Seite in Aussicht genommenen Themen und Fragekomplexe.

357 Die Information wurde Honecker am 5. Juni 1987 zugestellt.

genwärtig eine außerordentlich große Verwirrung. Insbesondere bei den Rechten in dieser Fraktion. Zwei Ursachen sind dabei vor allem bestimmend. Die Rechten waren bisher der Meinung, Reagan treibe eine solche rechte Politik, der man nur zu folgen brauche. Eigene Vorstellungen seien überflüssig. Nunmehr werden sie mit einer Situation konfrontiert, in der sie keine eigenen Vorstellungen haben

Ein zweiter Faktor käme hinzu: Die Entwicklung der letzten Zeit habe ihr Feindbild äußerst brüchig werden lassen.

Genscher erklärte, daß er sehr gerne diese Gespräche führen würde, aber er bittet zu verstehen, daß er auf die Lage in der Bonner Koalition und den Wunsch des Bundeskanzlers Rücksicht nehmen müsse. Er hoffe, daß diese Gespräche zu einem späteren Zeitpunkt zustande kommen werden.

Genscher erklärte, daß der Beschluß der Koalition über die doppelte Null-Lösung ein großer Erfolg sei und den Weg freigemacht habe für die Zustimmung der westeuropäischen NATO-Mitglieder. Wichtig sei die Haltung Frankreichs gewesen. Sie sei auf Grund einer intensiven Diskussion zustande gekommen, die er mit der französischen Regierung geführt habe. Er persönlich würde es auch begrüßen, wenn der Abbau der 72 Pershing-I a-Raketen in diese Lösung eingeschlossen worden wäre. Es war aber ein Zugeständnis nötig, um die doppelte Null-Lösung zu retten. Da sei ihm dieses Zugeständnis sehr leichtgefallen, weil diese Raketen militärisch von geringer Bedeutung seien, weil die anderen NATO-Staaten diesem Kompromiß zugestimmt haben und weil beim Besuch des USA-Außenministers Shultz in Moskau über diese Raketen überhaupt nicht diskutiert worden ist.

Er geht davon aus, daß die in der nächsten Woche stattfindende NATO-Tagung in Reykjavik der doppelten Null-Lösung zustimmen wird.[358] Im Herbst könnte ein Abkommen zwischen der Sowjetunion und der USA perfekt sein und unterschrieben werden.

Genscher bat darum, die Beschlüsse des Politischen Beratenden Ausschusses des Warschauer Vertrages in Berlin etwas näher zu erläutern.[359] Auf meine Frage, welche Möglichkeiten er für eine Diskussion über die Militärdoktrinen der beiden Bündnisse sehe, erklärte er, daß er diesen Vorschlag unbedingt unterstütze, daß er aber keine Illusion darüber habe, daß eine solche Diskussion schnell zu Ergebnissen kommen würde. Das wichtigste Hindernis sieht er darin, daß es in der

---

358 Die NATO-Ratstagung der Außenminister in Reykjavik am 11./12. Juli 1987 unterstützte ausdrücklich die in Aussicht genommene „doppelte Null-Lösung".

359 Vgl. den Text der Beschlüsse der Berliner Tagung des Politischen Beratenden Ausschusses der Warschauer Vertragsstaaten vom 28./29. Mai 1987 in: ND, 30./31. Mai sowie 10. Juni 1987.

NATO keinerlei Vorstellungen gibt, wie die jetzige Militärdoktrin durch eine andere Konzeption ersetzt werden könnte.

Genscher erklärte, daß er sich große Sorgen darüber mache, daß die Fortschritte, die im Hinblick auf den Abbau der Mittelstreckenraketen zwischen der USA und der Sowjetunion erzielt worden sind, zur Inaktivität der anderen Staaten in beiden Bündnissen führen könnte. Nach seiner Meinung entstehen im Sog dieser Fortschritte neue große Möglichkeiten für die Zusammenarbeit zwischen beiden deutschen Staaten und anderen kleineren Staaten in beiden Bündnissen. Diese Möglichkeiten müßten jetzt mit großer Aktivität genutzt werden. Wir müßten gemeinsam gründlich überlegen, was wir in dieser Richtung in nächster Zeit tun könnten.

Genscher erklärte, daß für ein längerfristiges Konzept der Abrüstung und der Entspannung noch gründlichere Gedanken darüber notwendig werden, wie eine europäische Friedensordnung aussehen könnte. Er schlug vor, über diese Frage im Spätsommer oder im Herbst darüber eine ausführliche Diskussion zu führen.

Genscher erklärte, daß in der Wirtschaft der Bundesrepublik und anderen westlichen Ländern in nächster Zeit große Schwierigkeiten zu erwarten seien. Die Hauptprobleme ergeben sich aus der krisenhaften Entwicklung des Weltmarktes und der damit sich ständig verschlechternden Exportmöglichkeiten. Ein außerordentlich schwieriges Problem ist die Lage in der Landwirtschaft. In diesem Zusammenhang bat er mich, die Organisation, die Arbeitsweise und die Entwicklungstendenzen der Landwirtschaft der DDR darzulegen.

Große Erwartungen verbindet er mit dem Besuch, den er mit Weizsäcker Anfang Juli in die Sowjetunion durchführt.[360] Er betonte, daß zwischen ihm und Weizsäcker in allen außenpolitischen Fragen eine volle Übereinstimmung besteht. Im Rahmen der offiziellen Delegation der BRD wird eine sehr große Zahl von Vertretern der westdeutschen Wirtschaft teilnehmen. Es bestehe ein großes Interesse daran, die Wirtschaftsbeziehungen zur Sowjetunion auszubauen. Bisher lägen die Beziehungen weit unter den Möglichkeiten. Es bestehe aber noch keine völlige Klarheit, in welchen Formen das geschehen könnte.

Bei seinem nächsten Aufenthalt in Westberlin würde er gern das Schauspielhaus und das Nikolai-Viertel besichtigen. Er fragte, ob ich ihm dabei behilflich sein könnte.

Mit sozialistischem Gruß
gez. Otto Reinhold

Quelle: SAPMO - BArch, DY 30/J IV 2/9.08/12.

---

360 Vgl. Anm. 337.

Niederschrift über die Konsultation Hermann Axens mit den Sekretären des ZK der KPdSU, Alexander Dobrynin und Wadim Medwedjew, am 27. Juli 1987 in Moskau (Auszüge)

Die Konsultation fand auf Einladung der sowjetischen Seite statt und diente dem Meinungsaustausch über die von Genossen Erich Honecker an Genossen M. Gorbatschow übermittelte „Analyse zur Lage in der BRD - Schlußfolgerungen für eine gemeinsame Politik".[361] [...]

Im weiteren legte Genosse Axen zu den Ausführungen der Genossen Dobrynin und Medwedjew folgendes dar:

Die Frage sei, wohin gehe die BRD. Richtig sei betont worden, daß die BRD militärisch keine Perspektive habe. Genosse Dobrynin habe von der Koalition des Überlebens gesprochen. Dies stimme mit unserer Losung von der Koalition der Vernunft und des Realismus überein, die Genosse Erich Honecker 1983 formuliert habe. Die BRD habe nur eine Perspektive, auch als kapitalistischer Staat, nämlich eine friedliche Politik zu verfolgen. Nur so könne sie ihre Positionen in der Weltwirtschaft und auf technisch-wissenschaftlichem Gebiet wahren. Es müsse unser Ziel sein, dieses neue Denken in der BRD durchzusetzen. Natürlich müsse dieses Ziel erst recht von den demokratischen Kräften in der BRD selbst verfolgt werden. Wir hätten den Genossen der DKP empfohlen, in der Richtung ihre Politik weiterzuentwickeln, die Frage aufzuwerfen, wie die BRD auf das Jahr 2000 zugehen wird, wird sie dem Frieden oder dem Verderben zugehen. Wir machten uns über die Schwierigkeiten des Kampfes keine Illusionen. Die Auseinandersetzungen in den herrschenden Kreisen der BRD seien noch nicht entschieden. Zweifellos gebe es starke Kräfte des militärisch-industriellen Komplexes und der revanchistischen Gruppierungen, die den Prozeß in Richtung Frieden und Abrüstung bremsen wollen. Diese Kräfte verfolgten die Taktik, jeden Schritt zur Abrüstung zu bremsen, Zeit zu gewinnen und, wenn ein Abkommen über die Mittelstreckenraketen nicht zu verhindern sei, es dann durch die Aufrüstung auf anderen Gebieten zu kompensieren, auf konventionellem Gebiet sowie durch Unterstützung von SDI und EVI. Dem müsse man entschieden entgegenwirken. Auf die Dauer werde diese Taktik aber nicht durchkommen, weil sich das Kräfteverhältnis geändert habe.

---

361 Diese vom SED-Politbüro am 23. Juni 1987 bestätigte Analyse vgl. in: Hans-Hermann Hertle/Rainer Weinert/Manfred Wilke: Der Staatsbesuch. Honecker in Bonn: Dokumente zur deutsch-deutschen Konstellation des Jahres 1987 (Freie Universität Berlin, Informationen aus Lehre und Forschung 2/1991)

Natürlich stimme es, daß die BRD der Hauptverbündete der USA in Europa sei. Sie wolle den Sozialismus duch militärische Stärke politisch erpressen. Aber die BRD müsse sich dem neuen Kräfteverhältnis anpassen. Das sei ein langer Prozeß. Revanchismus, Nationalismus und Militarismus wucherten weiter, aber gegenüber den 60er und 70er Jahren habe sich vieles verändert. Das wichtigste sei, daß die überwiegende Mehrheit der Bevölkerung bis hinein in die Monopolbourgeoisie gegen einen nuklearen Krieg sei. Deshalb sei eindeutig die Mehrheit der Bevölkerung der BRD für friedliche Beziehungen mit der DDR, nicht für Revanche. Es gebe keine Mehrheit für SDI, für EVI in der BRD. Es gebe die Befürchtung, daß die BRD in globale Konflikte der USA hineingezogen werde. Es wirke die Erfahrung, daß die BRD, wenn sie als letzter kalter Krieger auftrete, von den Ereignissen überrascht werde, wie durch das Treffen von Reykjavik. Hinzu komme zunehmende Rivalität und Konkurrenz. Die BRD strebe eine Hegemonie-Position in Westeuropa an, sie kämpfe um Neuaufteilung der Markte und der Einflußsphären. Die BRD wolle der stärkste Handelsspartner der sozialistischen Länder bleiben. Von Bedeutung sei, daß die BRD die höchste Abhängigkeit vom Außenhandel im Vergleich zu anderen kapitalistischen Ländern habe. 40 Prozent des Bruttosozialproduktes würden über den Außenhandel realisiert. Wichtige Kreise der Monopolbourgeoisie begreifen, daß der Kurs der Hochrüstung das Vorankommen der BRD auf technologischem Gebiet beschränke. Die Hauptfrage bleibe die Furcht vor einem nuklearen Inferno. Auf die Dauer würden die militaristischen Positionen nicht die Oberhand über den Trieb zur Selbsterhaltung gewinnen.

Genosse Axen legte dar, daß die BRD auf den 72 Pershing-Ia-Raketen beharre, um ein Abkommen über die Mittelstreckenraketen zumindest hinauszuschieben. Die DDR habe ihre Position dazu deutlich gesagt. Er habe kürzlich ein Gespräch mit der stellvertretenden amerikanischen Außenministerin, Frau Ridgway, geführt. Sie habe erklärt, daß die Pershing-Ia-Raketen bleiben müßten; dies sei früher so festgelegt worden. Genosse Axen habe ihr erwidert, in Reykjavik habe man sich auf Null verständigt, nicht auf Null plus 72. Null sei der Vorschlag von Reagan gewesen. Warum würden die USA jetzt gegen ihre eigenen Vorschläge auftreten? Darauf habe Frau Ridgway keine Antwort gegeben. Offensichtlich handele es sich um den Versuch, auf die Sowjetunion Druck auszuüben.[362]

---

362 Bundeskanzler Kohl erklärte am 26. August 1987, daß die Bundesregierung auf die Pershing-Ia-Systeme verzichtet, wenn ein Abkommen über die nuklearen Mittelstreckenraketen zwischen den USA und der UdSSR abgeschlossen werden sollte.

Genosse Axen betonte, das Kräfteverhältnis ändere sich vor allem durch unsere Anstrengungen. Natürlich beeinflußten die DDR und die BRD einander. Neu sei aber, daß die DDR immer stärker auf die BRD einwirke. Dies trage wesentlich zur Veränderung des Kräfteverhältnisses in der BRD bei. Im Bundestag gebe es in der Frage des Friedens heute faktisch eine Mehrheit zwischen SPD, Grünen und FDP. Darauf müsse die CDU/CSU Rücksicht nehmen. Weil sie dies vor den Wahlen nicht beachtet habe, habe sie ihre schwerste Wahlniederlage seit 1949 erlitten. Auch die CDU-Führung begreife, daß die Friedensfrage heute die Hauptfrage sei.

Genosse Axen erklärte zur Feststellung der sowjetischen Genossen über das Aufleben des Revanchismus in der BRD: Dies widerspiegele die Defensivposition dieser Kräfte. Genosse Gorbatschow habe auf der Berliner Tagung des Warschauer Vertrages erklärt, es gebe verstärkte Gegenattacken gegen unsere Politik, aber es gelinge uns, diese Attacken einzuengen.[363] Die Mehrheit der BRD-Bevölkerung sei für die Verträge und die Schlußakte von Helsinki. Unser Druck habe die herrschenden Kreise in der BRD gezwungen, die Dokumente von Reykjavik und die von Genossen Erich Honecker vorgeschlagene, eindeutig positive Stellungnahme zum Abschluß eines Abkommens über die Beseitigung der Mittelstreckenraketen der USA und der UdSSR ohne *Wenn und Aber* zu akzeptieren. Unser Einfluß habe auch Kohl gezwungen, die Gemeinsame Erklärung mit Erich Honecker vom 12. März 1985 zu vereinbaren, wonach die Unverletzlichkeit der Grenzen und der territorialen Integrität der Staaten Grundbedingung für den Frieden in Europa ist. Das sei der bedeutsame Unterschied gegenüber früher. Wir bagatellisieren den Revanchismus nicht, man darf ihn nicht überschätzen. Das sei altes Denken. Genosse Honecker habe Anfang Juni in einer Aussprache mit den Vorsitzenden der Blockparteien revanchistische Aktivitäten in der BRD entschieden zurückgewiesen. Dies sei ebenfalls im Bericht des Politbüros auf der 4. Tagung des ZK im Juni geschehen.[364]

Als Diepgen und Kohl mit nationalistischen Ausfällen in Westberlin auftraten, habe die DDR vorgesehene Aktivitäten eingefroren. Der Auftritt Reagans in Westberlin sei erstens eine Gegenattacke auf den Gipfel des Warschauer Vertrages gewesen. Reagans Rede sei zweitens auch der Versuch, der Wirkung der sozialistischen Friedenspolitik in den USA selbst entgegenzutreten. Vor allem zeige die Provokation Reagans, daß die USA das Selbständigkeitsbestreben in Westeuropa,

---

363 Vgl. Anm. 359.

364 Die 4. Tagung des SED-Zentralkomitees hatte am 18./19. Juni 1987 in Berlin stattgefunden. Den obligatorischen Bericht erstattete ZK-Sekretär Horst Dohlus.

in der BRD, fürchten. Die USA wollten ihre Verbündeten mit der Hetze gegen die Sowjetunion und die DDR disziplinieren, das imperialistische Klassenbündnis festigen.[365]

Die Tatsachen zeigen, daß die revanchistischen Bestrebungen nicht von der Mehrheit der Bevölkerung der BRD vertreten werden. Das Wesentliche und Neue im Bewußtsein der Mehrheit der Bürger der BRD sei zunehmend die Sorge um den Frieden. Dies sei für uns das wichtigste, und damit verbinde sich die Wahrung der Souveränität der DDR.

Der offizielle Besuch des Genossen Erich Honecker in der BRD werde die geschichtlich stärkste Aktion zur Durchsetzung der Souveränität der DDR sein.[366] Genosse Axen sagte: Man solle es nicht als Agitation verstehen, aber das Abspielen der Nationalhymne der DDR in Bonn sei gewissermaßen ein Salut für Karl Marx. Das Hissen der Staatsflagge der DDR sei ein Salut für Lenin, das offizielle, dem Völkerrecht entsprechende Programm auf dem Boden der BRD sei ein Salut für die sozialistische DDR.

Der Besuch werde einer der stärksten Schläge gegen den Revanchismus in der Geschichte sein. Die Gründung der DDR im Jahre 1949 war der erste schwere Schlag, der Schutzwall 1961 der zweite Schlag, der Grundlagenvertrag und die Aufnahme der DDR in die UNO 1972 der dritte Schlag. Im September 1987 werde dann ein vierter schwerer Schlag erfolgen. Es werde vor aller Welt die bisher stärkste Demonstration sein, daß heute zwei souveräne, voneinander unabhändige, sozial entgegengesetzte deutsche Staaten existieren, zwischen denen es nur Beziehungen der friedlichen Koexistenz geben kann.

Genosse H. Axen begrüßte die Übereinstimmung hinsichtlich Westberlins. Es komme darauf an, auch weiterhin in enger Zusammenarbeit alle Fragen zu klären. Er schlug vor, ähnlich wie in bezug auf die BRD, eine Analyse mit Schlußfolgerungen für die gemeinsame Politik gegenüber Westberlin in den nächsten Monaten zu erarbeiten und danach zu konsultieren. Ein solches Dokument könnte die Grundlage für die Zusammenarbeit mit den anderen sozialistischen Staaten sein.

Die DDR sei auch einverstanden mit der multilateralen Behandlung des weiteren Vorgehens gegenüber der BRD. Völlige Übereinstimmung bestehe auch hinsichtlich der sowjetischen Auffassung über

---

365 USA-Präsident Ronald Reagan war im Rahmen seines Staatsbesuches in der Bundesrepublik am 12. Juni 1987 in Westberlin am Brandenburger Tor aufgetreten und hatte von Gorbatschow den Abriß der Mauer gefordert.

366 Kanzleramtsminister Schäuble gab den vereinbarten Besuchstermin Honeckkers (7. -11. September 1987) am 15. Juli 1987 offiziell in Bonn bekannt.

das „europäische Haus". Die BRD habe ein anderes Europakonzept. Sie verfolge die Politik des Eindringens. Wir gingen von der Rede des Genossen M. Gorbatschow in Prag aus.[367] Es gebe sozialistische und kapitalistische Länder in Europa. Sie müßten friedlich zusammenleben.

Genosse H. Axen schlug vor, auf der Ebene der Zentralkomitees und der Außenministerien auszuarbeiten, wie man die Idee des europäischen Hauses konkret ausgestalten kann. Hier hätten die sowjetischen Genossen die Initiative. [...]

Quelle: SAPMO-BArch, DY 30/J IV 2/2A/3045.

Dokument 54

„Hinweise zu ersten Reaktionen der Bevölkerung der DDR" im Zusammenhang mit dem angekündigten Besuch Erich Honeckers in der Bundesrepublik, vorgelegt von der ZAIG des MfS am 30. Juli 1987

Vorliegenden Hinweisen aus allen Bezirken zufolge nehmen Meinungsäußerungen zum angekündigten Besuch des Genossen Honecker in der BRD einen breiten Raum ein. Er wird in allen Bevölkerungsschichten positiv bewertet und als Fortsetzung der Politik des Dialogs eingeschätzt sowie in die vielfältigen, von der Regierung der DDR ausgehenden Initiativen eingeordnet, alles zu tun, damit von deutschem Boden niemals wieder Krieg, sondern immer nur Frieden ausgeht. Weiter wird hervorgehoben, der Besuch sei erneuter Ausdruck dafür, daß seitens der DDR alles nur Mögliche getan werde, durch politischen Dialog, Sachlichkeit und Berechenbarkeit die Zusammenarbeit beider deutscher Staaten zu gestalten, auszubauen und damit den Prozeß der Abrüstung und Entspannung in Europa voranzubringen. In diesem Zusammenhang wird der angekündigte Besuch Erich Honeckers in der BRD gerade zum gegenwärtigen Zeitpunkt als politisch besonders bedeutsam bewertet.

Insbesondere progressive Kräfte verweisen auf vorgenannte politische Aspekte der Reise und betonen, daß dieser Besuch schon lange überfällig sei. Die DDR setze damit - so wird betont - ihre auf gutnachbarliche Beziehungen ausgerichtete Politik gegenüber der BRD

---

367 Die Rede des KPdSU-Chefs auf einer Kundgebung am 10. April 1987 in der tschechoslowakischen Hauptstadt Prag vgl. in: Michail Gorbatschow: Ausgewählte Reden und Aufsätze. Bd. 4. Berlin 1988, S. 523 ff.

unbeirrt fort und lasse sich auch durch feindliche Äußerungen und Handlungen führender BRD-Politiker, vorrangig in jüngster Zeit, nicht provozieren.

In fast allen vorliegenden Reaktionen wird ein direkter Zusammenhang zwischen der Reise und dem Beschluß des Staatsrates der DDR über eine allgemeine Amnestie hergestellt. Es wird argumentiert, die Partei- und Staatsführung der DDR wolle im Vorfeld des Besuches das politische Klima zwischen der DDR und der BRD positiv beeinflussen, günstige Voraussetzungen für die Gesprächs- und Verhandlungsführung schaffen und der BRD-Seite die Möglichkeit nehmen, sich auf sogenannte Menschenrechtsfragen, verbunden mit Forderungen nach „Freilassung politischer Gefangener", zu konzentrieren. Mit diesem Schritt begegne die DDR den zu erwartenden Bestrebungen führender BRD-Politiker, vom Hauptanliegen des Besuches, einen Beitrag zur Sicherung des Friedens und zur Abrüstung zu leisten, abzulenken. Besonders Angehörige der wissenschaftlich-technischen Intelligenz, Kunst- und Kulturschaffende sowie kirchliche Amtsträger heben hervor, daß insoweit wesentliche „Kritikpunkte" seitens der BRD an der DDR, vor allem im Hinblick auf sogenannte fehlende Freizügigkeit und angebliche Menschenrechtsverletzungen in der DDR, die den Besuch hätten belasten können, nahezu gegenstandslos geworden seien.

Beachtenswerten Einzelmeinungen politisch engagierter Bürger, insbesondere aus der Arbeiterklasse, der Klasse der Genossenschaftsbauern und der wissenschaftlich-technischen Intelligenz, zufolge, wird erwartet bzw. spekuliert, daß bzw. ob die BRD-Seite im Ergebnis des Besuches bereit sein wird, die Geraer Forderungen nach Anerkennung der DDR-Staatsbürgerschaft, der Auflösung der Erfassungsstelle Salzgitter und der Festlegung der Elbgrenze zu akzeptieren.

Vereinzelt lehnen jedoch progressive Kräfte unter Bezugnahme auf die bisherige destruktive Haltung der BRD-Seite bezüglich der Erfüllung der genannten Geraer Forderungen die Reise des Staatsoberhauptes der DDR in die BRD ab bzw. bringen ihre Verwunderung und zum Teil Unverständnis über den beabsichtigten Besuch angesichts der in jüngster Zeit verstärkten, äußerst militanten und aggressiven Aktivitäten verschiedener westlicher Politiker gegenüber der DDR zum Ausdruck.

In erheblichem Umfang werden in Meinungsäußerungen Befürchtungen sichtbar, daß es während des Aufenthaltes des Gen. Erich Honecker in der BRD zu Provokationen kommen könnte bzw. terroristische Anschläge auf seine Person nicht auszuschließen seien, wobei auf die vielfältigen terroristischen Aktivitäten neonazistischer und revanchistischer Kräfte in der BRD verwiesen wird.

Aus kirchlichen Kreisen wurden Auffassungen bekannt, es sei richtig, den Besuch nicht mehr an die Erfüllung von Vorbedingungen zu knüpfen, sondern besser, miteinander zu reden. Es wird als zweckmäßig erachtet, zu versuchen, über strittige Fragen im persönlichen Gespräch Meinungen auszutauschen und möglicherweise Einigung zu erzielen, um Standpunkte nicht zu verhärten, was nicht im Interesse der Menschen in beiden deutschen Staaten läge.

Breiten Raum nehmen in den Diskussionen unter allen Kreisen der Bevölkerung Erwartungshaltungen und Spekulationen über zu erwartende Ergebnisse dieses Besuches ein, zum Teil wesentlich beeinflußt durch entsprechende Sendungen westlicher elektronischer Medien. Absoluten Schwerpunkt bilden dabei Spekulationen über den weiteren Ausbau der Reisemöglichkeiten für DDR-Bürger in die BRD und nach Westberlin (Reisemöglichkeiten für alle interessierten DDR-Bürger, Touristenreisen). Teilweise wird dies verbunden mit der Erwartung über die Zahlung von finanziellen Zuschüssen seitens der BRD, die es der DDR u. a. ermöglichen, die Neufestlegungen der Ausstattung mit Reisezahlungsmitteln vom 1. Juli 1987 rückgängig zu machen.[368] Weiterhin wird dahingehend spekuliert, daß eine Erweiterung der Reisemöglichkeiten für DDR-Bürger ein Zugeständnis der DDR für den Ausbau der ökonomischen Beziehungen darstelle. Derartige Diskussionen zur Reiseproblematik werden besonders unter Jugendlichen und Jungerwachsenen sowie unter Angehörigen der medizinischen und wissenschaftlich-technischen Intelligenz, aber auch in Arbeitskollektiven von Betrieben und Genossenschaften geführt.

Verbreitet werden auch Erwartungen geäußert über die Vertiefung der Handelsbeziehungen zwischen beiden deutschen Staaten mit spürbarem Einfluß auf die Versorgung der Bevölkerung der DDR, insbesondere durch den Abschluß von Verträgen über den Import von Erzeugnissen der Bekleidungsindustrie, hochwertigen Konsumgütern und Pkw sowie zur Lösung von Rohstoff- und Ersatzteilproblemen.

Desweiteren wird - wenn auch in geringerem Maße - damit gerechnet, daß im Ergebnis des Besuches
- die Einreisesperren gegenüber übergesiedelten ehemaligen DDR-Bürgern aufgehoben,
- der „Zwangsumtausch" für BRD-Bürger bei Einreisen in die DDR abgeschafft,
- die kulturellen Beziehungen und die Städtepartnerschaften ausgebaut und die Zusammenarbeit auf den Gebieten Wissenschaft/Technik und Umweltschutz erweitert werden.

---

368 Ab 1. Juli 1987 durften DDR-Bürger, die in dringenden Familienangelegenheiten in die BRD reisten, jährlich nur noch 15 Mark der DDR in DM umtauschen (so wie bisher schon die Rentner). Zuvor war der Tausch von 70 Mark im Verhältnis 1:1 möglich.

Personenkreise, die Ersuchen auf Übersiedlung in die BRD gestellt haben, erhoffen sich eine schnelle Bearbeitung ihrer Anträge, um kurzfristig ausreisen zu können. Sie erwarten z. T. eine „Ausreisewelle" wie im Jahre 1984 und äußern vereinzelt, in der jetzigen Situation ihren Übersiedlungsersuchen nochmals schriftlich Nachdruck verleihen zu wollen. Unter diesem Gesichtspunkt sind Meinungsäußerungen von Mitarbeitern der Abteilungen Inneres von Räten der Kreise mehrerer Bezirke beachtenswert, daß im Zusammenhang mit der Ankündigung der Reise mit einem Ansteigen von Übersiedlungsersuchen gerechnet werden müsse und unter diesen Bedingungen derzeitig Gespräche zur Zurückdrängung von Übersiedlungsersuchen und Rückgewinnung von Übersiedlungsersuchenden keinen Erfolg hätten.

Quelle: BStU, ZA, ZAIG 4229.

Dokument 55

Aktennotiz über ein Gespräch Erich Honeckers mit KPdSU-Politbüromitglied Alexander Jakowlew am 7. August 1987 in Berlin (Auszüge)

Nach der herzlichen Begrüßung durch Genossen Honecker bedankte sich Genosse Jakowlew für die Möglichkeit eines Urlaubsaufenthalts in der DDR. Vor seiner Abreise habe er ein langes Gespräch mit Genossen Michail Gorbatschow gehabt. Genosse Gorbatschow habe ihn gebeten, herzliche Grüße und beste Wünsche an Genossen Honecker zu übermitteln. Er erinnere sich sehr gut an ihr letztes Gespräch und die Vereinbarungen.[369] [...][370]

Genosse Erich Honecker dankte Genossen Jakowlew für die Ausführungen, insbesondere für die Grüße des Genossen Gorbatschow. In der Tat sei man seit dem letzten Treffen in Berlin während der Tagung des Politischen Beratenden Ausschusses sowohl in der bilateralen Zusammenarbeit als auch auf internationalem Gebiet ein großes Stück weiter vorangekommen.[371] Besonders große Bedeutung haben

---

369 Das angesprochene Treffen zwischen Honecker und Gorbatschow hatte am Rande des Warschauer-Pakt-Gipfels in Berlin stattgefunden. Vgl. Anm. 359.

370 Jakowlew äußerte sich nachfolgend kurz zum Besuch des Bundespräsidenten Richard von Weizsäcker in Moskau. Vgl. Anm. 337.

371 Vgl. Anm. 359.

die jüngsten Vereinbarungen auf ökonomischem und wissenschaftlich-technischem Gebiet. Auch die zweite vereinbarte Frage - die gemeinsame Analyse der Lage in der BRD - sei durch die Konsultation des Genossen Axen mit den Genossen Dobrynin und Medwedjew realisiert worden.[372] Das Politbüro habe den Ergebnissen beider Konsultationen zugestimmt. [...]

Genosse Honecker legte die Einschätzung der SED zu den jüngsten Entwicklungen in der BRD dar, wo sich ein Prozeß der Umgruppierung der Kräfte vollzieht. Während die CDU/CSU bei den letzten Wahlen 2,5 Millionen Stimmen verlor, konnte die SPD ihre Positionen im wesentlichen halten, während FDP und Grüne ihren Einfluß zu festigen vermochten.

Nach der Initiative des Genossen Gorbatschow über die Beseitigung der Mittelstreckenraketen in Europa sei es gelungen, die BRD auf eine Zustimmung dazu ohne Wenn und Aber festzulegen. Gegenwärtig gingen die Auseinandersetzungen in der BRD um diese Fragen weiter. Die jüngsten Ausführungen des Genossen Schewardnadse zur Frage der Pershing-1a-Raketen haben in der BRD wie eine Sensation eingeschlagen.[373] Sie werden zweifellos die Auseinandersetzungen in der Regierungskoalition weiter verstärken. Es müsse vor allem weiter Druck auf die USA ausgeübt werden, diese Raketen abzuziehen. Die Ausführungen des Genossen Schewardnadse würden voll und ganz unterstützt.

Genosse Honecker legte Erfahrungen aus den Gesprächen mit westlichen Politikern dar, die großes Interesse an den Beschlüssen der Berliner Tagung des PBA zeigten, insbesondere an den Ausführungen zur Beseitigung der Asymmetrien durch Reduzierung der Rüstungen dort, wo angeblich Überlegenheit bestehe. Auch für die neuen Formulierungen zur Kontrolle und für die Fragen der Einstellung aller Kernwaffenversuche habe großes Interesse bestanden.

Die Bedeutung eines Abkommens über die Beseitigung aller Mittelstreckenraketen bestehe darin, daß damit ein Einstieg in dem langfristigen Prozeß der Abrüstung erreicht werden kann.

Im Zusammenhang mit der Vorbereitung des Besuchs in der BRD berichtete Genosse Honecker über den Brief eines alten Sozialdemokraten aus Bremen. Dieser habe auf die antifaschistische Haltung der Stadt während der Zeit des Faschismus verwiesen und Genossen Honecker dringend gebeten, Bremen zu besuchen. Genosse Honecker resümierte, daß der Besuch zweifellos zur Stärkung der progressiven

---

372 Vgl. Dok. 53.

373 Vgl. die Rede des UdSSR-Außenministers Schewardnadse vor der Genfer Abrüstungskonferenz am 6. August 1987 in: ND, 7. August 1987.

Kräfte in der BRD beitragen werde. Er verwies auf die geplanten Besuche in den von der SPD regierten Ländern Nordrhein-Westfalen und Saargebiet sowie auf die geplanten breiten Kontakte mit führenden Vertretern der SPD und auch der DKP. Der Besuch werde der gemeinsamen Sache Nutzen bringen. [...]

Quelle: SAPMO - BArch, DY 30/J IV 2/2A/3046.

Dokument 56

Empfehlungen des SED-Politbüros für die offiziellen Gespräche Erich Honeckers mit Helmut Kohl in Bonn vom 18. August 1987 (Auszüge)[374]

[...] *Zu bilateralen Fragen*
  Frage der Friedenssicherung
- Dabei möchte ich nochmals unterstreichen, daß wir der Frage der Friedenssicherung in den Beziehungen zwischen unseren beiden Staaten größere Bedeutung denn je beimessen. Beide Staaten können sich ihre geografische Lage nicht aussuchen. Sie müssen mit ihr leben und die notwendigen Konsequenzen daraus ziehen.
- Wir schlagen vor, *Konsultationen zu Fragen der Abrüstungsbegrenzung und Abrüstung*, wie sie im Grundlagenvertrag vorgesehen sind, regelmäßig durchzuführen. Das könnte auf der bisherigen Ebene geschehen; denkbar wäre aber durchaus, die Ebene der Außenminister ins Auge zu fassen. Das würde die Bedeutung unterstreichen, die beide Staaten den Fragen der Rüstungsbegrenzung und Abrüstung beimessen. Wir halten auch gemeinsame Initiativen beider Staaten in UNO-Gremien zu Abrüstungsfragen durchaus für möglich. Eine partnerschaftliche Haltung in diesen gravierenden Fragen wird sich zweifellos fördernd auf mehr Normalität in den gegenseitigen Beziehungen auswirken.
- Es besteht sicher Übereinstimmung, daß sich die Beziehungen zwischen unseren beiden Staaten nicht von der allgemeinen internationalen Entwicklung abkoppeln lassen. Zugleich haben beide Staaten auch die Verpflichtung, durch eine entsprechende Gestaltung ihres Verhältnisses positiv auf die Weltlage einzuwirken. In diesem Sinne

---

374 Das Material im Gesamtumfang von 29 Manuskriptseiten wurde von Honecker persönlich am 14. August 1987 im SED-Politbüro als Vorlage eingereicht.

betrachten wir auch die weitere Normalisierung der Beziehungen zwischen der Deutschen Demokratischen Republik und der Bundesrepublik Deutschland als wichtigen Beitrag zur Entspannung.

Festhalten der Vertragspolitik

- Die Deutsche Demokratische Republik hält an der Vertragspolitik mit der Bundesrepublik Deutschland fest. Die in den zurückliegenden Jahren geschlossenen Verträge und Vereinbarungen - mit dem Vertrag über die Grundlagen der Beziehungen als Ausgangspunkt - bieten gute Voraussetzungen dafür. Von besonderer Bedeutung dabei ist unsere Gemeinsame Erklärung vom 12. März 1985.

- Um den zurückgelegten Weg zu ermessen, genügt ein Vergleich der Lage im Jahre 1970 mit der heutigen. Niemand kann das Erreichte leugnen. Wenn wir trotzdem von einer umfassenden Normalisierung der Beziehungen noch entfernt sind, wenn noch mehr hätte erreicht werden können, so sehen wir die Ursache - ich sage das offen - vor allem im Festhalten an Positionen, die die uneingeschränkte Anwendung des Völkerrechts gegenüber der Deutschen Demokratischen Republik in Frage stellen.

- Das Deutsche Reich ist im Feuer des zweiten Weltkrieges untergegangen. Auf seinen Trümmern sind zwei voneinander unabhängige souveräne Staaten mit unterschiedlicher Gesellschaftsordnung und Bündniszugehörigkeit entstanden. Das sind die politischen und auch die völkerrechtlichen Realitäten. Im übrigen ist unbestritten: Die BRD will nicht auf ihre Existenz als kapitalistischer Staat verzichten; ebensowenig hat die DDR die Absicht, sich als sozialistischer Staat aufzugeben. Es versteht sich also von selbst, daß die Beziehungen zwischen der Deutschen Demokratischen Republik und der Bundesrepublik Deutschland nur so gestaltet werden können wie zwischen souveränen Staaten üblich. Das liegt im Interesse des Friedens, der Menschen in beiden Staaten und der Entwicklung guter Nachbarschaft.

- Die Existenz der beiden Staaten ist ein grundlegendes Element der europäischen Nachkriegsordnung. Daran rütteln heißt Frieden und Stabilität gefährden. Wir meinen - und hierin stimmen wir wohl mit der vorherrschenden Auffassung in Ost und West überein - daß Europa und die Welt gut damit leben können. Das hat letztlich auch im europäischen Vertragswerk bis hin zur Schlußakte von Helsinki seinen Niederschlag gefunden. Damit wurden für die gegenwärtigen Grenzen in Europa verbindliche und dauerhafte Grundlagen geschaffen, und insofern halten wir unverändert die Feststellung in unserer Gemeinsamen Erklärung vom 12. März 1985 für bedeutsam, daß die Unverletzlichkeit der Grenzen und die Achtung der territorialen Integrität und der Souveränität aller Staaten in Europa in ihren gegenwärtigen Grenzen grundlegende Bedingung für den Frieden ist.

- Wir sind folgender Auffassung: Ohne die Gegensätze und Unterschiede zu verwischen, kann auf der Grundlage der geschlossenen Verträge und Abkommen und entsprechend den Prinzipien der friedlichen Koexistenz das in den Beziehungen Erreichte weiterentwickelt werden. Dabei muß ein Kerngedanke des Grundlagenvertrages eingehalten werden, nämlich daß beide deutsche Staaten gegenseitig Unabhängigkeit und Selbständigkeit in inneren und äußeren Angelegenheiten respektieren. Wenn sich beide Seiten von Realismus, Vertragstreue und gutem Willen sowie von der selbstverständlichen Achtung der Souveränität, Gleichberechtigung und Nichteinmischung leiten lassen, wird es weiter vorangehen.

Fortschritte in den Beziehungen

- Wir begrüßen, daß in den letzten Jahren Fortschritte in den bilateralen Beziehungen erreicht werden konnten. Das Vertragssystem konnte erweitert werden, nicht zuletzt durch den Abschluß des Kulturabkommens 1986. Die Handels- und Wirtschaftsbeziehungen entwickelten sich trotz mancher Probleme. Der Reise- und Besucherverkehr nahm bedeutend zu. Als Zeichen des guten Willens hat die Deutsche Demokratische Republik Reisen in dringenden Familienangelegenheiten in großzügiger Weise gestattet (1986: 573.000). Auf Ersuchen der Regierung der Bundesrepublik Deutschland hat die Deutsche Demokratische Republik den Transit durch die Deutsche Demokratische Republik in die Bundesrepublik Deutschland oder nach Westberlin für Bürger anderer Staaten von der Vorlage eines Sichtvermerks der Bundesrepublik Deutschland abhängig gemacht. Seit 1986 wurden u. a. zahlreiche Städtepartnerschaften vereinbart.

All das zeigt: Bei Vernunft und gutem Willen kann man vorankommen.

Offene politische Grundfragen regeln

- Natürlich kann man nicht daran vorbeigehen, daß eine Reihe von politischen Grundfragen einer Lösung harrt. Gestatten Sie mir einige Bemerkungen zu diesen Fragen, die ja keineswegs neu sind. Sie laufen im Kern auf die Notwendigkeit hinaus, die Normen des üblichen zwischenstaatlichen Verhaltens in den gegenseitigen Beziehungen uneingeschränkt zu achten.

- Unverändert besteht das Erfordernis, entsprechend dem Grundlagenvertrag, das *Prinzip der Nichteinmischung* vorbehaltlos in den Beziehungen zwischen beiden Staaten zu achten.

- Wichtig ist und bleibt im Sinne der Normalisierung, die *Ständigen Vertretungen in Botschaften* umzuwandeln und die Abwicklung der Beziehungen auf die zwischen souveränen Staaten übliche Ebene der Außenministerien überzuleiten.

- Unveränderte Quelle von Störungen bleibt die Weigerung, die *Staatsbürgerschaft* der Deutschen Demokratischen Republik uneingeschränkt zu respektieren. Die einfache Wahrheit, daß es keinen Staat ohne Staatsbürger gibt und daß jeder Staat nur seine Bürger für sich in Anspruch nehmen darf, muß auch im Verhältnis der beiden deutschen Staaten gelten.

Das bedeutet die Beschränkung der Staatsbürgerschaftsgesetzgebung der Bundesrepublik Deutschland auf ihre Bürger und die Aufgabe einer angeblichen „Obhutspflicht" für „alle Deutschen". Dazu gehört: Auflösung der „Zentralen Erfassungsstelle" Salzgitter als Überbleibsel des kalten Krieges; Beendigung der Ausstellung von vorläufigen Reiseausweisen der Bundesrepublik Deutschland für Bürger der Deutschen Demokratischen Republik bei zeitweiligem Aufenthalt in der Bundesregierung Deutschland; Respektierung der Staatsbürgerschaft von Bürgern der Deutschen Demokratischen Republik, die legal in die Bundesrepublik Deutschland übersiedeln; gegenseitige Auslieferung krimineller Verbrecher; gegenseitige Rückführung Jugendlicher; Behandlung in der Bundesrepublik Deutschland tätiger Bürger der Deutschen Demokratischen Republik wie Bürger dritter Staaten; Ausweisung von Bürgern der Deutschen Demokratischen Republik aus Botschaften der Bundesrepublik Deutschland.

- Ungelöst ist immer noch die Frage des Grenzverlaufes auf der Elbe. Mitunter entsteht der Eindruck, eine Regelung Mitte Strom werde in der Bundesrepublik Deutschland als ein großes Entgegenkommen an die Deutsche Demokratische Republik aufgefaßt, so als ob die Bundesrepublik Deutschland gewissermaßen Gebiet an die Deutsche Demokratische Republik verschenke oder als ob man gewichtige Rechtspositionen aufgebe. Es geht hier im Grunde um beiderseitige Interessen, beide Seiten würden gewinnen. Es sollte wohl auch im politischen Interesse der Bundesrepublik Deutschland liegen, die einzige noch offene Grenzfrage zu regeln und damit eine Reibungsfläche aus der Welt zu schaffen, zumal niemand wirklich dabei etwas verliert und nicht einmal sogenannte Rechtspositionen berührt werden. Zum anderen blockiert die Bundesrepublik Deutschland selbst den Abschluß von Vereinbarungen, an denen sie interessiert ist. Dabei handelt es sich um den Abschluß zum Binnenschiffsverkehr, zum Sportbootverkehr, zur Fischerei und zum Hochwasserschutz. Auch Gespräche über die Gewässergüte der Elbe würden möglich.

Es geht nur darum, eine seit 1945 bestehende Praxis vertraglich zu fixieren, wie dies in dem bereit seit 1975 ausgehandelten Protokollvermerk der Grenzkommission vorgesehen ist.[375]

Zum weiteren Ausbau der Beziehungen

- Ich möchte unterstreichen, daß wir den Ausbau der politischen Beziehungen für wichtig halten. Dazu gehören nach unserer Meinung Treffen beider Außenminister in der Deutschen Demokratischen Republik oder in der Bundesrepublik Deutschland, Konsultationen zwischen den Außenministerien, gegenseitige Ministerbesuche und nicht zuletzt die Herstellung normaler Parlamentskontakte durch Austausch von Delegationen, Studienreisen von Abgeordneten, Zusammenarbeit im Rahmen der Interparlamentarischen Union u. a.

Die bestehenden Städtepartnerschaften sollten mit Leben erfüllt werden.

Die Deutsche Demokratische Republik ist bereit, in einer Reihe anstehender Fragen zu gegenseitig annehmbaren Regelungen zu kommen. Das betrifft Fragen wie

- die Reduzierung der Salzbelastung der Werra und der Kaliabwasserversenkung;
- Ausbau und Elektrifizierung von Eisenbahntransitstrecken;
- Grunderneuerung und Ausbau von Autobahntransitstrecken;
- Bezug und Lieferung von Elektroenergie durch die Deutsche Demokratische Republik bzw. die Bundesrepublik Deutschland unter Einbeziehung von Berlin (West).

Handel

- Großes Gewicht haben die Handels- und Wirtschaftsbeziehungen zwischen beiden Staaten. Sie entwickeln sich stabil, wenn auch nicht ohne Probleme. Wir sind dafür, den Handel zum gegenseitigen Nutzen auszubauen. Wir betrachten dies als wichtigen stabilisierenden Faktor für die Gesamtbeziehungen. Die weitere kontinuierliche Entwicklung des Handels erfordert eine längerfristige stabile Erhöhung der Exporte der Deutschen Demokratischen Republik. Dem würde es dienlich sein, wenn Behinderungen und Hemmnisse auf seiten der Bundesrepublik Deutschland beseitigt werden. Möglichkeiten der Deutschen Demokratischen Republik zum Bezug von Maschinen, Ausrüstungen und Industrieanlagen aus der Bundesrepublik Deutschland hängen wesentlich von der Verbesserung der Exportstruktur der Deutschen Demokratischen Republik ab.

Zweckmäßig wäre es auch, in Übereinstimmung mit dem Grundlagenvertrag überholte Regelungen abzuschaffen. Das bezieht sich

---

375 Offenbar wurde hier eine Vereinbarung vom 29. Juni 1974 über den Grenzverlauf angesprochen. Vgl. Innerdeutsche Beziehungen. S. 82.

besonders auf das in der Bundesrepublik Deutschland noch geltende sogenannte Militärregierungsgesetz Nr. 53, das die Deutsche Demokratische Republik diskriminiert.[376]

Wir sind dafür, effektive Formen einer auf längere Sicht ausgelegten Zusammenarbeit insbesondere beim Export von Industrieanlagen und Ausrüstungen in Drittländer zu entwickeln.

Wir bekräftigen unseren Vorschlag, eine gemischte Kommission zu Fragen der Entwicklung der wirtschaftlich-technischen und Handelsbeziehungen zu bilden.

Abschließende Bemerkungen

- Abschließend möchte ich nochmals bekräftigen: Unser Herangehen an die Beziehungen zur Bundesrepublik Deutschland ist bestimmt vom Willen zu normaler zwischenstaatlicher Zusammenarbeit auf den vereinbarten Grundlagen. Vernunft und guter Wille müssen die Oberhand behalten.

Es darf nichts unversucht gelassen werden, um Schritte zu tun, die dem Frieden, der Entspannung, der internationalen und einer gegenseitig vorteilhaften Zusammenarbeit auf allen Gebieten zwischenstaatlicher Beziehungen dienen. [...]

Quelle: SAPMO - BArch, DY 30/J IV 2/2A/3047.

Dokument 57

Information Otto Reinholds an Erich Honecker über ein Treffen mit Hans-Dietrich Genscher am 31. August 1987[377]

Werter Genosse Honecker!
Am 31. August 1987 hatte ich auf seinen Wunsch in Bonn ein Gespräch mit Genscher. Er wies zunächst darauf hin, daß mit der Erklärung von Kohl zu den Pershing-1a-Raketen nunmehr von der Bundesregierung alle Hindernisse für eine doppelte Null-Lösung ausgeräumt seien.[378] Auf meine Bemerkung, daß damit aber noch viele Wenn und

---

376 Das Militärregierungsgesetz Nr. 53 vom 19. September 1949 regelte den „Interzonenhandel" nach dem Verbotsprinzip mit Erlaubnisvorbehalt. Es galt bis 1990. Vgl. Regelungen des innerdeutschen Wirtschaftsverkehrs. Beilage zum Bundesanzeiger Nr. 232. 13. Dezember 1983. S. 18 ff.

377 Die Information wurde am 1. September 1987 von Reinhold angefertigt.

378 Vgl. Anm. 362.

Aber verbunden seien, erklärte er, von seiten der Bundesregierung gäbe es keine Wenn und Aber in dieser Frage. Die Bedingungen, die Kohl erwähnte, seien aus optischen Gründen gemacht worden, um das Gesicht zu wahren. In Wirklichkeit seien es Selbstverständlichkeiten. Natürlich verzichtet die Bundesregierung nur dann, wenn ein Abkommen zustande kommt, wenn es kontrollierbar ist und praktisch durchgeführt wird.

Er unterstrich, daß die FDP keine Positionen unterstützen wird, die ein Abkommen zur doppelten Null-Lösung behindern würden. Für ihn und seine Politik sei diese doppelte Null-Lösung zu einer Schlüsselfrage geworden. Dabei ginge es ihm nicht in erster Linie um den militärischen Wert, sondern um die politische Bedeutung. Das Zustandekommen eines solchen Abkommens würde den praktischen Beweis erbringen, daß solche Verträge möglich seien, was für sein Konzept der Entspannung eine entscheidende Bedeutung hat.

Die Erklärung Kohls findet die Zustimmung der westlichen Bündnispartner, vor allem aber entspricht es den Auffassungen, die von der überwiegenden Mehrheit der Bevölkerung der BRD vertreten wird. Interessant sei dabei, daß in der CDU die Bereitschaft zu einer Unterstützung einer solchen Politik wächst. Er habe in letzter Zeit viele Gespräche mit Geißler gehabt. Offensichtlich vollzieht sich in der CDU ein Prozeß, der darauf gerichtet ist, sich den Realitäten stärker anzunähern. Für ihn sei das sehr wichtig, da er seine Politik um so besser durchsetzen könne, je breiter die Basis dafür ist. Dafür sei die Haltung in der CDU sehr wichtig.

Auf meine Frage nach der Haltung der CSU erklärte er, daß sich die CSU nicht in die Isolation begeben könne. Um ihr Gesicht zu wahren, wird sie ein großes Geschrei anstimmen. Aber dieses Geschrei wird sich mehr auf die Art und Weise richten, wie Kohl diese Erklärung vorbereitet habe und nicht so sehr gegen die Substanz der Erklärung.

Nach seiner Meinung wird die Frage der Perhing-1a-Rakete befriedigend gelöst und brauche bei den Gesprächen Erich Honeckers in Bonn kein wesentliches Thema mehr sein.

Genscher sprach ausführlich über den bevorstehenden Besuch des Genossen Erich Honecker in der BRD und fragte nach unserer Einschätzung dieses Besuches. Er legte dann ausführlich seine Meinung dazu dar. Er hob zunächst hervor, daß dieser Besuch als solcher ein erstrangiges politisches Ereignis sei, ganz unabhängig davon, welche konkreten Abkommen unterzeichnet oder ausgehandelt werden.

Die große politische Bedeutung sähe er in dreierlei Hinsicht:
- für die Beziehungen zwischen der DDR und der BRD,
- für die innere Entwicklung der Bundesrepublik und
- seine internationale Bedeutung.

Ausführlich sprach er über die innere Bedeutung des Besuches für die BRD. Er wies darauf hin, daß das Interesse an guten Beziehungen mit der DDR in letzter Zeit stark gewachsen sei, vor allem aber wuchs die Einsicht, daß die BRD einen wichtigen Beitrag zur Friedenssicherung leisten müsse, daß sie ein berechenbarer und aktiver Faktor in einem europäischen Entspannungsprozeß sein müsse. Dem stehen aber die Auffassungen der konservativen Kräfte entgegen.

Er sähe das wichtigste Ziel im Besuch Erich Honeckers darin, die an einer aktiven Friedenspolitik der BRD interessierten Kräfte zu stärken. Er wäre sehr daran interessiert, wenn der Besuch insgesamt, insbesondere die Reden und Gespräche, diesen Aspekt berücksichtigen könnten.

Er bat darum zu überlegen, ob der Warschauer Vertrag nicht von sich aus auf einige der zahlreichen Kurzstreckenraketen verzichten könnte. Dies wäre auch dann sehr günstig, wenn es zunächst nur einen reinen symbolischen Wert hätte. Außerdem meint er, wäre es sehr gut, wenn Erich Honecker bei den kommenden Gesprächen in Bonn das Problem der Abrüstung im konventionellen Bereich stärker hervorheben würde.

Genscher sprach mehrfach über die internationale Bedeutung des Besuches, den man nach seiner Meinung nicht hoch genug einschätzen kann. Ob man das will oder nicht, die Beziehungen zwischen den beiden deutschen Staaten bestimmen in hohem Maße die Atmosphäre in Mitteleuropa und weit darüber hinaus. Überall wo er kann, versuche er, diesen Aspekt besonders hervorzuheben.

Der Besuch sei ein qualitativer Einschnitt in der bisherigen Entwicklung der Beziehungen zwischen der DDR und der BRD. Er - und mit ihm die FDP - unterstützten die qualitative Weiterentwicklung dieser Beziehungen. Dabei wären einige Fragen zu überlegen. Nach seiner Meinung wäre es gut, wenn wir nach dem Besuch, nachdem die Bilanz gezogen ist, einmal gemeinsam überlegen könnten, welche langfristige Strategie diese Beziehungen bestimmen könnte; notwendig wäre eine Art Philosophie dieser Beziehungen. Mit der Erklärung vom 12. März 1985 wurde ein solides Fundament geschaffen. Überdacht werden müsse aber, was man alles auf diesem Fundament aufbauen könnte.

In diesem Zusammenhang gibt es in der FDP Überlegungen über die weitere Gestaltung der Wirtschaftsbeziehungen zwischen beiden deutschen Staaten. Gut wäre es daher, wenn neben den laufenden Geschäften noch mehr Wege gefunden werden könnten für langfristige Wirtschaftsbeziehungen, die politisch den Entspannungsprozeß fundieren und fördern könnten.

Er überlege auch, wie die Kulturbeziehungen so gestaltet werden könnten, daß mehr Menschen mit den kulturellen Leistungen des anderen vertraut gemacht werden könnten.

Auf meine Frage hatten wir eine längere Diskussion über die These, daß die deutsche Frage offen sei. Er erklärt, daß er sich nicht erinnern kann, daß er in letzter Zeit diese These verwendet hätte. Er stehe fest auf dem Boden der Erklärung vom 12. März 1985. Die Mehrzahl der Leute, die diese These ständig wiederholen, meinen eigentlich gar nicht, was sie sagen, sondern benutzen sie als ein Instrument gegen die Normalisierung der Ost-West-Beziehungen und eines notwendigen Entspannungsprozesses. Eine Intensivierung der Auseinandersetzung mit dieser These von unserer Seite würde nach seiner Meinung gerade diesen Leuten Auftrieb geben.

Ich stellte die Frage nach der Elbgrenze und Salzgitter. Er erklärte, daß er sich in letzter Zeit nicht sehr gründlich mit diesen Fragen beschäftigt habe, daß er aber feststellen kann, daß sich auch in der CDU die Kräfte vermehren, die eine Lösung dieser Fragen anstreben. Er sehe hier eine positive Entwicklung, meinte aber, die CDU habe es schwer, die Hindernisse, die sie sich dabei aufgebaut hat, wieder wegzuräumen. Wahrscheinlich wäre es am günstigsten, Wege zu finden, die nicht spektakulär die Öffentlichkeit beschäftigen.

Genscher erklärte, er wäre sehr dankbar, wenn Erich Honecker am Rande eines der Beiden Essen, an denen er teilnimmt, die Möglichkeit finden würde, mit ihm ein kurzes Gespräch zu führen.[379]

Genscher informierte, daß wahrscheinlich in der zweiten Novemberhälfte Schewardnadse die BRD besuchen wird.[380] Dieser Besuch würde sehr gründlich vorbereitet. Das Ziel bestehe darin, die Erklärung der Bundesregierung, daß die Beziehungen zur Sowjetunion neben den Verpflichtungen im westlichen Bündnis die wichtigsten Beziehungen seien, in konkrete Politik und konkrete Abkommen umzusetzen.

Genscher erklärte, unser Dokument mit der SPD sei sehr bedeutend.[381] Die SPD würde aber sehr große Mühe haben, diese Positionen in der Bundesrepublik zu verteidigen. Es wäre sehr gut, wenn eine Möglichkeit gefunden würde, auch mit Vertretern der FDP kontinuierlicher Gespräche zu führen. Es gäbe nur eine Schwierigkeit in der Partei, in der Tatsache, daß die FDP keine entsprechenden Einrichtungen besäße.

Mit sozialistischem Gruß
gez. O. Reinhold

Quelle: SAPMO - BArch, DY 30/J IV/J 126.

---

379 Das offizielle Gespräch Genschers mit DDR-Außenminister Oskar Fischer am 8. September 1987 vgl. in: Erich Honecker: Moabiter Notizen. S. 222 ff.

380 Schewardnadse traf im Rahmen seines Bonn-Besuchs am 19. Januar 1988 mit Kanzler Kohl und Außenminister Genscher zusammen.

381 Vgl. Anm. 42.

Vermerk über ein Gespräch zwischen Wolfgang Schäuble und Alexander Schalck am 2. September 1987[382]

Das Gespräch fand auf Wunsch von Schäuble statt und diente offensichtlich dazu, eine Reihe von Fragen in Vorbereitung des offiziellen Besuches des Generalsekretärs des ZK der SED und Vorsitzenden des Staatsrates der DDR, Genossen Erich Honecker, in der BRD einvernehmlich zu klären.

Wie bereits in allen vorangegangenen Gesprächen machte Schäuble erneut auf die Problematik der Fragen, die Westberlin berühren, aufmerksam.

Schäuble informierte, daß er heute veranlaßt war, vor dem zuständigen Ausschuß des Bundestages den Stand der Vorbereitung des Staatsbesuches und die bisher erreichten Ergebnisse darzulegen. Er machte in diesem Zusammenhang darauf aufmerksam, daß diesem Ausschuß eine Reihe von Vertretern aus Westberlin angehören, die diesem Problemkreis besondere Beachtung schenken.

Schäuble kam darauf zurück, daß eine Reihe von wichtigen Wünschen des Senats von Westberlin durch die DDR-Seite nicht erfüllt werden konnten. (Anlage)[383]

Schäuble versuchte erneut, am Beispiel der Visaerteilung für Inhaber von Mehrfachberechtigungsscheinen direkt an der jeweiligen Grenzübergangsstelle, weitere Zusagen zu erhalten.

Entsprechend der getroffenen Festlegung habe ich mit allem Nachdruck erklärt, daß zu den vom Westberliner Senat geäußerten und von der DDR nicht akzeptierten Wünschen keine Möglichkeiten für weitere Zugeständnisse bestehen.

Ich machte Schäuble darauf aufmerksam, daß die DDR bereits seit 1982 eine Reihe von bedeutenden Regelungen über den Reise- und Besucherverkehr in Kraft gesetzt hat und damit großes Entgegenkommen gezeigt hat.

Zu der am 20. 08. 1987 gegenüber dem Beauftragten des Westberliner Senats für den Reise- und Besucherverkehr, Kunze, in Erwägung gezogenen Möglichkeit der Zulassung der Grenzübergangsstelle Rudower Chaussee für den Wechsel- und Transitverkehr in dritte Staaten von Personen und die Zulassung der Grenzübergangsstelle Mahlow für den Wechsel- und Transitverkehr in dritte Staaten von Gütern, die mit

---

382 Der Vermerk wurde am 3. September 1987 in Berlin angefertigt.

383 In der Anlage wurde konkret auf die Perspektiven von Grenzübergangsstellen von und nach Westberlin eingegangen.

der Übernahme von Kosten durch den Westberliner Senat verbunden sind, ist bisher keine Reaktion erfolgt.

Schäuble teilte mit, daß Kunze beauftragt ist, am 03. 09. 1987 den Standpunkt des Senates dazu mitzuteilen.

Kunze wird des weiteren den Vorschlag unterbreiten, im Bereich Schichthornweg eine neue Grenzübergangsstelle für den Wechselverkehr und den Transitverkehr BRD/Westberlin von Personen vorzusehen und die Grenzübergangsstelle Staaken weiter offen zu halten.

Er hält es für überlegenswert, auf diese Vorschläge vorerst zu verzichten, wenn die vorgeschlagenen Grenzübergangsstellen Rudower Chaussee und Mahlow auch für den Transitverkehr zwischen der BRD und Westberlin zugelassen werden.

Ich habe Schäuble darauf aufmerksam gemacht, daß ein Offenhalten von Staaken mit erheblichen Kosten verbunden ist und nur unter Voraussetzung der Übernahme der Kosten durch den Westberliner Senat eine ernsthafte Prüfung möglich ist.

Auch zu den anderen Vorstellungen habe ich unabhängig von einer notwendigen Prüfung grundsätzlich erklärt, daß die entstehenden Kosten ausschließlich vom Westberliner Senat zu tragen sind.

Über die bisher angesprochenen Westberlin betreffenden Fragen hinaus, würde es Schäuble für hilfreich ansehen, wenn die für 1988 vorgesehen Veranstaltungen im Rahmen „Berlin - Kulturstadt Europas" nicht auf Widerstand der DDR-Seite stoßen würden und evtl. eine Beteiligung der DDR ermöglicht wird. Dabei verwies Schäuble auf ein Fußballturnier, an dem 4 Länder, einschließlich der UdSSR, teilnehmen.

Ich habe diese Überlegungen ohne Kommentar zur Kenntnis genommen.

Zu Fragen des nichtkommerziellen Zahlungsverkehrs

Schäuble machte nochmals darauf aufmerksam, daß ein Entgegenkommen der DDR auf dem Gebiet des nichtkommerziellen Zahlungsverkehrs hilfreich wäre. Er wies in diesen Zusammenhang darauf hin, daß die Kostenplanung für die Elektrifizierung des Eisenbahnverkehrs zwischen der BRD und Berlin (West) vom Bundesfinanzminister sanktioniert wurde.

Ich habe Schäuble erneut erklärt, daß ein Einschuß von Valutamitteln durch die DDR zur Lösung von Fragen des nichtkommerziellen Zahlungsverkehrs nur in dem Maße denkbar sei, wie gleichzeitig auf anderen Gebieten ein Ausgleich zugunsten der DDR für derartige Belastungen von seiten der BRD vorgenommen wird.

Schäuble nahm dies zur Kenntnis.

Informationen über vorgesehene Maßnahmen der DDR zur Veränderung von Einfuhrbestimmungen im grenzüberschreitenden Verkehr

Entsprechend der erteilten Vollmacht teilte ich Schäuble mit, daß die DDR beabsichtigt, Veränderungen der Einfuhrbestimmungen im grenzüberschreitenden Verkehr vorzunehmen, die wesentliche Erleichterungen dieses Verkehrs beinhalten.

Es wurde des weiteren mitgeteilt, daß Erleichterungen der Einfuhr von Arzneimitteln beabsichtigt sind und dazu Gespräche auf der Ebene der Beauftragten zur Durchführung des Gesundheitsabkommens aufgenommen werden.[384]

Schäuble bedankte sich für diese Information und stellte die Frage, wann dazu und auf welcher Ebene eine offizielle Mitteilung der DDR erfolgt. Er würde es für außerordentlich begrüßenswert ansehen, wenn diese offizielle Mitteilung terminlich noch vor dem Besuch erfolgt.

Zur Bildung einer Gemischten Wirtschaftskommission und Aufnahme einer entsprechenden Formulierung in das Gemeinsame Kommuniqué

Zu diesem Fragekomplex wies Schäuble nochmals darauf hin, daß der Westberliner Senat und Diepgen persönlich einen starken Einfluß auf die beabsichtigte Bildung einer derartigen Kommission haben.

Schäuble sah sich deshalb veranlaßt, Bangemann zu bitten, zu dieser Frage das Gespräch mit Diepgen selbst zu führen, um seine Position, die er auch gegenüber der DDR vertreten hat, durchzusetzen und auf dieser Grundlage Einvernehmen zu erzielen.

Dieses Gespräch zwischen Bangemann und Diepgen hat stattgefunden. Im Ergebnis dieses Gespräches hält Schäuble es nunmehr für möglich, folgende Formulierung in das Kommuniqué aufzunehmen.

„Im Interesse eines kontinuierlichen Ausbaues der wirtschaftlichen Zusammenarbeit auf der Grundlage der Gleichberechtigung und des gegenseitigen Vorteils wurde Einvernehmen erzielt, Gespräche über die Bildung einer Gemischten Kommission zur weiteren Entwicklung der wirtschaftlichen Beziehungen auf der Grundlage der bestehenden Abkommen und Regelungen aufzunehmen.“[385]

Schäuble empfahl, den dazu von mir heute informell erläuterten Briefwechsel über die Bildung der Gemischten Kommission und die Vorstellung der DDR über Zusammensetzung, Aufgaben und Arbeitsweise Bundeswirtschaftsminister Bangemann während des Besuches offiziell zu übergeben.

Zu den noch offenen Fragen im Kommuniqué (Pkt. 5 und 9)

Schäuble schlug vor, daß möglichst vor Beginn des Besuches zu diesen noch offenen Punkten Einvernehmen angestrebt wird.

Zu Pkt. 5 sollte nach Auffassung von Schäuble eine bloße Bezugnahme auf die Erklärung vom 12. März 1985 akzeptiert werden.

---

384 Den Text des Gesundheitsabkommen vom 25. April 1974 vgl. in: Beziehungen der Deutschen Demokratischen Republik zur Bundesrepublik Deutschland und Berlin (West). S. 73 ff.

385 Vgl. Ebenda, S. 149 ff.

Formulierungsvorschlag: „Sie bekräftigten ihre Gemeinsame Erklärung vom 12. März 1985." Einzelne Auszüge aus dieser Erklärung sollten aus Sicht der BRD nicht in das Kommuniqué aufgenommen werden.

Zu Pkt. 9 (Frage der Elbgrenze) führte Schäuble aus, daß er nochmals persönlich versucht habe, den Ministerpräsidenten von Niedersachsen, Albrecht, in dieser Frage umzustimmen. Da nach dem Recht der BRD derartige Grenzfragen nur einvernehmlich mit dem Bundesland zu regeln sind, kann ohne Zustimmung von Albrecht keine Lösung gefunden werden. Es sei jedoch nicht gelungen, die bekannte Position von Albrecht zu verändern.

In diesem Zusammenhang verwies Schäuble erneut auf das bekannte Beispiel zwischen der BRD und Holland, wo für einen Grenzabschnitt keine einvernehmliche Feststellung des Grenzverlaufes getroffen werden konnte, jedoch in einem Vertrag alle anstehenden praktischen Fragen zum beiderseitigen Nutzen geklärt wurden.

Hiervon ausgehend unterbreitete Schäuble für Pkt. 9 des Kommuniqués folgenden Vorschlag:

„Beide Seiten würdigten die Arbeit der Grenzkommission. Sie bekundeten die Absicht, im Sinne des Regierungsprotokolls vom 29. Nov[ember] 1978 Aufgaben der Grenzkommission, soweit sie noch nicht gelöst sind, zum Abschluß zu bringen. Sie stimmten darin überein, daß die konkrete Situation im Grenzbereich von großer Bedeutung für die Entwicklung normaler gutnachbarlicher Beziehungen ist."

Ich habe dies lediglich zur Kenntnis genommen und aus meiner Sicht die Vorschläge als nicht befriedigend eingeschätzt. Es wurde von mir zum Ausdruck gebracht, daß in den weiteren anstehenden Kommuniqueverhandlungen auf der offiziellen Ebene die DDR dazu ihren Standpunkt darlegen wird. [...][386]

Das Gespräch fand in einer sachlichen Atmosphäre statt.

Quelle: BStU, ZA, Rechtsstelle 393.

Dokument 59

Handschriftliche Notizen von Egon Krenz über die Auswertung des Honecker-Besuchs in Bonn im SED-Politbüro am 15. September 1987

BRD-Reise
- E[rich] H[onecker]:
- Wenige Gesichtspunkte: Froh, wieder auf DDR-Boden zu sein.

---

386 Hier wurden noch drei Detailfragen Schäubles an Schalck dargelegt.

- 5 Tage = Welt+BRD beschäftigt. *Übertragungen* rund um die Uhr.
- Entscheidend war, Schwerpunkt auf verschiedenen Thesen. 2 souveräne deutsche Staat[en]. *Verhältnis zwischen ihnen entscheidend für Sicherheit+Frieden in Europa.* Niemand, der das leugnet. Waren zum richtigen Zeitpunkt da. Linie P[olit]b[üro] verwirklicht.
- Alle standen unter Eindruck *z. B. Bachmann in Dachau.*
Historisch: Dachau-Begegnung mit Antifaschisten. Kämpfer+Opfer der braunen Barbarei. *Bürgermeister: 2 Dachau.* Gleichzeitige *Ehrung für Christ, Thälmann, Ph. Müller.*[387]

Nur einige Fragen.
1. Beide Staaten haben Verantwortung für die Friedenssicherung. Jetzt Zeit *Pershing-Ia.* Über diese Fragen bei Kohl keine Frage. *Genscher*: Für Kohl war es schwer, diese Drehung vorzunehmen.
Offensivwaffen: Bei Abkommen *UdSSR : USA* wird BRD P[ershing]-Ia abschaffen. Das ist *Tatsache.*
2. *Gemeinsame Erklärung vom 12. März.*
Bekräftigen! Kein *Zweifel* Unverletzbarkeit der Grenzen. Kerngedanke strikt erneuern. *Kennzeichnend*: Unterschiedlich, wie man miteinander redet, und wie man nach außen auftritt. *Öffentlich* nur *Wahlkampf.* Stimmung im Volk *beachten. Entwicklung beiderseitiger Beziehungen. Gegenbesuch*: Hauptstadt? DDR?
Streit Amerongen/Kohl. Bedeutung des Treffens mit den Bossen
- keine Träumereien am Kamin.
- Besuch bei *H. Wehner.* Einheit der Arbeiterklasse vollzieht sich in den Gewerkschaften.
- Von Anfang bis Ende unsere Linie.

Sorge von Strauß: Die Großen rüsten ab, was wird aus *uns*??
Strauß will von *0 - 500 km.*

S. 15[388]
- *Kernfrage bleibt Friedenssicht.*
- *Leitartikel*
- Elbgrenze
- *Schröder. Salzgitter. Partnerschaft/Gemeinderat besorgt Aufhebung Salzgitter.*
- Regierende in Bonn - waren selbst überrascht.
- Entwicklung zu *Botschaften.* Sichtbar grundl[egende] Position DDR als *A[rbeiter]+B[auern]-Staat.* Zentrum Europas sagt viel aus. *Spannung oder Zusammenarbeit.* Grundstimmung der Massen.

---

387 Erich Honecker besuchte am 11. September die Gedenkstätte KZ Dachau.

388 Diese Angabe bezieht sich offenbar auf eine Seite 15 in Vorlagematerialien.

- Arbeitslosigkeit widerspiegelt sich anders als in Weimarer Republik: Senkung des Lebensstandards.

K[urt] Hager
- Außerordentlicher Erfolg für unsere Sache
H[arry] Tisch

E[rich] H[onecker]
- *Übereinstimmung!*
- Schlußfolgerungen entsprechend ergänzen.
- *Genugtuung:* Insgesamt das Ergebnis unserer gemeinsamen Arbeit. Sie können DDR nicht mehr negieren. Über 2500 Jahrhundert. *Zusammenarbeit* wirkt sich günstig auf Massen aus. *Selbstbewußtsein derer wurde gestärkt, starke DDR* - so werden wir erfolgreich sein. Wir sind Vertreter des A[rbeiter]+B[auern]-Staates auf deutschem Boden.

Villa Hügel
6. Februar[389]
- *Schießbefehl:*
- Anwendung Schußwaffe.
- *Fischer/Genscher*
- *Vogel: Kein böses Wort.*
Dieser Kurs von Bedeutung für gesamte *Gesellschaft.*

Quelle: SAPMO - BArch, DY 30/IV 2/2039/303.

Dokument 60

Zusammenfassende „Hinweise zu Reaktionen der Bevölkerung" auf den Besuch Erich Honeckers in der Bundesrepublik, vorgelegt von der ZAIG des MfS am 16. September 1987 (Auszüge)

Vorliegende Hinweise aus allen Bezirken und der Hauptstadt der DDR, Berlin, belegen ein anhaltend starkes Interesse aller Bevölkerungskreise am ersten offiziellen Besuch des Genossen *Honecker* in der BRD und an seinen Ergebnissen.

Grundtenor der Diskussionen ist unverändert die Wertung, daß dieser Besuch historische Bedeutung habe. Verlauf und Ergebnisse

---

[389] Am 6. Februar 1987 hatte sich Honecker in einer Rede vor den 1. SED-Kreissekretären u. a. zu den DDR-BRD-Beziehungen geäußert. Den Text vgl. in: Erich Honecker: Reden und Aufsätze. Bd. 12. Berlin 1988. S. 277 ff.

des Besuches dokumentierten nach Auffassung progressiver Bürger überzeugend vor der Weltöffentlichkeit die Existenz zweier souveräner deutscher Staaten. Erstmalig hätten trotz offen bekundeter gegensätzlicher Standpunkte in politischen Grundfragen die führenden Politiker beider deutscher Staaten gemeinsam die Verantwortung für die Erhaltung des Friedens formuliert und den Willen bekundet, dafür einen Beitrag zu leisten. Damit werde überzeugend bewiesen, daß sich selbst Gegner der Entspannung auf Dauer nicht dem wachsenden Druck der Friedenskräfte entziehen können. Da sei vor allem ein wichtiges Ergebnis der konsequenten Friedens- und Dialogpolitik der DDR und schaffe weitere Möglichkeiten für die Normalisierung der Beziehungen zwischen beiden deutschen Staaten.

Es wird die Hoffnung geäußert, daß die Ergebnisse dieses Besuches den Fortgang der Genfer Verhandlungen und der Wiener Abrüstungsgespräche positiv beeinflussen.

Es stimme auch optimistisch, daß die vom Genossen *Honecker* ausgesprochenen Einladungen des Bundespräsidenten und des Bundeskanzlers zum Besuch der DDR angenommen und darüber hinaus regelmäßige Treffen zwischen führenden Politikern beider deutscher Staaten angekündigt wurden.[390]

Bei hoher Würdigung des politischen Grundanliegens und der Ergebnisse des BRD-Besuches äußert dennoch eine beträchtliche Anzahl Mitglieder und Funktionäre der SED und weitere progressive Kräfte, besonders älterer Jahrgänge, gleichzeitig gewisse Befürchtungen hinsichtlich möglicher negativer Auswirkungen dieses Besuches, die im wesentlichen in zwei Richtungen tendieren.

Erstens: Mit Besorgnis wird die Frage aufgeworfen, ob der Bewußtseinsstand der DDR-Bevölkerung bereits so weit entwickelt sei, daß die im Zusammenhang mit dem Prozeß der weiteren Normalisierung der Beziehungen DDR - BRD angekündigten oder vereinbarten Maßnahmen, besonders auf humanitärem Gebiet und im Rahmen der ökonomischen Zusammenarbeit, ohne „ideologische Einbrüche" unter Teilen der Bevölkerung verwirklicht werden können. Längerfristig seien negative ideologische Auswirkungen besonders im Ergebnis der Intensivierung von Kontakten mit der BRD zu erwarten.

Mitarbeiter aus den Bereichen Hoch- und Fachschulwesen sowie Volksbildung (Pädagogen) verweisen z. B. auf solche Fragestellungen von Jugendlichen/Jungerwachsenen wie:

- Brauchen wir noch ein Feindbild? (Werde angeblich häufig verneint.)
- Ist die Mauer noch notwendig?

---

390 Vgl. dazu den Text des „Gemeinsamen Kommuniques" vom 8. September 1987 in: Beziehungen der Deutschen Demokratischen Republik zur Bundesrepublik Deutschland und Berlin (West). S. 149 ff.

- Hat der Imperialismus der BRD seinen Charakter verändert? Auch die westlichen Politiker wollen Frieden.

Häufig wird daraus die Notwendigkeit abgeleitet, die ideologischen Auseinandersetzungen künftig offensiver zu führen. Hierzu erwartet man von den Parteiorganen aller Ebenen überzeugende Argumentationen.

Zweitens: Wiederholt wurde in Diskussionen die Frage erörtert, ob die DDR in ihrer Kompromißbereitschaft nicht zu weit gehe. Das Nichtreagieren auf die revanchistischen Ausfälle der BRD-Politiker, die gegebenen Zusagen zur Erweiterung der Zusammenarbeit mit der BRD auch in sogenannten politisch sensiblen Bereichen (Kontakte, Informationsaustausch) könnten - so wird argumentiert - zum Abrücken von Grundpositionen führen, die die sicherheitspolitischen Interessen berühren. Einzelne Hochschulkader erklärten, es entstünde der Eindruck, daß dem Anliegen der Friedenssicherung einige Positionen „geopfert" wurden, die bisher mit zu den Eckpfeilern unserer Politik gegenüber der BRD zählten (Hinweis auf Geraer Forderungen). Mitarbeiter staatlicher Organe, Angehörige der Deutschen Volkspolizei und Berufskader der NVA verweisen in diesem Zusammenhang auf von ihnen erwartete zunehmende Schwierigkeiten bei der Gewinnung von Berufskadern für die bewaffneten Organe sowie bei der Verpflichtung von Bürgern als Geheimnisträger, da sich immer weniger Bürger bereitfänden, auf Westkontakte zu verzichten. [...][391]

Nach vorliegenden internen und offiziellen Hinweisen aus der Hauptstadt und allen Bezirken der DDR nehmen die bereits im Vorfeld des Besuches geäußerten *Erwartungshaltungen und Spekulationen* auch weiterhin breiten Raum ein. Des öfteren wurde erklärt, durch den Inhalt der Reden Bundeskanzlers *Kohl* und weiterer BRD-Politiker sowie durch das Abschlußkommuniqué und die unterzeichneten Abkommen in derartigen Haltungen bestärkt worden zu sein. Gegenwärtig zeichnet sich die Tendenz ab, daß geäußerte Erwartungshaltungen noch konkreter geworden sind und vielfach überzogene, unrealistische Vorstellungen enthalten. Die sich in diesem Sinne äußernden Personen repräsentieren alle Klassen und Schichten der Bevölkerung. In der Regel liegen solchen Erwartungshaltungen persönlich motivierte Beweggründe, aber auch beruflich bedingte Interessen zugrunde.

Meinungsäußerungen, in denen Enttäuschung über die Besuchsergebnisse zum Ausdruck gebracht werden, sind gegenwärtig nur in geringem Umfang bekannt.

Absoluten Schwerpunkt bilden Erwartungen über weitere Erleichterungen bzw. Verbesserungen im Reiseverkehr für DDR-Bürger in

---

391 Es folgte eine Passage zur Einschätzung der offiziellen Gespräche Honeckers in der Bundesrepublik mit Vertretern von Politik und Wirtschaft.

das nichtsozialistische Ausland. In diesem Zusammenhang wird mit der baldigen Veröffentlichung neuer Regelungen seitens der DDR-Regierung gerechnet. Beachtenswert sind dabei die von unterschiedlichsten Personenkreisen getroffenen Feststellungen, die DDR komme künftig nicht umhin, einheitliche, für alle DDR-Bürger gleichermaßen geltende Rechtsvorschriften auf diesem Gebiet zu erlassen und Ablehnungen von Reisen zu begründen.

Die Überlegungen hinsichtlich Veränderungen im Reiseverkehr konzentrieren sich insbesondere auf folgende Inhalte:

- Aufhebung noch bestehender Beschränkungen beim Besuch von Verwandten/Bekannten in der BRD bzw. in Westberlin,
- Gestattung von Reisen für Ehepaare mit Kindern, auch unter Benutzung von Kfz,
- Durchführung von Touristenreisen einschließlich Kurzreisen,
- Ferienaufenthalte,
- großzügige Regelungen im kleinen Grenzverkehr.

Ein ständig wiederkehrendes Argument bei derartigen Diskussionen, das zum Teil auch Zustimmung bei Parteimitgliedern u.a. progressiven Kräften findet, beinhaltet, sich persönlich von den Lebensverhältnissen in der BRD überzeugen zu wollen.

Arbeiter und Angestellte, Mitarbeiter staatlicher Organe und Einrichtungen äußerten des öfteren in diesem Zusammenhang die Ansicht, eine größere Freizügigkeit im Reiseverkehr würde einen Rückgang des ungesetzlichen Verlassens der DDR und von Übersiedlungsersuchen bewirken, da sich die DDR-Bürger von den Realitäten in der BRD überzeugen könnten und ihre gesicherte Existenz in der DDR mehr schätzen würden.

In unterschiedlichsten gesellschaftlichen Bereichen tätige Geheimnisträger, darunter Mitarbeiter in Forschungseinrichtungen von Kombinaten und Betrieben sowie Einrichtungen des Verkehrs- und Nachrichtenwesens, erklärten wiederholt, man bringe ihnen zwar Vertrauen im Zusammenhang mit ihrer beruflichen Tätigkeit, nicht aber im Falle beabsichtigter Reisen in das nichtsozialistische Ausland entgegen. Dieser Widerspruch sei unverständlich und wecke den Wunsch nach Entpflichtung als Geheimnisträger.

Auch nach Auffassung von Mitarbeitern der Akademie der Pädagogischen Wissenschaften könne künftig das derzeitig geltende „Reiseverbot" für Lehrer nicht mehr aufrechterhalten werden. In einzelnen Lehrerkollektiven werde darüber heftig diskutiert, und Lehrer hätten bereits mehrfach Kündigungen angedroht.

Kirchenleitende Kräfte, darunter Mitarbeiter des Bundes der Evangelischen Kirchen in der DDR und des Konsistoriums der Evangelischen Kirche in Berlin-Brandenburg sowie weitere kirchliche Amtsträger aus Bereichen aller evangelischen Landeskirchen, hoffen auf einen „komplikationsfreien", ungehinderten Besucherverkehr im Rahmen der Partnerschaftsarbeit zwischen Kirchen der DDR und der BRD.

Internen Hinweisen zufolge verwiesen kirchenleitende Kräfte der Evangelisch-Lutherischen Landeskirche Mecklenburgs auf die Notwendigkeit des engagierten Einsatzes der Kirchen für „die weitere effiziente Verwirklichung der Rechte und Freiheiten der Persönlichkeit". Die Förderung von familiären Beziehungen und die Realisierung von Begegnungen zwischen den Menschen seien - nach Auffassung der Betreffenden - ein Grundproblem der Menschenrechte. Es sei jetzt der Zeitpunkt herangereift, wo die Kirche klare Forderungen an den Staat zu stellen habe, um subjektive Entscheidungen zu überwinden. In Anspielung auf die Genehmigungspraxis bei Reisen in das Ausland wurde betont, der Bürger müsse klare schriftliche Entscheidungen erhalten. Jeder müsse klar seine Rechte kennen. Insgesamt müsse die Kirche „mehr Öffentlichkeit" für die Tätigkeit staatlicher Organe durchsetzen.[...][392]

Übersiedlungsersuchende äußerten sich - vorliegenden Informationen zufolge - bisher differenziert zu den Ergebnissen des Besuchs.

Nach wie vor rechnet ein beträchtlicher Teil dieses Personenkreises in den kommenden Wochen mit einer „Ausreisewelle". Nach Hinweisen aus der Hauptstadt und den Bezirken der DDR erschienen im Besuchszeitraum in öffentlichen Sprechstunden zentraler staatlicher Organe und der Abteilungen Inneres der Räte der Bezirke und Kreise zahlreiche Besucher, die unter Hinweis auf den BRD-Besuch eine alsbaldige positive Entscheidung ihres Übersiedlungsersuchens verlangten. Als Begründung gaben sie an, durch die seitens der BRD-Politiker gehaltenen Reden in der Rechtmäßigkeit ihrer Haltung bestärkt worden zu sein. Gleichzeitig gaben einige ihrer Erwartung Ausdruck, daß die Bearbeitung von Übersiedlungsersuchen für die Betreffenden „durchschaubarer" und die Bearbeitungszeit verkürzt werde.

Eine Anzahl von Übersiedlungsersuchenden erklärte jedoch unter dem Eindruck fehlender konkreter Aussagen zur Übersiedlungsproblematik in den Reden der BRD-Politiker, diese Reise habe „für Antragsteller nichts gebracht". Sie unterstrichen jedoch, an ihrem Vorhaben weiter festzuhalten und dies „nachhaltig" gegenüber den zuständigen staatlichen Organen demonstrieren zu wollen.

Aus der Hauptstadt und einzelnen Bezirken der DDR liegen Hinweise vor, wonach sich progressive Kräfte, darunter Mitglieder und Funktionäre der SED sowie Gewerkschaftsfunktionäre, verärgert bis

---

392 Es folgte eine Passage zur Einschätzung der wirtschaftlichen Beziehungen zwischen der DDR und der Bundesrepublik.

ablehnend zu den Forderungen der jeweils zuständigen SED-Kreisleitungen verhielten, als „spontane Reaktion" deklarierte persönliche Stellungnahmen sowie persönliche Briefe an den Genossen *Honecker* zu richten, in denen ihm für sein Auftreten in der BRD und für seine Politik gedankt werden sollte.

Durch Parteifunktionäre wird eingeschätzt, daß dieses formale Herangehen - häufig seien dabei Formulierungen aus der DDR-Presse abgeschrieben worden - bei den zur Stellungnahme aufgeforderten Personen den positiven Gesamteindruck von dem Besuch beeinträchtigt habe.

Quelle: BStU, ZA, ZAIG 4229.

Dokument 61

Beschluß des SED-Politbüros über die Entwicklung der DDR-BRD-Beziehungen vom 20. Oktober 1987 (Auszug)[393]

[...] *Staatliche Beziehungen*[394]

1. Gegenüber der BRD-Seite sind die Bemühungen zur Regelung der noch offenen politischen Grundfragen in den Beziehungen zu verstärken. Die BRD ist konsequent auf die Respektierung der Staatsbürgerschaft der DDR und die Auflösung der „Erfassungsstelle" Salzgitter zu drängen.

Der Leiter der DDR-Delegation in der Grenzkommission DDR/BRD fordert in der nächsten Sitzung der Grenzkommission die unverzügliche Aufnahme intensiver Verhandlungen zur einvernehmlichen Regelung der Elbe-Grenze Mitte Strom.

Verantwortlich: Genosse Oskar Fischer

2. In Abstimmung mit der Volkskammer sind Vorschläge zur Herstellung offizieller Beziehungen zwischen Volkskammer und Bundes-

---

393 Der offizielle Titel lautete: „Maßnahmen in Verwirklichung des Beschlusses des Politbüros des ZK der SED vom 15.9.1987: Bericht über den offiziellen Besuch des Generalsekretärs des ZK der SED und Vorsitzenden des Staatsrates der DDR, Genossen Erich Honecker, in der BRD". Den hierbei angesprochenen Bericht Honeckers vgl. in: Hans-Hermann Hertle/Rainer Weinert/Manfred Wilke: Der Staatsbesuch.

394 Der Plan enthielt einleitend einen 10-Punkte-Katalog „Maßnahmen im Hinblick auf Friedenssicherung, Abrüstung und Entspannung", auf dessen Wiedergabe hier verzichtet wird.

tag unter Berücksichtigung der von BRD-Seite aufgeworfenen Fragen vorzulegen. Es ist ein informelles Gespräch mit einem Beauftragten von Jenninger anzustreben.

Verantwortlich: Genosse Horst Sindermann, Genosse Oskar Fischer

3. Zu den während des Besuches vorgetragenen Wünschen nach weiteren Städtepartnerschaften sind Entscheidungsvorschläge vorzubereiten.

Verantwortlich: Genosse Oskar Fischer, Genosse Gunter Rettner

4. Weiterführung der Verhandlungen über die gegenseitige Rückführung von kriegsbedingt verlagerten Kulturgütern.

Verantwortlich: Genosse Oskar Fischer

5. Weiterführung der Verhandlungen über ein Rechtshilfeabkommen. Ohne befriedigende Regelung der Staatsbürgerschaftsfrage ist keine Vereinbarung abzuschließen.

Verantwortlich: Genosse Oskar Fischer, Genosse Hans Ranke

6. Die Bitte der BRD-Seite, daß die DDR die Errichtung des Internationalen Gerichtshofes in Hamburg unterstützt, ist zu prüfen.

Verantwortlich: Genosse Oskar Fischer

Quelle: SAPMO-BArch, DY 30, J IV 2/2/2244.

Dokument 62

Blitztelegramm an Erich Honecker über ein Gespräch von Werner Felfe mit Helmut Kohl am 25. November 1987 in Bonn[395]

Während Begegnung bei Schäuble am 25.11.87 ließ Bundeskanzler Kohl mitteilen, daß er mich zu einem Gespräch empfangen möchte.[396]

Habe herzliche Grüße von Genossen Erich Honecker an H. Kohl übermittelt. H. Kohl bat mich, herzliche Grüße an Genossen E. Honecker zu übermitteln.

---

395 Das Blitztelegramm wurde von der Ständigen Vertretung der DDR in Bonn abgesandt. Erich Honecker zeichnete es am 26. November 1987 ab und brachte es den Mitgliedern und Kandidaten des SED-Politbüros zur Kenntnis. Werner Felfe war seit 1976 Politbüromitglied und seit 1981 ZK-Sekretär für Landwirtschaft. Sein mehrtägiger „Informationsbesuch" in der Bundesrepublik beinhaltete auch ein Treffen mit BRD-Landwirtschaftsminister Ignaz Kiechle am 22. November 1988 in München. - In der Wiedergabe des Textes wurde die Groß- und Kleinschreibung dem üblichen Stil angepaßt.

396 Hierbei handelte es sich offenbar um eine inoffizielle Begegnung.

Kohl brachte zum Ausdruck, daß er sehr zufrieden sei mit den Ergebnissen des Besuches von Genossen E. Honecker. Die Zusammenarbeit habe sich sehr gut entwickelt. Was er mit Genossen E. Honecker besprochen habe, werde von Seiten der Bundesregierung ohne Abstriche aufgearbeitet. Er sei erfreut, daß sich ein entspanntes Verhältnis zwischen der DDR und der BRD entwickelt habe. Das sei für beide Seiten gut.

Kohl brachte zum Ausdruck, daß man nicht darüber zu reden brauche, was uns trennt, sondern daß man das realisieren solle, was möglich ist. Dieser Weg sei richtig. Auf seiten des Westens und auch auf Seiten der Warschauer Vertragsstaaten werde zunehmend, wenn auch mit gewissen Unterschieden, erkannt, daß die Entwicklung guter Beziehungen zwischen der DDR und der BRD von Vorteil ist. Ein entspanntes Verhältnis zwischen DDR und BRD sei für alle gut.

Er werde im Januar nach Prag fahren. Von ihm wurde darauf hingewiesen, daß er einen Brief von Gorbatschow erhalten und beantwortet habe. Kohl sei sicher, daß in Kürze ein Termin für den Besuch Schewardnadses in der BRD gefunden wird.[397]

H. Kohl sagte, daß Präsident Reagan die Linie der Bundesregierung zur Unterstützung des Zustandekommens der Vereinbarung über die Abschaffung der Mittelstreckenraketen ohne Wenn und Aber unterstützt habe.

H. Kohl zeigte sich sehr zufrieden mit der Entwicklung der Beziehungen zwischen der S[owjet]u[nion] und den USA. Er meinte, daß für ihn auch keine größeren Probleme aus innenpolitischer Sicht der BRD vorhanden sind. Er glaube nicht, daß der Dollarabfall zu einer Rezension[398] in der BRD führt. Natürlich sei manches leichter, wenn der Dollarpreis sich auf der Höhe von 1,70 und darüber einpegeln würde.

Abschließend betonte H. Kohl nochmals, daß er nicht beabsichtige, mit Genossen E. Honecker abgesprochene Lösungen zu relativieren. Das treffe auch auf die Regelung der Elbgrenze zu. Die Bundesregierung strebe eine Lösung an. Dafür brauche er mit Rücksicht auf die innenpolitische Situation etwas Zeit. Die Regelung wird jedoch nicht aufgeschoben. Er stehe zu allem, was vereinbart wurde.

H. Kohl bemerkte, daß er Genossen E. Honecker um Weihnachten herum anrufen werde.

Werner Felfe

Quelle: SAPMO - BArch, DY 30/J IV J/114.

---

397 Vgl. Anm. 380.

398 Hier liegt ein Schreibfehler vor. Es muß „Rezession" heißen.

Abkürzungsverzeichnis

ABM-Vertrag	Vertrag über die Begrenzung der Raketenabwehrsysteme
Abt.	Abteilung
ADN	Allgemeiner Deutscher Nachrichtendienst (DDR)
AG	Aktiengesellschaft
ASAT	Anti Satellite („Killersatelliten")
BK	Bundeskanzler
BM	Bundesminister
BT	Bundestag
CDU	Christlich-Demokratische Union
COCOM	Koordinierungsausschuß für die Ost-West-Handelspolitik
CSSR	Tschechoslowakische Sozialistische Republik
CSU	Christlich-Soziale Union
CVJM	Christlicher Verein Junger Männer
C-Waffen/CW	Chemische Waffen
DIW	Deutsches Institut für Wirtschaftsforschung, Westberlin
DKP	Deutsche Kommunistische Partei
DM	Deutsche Mark
E(W)G	Europäische (Wirtschafts-)Gemeinschaft
EVI	Europäische Verteidigungsinitiative
FDGB	Freier Deutscher Gewerkschaftsbund
FDJ	Freie Deutsche Jugend
FDP	Freie Demokratische Partei
G 7	Gipfel der sieben wichtigsten westlichen Industrieländer
Gen.	Genosse
GS	Generalsekretär
GWh	Gigawattstunden
ha	Hektar
IAEO	Internationale Atomenergiebehörde
IG	Industriegewerkschaft (BRD)
INF	Indermediate Nuclear Forces (Nukleare Mittel-streckenraketen)

IPW	Institut für Internationale Politik und Wirtschaft, Berlin
IWF	Internationaler Währungsfonds
Kfz	Kraftfahrzeug
KGB	Komitee für Staatssicherheit der UdSSR
KPdSU	Kommunistische Partei der Sowjetunion
KSZE	Konferenz über Sicherheit und Zusammenarbeit in Europa
KVAE	Konferenz über vertrauens- und sicherheitsbildende Maßnahmen und Abrüstung in Europa
MBFR	Mutual Balance Forces Reduction (Gegenseitige Verminderung von Streitkräften und Rüstungen in Mitteleuropa)
MfAA	Ministerium für Auswärtige Angelegenheiten (DDR)
MfS	Ministerium für Staatssicherheit (DDR)
NATO	Nordatlantikpaktorganisation
NRW	Nordrhein-Westfalen
NSW	Nichtsozialistisches Wirtschaftsgebiet
NVA	Nationale Volksarmee (DDR)
ÖTV	Gewerkschaft Öffentliche Dienste, Transport und Verkehr
Pkw	Personenkraftwagen
RGW	Rat für gegenseitige Wirtschaftshilfe (Comecon)
SALT	Strategic Arms Limitation Talks (Verhandlungen über die Begrenzung strategischer Waffen)
SDI	Strategic Defense Initiative (Strategische Verteidigungsinitiative)
SED	Sozialistische Einheitspartei Deutschlands
SPD	Sozialdemokratische Partei Deutschlands
START	Strategic Arms Reduction Talks (Verhandlungen über die Verminderung strategischer Waffen)
TSI	Treuhandstelle für den Interzonenhandel
UdSSR/SU	Union der Sozialistischen Sowjetrepubliken
UN/UNO	Organisation der Vereinten Nationen
US/USA	Vereinigte Staaten von Amerika
VE	Verrechnungseinheit
WB	Westberlin
WVO	Warschauer Vertragsorganisation
ZAIG	Zentrale Auswertungs- und Informationsgruppe (MfS)
ZK	Zentralkomitee

Personenregister

Albrecht, Ernst
24, 33, 88 f., 109, 119, 181-183,
189, 226, 336
Andropow, Juri
103, 131, 138 f., 145, 156 f., 171,
215, 219
Antonow, Alexej
301
Apel, Hans
69
Ardenne, Manfred von
222
Arndt, Otto
101, 104
Aurich, Eberhard
236
Axen, Herrmann
14, 69, 194, 245, 273, 289, 307,
315-319, 323
Bahl, Holger
26, 27
Bahr, Egon
15, 37, 48, 144, 200, 210, 211, 239,
245, 249, 251
Bangemann, Martin
33, 209 f., 214, 227, 231 f., 297,
301, 335
Bani Sadr, Abol Hassan
44
Barcikowski, Kazimierz
251
Barzel, Rainer
19, 108 f.
Baum, Gerhart
69, 77, 94 f.
Beil, Gerhard
48, 209
Beitz, Berthold
39, 48, 83, 144, 181, 199
Biedenkopf, Kurt
19
Biermann, Wolf
38
Bondarenko, Alexander
34
Brandt, Willy
15 f., 19, 31, 38, 41, 93, 95, 97, 200,
211 f., 227, 239 f., 242, 245, 249-259,
288, 296

Bräutigam, Hans Otto
75, 83, 110 f., 124, 150, 237, 307
Breshnew, Leonid
22, 38, 40, 46-48, 54, 57-61, 69, 77,
94f., 99 f., 105, 107, 252, 280
Burkert, Rudolf
127-129
Bush, George
171
Carstens, Karl
88, 100, 105-109, 115, 120, 171
Carter, James
38, 44-46, 50, 57
Cheysson, Claude
173
Chirac, Jacques
295
Chnoupek, Bohuslav
198, 237
Chomeini, Rouhallah Moussawi
44
Clement, Wolfgang
239
Craxi, Bettino
171, 198, 244, 246
Diepgen, Eberhard
28, 33, 182, 301, 317, 335
Dobrynin, Alexander
289, 315, 323
Dohlus, Horst
317
Dohnanyi, Klaus von
33
Dollinger, Werner
101
Dönhoff, Marion Gräfin
278
Dregger, Alfred
31, 33, 199, 288
Ehmke, Horst
200, 227
Engholm, Björn
33, 253
Eppler, Erhard
212, 296
Erhard, Ludwig
230
Ertl, Josef
69

348

FIDES

Der Verlag für
sachlich-kritische Aufarbeitung der Geschichte
demokratische Meinungsäußerung
wissenschaftshistorische und wissenschaftspolitische Forschung und Vision
akademische Laufbahn und Zukunft

Im April '95 erschienen:

Joachim Mai (Hrsg.): Greifswald 1945
Neue Dokumente und Materialien
112 S., 42 Abb., 2 Karten
29,80 DM, ISBN 3-931363-00-7

Erscheinen im Herbst '95:

Manfred Müller: Die USA in Potsdam 1945
Die Deutschlandpolitik der USA auf der Potsdamer Konferenz
ca. 200 S., ca. 40 Dokumente im Originaltext
ca. 29,80 DM, ISBN 3-931363-03-1

Detlef Nakath (Hrsg.):
Deutschlandpolitiker der DDR erinnern sich
ca. 280 S., 2 Faksimiles
ca. 38,80 DM, ISBN 3-931363-02-3

Bestellungen richten Sie bitte an die
Karl-Marx-Buchhandlung Kundel & Lenzner
Karl-Marx-Allee 78, D-10243 Berlin
oder an den Verlag

FIDES
Verlags- und Veranstaltungsgesellschaft
Berlin
Waldowallee 87, D-10318 Berlin
RA Ruth Martin, Dr. Peter Tittel, Dr. Wolfgang Voigt
BGB-Gesellschaft mit Haftungsbeschränkung